全国民政继续教育系列培训教材

养老服务业标准化

培训教程

YANGLAO FUWUYE
BIAOZHUNHUA
PEIXUN JIAOCHENG

杨宝祥 编 著

中国社会出版社
国家一级出版社 全国百佳图书出版单位

图书在版编目（CIP）数据

养老服务业标准化培训教程 / 杨宝祥编著．—北京：中国社会出版社，2015.2

ISBN 978－7－5087－5004－0

Ⅰ.①养…　Ⅱ.①杨…　Ⅲ.①养老—社会服务—标准化—中国—教材　Ⅳ.①D669.6－65

中国版本图书馆 CIP 数据核字（2015）第 032856 号

书　　名： 养老服务业标准化培训教程
编 著 者： 杨宝祥

出 版 人： 浦善新
终 审 人： 李　浩
责任编辑： 张　杰　　**助理编辑：** 张　雪

出版发行： 中国社会出版社　邮政编码：100032
通联方法： 北京市西城区二龙路甲 33 号
电　　话： 编辑部：（010）58124864
邮购部：（010）58124845
销售部：（010）58124848
传　真：（010）58124856
网　　址： www.shcbs.com.cn
经　　销： 各地新华书店

中国社会出版社天猫旗舰店

印刷装订： 中国电影出版社印刷厂
开　　本： 170mm×240mm　1/16
印　　张： 32.75
字　　数： 505 千字
版　　次： 2015 年 9 月第 1 版
印　　次： 2015 年 9 月第 1 次印刷
定　　价： 60.00 元

中国社会出版社微信公众号

全国民政继续教育培训系列教材

编 委 会

前　言

随着经济社会的发展和改革的深化，我国养老服务业的结构发生了显著变化，基本形成了国办养老服务机构与社会力量举办的养老服务机构并存的格局，民政部门通过加强养老服务业的规范化、专业化、科学化管理，促进了养老服务业的健康发展。标准化是现代化社会服务和管理的重要手段和必要条件，是维护服务对象权益、提升管理水平与服务质量的重要技术手段。养老服务属于基本民生领域的社会事务，涉及学科多，影响范围大，服务对象广，开展活动多，养老服务业标准化建设是养老服务业发展的内在要求，也是建设社会化养老服务体系的重要技术支撑。建立科学合理的养老服务业标准体系，是推进养老服务业标准化建设的基础性工作和必要前提。

当前，我国社会正处于快速老龄化时期。截至2013年年底，全国60周岁及以上老年人口20243万人，占总人口的14.9%，其中65周岁及以上人口13161万人，占总人口的9.7%。预计2020年将达到2.43亿人，2025年将突破3亿人。人口高龄化、失能化和空巢化特点十分突出，公众对养老服务的需求十分迫切。目前，全国共有各类养老服务机构42475个，拥有床位493.7万张（每千名老年人拥有养老床位24.4张），养老服务服务需求与服务供给不足的矛盾日益凸显。“十二五”期间，国家高度重视养老服务业发展和社会养老服务体系建设，对养老服务业标准化建设提出了新要求。

养老服务业标准化建设是养老服务业法律体系中不可或缺的部分，也是对养老服务业依法管理、有效监督的前提。养老服务业标准化体系建设的意义在于用科学化的标准指导和管理养老服务业，保障养老服务质量、保证依法行政、保护消费者的合法利益。由于我国养老服务业标准化建设工作起步较晚，目前还存在着一些不容忽视的问题：养老服务业标准数量较少，标准体系有待完善；标准强制性不足，实施效果有待提高；服务于管理核心标准研制有待加强；标准化技术组织与人才队伍比较匮乏；标准化建设与管理保障机制尚未健全。整体来说，养老服务业标准化建设与养老服务业发展的需求还有较大距离，发展养老服务业和推进社会养老服务体系建设都对养老服务业标准化建设提出了新挑战。

为进一步提高养老服务业从业人员的管理能力和业务素质，促进养老服务业服务人才专业化和职业化，使养老服务业人才队伍整体素质和能力得到提高，推动养老服务业健康发展，民政部培训中心（北京社会管理职业学院）自2011年起连续4年承接了民政部部本级福利彩票公益金支持的中央级养老服务与管理人员培训项目，为高质量地实施此项目，实现“培养和造就规模适度、结构合理、素质优良的养老服务业人才队伍，为养老服务业科学发展提供坚强的人才保障”的目标，民政部培训中心（北京社会管理职业学院）组织有关专家、学者和培训项目授课教师对养老服务业进行了培训需求调研，设置了“养老服务业标准化培训”子项目，邀请工作在养老服务与管理一线的实务专家参与了养老服务业标准化培训子项目的课程体系设计与教学工作。在项目实施过程中，民政部培训中心组织部分授课教师和相关人员在教师授课教案的基础上编写了《养老服务业标准化培训讲义》，编写人员又结合参训学员提出的宝贵意见和建议，参考了大量的教学科研成果，对《养老服务业标准化培训讲义》进行了完善，形成了《养老服务业标准化培训教程》。

《养老服务业标准化培训教程》突出针对性，围绕养老服务业的工作重点、难点和热点问题，坚持理论联系实际，旨在提升参训学员运用理论知识解决实际问题的能力和水平，以充分发挥公益培训的作用。参加编写的人员，既有负责养老服务行政管理的机关公务员，又有实践经验丰富的基层企事业单位工作者；既有专门从事养老服务与管理标准化研究的科研人员，又有高职院校一线教学人员；既有从事继续教育的培训者，又有关心支持养老服务业的其他系统的人员。

第一篇：杨宝祥、郭威；

第二篇：王静、王涛、杨宝祥；

第三篇：赵绪珍、杨宝祥、韩钦臣；

第四篇：田晶、杨宝祥；

第五篇：杨宝祥。

杨宝祥指导全书的编写并负责全书的统稿工作。

《养老服务业标准化培训教程》的出版得益于民政部部本级福利彩票公益金中央级培训项目的经费支持，是在民政部社会福利和慈善事业促进司、民政部培训中心（北京社会管理职业学院）领导和相关部门的大力支持下进行的。

《养老服务业标准化培训教程》本着提升综合能力为目的，不仅适用于养老服务业从业人员能力培训，还适用于高等职业院校相关专业的学生进行以提高管理能力为主的实训教学。

由于作者水平所限，书中难免有不妥之处，恳请广大读者批评指正，以便今后改进。

杨宝祥

二〇一四年十月

目　录

第一篇　标准化基础理论

第一章　标准化的基本理论

第一节　标准化的基本概念 / 3
第二节　标准化的主要原理 / 25
第三节　标准化的基本方法 / 36

第二章　标准的制定与审定

第一节　标准的制定 / 50
第二节　标准的编写 / 69
第三节　标准的审定 / 93

第三章　标准的实施与监督

第一节　标准的有效实施 / 96
第二节　标准实施的监督 / 115
第三节　标准的后续管理 / 122

第四章　标准化体系的建立

第一节　标准体系的基础知识 / 142
第二节　标准体系表及其编制 / 146

第五章　养老服务业标准化

第一节　养老服务业标准化建设概述 / 155
第二节　养老服务业标准体系的建立 / 170

第二篇　养老服务标准化

第六章　服务业标准化的实施

第一节　服务业标准概述 / 199
第二节　服务标准的制定 / 211
第三节　服务标准的实施 / 228

第七章　服务业标准化的评价

第一节　服务业标准的评价 / 244
第二节　服务标准体系的评价 / 257

第八章　服务业组织标准体系

第一节　服务业组织标准化概述 / 264
第二节　服务业组织标准的编写 / 267
第三节　服务业组织标准体系的建立 / 276
第四节　服务业组织标准体系的运行 / 288

第九章　政府公共服务标准化

第一节　政府公共服务标准化的理论基础 / 294
第二节　政府公共服务标准化建设的实践 / 308
第三节　养老机构服务标准体系建设 / 328
第四节　主要养老服务标准解读 / 336

第三篇　养老管理标准化

第十章　管理标准化基础知识

第一节　管理标准的编制技术 / 355
第二节　工作标准的编制技术 / 359

第十一章　管理标准体系的建立

第一节　质量管理与标准化 / 363
第二节　质量管理体系标准 / 370
第三节　环境管理体系标准 / 386

第十二章　养老机构管理标准化

第一节　养老管理标准体系的建立 / 394
第二节　养老工作标准体系的建立 / 400
第三节　养老机构管理标准化建设 / 403
第四节　重点养老管理标准解读 / 405

第四篇　养老技术标准化

第十三章　技术标准化基础

第一节　技术标准的制定 / 419
第二节　技术标准的实施 / 430

第十四章　养老技术标准化建设

第一节　养老技术标准体系结构 / 434
第二节　重点养老技术标准解读 / 440

第五篇　养老综合标准化

第十五章　综合标准化的理论基础

第一节　综合标准化的基本概念 / 459
第二节　综合标准化的基本研究 / 477

第十六章　养老综合标准化的实践

第一节　综合标准化的主要过程 / 491
第二节　养老服务业综合标准化建设 / 500

附录 / 503

参考文献 / 509

第一篇

标准化基础理论

第一章　标准化的基本理论

【**基本要求**】通过本章的学习，您应能够：

1. 了解标准化的基本概念；
2. 熟悉标准化的主要原理；
3. 掌握标准化的基本方法。

【**核心概念**】标准；标准化；原理；方法

第一节　标准化的基本概念

概念是人类思维的基础，是以抽象的方式反映客观事物或事物特有性质的一种思维形式。标准化的概念是人们对标准化有关范畴本质特征的概括。研究标准化的概念，对于标准化学科的建设和发展以及开展标准化的活动都有重要意义。

一、标准的基本含义

（一）标准的定义

标准是对重复性事物和概念所作的统一规定，它以科学、技术和实践经验的综合成果为基础，经有关方面协商一致，由主管机构批准，以特定形式发布，作为共同遵守的准则和依据。标准作为标准化活动的成果，也是标准化系统的最基本要素和标准化学科中最基本的概念之一。

国际标准是由国际标准化组织（International Standardization Organization，ISO）、国际电工委员会（International Electrotechnical Commission，IEC）和国际电信联盟（International Telecommunication Union，ITU）等全球性的国际组织所制定的标准。国际标准化组织（ISO）的标准化原理委员会（STACO）一直致力于标准化基本概念的研究，先后以“指南”的形式给“标准”的定义作出统一规定，《ISO/IEC 指南 2》给出标准定义为：“标准是由一个公认的机构制定和批准的文件。它对活动或活动的结果规定了规则、导则或特性值以供共同和反复使用，以实现在预定领域内最佳秩序的效益。”该定义明确了制定标准的目的、基础、对象、本质和作用。由于它具有国际性、权威性和科学性，因而是世界各国，尤其是 ISO 和 IEC 成员应该遵循的。

我国作为 ISO 和 IEC 的正式成员，在《标准化工作指南　第 1 部分：标准化和相关活动的通用词汇》（GB/T 20000.1－2002）中对“标准”所下的定义是：“为了在一定范围内获得最佳秩序，经协商一致制定并由公认机构批准，共同使用和重复使用的一种规范性文件。”同时认为标准宜以科学、技术的综合成果为基础，以促进最佳的共同效益为目的。而“规范性文件”又是诸如标准、技术规范、规程和法规等这类文件的通称，是“为各种活动或其结果提供规则、导则或规定特性的文件。”该定义是等同转化《ISO/IEC 指南 2》的定义，所以它又是 ISO/IEC 给“标准”所下的定义。

技术性贸易壁垒协议（WTO/TBT）规定：“标准是被公认机构批准的、非强制性的、为了通用或反复使用的目的，为产品或其加工或生产方法提供规则、指南或特性的文件。”

（二）标准的内涵

为在一定的范围内获得最佳秩序，对活动或其结果规定共同的和重复使用的规则、导则或特性的文件，称为标准。标准的定义，从不同侧面揭示了标准概念的含义，由标准的定义可以总结出标准的基本内涵。

1. 制定标准的目的

“获得最佳秩序”和“促进最佳共同效益”是制定标准的出发点，它集中地概括了标准的作用和制定标准的目的，同时它又是衡量标准化活动和评价标准的重要依据。“最佳秩序”指的是通过制定和实施标准，使标准化对象的有序化程度达到最佳状态，发挥出最好的功能；“最佳共同效益”就是要标准系统发挥出最好的系统效应，产生理想的效果。“最佳”是指努力方向、奋斗目标，目标要有全局观念，即局部服从整体，这也是标准化活动的一条基本原则。“共同效益”不是仅仅追求某一方的效益，这是作为“公共资源”的国际标准、国家标准所必须做到的。

2. 标准产生的基础

标准不是人们凭主观意志去制定的。标准中的内容应以科研成果和实践经验为基础，也就是说，标准必须具有科学性和实践性。标准必须经过实践的考验，取得可信的结论，形成可以作为依据的先进经验。标准产生的客观基础是“科学、技术和经验的综合成果”，将科学研究的成就、技术进步的新成果同实践中积累的先进经验相互结合，纳入标准，奠定标准科学性的基础。这些成果和经验，要经过分析、比较、选择以后再加以综合，它是对科学、技术和经验加以消化、融会贯通、提炼和概括的过程。标准的社会功能，即社会所积累的科学技术和实践的经验成果予以规范化，以促成对资源更有效的利用和为技术的进一步发展，搭建一个平台并创造稳固的基础。

标准中所反映的不应是局部的片面的经验，也不能仅仅反映局部的利益，应该同有关人员、有关方面（如用户、生产方、政府、科研及其他利益相关方）进行认真讨论，充分协商一致，最后要从共同利益出发作出规定。这样制定的标准才能既体现出科学性，又体现出民主性和公正性。

3. 标准化对象的特征

ISO/IEC 将其定义为“规范性文件”；WTO 将其定义为“非强制性的”“提供规则、指南和特性的文件”。这其中虽有微妙的差别，但本质上标准是为公众提供一种可共同使用和反复使用的最佳选择，或为各种活动或其结果提供规则、导则、规定特性的文件（即公共物品）。

标准文件不同于一般性文件，它从制定到颁发有一套完整的工作程序和审批制度，严格的程序和格式体现了标准文件的科学性和严肃性。因此，标准文件是一种非常规范的文件。

制定标准的对象，已经从技术领域延伸到经济领域和人类生活的其他领域，其外延已经扩展到无法枚举的程度。因此，对象的内涵便缩小为有限的特征，即“重复性事物”。只有重复性事物和概念才有必要制定标准。重复是指重复设计、重复生产、重复试验、重复检验、重复工作，某种概念、方法、符号、图形的重复应用等。重复性事物和概念是指同一事物和概念反复出现的性质，只有重复性事物和概念才需要统一。事物具有重复出现的特性，标准才能重复使用，才有制定标准的必要。对重复事物制定标准的目的是总结以往的经验，选择最佳方案，作为今后实践的目标和依据。这样既可最大限度地减少不必要的重复劳动，又能扩大“最佳方案”的重复利用次数和范围。标准化的技术经济效果有相当一部分就是从这种重复中得到的。

标准是实践经验的总结。标准化过程就是人类实践经验不断积累与不断深化的过程。具有重复性特征的事物，才能把以往的经验加以积累，标准就是这种积累的一种方式。一个新标准的产生是这种积累的开始，标准的修订是积累的深化，是新经验取代旧经验。

4. 权威机构的批准

国际标准、区域性标准以及各国的国家标准，是社会生活和经济技术活动的重要依据，是广大消费者以及标准各相关方利益的体现。作为一种公共资源，标准必须由能代表各方面利益，并为社会所公认的权威机构批准，才会被各方所接受。

标准是在一定范围内作为共同遵守的准则，标准的内容是为了贯彻以取得效益。制定标准过程中的协商一致是指普遍同意，关键是对标准中的实质问题，按程序对有关各方的观点进行了研究，对争议经过协调，没有强烈的反对意见而被普遍接受。协商一致体现了标准的民主性，因为照顾各有关方面的利益和建议，必然得到认可和欢迎；经过集思广益，标准内容必然更加科学；经过协商讨论，便于各有关方对标准的理解，有利于标准的实施。

标准由公认的标准主管机构批准，以特定形式发布，作为共同遵守的准则和依据的统一规定。不同层次的标准是在不同适用范围内进行统一，不同类型的标准是从不同技术侧面进行统一，标准的编写格式应该是统一的，各种类型标准都有自己统一的“特定形式”，有统一的编写顺序和方法，有统一的编号规则。“标准”的这种编写顺序和方法、印刷、幅面格式和编号方法的统一，既可保证标准的编写质量，又便于标准的使用和管理，也可体现出“标准”的严肃性和权威性。只有这样，才能通过标准的共同和重复使用，取得最佳的秩序和效益。

（三）文件的种类

1. 规范性文件

规范性文件是一个通用术语，是指为各种活动或其结果提供规则、导则或规定特性的文件，包括标准、技术规范、规程和法规等文件，而标准则是规范性文件的一种。在我国，对设计、施式、制造、检验等技术事项所作的统一规定称为规范。规范是标准文件的一种形式。技术规范是规定产品、过程或服务应满足技术要求的文件，可以是一项标准、一项标准的一个部分或一项标准的独立部分或与标准无关的文件。技术规范指明了可以判定其要求是否得到满足的程序。规程又称为操作或作业规程，是指为设备、构件或产品的设计、制造、安装、维护或使用而推荐惯例或程序的文件。规程可以是标准或者标准的一个部分，也可以是对操作、式艺、管理等技术要求作出统一规定的文件，它也可以是一项标准、一项标准的一部分或一项标准中的独立部分。在我国，对工艺、操作、安装等具体技术要求和实施程序所作的统一规定通常称为规程。这些规程也是标准文件的一种形式。对工作的原则、方法或概念等提出指导性或推荐性要求的文件是指南或导则，指导技术文件是为给仍处于技术发展过程中的标准化工作提供的指南或信息，供科研、设计、生产、使用和管理等有关人员参考使用而制定的标准文件。

国际标准化组织（ISO）把其发布的规范性文件分为下列 6 种：

（1）国际标准化组织（ISO）正式发布的标准文件：依据标准草案的所处阶段，又可以称为 ISO/WD（工作组草案）、ISO/CD（技术委员会草案）、ISO/DIS（国际标准草案）、ISO/FDIS（最终国际标准草案）。

（2）技术规范（TS）：即规定产品、过程或服务应满足的技术要求的文件。它们的主题一般处于技术发展分阶段，这是在 ISO 技术委员会内达成一致的标准文件。

（3）技术报告（TR）：是 ISO 提供信息的标准文件。

（4）指南（Guide）：是 ISO 提供指导性文件的标准文件。

（5）可公开提供的技术性规范（PAS）：是 ISO 提供的一种公开性的技术性规范文件；有效期为 3 年，可在今后纳入标准化技术委员会的正式工作计划，按标准制定程序转换为国际标准。

（6）国际研讨会协议（IWA）：是为了适应市场需要由 ISO 支持的国际标准研讨会参加者一致同意的规范性文件，一般使用于高速发展的技术领域，但它不允许与现行的 ISO 标准发生矛盾和冲突。

2. 技术法规

法规是指由权力机构通过的有约束力的法律性文件（ISO/IEC 指南 2）。

在法律体系中，法规主要指行政法规、地方性法规、民族自治法规及经济特区法规等。从权力机构的等级或类别划分，一般可以细分为：法律（我国为全国人大及其常委会发布的文件）；行政法规（包括国务院发布的国家行政法规和各省、市、自治区的人大批准发布的地方行政法规）；规章（包括国务院各部门发布的部门规章和各省、市、自治区政府发布的地方政府规章）。技术法规是指规定技术要求的法规，它或者直接规定技术要求，或者通过引用标准、技术规范或规程来规定技术要求，或者将标准、技术规范或规程的内容纳入法规中。技术法规可规定相应的技术指导，即为了符合法规要求所采取的某些途径等权宜性条款。

实际上，技术法规可以解释符合法规要求所采取技术措施的规则，如安全防护、环境保护、健康卫生等方面的技术规定。根据我国 1989 年 4 月 1 日起实施的《中华人民共和国标准化法》（以下简称《标准化法》）规定，强制性标准就是技术法规。

二、标准的主要种类

（一）按标准的约束性分类

按标准的约束性，可将标准分为强制性标准、推荐性标准和国家标准化指导性技术文件 3 类。

1. 强制性标准

强制性标准是指在一定范围内，根据法律或法规规定，应强制实施的标准。强制性标准是国家通过法律的形式明确要求对于一些标准所规定的技术内容和要求必须执行，不允许以任何理由或方式加以违反、变更，对违反强制性标准的，国家将依法追究当事人法律责任。强制性标准包括强制性的国家标准、行业标准和地方标准。《中华人民共和国标准化法》第七条规定："国家标准、行业标准分为强制性标准和推荐性标准。凡涉及安全、卫生、健康方面的标准以及法律、行政法规规定强制执行的标准都是强制性标准，其他标准是推荐性标准。省、自治区、直辖市标准化行政主管部门制定的工业产品的安全、卫生要求的地方标准，在本行政区域内是强制性标准。"第十四条规定："强制性标准必须执行，不符合强制性标准的产品，禁止生产、销售和进口。"由此可见，强制性标准的强制作用和法律地位是由国家有关法律赋予的，强制性标准相当于技术法规，违反强制性标准就是违法，就要受到法律制裁。

（1）强制性标准的形式。强制性标准可分为全文强制和条文强制两种形式。标准的全部技术内容需要强制时，为全文强制形式；标准的部分技术内容需要强制时，为条文强制形式。

（2）强制性标准的内容。主要包括：有关国家安全的技术要求；保障人体健康和人身、财产安全的要求；产品及产品生产、储运和使用中的安全、卫生、环境保护、电磁兼容等技术要求；工程建设的质量、安全、卫生、环境保护要求及国家需要控制的工程建设的其他要求；污染物排放限值和环境质量要求；保护动植物生命安全和健康的要求；防止欺诈、保护消费者利益的要求；国家需要控制的重要产品的技术要求。

2. 推荐性标准

推荐性标准是指国家鼓励自愿采用的具有指导作用而又不宜强制执行的标准，即标准所规定的技术内容和要求具有普遍的指导作用，允许使用单位结合自己的实际情况，灵活加以选用，也就是推荐采用、自愿执行的标准。《中华人民共和国标准化法》第十四条规定："推荐性标准，国家鼓励企业自愿采用。"也就是说，有关各方可以选择采用或不采用。但对于采用的推荐性标准，则该标准对采用者来说则成为必须执行的标准，这时即使是推荐性标准也具有法律上的约束力。

3. 国家标准化指导性技术文件

国家标准化指导性技术文件是为给技术尚在发展中，需要有相应的标准文件引导其发展或具有标准化价值，尚不能制定为标准的项目；或者采用国际标准化组织、国际电工委员会及其他国际组织（包括区域性国际组织）的技术报告的项目时，为了对相关的标准化工作提供指南或信息，制定国家标准化指导性技术文件供科研、设计、生产、使用和管理等有关人员参考使用。国家标准化指导性技术文件不宜由标准引用使其具有强制性或行政约束力。

（二）按标准对象特性分类

按标准对象特性，通常将标准分为技术标准、管理标准和工作标准3类。

1. 技术标准

按《企业标准体系　技术标准体系》（GB/T 15497－2003）中的定义，

技术标准是对标准化领域中需要协调统一的技术事项所制定的标准。它是从事生产、建设工作以及商品流通的一种共同技术依据。技术标准包括技术基础标准、产品标准、设计标准、工艺标准、检测试验方法标准，及安全、卫生和职业健康、环境标准等。技术标准的形式可以是标准、技术规范、规程等文件，以及标准样品实物。

（1）技术基础标准。基础标准是指具有广泛的适用范围或包含一个特定领域的通用条款的标准。技术基础标准是指在一定范围内作为其他标准的基础，并普遍使用，具有广泛指导意义的标准。企业技术基础标准是在企业范围内，作为企业制定技术标准、管理标准、工作标准的基础。因此，技术基础标准的使用范围广，使用频率高，而且常常是制定其他具体标准的基础，具有普遍的指导意义。例如，标准化工作导则（包括：标准的结构文件格式要求、标准编写的基本规定、标准印刷的规定等），是标准化工作的指导性标准。又如通用技术语言标准（包括：术语标准，符号、代号、代码、标志标准，技术制图标准等），是为使技术语言统一、准确、便于相互交流和正确理解而制定的标准。技术基础标准还包括：量和单位标准；数值与数据标准；公差、配合、精度、互换性、基本系列标准；健康、安全、卫生、环境保护方面的通用技术要求标准；信息技术、人类工效学、价值工程和工业工程等通用技术方法标准；通用的技术导则。

（2）产品标准。产品标准是指规定产品应满足的要求以确保其适用性的标准。产品标准通常是对产品结构性能、规格、质量特性和检验方法所作的技术规定，它可以规定一个产品或同一系列产品应满足的要求，以确定其对用途的适应性。产品可以是软件、硬件、流程性材料或服务。产品标准除了包括适用性的要求外，还可直接地或通过引用间接地包括诸如术语、抽样、测试、包装和标签等方面的要求，有时还可包括工艺要求，它是设计、生产、制造、质量检验、使用维护和贸易洽谈的技术依据。产品标准根据其规定的是全部的还是部分的必要要求，可分为完整的标准和非完整的标准。产品标准又可分为不同类别的标准。例如尺寸类标准、材料类标准和交货技术通则类标准。产品标准的主要作用是规定产品的质量要求，包括性能、适应性、使用技术条件、检验方法、包装及运输要求等。产品标准可以是一个标准，也可以由若干个标准组成（如产品技术条件或要求、产品检验标准、产品包装标准等)。一个完整的产品标准在内容上应包括产品分类（型式、尺寸、参数)、质量特性及技术要求、试验方法及合格判定准则、产品标志、包装、运输、储存、使用等方面的要求。为了使产品满足不同的使用目的或适应不同经济水平的需要，产品标准中可以规定产品的分等分级。产品标准的制定，一般应以面向市场、面向顾客、面向最终使用者或消费者为主，主要规定产品的性能要求和使用要求，而不是主要规定产品的设计要求及工艺要求。

（3）设计标准。设计标准是指为保证与提高产品设计质量而制定的技术标准。设计的任务是将顾客的期望和要求转化为产品标准，运用相关的原料、材料、外购件等技术标准，以及图纸、图样、工艺流程、工艺规范等技术文件，进行样品试制和小批量产品试制，并最终完成产品定型。设计的质量从根本上决定产品的质量。设计标准通过规定设计的过程、程序、方法、技术手段，保证设计的质量。设计标准包括：设计图形、符号、代号、术语标准；设计准则和专业设计规范（如设计项目任务书的格式与要求)；设计评审、设计验证、设计确认的程序和要求，设计参数与数据标准，设计计算方法标准，设计的工程施工及验收规范，设计中用于评价产品和工序的试验方法和验收规则；设计文件标准（如设计图样与文件的格式，设计文件的完整性，设计文件的编号)；计算机辅助设计及设计软件标准。

（4）工艺标准。工艺标准是指对产品的工艺方案、工艺过程、工序的操作方法和检验方法以及对工艺装备和监视设备所作的技术规定，也就是指依据产品标准要求，对产品实现过程中原材料、零部件、元器件进行加工、制造、装配的方法，以及有关技术要求的标准。工艺标准的主要作用在于规定正确的产品生产、加工、装配方法，使用适宜的设备和工艺装备，使生产过程固定、稳定，以生产出符合规定要求的产品。工艺标准包括：工艺基础标准（如工艺符号、代号、术语标准，工艺分类编码标准)，工艺文件标准，工艺余量标准（如毛坯余量和工序余量）等；工艺流程包括工艺流程图；工艺规程（如专用工艺规程、通用工艺规程、标准工艺规程，工艺配方、工艺参数、工艺质量指标，工艺卡、工序操作规范，特殊工序工艺标准等)；工序能力标准（包括工序控制标准)。

（5）检测试验方法标准。检测试验方法标准是指以通用的检验、试验、检查、分析、抽样、统计、计算、测定、作业等各种方法为对象所制定的标准，如试验方法、分析方法、抽样方法、设计规范、计算公式、工艺规程等方面的标准。针对不同的检验对象，检验标准分为进货检验标准、工序检验标准、产品检验标准、设备安装交付验收标准、工程竣工验收标准等。试验标准是指与试验方法有关的标准，有时附有与测试有关的其他条款，例如抽样、统计方法的应用、试验步骤。方法标准是为了提高工作效率，保证工作结果必要的准确一致性，对生产技术和组织管理活动中最佳的方法所作的统一规定。对属于某个具体产品的试验方法和检验方法，则应包含于该产品标准中，不应单独制定方法标准。检验试验方法标准包括抽样方法、试样采制、试剂和标准样品、检验和试验使用的仪器以及试验条件、检验和试验的程序、检验和试验的结果、统计和数值计算方法、合格判定的准则、质量水平评价的方法等。

(6) 安全、卫生和职业健康标准。安全是指免除了不可接受的损害风险的状态。标准化考虑产品、过程或服务的安全问题，通常着眼于实现包括诸如人类行为等非技术因素在内的若干因素的最佳平衡，把损害人员和物品的可避免的风险降到可接受的程度。安全标准是指以保护人和物的安全为目的而制定的标准，也就是指为消除、限制或预防产品生产、运输、储存、使用或服务提供中潜在的危险因素，避免人身伤害和财产损失而制定的标准，主要包括安全技术操作标准、劳保用品的使用标准、危险品和毒品的使用标准等。对于某些产品，为了保证使用安全，也在产品标准中规定了安全方面的要求。安全标准主要有：通用安全标准（包括安全管理通用标准、安全标志和报警信号标准、危险和有害因素分类分级标准），安全工程标准（包括机械安全标准、电气安全标准、燃气安全标准、消防安全标准、防爆安全标准、爆破安全标准、储运安全标准、建筑安全标准、信息安全标准等），生产过程安全标准（包括安全操作规程，设备安全标准，特殊工作环境安全标准，产品安全标准，安全防护用品标准）。卫生与人类健康直接相关，卫生标准是指为保护人的健康，对食品、医药及其他方面的卫生要求所制定的标准，其范围包括食品卫生标准、药物卫生标准、生活用水标准、企业卫生标准、环境卫生标准等。职业健康标准是指为消除、限制或预防职业活动中危害人身健康的因素而制定的标准，其目的和作用是保护劳动者的健康，预防职业病。职业健康标准包括：作业场所粉尘、污染物等有毒有害物质的浓度限量标准，噪声与振动控制标准，辐射防护标准，气温异常防护标准，生物危险防护标准等。

（7）环境标准。环境标准是指为了保护人身健康、社会物质财富，保护环境和维护生态平衡，对大气、水、土壤、噪声、振动等环境质量、污染源、监测方法以及满足其他环境保护方面要求所制定的标准。主要有“三废”排放标准、噪音控制标准、粉尘排放标准等。社会环境标准是个庞大的标准体系，可分为基础标准、环境质量标准、污染物排放标准和分析测试方法标准等；企业环境标准分为工作场所环境（小环境）标准和企业周围环境（大环境）标准。环境标准的目的和作用是保证产品质量，保护工作场所内工作人员的职业健康安全，以及履行企业的社会责任。工作场所环境标准，包括：与产品质量密切相关的环境要求，如温度、湿度、空气清洁度等；与现场工作人员的健康和安全密切相关的环境要求，如粉尘、噪声、有毒有害气体、电磁辐射等。企业周围环境标准，包括：大气、水等环境质量标准，各种污染物排放标准，以及环境监测标准。

2. 管理标准

管理标准是指对标准化领域中需要协调统一的管理事项所制定的标准。企业管理活动中所涉及的“管理事项”包括经营管理、开发与设计管理、采购管理、生产管理、质量管理、设备与基础设施管理、安全管理、职业健康管理、环境管理、信息管理、人力资源管理、财务管理等。管理标准可分为：管理基础标准、管理体系标准、管理程序标准、技术管理标准、经济管理标准、行政管理标准、生产经营管理标准等。通常，企业中的管理标准种类和数量都很多，其中与管理现代化，特别是与企业信息化建设关系最密切的标准，主要有管理体系标准、管理程序标准、定额标准、期量标准和工作标准。

（1）管理基础标准。管理基础标准是指对一定范围内的管理标准化对象的共性因素所作的统一规定，并在一定范围内作为制定其他管理标准的依据和基础。其内容主要包括：管理标准化工作导则；管理名词术语、编码、代号；计划、组织机构；人事、财务、会计、统计的各种管理规定，以及管理信息系统、通用管理程序和管理方法等方面的企业管理基础标准。

（2）管理体系标准。管理体系标准通常是指 ISO9000 质量管理体系标准、ISO14000环境管理体系标准、OHSAS18000职业健康安全管理体系标准，以及其他管理体系标准。

（3）管理程序标准。管理程序标准通常是在管理体系标准的框架结构下，对具体管理事务（事项）的过程、流程、活动、顺序、环节、路径、方法的规定，是对管理体系标准的具体展开。劳动定额标准是对能计算考核工作量的工种和岗位，在一定的生产技术组织条件下，对劳动消耗的数量所规定的限额标准。劳动定额的基本形式是工时定额和产量定额。工时定额表现为生产单位产品或完成单位工作所需要的劳动时间。产量定额表现为在单位时间内应完成的合格产品的数量。消耗定额标准，是在一定的生产技术组织条件下，对生产单位产品或完成某项工作所需要的材料、能源等物资消耗数量所规定的限额标准。

（4）技术管理标准。技术管理标准是指为保证各项技术工作更有效地进行，建立正常的技术工作秩序，针对技术领域的某些管理事项所制定的标准。其内容主要包括：技术图样、技术文件、标准资料、情报档案的管理标准；为进行科研、设计、工艺、原材料、设备等技术管理活动而制定的有关工作程序、工作方法、工作内容的标准；企业为合理利用资源所作的技术规定和计算、管理方法的标准；与企业质量管理和建立质量管理体系有关的标准。

（5）经济管理标准。经济管理标准是指对生产、建设、投资的经济效果，对生产、分配、交换、流通、消费、积累等经济关系的环节和管理所制定的标准。其内容主要包括：决策与计划管理标准（如目标管理标准、决策方法与评价标准、可行性分析规程、优先顺序评定标准、投资决策管理标准、投资收益率标准等）；资金、成本、价格、利润等方面的管理标准；劳动、人事、工资、奖励、津贴等标准。

（6）行政管理标准。行政管理标准是指政府机关、社会团体、企事业单位为实施有效的行政管理，正确处理日常行政事务所制定的标准。其内容主要包括：管理组织设计、行政管理区划及编号、组织机构属性分类；交通信号和标志、安全管理；管理人员分类、管理档案、行政机构办公自动化等方面的标准。

（7）生产经营管理标准。生产经营管理标准是指企业为了正确地进行经营决策，合理地组织生产经营活动所制定的标准，主要有企业的市场调查、经营决策与计划、产品的设计与生产、劳动组织与安全卫生等企业生产全过程中的各个环节和各个方面的管理标准。

3. 工作标准

工作标准是指对工作的责任、权利、范围、质量要求、程序、效果、检查方法、考核办法所制定的标准，是对标准化领域中需要协调统一的工作事项所制定的标准。也就是为实现整个工作过程的协调，提高工作质量和工作效率，对工作岗位所制定的标准。工作标准一般包括部门工作标准和岗位（个人）工作标准。通常包括基础工作、工作质量、工作程序和工作方法等方面的标准。企业中的工作岗位可以分为生产岗位（操作岗位）和管理岗位两大类。工作标准也可分为管理工作标准和作业标准两类。管理工作标准主要规定工作岗位的工作内容、工作职责和权限，本岗位与组织内部其他岗位纵向和横向的联系，本岗位与外部的联系，岗位工作人员的能力和资格要求等。作业标准的核心内容是规定作业程序和方法。在有的企业里，这类标准常以作业指导书或操作规程的形式存在。作业指导书的主要内容是规定各具体岗位的工作内容和作业方法，包括岗位环境、位置、设施、设备、工具、生产、加工或装配的对象，工作顺序、操作方法、作业动作，对加工产品或工作结果的检查，以及合格判定准则等。岗位作业指导书的目的和作用是告诉人们怎样正确地做好一个岗位上的工作。操作规程的主要内容是规定各专业工种的通用操作程序和方法。操作规程的目的和作用是告诉人们怎样正确地做好一项专业技术操作工作。

（1）岗位目标。岗位目标即岗位的工作任务及工作内容。企业的总体方针目标必须通过制定各部门的管理标准，并分解到各工作岗位的工作标准，才能落到实处。所以确定岗位目标，制定岗位工作标准，应从整个企业的全局要求来考虑。

（2）工作程序和工作方法。将任何一个工作岗位上重复性的工作，通过总结经验和试验，优选出较为理想的工作程序和工作方法，并将其纳入到工作标准之中。这样，既能提高个人操作水平，又能使该岗位的操作人员达到统一的要求，以提高效率，减少差错。

（3）业务分工与业务联系（信息传递）方式。企业内部各部门的业务分工与信息传递，企业内部与外部业务联系的工作标准。这种岗位之间的相互协作配合、相互保证的关系处理得越好，企业系统的效率就越高。工作标准不仅要保证该工作岗位按时、按质、按量完成本职工作，还要保证各相关岗位的协调与配合。

（4）职责与权限。工作标准中应对每个工作岗位所应具有的与其承担的任务相适应的职责和权限作出规定。在制定工作标准时，既要考虑恰当划分各岗位的职责与权限，又要考虑与相关岗位的分工、协调配合以及该岗位必须具备的客观条件等。

（5）质量要求与定额。工作标准中应对每个岗位的工作规定明确的技术要求，并尽可能做到定量化；凡能定额的岗位，应制定定额标准，这样有利于考核和评比，贯彻按劳分配的原则。

（6）对岗位人员的基本技能要求。每个岗位的任务都要靠该岗位工作人员去完成。工作完成得如何，决定于该岗位人员的素质。因此，工作标准中必须对岗位人员的基本技能提出要求，主要包括操作水平、文化水平、管理知识等。各种岗位对人员的要求不一，但对岗位工作基本技能的要求应是主要要求。

（7）检查与考核办法。工作标准中有时还要规定对各项要求执行情况进行检查与考核的办法。有的采用打分的办法，有的采用分级的办法。工作标准是按岗位来制定的，岗位大体上分为生产岗位（或操作岗位）和管理岗位（或工作岗位）两大类。生产岗位制定的标准称为作业标准或操作标准。作业标准可按不同的生产岗位制定。管理岗位制定的标准称为管理标准或工作标准。这类标准可以针对某种固定的管理岗位或某种管理职务而制定：按管理岗位来制定，如收发员、会计员、出纳员、调度员等管理岗位的工作标准；按管理职务来制定，如厂长、总工程师、总会计师、人事处长、办公室主任等管理职务的工作标准。

（三）按标准功能范围分类

按标准的审批权限和作用范围分类可分为国际标准、区域标准、国家标准、行业标准、地方标准和企业标准 6 类，其中前面 2 类为国外标准的分类，国外标准不是指某个国家的标准，而是指国际间共同使用的标准，分为国际标准和区域标准。后面 4 类是我国标准的分类，根据《中华人民共和国标准化法》的规定，我国标准分为国家标准、行业标准、地方标准和企业标准 4 类，也可称为我国的四级标准，各层次之间有一定的依从关系和内在联系，形成一个覆盖全国而又层次分明的标准体系。

1. 国际标准

国际标准是由国际标准化组织（ISO）、国际电工委员会（IEC）和国际电信联盟（ITU）等全球性的国际组织所制定的标准。国际标准化组织已列入《国际标准题内关键词索引》中的27个国际组织包括国际原子能机构（IAEA）、国际铁路联盟（UIC）、国际计量局（BIPM）、世界卫生组织（WHO）等。国际标准化组织ISO的代号和编号的格式为：ISO+标准号+［杠+分标准号］+冒号+发布年号（方括号中的内容可有可无）。例如，ISO8402:1987和ISO9000-1:1994都是ISO标准代号和编号。

2. 区域标准

区域标准是指由区域性的国家集团的标准化组织制定和发布的标准，在该集团各成员国之间通用。这些国家集团的标准化组织的形成，有的是由于地理上毗邻，如拉丁美洲的泛美标准化委员会（COPANT）；有的是因为政治上和经济上有共同的利益，如欧洲标准化委员会（CEN）。区域标准的出现对国际标准化既可能产生有益的促进作用，也可能成为影响国际统一协调的消极因素。

3. 国家标准

国家标准是指对关系到全国经济、技术发展的标准化对象所制定的标准，它在全国各行业、各地方都适用。《中华人民共和国标准化法》规定："对需要在全国范围内统一的技术要求，应当制定国家标准。"国家标准是由国务院标准化行政主管部门制定发布，以保证国家标准的科学性、权威性、统一性。

国家标准一般为基础性、通用性较强的标准，是我国标准体系中的主体。国家标准在全国范围内适用，其他各级标准不得与之相抵触。国家标准一经批准发布实施，与国家标准相重复的行业标准、地方标准即行废止。

我国国家标准代号由大写汉字拼音字母构成，强制性国家标准代号为GB，推荐性国家标准的代号为GB/T。国家标准的编号由国家标准代号、标准发布的顺序号和发布的年号组成。标准顺序号用阿拉伯数字，后面加"-"，再加发布的年号表示，如2008年发布的GB/T 19000-2008标准。

4. 行业标准

对于需要在全国某个行业范围内统一的标准化对象所制定的标准称为行业标准。行业标准专业性较强，是国家标准的补充。《中华人民共和国标准化法》规定："对没有国家标准而又需要在全国某个行业范围内统一的技术要求，可以制定行业标准。"行业标准由行业标准归口部门编制计划、审批、编号、发布、管理，并报国务院标准化行政主管部门备案。作为对国家标准的补充，当相应的国家标准实施后，该行业标准应自行废止。行业标准的归口部门及其所管理的行业标准范围，由国务院行政主管部门审定。

行业标准的编号由行业标准代号、标准顺序号和年号组成。行业标准的代号由国务院标准化机构规定，不同行业的代号各不相同，如民政行业的代号为 MZ、轻工行业为 QB、医药行业为 YY 等。行业标准中同样分强制性标准和推荐性标准。推荐性标准的编号应在其标准代号之后加上"/T"，而强制性标准则不需要。

5. 地方标准

地方标准是在国家的某个省、自治区、直辖市范围内需要统一的标准。《中华人民共和国标准化法》规定："没有国家标准和行业标准而又需要在省、自治区、直辖市范围内统一的工业产品的安全卫生要求，可以制定地方标准。地方标准由省、自治区、直辖市标准化行政主管部门制定，并报国务院标准化行政主管部门和国务院有关行政主管部门备案。"地方标准在本行政区域内适用，不得与国家标准和行业标准相抵触。国家标准、行业标准公布实施后，相应的地方标准即行废止。

地方标准的编号由地方标准代号、标准顺序号和发布年号组成。地方标准代号由汉语拼音字母"DB"加上省、自治区、直辖市行政区划代码前两位数字加斜线，组成强制性地方标准代号，如"DB11/"是北京市强制性地方标准代号，"DB31/"是上海市强制性地方标准代号，浙江省强制性地方标准代号是"DB33/"；若再加上"T"则组成推荐性地方标准代号。

6. 企业标准

企业标准是指由企业制定的产品标准和为企业内需要协调统一的技术要求和管理、工作要求所制定的标准。《中华人民共和国标准化法》规定："企业生产的产品没有国家标准和行业标准的，应当制定企业标准，作为组织生产的依据。企业的产品标准须报当地政府标准化行政主管部门和有关行政主管部门备案。已有国家标准或者行业标准的，国家鼓励企业制定严于国家标准或者行业标准的企业标准，在企业内部适用。”《中华人民共和国标准化法》适用于中国境内的一切企事业单位、机关、科研机构及学术团体。凡取得企业法人资格的一切企业都应按照《中华人民共和国标准化法》的规定制定企业标准，将其作为组织生产的依据，并在发布30日内报有关部门备案。企业内所实施的标准一般都是强制性的。

企业标准的编号由企业标准代号（Q）加斜线、企业代号、标准顺序号和发布年号组成（如图1－1所示）。企业标准代号“Q/”代表企业制定、批准、发布的企业标准；企业隶属行政区域代号是用区、县名称或工业局、总公司名称的二位汉语拼音字头表示；企业代号由企业定，一般用企业名称的汉语拼音字头或英文缩写的3个字母表示；顺序号是企业自己制定的企业标准的顺序号，用3位阿拉伯数字表示；年号用4位数表示。如图1－2是养老服务机构标准代号编写的规则。

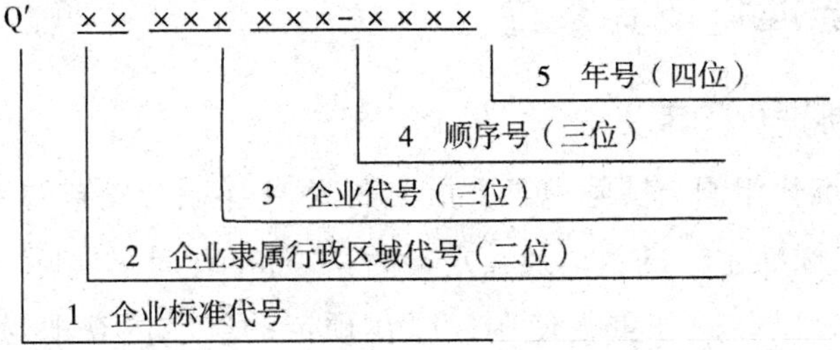

图1－1　企业标准代号编写

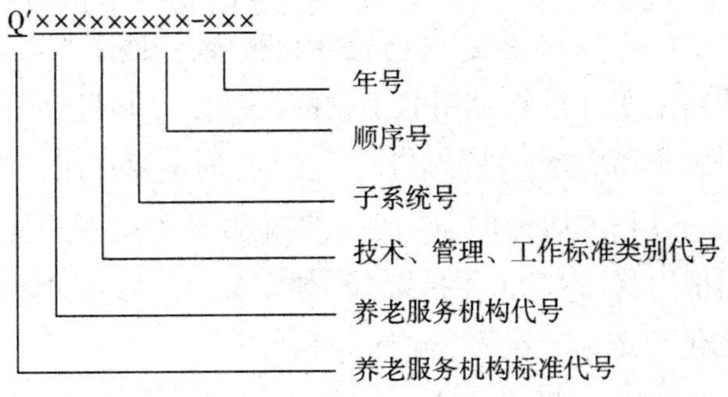

图1－2　养老服务机构标准代号编写的规则

总之，标准的分类有多种（如表1－1）。

表 1－1　标准的分类

按标准的层级分类	按标准的性质分类(1)	按标准的属性分类(2)	按标准的对象分类(3)
国家标准	强制性标准	技术标准	基础标准
行业标准	推荐性标准	管理标准	安全卫生标准
地方标准		工作标准	环保标准
企业标准			工程建设标准
			产品标准
			方法标准
			管理技术标准
			其他标准

（1）适用于国家标准、行业标准和地方标准的分类。
（2）适用于企业标准的分类。
（3）适用于国家标准、行业标准和地方标准的分类。

三、标准化及其系统

（一）标准化的定义

国际标准化组织与国际电工委员会在 2004 年联合发布的《ISO/IEC 指南 2》中，“标准化”的术语及其定义为：“标准化是对实际与潜在问题作出统一规定，供共同和重复使用，以在预定的领域内获取最佳秩序的活动。”我国《标准化工作指南　第 1 部分：标准化和相关活动的通用词汇》（GB/T 20000. 1）修改采用（MOD）“标准化”的上述国际标准定义，对“标准化”给出了定义：“为在一定范围内获得最佳秩序，对现实问题或潜在问题制定共同使用和重复使用的条款的活动。”同时注明：上述活动主要包括编制、发布和实施标准的过程；标准化的主要作用在于为了其预期目的改进产品、过程或服务的适用性，防止贸易壁垒，并促进技术合作。该定义是等同采用《ISO/IEC　指南 2》的定义，所以也可以说是 ISO/IEC 给出的“标准化”定义。

（二）标准化的内涵

国际标准定义明确，内容深刻，文字简明，适用范围清楚，是应采用的最佳定义。

1. 标准化是有组织的活动过程

标准化不是一个孤立的事物，而是一个活动过程，主要是制定标准、实施标准进而修订标准又实施标准的一个不断循环、螺旋式上升的运动过程。每完成一个循环，标准的水平就提高一步。标准化作为一门学科就是标准化学，主要研究标准化活动过程中的客观规律即原理和方法。标准化作为一项工作，就是根据客观情况的变化，不断促进这种循环过程的进行和发展。只要标准化对象存在，标准化活动就不会中止，它会通过修订标准、实施标准，不断提高标准水平，持续改进，以适应和促进标准化主体的发展。

2. 标准化是有目的的活动

标准化可以有一个或更多特定的目的，以使产品、过程或服务具有适用性。这样的目的可能包括品种控制、可用性、兼容性、互换性、健康、安全、环境保护、产品防护、相互理解、经济效益、贸易等。一般来说，标准化的主要作用，除了为达到预期目的改进产品、过程或服务的适用性之外，还包括促进技术合作、防止贸易壁垒等。

标准化的目的和作用是要通过制定和实施具体的标准来体现的。所以，标准化活动不能脱离制定（修订）和实施标准，这是标准化的基本任务和主要内容。标准化的效果只有当标准在社会实践中实施以后，才能表现出来，因此，标准化的全部活动中，实施标准是个不容忽视的环节，这一环节中断了，标准化循环发展过程也就中断了。

3. 标准是制定标准过程的成果

标准化的效能和目的是要通过制定和实施标准来体现。所以制定各类标准、组织实施标准和对标准的实施进行监督或检查构成了标准化的基本任务和主要活动内容。因此应该把质量活动文件（如质量手册、程序文件等）编制为标准，以便使标准化与全面质量管理更紧密地结合在一起，相互促进，共同提高，获得阶梯式的发展。

标准化活动是建立规范的活动。标准的定义中所说的“条款”，即规范性文件内容的表述方式。标准化活动所建立的规范具有共同使用和重复使用的特征。条款或规范不仅针对当前存在的问题，而且针对潜在的问题，这是信息时代标准化的一个重大变化和显著特点。

4. 标准化对象和领域的动态性

标准化的对象和领域都在随着时间的推移不断地完善、扩展和深化。过去主要制定产品标准、技术标准，现在又要制定管理标准、工作标准；过去主要在工农业生产领域，现在已扩展到安全、卫生、环境保护、行政管理领域；过去只对实际问题进行标准化，现在还要对潜在的问题实行标准化。即使是同一项标准，随着标准化对象的发展、人们认识的深化，其标准内容和水平也在发展完善或改变、深化。标准化随着社会客观需要不断地发展和深化的这种相对性，还表现在标准化与非标准化的互相转化上，非标准化事物中包含有标准化的因素，标准化的事物中也应允许非标准化的东西，使其适应社会多样化的需要。

5. 标准化注重过程质量的改进

标准化的效果只有当标准在实施中付诸重复使用后才能体现出来，只制定而不实施标准或者标准实施过程不增值，都不能取得标准化效益。标准化的目的和重要意义在于改进活动过程和产品的适用性，提高活动过程质量、过程产品质量，同时达到便于交流和协作，尤其可消除国际贸易中技术壁垒。

（三）标准化的层次

标准化的层次指“标准化所涉及的地理、政治或经济区域的范围”。“标准化可以在全球或某个区域或某个国家层次上进行，也可以在某个国家的某个地区内，在一个行业或部门、地方层次上、行业协会或企业层次上以及在一个单位的车间或业务部门进行”（《ISO/IEC 指南 2》）。依据标准化层次的上述定义和注释，一般把标准化层次划分为下列 6 个。

1. 国际标准化

国际标准化是“所有国家的有关机构均可参与的标准化”（《ISO/IEC 指南 2》）。国际标准化是在 19 世纪后期从计量单位、材料性能与试验方法和电工领域起步的。20 世纪 40 年代后，国际标准化组织（ISO）成立，国际标准化随着社会科技进步与经济发展逐步发展起来，国际标准范围也从基础标准如术语标准、符号标准、试验方法标准逐步扩展到产品标准，从技术标准延展到管理标准（如 ISO9000 族标准）。1979 年关税贸易总协定（GATT）东京回合谈判达成的“贸易技术壁垒协议（TBT）”使国际标准化的权威性得到空前提高，采用国际标准成为各国标准化的基本战略方法与政策。

2. 区域标准化

区域标准化是“仅由世界某一地理、政治或经济区域内国家的有关机构可参与的标准化”（《ISO/IEC　指南 2》）。由于世界各地区民族不同，习惯风俗各异，经济技术水平不一，为了维护与保障某一地理、政治或经济区域内民族利益，促进该区域经济发展，消除区域内贸易技术壁垒，欧洲、亚洲、美洲、非洲和阿拉伯地区等区域先后成立了区域标准化机构，如欧洲标准化委员会（CEN）、亚洲标准咨询委员会（ASAC）、阿拉伯标准化与计量组织（ASMO）、非洲地区标准化组织（ARS）、泛美技术标准委员会（COPANT）等。欧洲标准化为当今世界上最重要，也是最有绩效的区域标准化活动。

3. 国家标准化

国家标准化是“在某一国家层次进行的标准化”（《ISO/IEC　指南 2》）。国家标准化的主要任务是依据本国技术、经济与政治管理需要，制定标准化法律、法规、规章和方针政策，组织制定与实施国家标准化，以建立文明秩序，促进科学技术、经济贸易的发展，维护国家和人民权益。由于各国政治、经济体制不同，各国标准化组织性质与活动方式也不同。在国际标准化舞台上，发挥重要作用的国家标准化主要是美、英、法、德、日、俄等经济发达国家的国家标准化。我国正在实施“自主创新、重点跨越、支撑发展、引领未来”的指导方针和标准化发展战略，将在国际标准化舞台上发挥越来越重要的作用。

4. 行业标准化

行业标准化是由某一国家内行业标准化机构或行业协会开展的标准化活动。行业标准化既符合行业管理的客观需要，又是国家标准化的基础与补充，并可有效指导本行业的企业标准化，必要时，还可参与某一领域的国际标准化或区域标准化的活动，成为其重要组成部分。如美国机械工程师协会（ASME）、美国石油学会（API）、英国劳氏船级社（LR）等行业协会开展的机械、石油、船舶行业标准化。

5. 地方标准化

地方标准化是“在一个国家的某一地区层次上进行的标准化”（《ISO/

IEC 指南2》)。在一些地域辽阔的国家，如美国、俄罗斯和中国，都有地方标准化，适应当地政治、经济与人民生活的客观需要，是国家标准化的重要基础和补充，也能指导和促进本地区企业标准化的有效开展。在农业、旅游业及其他具有地方特色的领域内，地方标准化更是十分重要的一个层次。

6. 组织标准化

组织是“职责、权限和相互关系得到安排的一组人员及设施，如公司、集团（或企业、产业联盟）、商行、企事业单位（学校和医院等）、研究机构、慈善机构、代理商、社团（如协会、学会）或上述组织的部分或组合”。组织标准化是发生在组织层次的标准化，是最基本、最重要的标准化层次，也是国际、区域、国家、行业和地方标准化的基础和落脚点。我国的企业（产业）联盟、学校、医院、协会（学会）、科研院所等组织都在开展标准化工作。而企业标准化包括各类企业及其内部各部门、各车间乃至班组的标准化，既是企业科学管理的重要基础，也是组织标准化的主体。

（四）标准化的系统

系统是“同类事物按一定关系组成的整体”，标准化系统就是标准化事物按一定内在关系组成的整体。从标准化的定义和标准化的实践工作可知，与标准化相关的事物主要有问题、活动、标准、机构、法规或制度、资源等因素。问题，即标准化课题，是依存主体的标准化对象，无论是实际问题，还是潜在问题，都可以成为标准化的对象。活动，即标准化活动过程，是组织制定与实施标准、修订标准以及再实施标准以及对标准的实施进行监督或检查的活动过程，它是标准化的主线。标准，即标准化活动的成果，也是标准化活动过程的结果，构成标准化系统的标准应组合成标准体系。机构，即标准化组织，是开展标准化活动的组织保证。法规或制度，即开展标准化活动的法定程序。资源，即开展标准化活动所需的人力、财务、信息和物力等资源。人力资源就是标准化专业人员，是开展标准化活动的关键要素，没有标准化人员，也就不能开展标准化活动。物力资源则是指与开展标准化活动有关的各类物质条件，如各种设施、设备、电子计算机、计量测试仪器、仪表等。

标准化系统是为开展标准化所需的课题、过程、组织、标准、法规制度及资源构成的有机整体。有时可以把标准化系统分成标准化课题（即依存主体对象）、标准化工作体系与标准化体系3部分。标准化课题是建立标准化系统的前提，标准化工作体系是标准化系统的运行主体，标准化体系是标准化系统的运行结果。依据标准化层次，可以把标准化系统分成国家标准化系统、行业标准化系统、专业标准化系统、地方标准化系统、组织或企业标准化系统等。依据标准化对象，又可以把标准化系统分为产品标准化系统、工程标准化系统、信息标准化系统、能源标准化系统等。在一个组织的标准化系统内，也可以分成基础标准化工作系统、技术标准化系统（如工艺标准化系统、设备标准化系统等）、管理标准化系统、工作标准化系统等。

第二节　标准化的主要原理

标准化活动是为数众多的人的一种社会实践，而且是有组织、有目的的实践。伴随着这种实践的总结便是理论的提炼。否则，标准化实践既不可能取得成功，更不可能上升到它的高级阶段。

国际标准化组织（ISO）于1952年成立了标准化原理研究常设委员会（STACF），其首要职责是在标准化原理、方法和技术方面充当ISO理事会的顾问，在考虑标准化经济问题的同时，使ISO的标准化活动取得最佳效果。

一、国外标准化原理

100多年来，世界各国对标准化活动基本规律的探索和研究一直没有停止过，也出版了一些有关标准化原理的专著，如1972年，曾经担任印度标准学会（ISI）主席的魏尔曼博士（Laic. Verman）所著的《标准化是一门新学科》、日本古川光等所著的《标准化》等。如日本在1958年设立了标准化原理委员会（JSA/STACO），开展了标准实施状况的调查以及标准化经济效果的计算方法和标准化术语的研究。次年，官城精吉提出了标准化的两个基本原理（经济性的基本原理和对策规则的基本原理）和一系列分原理。俄罗斯标准化学者在标准化理论研究和教学上做了不少工作，1989年决定在莫斯科仪表学院高等、中等院校设立计量标准和质量管理专业，开设“标准化与产品质量管理”“互换性与标准化”“标准化与质量”等课程，之后又分为“计量与计量保证”“标准化与认证”和“质量管理”3个独立专业。标准化原理研究影响较大的有英国的桑德斯（T. R. B. Sanders）1972年所著的《标准化的目的与原理》中提出的七项原理，日本松浦四郎著作《工业标准化原理》中所提出的19项原则。

（一）桑德斯的七项原理

英国标准化专家桑德斯认真总结了标准化活动过程，即“制定→实施→修订→再实施”标准过程的实践经验。他从标准化的目的、作用和方法上提炼出七项原理，并阐明标准化的本质就是有意识地努力达到简化以减少目前和预防以后的复杂性。

原理1：从本质上来说，标准化是社会有意识地努力达到简化的行为。标准化不仅是为了减少当前的复杂性，也是为了预防将来产生不必要的复杂性。

原理2：标准化不仅是经济活动，也是社会活动，应该通过所有相关者的互相协作来推动，标准的制定必须建立在全体协商一致的基础上。

原理3：出版了标准，如果不实施，就没有任何价值。在实施标准时，为了多数利益而牺牲少数利益的情况是常有的。

原理4：在制定标准时，最基本的活动是选择以及将其固定。因此，要慎重地从中选择对象和时机。标准应该在某一时期内固定不变，以利于实施。

原理5：标准要在规定的时间内复审，必要时还应进行修订。

原理6：制定产品标准时，必须对有关的性能规定出能测定或能测量的数值。必要时，还应规定明确的试验方法和必要的试验装置。需要抽样时，应规定抽样方法、样本大小和抽样次数等。

原理7：标准是否以法律形式强制实施，应根据标准的性质、社会工业化程度、现行法律和客观情况等慎重地加以考虑。

（二）松浦四郎的十九项原则

日本政法大学教授松浦四郎从1961年担任ISO/STACO和日本规格协会标准化原理委员会（JSA/STACO）成员就开始研究标准化理论，先后发表了《工业标准化原理》《简化的经济效果》与《产品标准化》等著作和文章，是“巧妙地尝试了用数学方法解决品种简化及其经济效果问题的标准化专家”。松浦四郎在 1972 年出版的《工业标准化原理》一书中，全面系统地研究和阐述了标准化活动过程的基本规律，提出了下列 19 项原则：标准化本质上是一种简化，是社会自觉努力的结果；简化是减少某些事物的数量；标准化不仅能简化目前的复杂性，还能预防将来产生不必要的复杂性；标准化是一项社会活动，各有关方面应相互协作来推动它；当简化有效果时，它就是最好的；标准化活动是克服过去形成的社会习惯的一种运动；必须根据各种不同观点仔细地选定标准化主题和内容，优先顺序应从具体情况出发来考虑；对“全面经济”的含义，由于立场的不同会有不同的看法；必须从长远观点来评价全面经济；当生产者的经济和消费者的经济彼此冲突时，应该优先照顾后者，简单的理由是生产商品的目的在于消费或使用；使用简便最重要一条是“互换性”；互换性不仅适用于物质的东西，也适用于抽象概念或思想；制定标准的活动基本上就是选择然后保持固定；标准必须定期评论，必要时修订，修订时间间隔多长，将视具体情况而定；制定标准的方法，应以全体一致同意为基础；标准采取法律强制实施的必要性，必须参照标准的性质和社会工业化的水平审慎考虑；对于有关人身安全和健康的标准，法律强制实施通常是必要的；用精确的数值定量评价经济效果，仅仅对于使用范围狭窄的具体产品才有可能；在拟标准化的许多项目中确定优先顺序，实际上是评价的第一步。

此外，法国的 C. 雷诺通过对气球绳索规格简化的研究，提出了优先数系理论；法国的艾·卡柯特（Cagnot）于 1939 年在研究产品品种简化与降低产品成本的关系上提出了卡柯特法则（即卡柯特公式）；波兰的约·沃基获基提出了标准化三维空间；英国的西尔伯斯敦（A. Silberston）和马克西（G. Maxcy）通过对汽车产量与成本关系的研究，于 1969 年提出了西尔伯斯敦曲线；俄罗斯的特卡钦科等人合著《标准化对象参数最佳化系统》（1972 年版）。他们都对标准化的基础理论建设作出了巨大的贡献。

二、国内标准化原理

我国于 2005 年 12 月 30 日正式成立标准化原理与方法标准化技术委员会（SAC/TC286），组织和开展有关标准化理论、工作原则和方法及技术管理的科学研究工作，承担与国际标准化组织技术管理局中关于 ISO/IEC 导则、指南的标准化对口技术业务工作。我国标准化工作者经过多年研究，取得了一批研究成果，学者们普遍认为“简化”“统一”“协调”“最优化”是标准化的基本原理。

（一）简化原理

简化是同人类社会中不必要的复杂化和混乱做斗争的方法，简化可以产生效益。为了指导人们进行合理的简化，从标准化实践的经验中概括出简化原理：具有同种功能的标准化对象，当其多样性的发展规模超出了必要的范围时，即应消除其中多余的、可替换的和低功能的环节，保持其构成的精练、合理，使总体功能最佳。

简化原理除指出了简化时应削减的对象（多余的、可替换的、低功能的环节）之外，简化时必须把握的两个界限：

一是简化的必要性界限。在事后简化的情况下，只有“当多样性的发展规模超出了必要的范围时”，才应该（或才允许）简化。所谓“必要的范围”是通过对象的发展规模（如品种、规格的数量）与客观实际的需要程度相比较而确定的。运用技术经济分析等方法可以使“范围”具体化，“界限”定量化。

二是简化的合理性界限。简化的合理性界限，就是通过简化应达到“总体功能最佳”的目标。“总体”指的是简化对象的品种构成，“最佳”指的是从全局看效果最佳。它是衡量简化是否做到了既“精练”又“合理”的唯一标准。运用最优化的方法可以从几种接近的简化方案中选择“总体功能最佳”的方案。

（二）统一原理

统一是标准化的基本形式，人类的标准化活动是从统一开始的。最初的统一涉及的范围以及统一的程度都很有限，所以易于掌握合理的尺度。现代社会中被统一的对象有无数多，相互关系错综复杂，统一的结果涉及面广，影响深远，所以必须谨慎从事。从统一成功和失败的经验教训中概括出统一原理：在一定时期，一定条件下，对标准化对象的形式、功能或其他技术特性所确立的一致性，应与被取代的事物功能等效。

这一原理通常叫作统一原理，它的基本思想是：统一的目的是确立一致性；要恰当地把握统一的时机，经统一而确立的一致性仅适用于一定时期，随着时间的推移，还要确立新的更高水平的一致性；统一的前提是等效，把同类对象归并统一后，被确定的“一致性”与被取代的事物之间必须具有功能上的等效性，也就是说，当从众多的标准化对象中选择一种而淘汰其余时，被选择的对象所具备的功能应包含被淘汰的对象所具备的必要功能。

（三）协调原理

任何一项标准都是标准系统中的一个功能单元，既受系统的约束，又影响系统功能的发挥，所以每制定或修订一项新标准都须进行协调。

协调的目的是使系统的功能达到最优，贝塔兰非（L. V. BertaIanffy）1947 年提出的系统论原理，认为系统的性质并非直接来自各个组成部分，而是来自组成整体的各部分的统一体，而且不只是部分的简单总和。根据这一原理，标准系统的功能取决于标准之间（子系统之间）相互适应的程度。为了达到整体系统功能最佳的目标，必须对各子系统进行协调，使系统中各组成部分或各相关因素之间建立起合理的秩序或相对平衡关系。根据这样的观点提出相应的协调原理：在标准系统中，只有当各个标准之间功能彼此协调时，才能实现整体系统的功能最佳。

协调是标准化活动的一种基本方法，在标准化活动中经常被广泛地应用。一个先进的技术标准，应该是一个最佳协调的结果。一个好的产品、先进的工艺方法、合理的设计结构、最佳的参数和技术指标以及正确的管理方法等，都应该是系统内外经过最佳协调的产物。

（四）最优化原理

标准化的最终目的是要取得最佳效益。标准化活动的结果能否达到这个目标，取决于一系列工作的质量。在标准化活动中应始终贯穿“最优”思想。随着生产和科学技术的迅速发展，标准化活动涉及的系统也日益复杂和庞大，标准化方案的最优化问题更加突出和重要。最优化原理是按照特定的目标，在一定的限制条件下，对标准系统的构成因素及其关系进行选择、设计或调整，使之达到最理想效果，实现标准系统的结构优化。

1. 最优化的程序

一是确定目标，从整体出发提出最优化目标及效能准则（即衡量目标的标准）；二是收集资料，收集、整理并提供必要的数据和给定一部分约束条件；三是建立数学模型，在充分了解情况的基础上，找出反映问题本质因素的数学方程（即某些变量或参数之间的关系）和逻辑框图；四是计算，编制程序，通过计算求解，并提出若干可行方案加以比较；五是评价和决策，经过对方案的分析、比较，从中选出最优方案，由执行部门选定、决策。

2. 最优化的方法

最优方案的选择和设计，不是凭经验的直观判断，更不是用调和争执、折中不同意见的办法所能做到的，而是要借助于数学方法进行定量分析。对于较为简单的方案的优选，可运用技术经济分析的方法求解。对于较为复杂的标准化课题，要应用包括计算机在内的最优化技术。

上述的标准化原理，是从标准化实践中概括出来的。简化原理与统一原理是从简化与统一化这两种古老的标准化形式中总结出来的，在现代仍然被广泛地应用着。协调原理和最优化原理是从近代标准化的特点中概括出来的。从古至今，无论是简化，还是统一，都要经过协调才能达到优化的目的。只是古代标准化协调的方式较为简单，协调的内容也不复杂，比较容易达到优化的目标。现代标准化则在简化、统一化和协调过程中都贯穿着一个最一般的原则，就是从多种可行方案中选择或确定一种最优方案。在标准化活动中，无论是对标准系统的构成加以简化，因素加以统一，关系加以协调，都要达到一个共同的目的，使整个系统的功能最佳。这就是最优化原理始终在起作用，由此足以说明这条原理的重要地位。在实践过程中，简化和统一也是互相渗透的，有些简化是为以后的统一打下基础，而有些对象的统一首先是从简化开始。无论简化还是统一，都要经过协调，未经协调的简化和统一是不可能达到总体功能最优的。

标准化的这些原理都不是孤立存在、孤立在起作用的。它们互相之间不仅有着密切联系，而且在实践应用过程中又是互相渗透、互相依存的，它们结成一个有机的整体，综合反映标准化活动的规律性。

三、标准化基本原理

“原理”是“带有普遍性的，最基本的，可以作为其他规律基础的规律，具有普遍意义的道理”。标准化原理是揭示标准化活动或标准化工作过程中一些最基本的客观规律，应该作为标准化工作的规则。

（一）超前预防原理

标准化对象是“需要标准化的主题”（《ISO/IEC　指南 2》）。标准化的主题是实际存在的或潜在的重复发生事项，如产品、过程、系统、接口、协议、程序、功能、方法或活动等，也可以是这些对象的某一特定方面，如老年人服装的尺寸、规格等。一人一衣定制，必然效率低下，也不能组织批量生产，但是采用标准化方法，依据中国人体尺寸，制定男（女）衣服规格尺寸标准，就可以组织批量生产，提高产量，降低制衣成本。

标准化的第一项原理是："标准化的对象不仅要在依存标准化课题的实际问题中选取，而且更应从其潜在的问题中选取，以避免该对象非标准化发展后造成的损失。"这表明，现代标准化不能像传统标准化那样，仅对已发生多样化、导致混乱的问题实行标准化（简化），现代科学技术的高速发展，往往会使这样的简化付出相当大的代价。因此，对潜在问题实施超前标准化，就会有效地预防不必要的多样化和复杂化。

（二）系统优化原理

系统工程告诉我们，现代任何事物都存在于一定的系统之中，标准化对象也不例外，只有从系统的观点出发，即把对象作为一个系统来对待，运用系统的方法、程序，才能使其从系统总体上达到最优效率的目标。

标准化的第二项原理是："标准化对象应优先考虑其所依存主体系统中能获得最佳效益的问题。"这表明，没有标准化效益的问题（或项目），不必去实行标准化。在能获取标准化效益的问题中，首先应考虑能获取最大效益的问题。在考虑标准化效益时，不仅要考虑对象系统的局部化（个别化）效益，更应考虑对象所在依存主体系统即全局的最佳效益。如一个企业的环境保护标准化，不仅要看对企业能否取得效益，而且还要看企业所在地区的环境系统效益。

标准竞争的胜出不仅仅依靠领先的技术优势，更取决于标准建设与管理这一系统工程的优化。早在1976年，Levitt就认为，系统化与作业流程的标准化是大规模多元化服务业成长的基础。服务企业能在不同地点有效率地提供统一质量标准的服务，主要依赖标准化的环境设备、作业方法和工作流程，引导员工照表操作，并将个别的服务作业任务自动化。

Roger在对不同服务类型进行比较分析的基础上，不仅根据劳动密集程度、顾客接触程度、服务顾客化程度建立了服务流程矩阵，还建议利用面向流程的动作研究、时间研究、样本法、工作行为分析和流程图等工业工程技术来制定服务标准。美国经济学家卡尔·夏皮罗（Carl Shapiro）等则明确提出，标准战争的胜负并非简单取决于标准，而是依靠对七种关键系统资产的掌握：对用户安装基础（指已有的客户规模）的控制，知识产权，创新能力，先发优势，生产能力，互补产品的力量，品牌和声誉。

Inka 等认为，服务标准的系统化可以归因于标准的系统化以及系统化的服务，借助系统工程的方法对全球化背景下的服务标准化进行系统研究。Inka 等建立了一个将复杂的服务标准制定活动简化的阶段模型，简化的服务标准化阶段模型（Inka，2006）服务标准化活动被分成项目前期、调查、分析、战略评估、标准实施及效益评价等 6 个阶段。为了进一步细化服务标准化的内容结构，Inka 等还基于对服务规模、过程、结果及市场的科学认知及实践探索，列出了“社会—技术”体系框架下的服务标准化活动领域及其活动接口。

（三）协商一致原理

标准与法律法规不同，无论是国际标准，还是国家标准、行业标准，大多是推荐性标准，自愿执行的标准。因此，制定标准的各方应协商一致，即“普遍同意，表征为对于实质性问题、有关重要方面没有坚持反对意见，并按程序对有关各方的观点进行研究和对争议经过协调”（《ISO/IEC　指南 2》），但这并不意味着没有异议。

标准化的第三项原理是：“标准化活动的成果（即标准）应建立在相关各方协商一致的基础上。”这表明，标准化活动的成果（即标准）要让大家尤其是使用人公认并接受和理解，才会去执行，就必须在标准的起草和编制过程中，让与标准相关的各方面充分协商一致，取得共识。这样既可以使标准制定得科学合理，并具有广泛的基础，又可以为标准顺利、有效地实施创造前提条件。我国采取标准制定项目公开招标制度，标准草案刊登在有关标准化的刊物和报纸上，公开征求大家的意见，就是这个协商一致原理的实际应用。

（四）统一有度原理

标准化的核心活动就是统一，但不是统一到一个尺寸、一个特性上，“单一化”并不是标准化，不能满足人类对多样化的客观需求，也不符合事物发展的客观规律。

标准化的第四项原理是：“在一定范围、一定时期和一定条件下，对标准化对象的特性和特征作出统一规定，以实现标准化的目的。”即统一有度原理，是标准化的本质与核心，它使标准化对象的形式、功能及其他技术特征具有一致性。这项原理表明，等效是统一的前提条件，只有统一后的标准与被统一的对象具有功能上的等效性，才能由统一的标准替代原来不统一的事物。统一要先进、科学、合理，也就是要有度。

统一是有一定范围或层次的，为此，应根据标准化的适用范围和层次确定标准宜制定为哪一层级的标准。统一是在一定水平上的统一，由此决定标准的先进性即技术指标的高低。统一又是有一定量度的，为此，有的标准要规定统一的量值，如全国运行铁路的轨距要统一为1435mm，民用电的电压和频率要统一到220V、50Hz；有的要统一规定量值的上限（如食品中有害物质含量）、下限（如食品中营养成分含量），更多的是规定上下允许差值（如某一机器零件的几何尺寸标准）。

此外，统一还可以符合一定的数系，即标准化的数系（如优先数系）。如水表的型号尺寸、灯泡的瓦数系列等都是采用优先数系来统一水表、灯泡的相关技术特性指标，以满足大多数人的客观需要，也便于企业批量生产。

（五）动变有序原理

世界上任何事物都在发展变化中，运动是绝对的，稳定是相对的，变动都是绝对的。标准的使用环境也不可能一直稳定不变，要使标准适用有效，就必须使其随使用的环境不同而改变，但这种变动应该是有规定的，有科学程序的。

标准化活动的第五项原理是：“标准应依据其所处环境条件的变化而按规定的程序适时修订，以保证标准的先进性和适用性。”这表明，标准是一定时期内依存主体技术或管理水平的反映，随着时间的变化，必然导致标准使用环境条件的变化，因此必须适时修订标准。这项原理告诉我们，标准不应该是永恒不变的，它有一定的适用期，应该随着标准依存主体的发展变化而及时进行修订，以适应其发展的客观需要，否则就会因滞后而丧失其适用性。标准的修订要按规定的时间、规定的程序进行修订和审批，如果朝令夕改，任意变动，势必会造成混乱，因此无论是国际标准、国家标准，还是行业标准、地方标准，都规定标准的5年有效期。企业的生产经营、技术开发的速度更快，企业标准的适用范围又是在企业，因此它的有效期较短，一般为3年。

（六）互换兼容原理

互换性是指一种产品、服务或过程能代替另一产品、服务或过程，满足同样需求的能力，它一般包括功能互换性和尺寸互换性。兼容性是指不同产品、服务或过程在规定条件下一起使用，能满足有关要求而不会引起不可接受的干扰的适宜性。1798 年，美国人艾利・惠特尼（Eli. Whitney）在制造来福枪过程中，运用了互换性原理，首先成批制造具有互换性的零部件大量组装步枪，满足了当时美国独立战争的需要。古今的建筑工程师和工人运用这一原则快速建造了积木式的高大建筑群，集装箱尺寸系列标准的实施使汽车、船舶等运载设备充分发挥了效用。

产品的互换兼容必然要求相应的标准具有互换兼容性。如各种相关品牌的轿车轮胎可互换，船舱（机舱）的容积尺寸标准必须与集装箱的外形相兼容。这种互换兼容性越高，标准化程度就越高，为生产和使用产品的人们带来便利就越大。为此，ISO 把互换性和兼容性纳入《ISO/IEC 指南 2》中标准化范围之内。

标准化的第六项原理是：“标准应尽可能使不同的产品、服务或过程实现互换和兼容，以扩大标准化效益。”这表明，研发新产品、拓展新服务以及开展各项活动过程中，都应该重视和尽可能实现互换和兼容问题，以实现标准化活动效益的最大化。如产品设计中间要确定标准化系数，标准化系数越大，说明原理应用得越好。近代很多机床电子产品采用组合化、模块化设计，更是这项原理的应用。

（七）阶梯发展原理

标准化的第七项原理是：“标准化活动过程是阶梯状的倒四边形的、呈上升发展的过程。”这表明，标准的制定意味着标准化活动过程的开始。只要这个标准不废除，这个标准化活动过程就不会停止。标准每修订一次，标准水平就提高一阶。标准的修订使标准的内容更加完善，一般来说，修订过的标准比原标准的内容更加全面、完善。

标准化作为一项工作过程，是制定标准（P）、组织实施标准（D）和对标准的实施进行监督或检查（C），并作相应的处理（A）的过程。它要根据国民经济或企业内外等客观环境条件的变化而不断地促进标准化活动过程的“PDCA”进行，以促进国民经济或企业的发展，提高社会文明生活水平。如此反复循环，就可以持续改进和完善标准化活动过程，形成一个标准化过程模式。标准化活动过程的循环使标准水平逐步提高，就像走楼梯一样，一阶一阶地登高，它形象地反映了标准化必须伴随其依存主体的技术水平的提高而提高，至于阶梯的提高幅度，一般应依存于标准主体的技术或经济发展要求、标准的层级及其标准的适用范围具体情况而确定。标准化工作的“PDCA”过程与全面质量管理的“PDCA”循环是完全一致的，见表1－2。

表1－2　标准化与全面质量管理的关系

阶段	标准化	全面质量管理
P	制定标准	计划（采用5W1H策划编制质量文件）
D	实施标准	实施（QMS文件，质量计划等）
C	对标准实施进行监督和检查	检查（内/外审）
A	后评价处理（计算标准化经济和社会效果，确认、修订、更改或废止标准）	处置（巩固质量活动成果或纠正不合格项）

（八）滞阻即废原理

任何标准都有两重性，既可促进标准化对象依存主体的顺利发展而获取标准化效益，也可制约或阻碍其依存主体的发展，而带来负效应。因此对标准要定期或不定期复审，确认其是否适用，如不适用，应根据其制约或阻碍依存主体的程度、范围等情况来决定。

标准化的第八项原理是：“当标准制约或阻碍其依存主体的正常发展时，应立即废止。”这表明，标准是一把“双刃剑”，先进的标准会获得最佳秩序和效益，而落后的标准会阻碍标准化对象的发展，带来负效益。标准到了有效期的最后一年，标准的审批部门或归口的技术委员会组织对标准的适用有效性进行审查，审查结果按下列4种方式处理：一是更改，改动、增加或删除标准文件中那些不适用部分的内容条文，一般以发布“标准更改通知单”形式表述；二是修订，对标准文件的不适用内容作较大的修改并换版，一般要重新批准、发布，更新发布年份；三是废止，公布标准文件作废，停止实施，一般是指标准依存主体已发生根本变化，原标准已无效用或已有新标准替代的情况；四是确认，确认标准的适用，继续实施，并在封面上盖××××年确认章。

第三节　标准化的基本方法

标准化方法是标准化活动过程的表现形态，也是标准化活动内容的表现方式。标准化有多种形式，每种形式都表现不同的标准化内容，针对不同的标准化任务，达到不同的目的。标准化方法由标准化内容决定，并随着标准化内容的发展而变化，但标准化方法有其相对的独立性和自身的继承性，并反作用于内容，影响内容。标准化过程是标准化的内容和形式的辩证统一过程。

研究各种标准化方法及其特点，不仅便于在实际工作中根据不同的标准化任务，选择和运用适宜的标准化形式，达到标准化的目标，而且能够根据标准化工程的发展和客观需要，及时地创立新形式来取代旧形式，为标准化工程的进一步发展开辟道路。标准化的方法主要有简化、统一化、通用化、组合化、模块化、综合标准化、超前标准化等。

一、简化

（一）简化的定义

简化是在一定范围内缩减对象（事物）的类型数目，使之在一定时间内足以满足一般或基本需要的标准化方法。也就是说，在不改变对象的质的规定性、不降低对象功能的前提下，减少对象的多样性、复杂性。

一般来说，简化是事后进行的，也就是事物的多样化已经发展到一定程度后，才有必要对事物的类型数目加以缩减。这种缩减的前提条件是简化的结果应能保证满足社会的一般需要。简化“不仅能简化目前的复杂性，还能预防将来产生不必要的复杂性”（松浦原理 3）。通过简化确立的品种构成，不仅对当前的生产有指导意义，而且在一定时期一定范围内能预防和控制不必要复杂性的发生。

简化方案必须经过比较、论证，并以简化后事物的总体功能是否最佳，作为衡量简化是否合理的标准。

简化的应用领域很广阔且所需要的投资较少而收效却很显著，所以开展比较普遍。但是如果没有科学的评价方法，很难确定最优的合理方案，也无法确定简化的合理界限。法国的艾伯特·卡柯特经过认真研究，提出了衡量简化是否合理的一条重要法则："产品的制造成本与产量的 4 次方根成反比。"即：

$$C = 1/\sqrt[4]{N}$$

式中：C—每件产品的相对成本；

N—产品生产的数量。

卡柯特法则被许多国家的实际资料所证实。根据上述公式，如果产量提高一倍，或品种减少一半时，成本可大约降低 16%；如果产量提高两倍，或品种减少 1/3 时，成本可大约降低 24%。

（二）简化的意义

1. 事物的多样性是发展的普遍形式

多样化是事物发展的普遍规律。在生产领域，由于科学、技术、竞争和需求的发展，使社会产品的种类急剧增多。这种社会产品（或商品）不断增加，越来越多样化的趋势，是社会生产力发展的表现。多样化的发展趋势，不可避免地带有不同程度的盲目性，如果不加控制地任其发展，就有可能出现多余的、无用的和低功能的产品品种。这类产品的大量存在，是社会生产力的一种浪费，既不利于生产的进一步发展，也不利于更好地满足社会需求。对这类产品（或其他对象）除了通过竞争加以淘汰（这要以相当大的经济损失和资源浪费为代价）之外，简化便是人类对社会产品的类型进行有意识的自我控制的一种有效形式。世界上每一个国家，在工业化过程中都曾遇到这样的问题，并且都曾把简化作为克服和防止混乱的手段加以广泛应用。

2. 简化是事物科学发展的外在动力

简化的直接目的是控制产品的品种、规格的盲目膨胀，而不是一般地限制多样化。通过简化，消除了低功能的和不必要的类型，使产品系统的结构更加精练、合理，不仅可以提高产品系统的功能，还为新的更必要的类型的出现，为多样化的合理发展扫清障碍。因此，简化是事物（尤其是产品系统）科学发展的外在动力。

3. 商品生产和竞争导致多样化失控

要使人民的生活更好地得到满足，社会商品更加丰富多彩，必须运用简化的手段使生产更加合理化，从而为社会所需要的多样化的合理实现创造条件。市场竞争是产生多样化的重要原因。只要商品、市场竞争还存在，商品的类型就有不断膨胀的可能，简化这种自我调节、自我控制的标准化方法是必不可少的。

（三）简化的要求

简化不是对客观事物进行任意的缩减。简化的实质也是对客观事物的构成加以调整并使之最优化的一种有目的的标准化活动。

1. 适度

对客观事物进行简化时，既要对不必要的多样化加以压缩，又要防止过分压缩。为此，简化方案必须经过比较、论证，并以简化后事物的总体功能是否最佳，作为衡量简化是否合理的标准。

2. 效益

对简化方案的论证应以确定的时间、空间范围为前提。在时间范围里，既要考虑到当前的情况，也要考虑到今后一定时期的发展要求，以保证标准化成果的生命力和相对稳定性，对简化所涉及的空间范围以及简化后标准发生作用的空间范围都必须进行较为准确的计算或估计，切实获取全局利益最大化原则。简化的结果必须保证在既定的时间内，足以满足一般需要，不能因简化而损害用户和消费者的利益。

3. 合理

对产品的简化要形成系列，其参数组合应尽量符合标准数值分级制度。简化的应用领域十分广阔，就产品的生产过程来说，从构成产品系列的品种、规格，材料的品种、规格，工艺装备的种类，零部件的品种规格，直到构成零件的结构要素都可作为简化的对象。管理业务活动中可以作为简化对象的事物也很多。简化所需要的投资较少，而收效却很显著，所以简化是标准化活动中最常用的方法。

简化的应用很广，为了节省制图时间，提高技术制图的质量和效率，我国已经采用简化的方法，制定和发布了《简化图用图形符号》（GB/T 20063－2006）。工业企业生产中为了加大生产批量提高生产效益，往往采用简化生产要素的方法。各级行政部门的“精兵简政”实际上就是简化方法在行政管理中的应用。

（四）简化的应用

简化是古老的标准化形式，却又是最基本的标准化形式，它的应用领域十分广泛，就产品而言，从构成产品系列的品种、规格，原材料和零部件的品种、规格，工艺装备的种类，都可作为简化对象。在管理活动中，可以作为简化对象的事物也很多，如语言（包括计算机语言）、术语、符号、指示图形、编码、程序、管理方法等，都可通过简化防止不必要的重复，提高工作效率。

1. 物品种类的简化

任何一个生产企业都有大量的库存备品，种类繁多。其中有的长期无用，有的品种规格可以归并，只要实行简化便可消除许多无用的、多余的、可替换的类型，不仅减少资金占用、腾出库房面积，还可改进管理，这类事例随处可见。

2. 原材料的简化

许多企业采购原材料不做论证，设计人员随意提要求，采购的品种规格过多、过杂。某机器厂仅使用的润滑剂、冷却切削液和热处理油就有179个品种，后经简化为25种，年节约材料资金近一半。

3. 工艺装备的简化

有些企业编制工艺文件时，采取分散工序的做法，并依此选择加工工具，结果工具品种数量繁多。倘能通过工艺文件审查和使用统计，便可将通用性差的和可代替的加以简化。

4. 零部件的简化

机电产品是由零部件、元器件组成的，有的产品中功能相近的零部件很多，如能归并简化，便可显著提高设计和制造效率。

5. 数值的简化

不同的设计人员在设计过程中，如果自由取值，就会使同一参数出现多种数值（如销、轴直径），并使工具、量具的种类增多，管理复杂化。若能加以简化，形成标准作为选用的依据，便可防止数值的不必要多样化。

6. 结构要素（形面要素）的简化

孔径、螺纹直径、圆角半径、倒角等辅助要素的简化和统一化，会有极可观的效益。因为减少这些要素，就意味着减少工具和不同加工过程的数量，压缩信息在生产过程中的繁殖，降低生产成本。

二、统一化

（一）统一化的定义

统一化是把两种以上的同类事物表现形态归并为一种或限定在一个范围内的标准化形式，其目的是消除由于不必要的多样化而造成的混乱，为人类的正常活动建立共同遵循的秩序。统一化的实质是使对象的形式、功能或其他技术特性具有一致性，并把这种一致性通过标准确定下来。

统一化是古老的标准化形式。古代的统一度量衡、文字、货币、兵器、历法等都是统一化的典型事例。统一化的概念与简化的概念是有区别的，前者着眼于取得一致，即从个性中提炼共性；后者肯定某些个性同时并存，着眼于精练。

实施统一化的对象必须具有相同的质或相同的内容，只是在量的方面或表现形式方面存在着某些差异，不同质或不同内容的事物是不能统一的。同时，在统一化过程中还必须考虑等效性、适时性、适度性、先进性等原则。所谓等效性，就是对标准化对象实施统一化后，被确定的对象与原先被统一的对象之间，在功能上必须等效。所谓适时性，就是要把握好统一的时机，过早过晚都是不合适的。所谓适度性，就是要合理地确定统一化的范围和指标水平。所谓先进性，就是指确定的一致性（或所作的统一规定）应有利于促进生产发展和技术进步，有利于社会需求得到更好的满足。

统一化的目的是消除由于不必要的多样化而造成的混乱，为人类的正常活动建立共同遵循的秩序。由于社会生产的日益发展，各生产环节和生产过程之间的联系日益复杂，特别是国际交往日益扩大的情况下，需要统一的对象越来越多，统一的范围也越来越大。

（二）统一化的原则

1. 适时原则

统一化是事物发展到一定规模、一定水平时，人为地进行干预的一种标准化形式。干预的时机是否恰当，对事物未来的发展有很大影响。把握好统一的时机，是搞好统一化的关键。所谓“适时”，就是指统一的时机要选准。如果统一过早，特别是已经出现的类型并不理想，而新的更优秀的、更适宜的类型正在酝酿过程中，这时强行统一，就有可能使低劣的类型合法化，不利于优异的类型的产生；如果统一过迟，就是说必要的类型早已出现，并且重复的、低功能的类型也已大量产生的时候才进行统一，这时虽然能选择出较为合适的类型，但在淘汰低劣类型过程中必定会造成较大的经济损失，增加统一化的难度（如盒式录像带的统一化）。这类现象在高新技术领域将会逐渐增多，不可能继续沿用以往那种待技术成熟、生产稳定后，再通过协商或协调制定统一标准的做法。对这类对象的统一化，可行的对策是：在研究、开发的早期阶段即应制定对技术或产品发展起先导作用的标准，对与网络或系统起连接作用的部分（如接口），以及通用性、兼容性之类的问题先行统一，防止不必要的多样化和混乱的发生，同时又不妨碍产品的竞争和创新。

2. 适度原则

对客观事物进行的统一化，既要有定性的要求（质的规定），又要有定量的要求。所谓“适度”，就是要合理地确定统一化的范围和指标水平。例如，在对产品进行统一化（制定产品标准）时，不仅要对哪些方面必须统一、哪些方面不做统一，哪些要在全国范围统一、哪些只在局部进行统一，哪些统一要严格、哪些统一要灵活等作出明确的规定，而且必须恰当地规定每项要求的数量界限。在对标准化对象的某一特性作定量规定时，对可以灵活规定的技术特性指标，还要掌握好指标的灵活度。

指标的灵活度就是指标允许值的灵活幅度。统一化的本质是取得一致性，但由于统一化对象的复杂性和客观要求的多样性，所以对某些对象的统一化只能实现相对的统一，也就是有灵活度的统一。这就是总的方向是统一，但统一中又有灵活。尤其以产品质量、工作质量为对象的统一化常需施以灵活度。

3. 等效原则

任何统一化都不可能是任意的，统一是有条件的，首要的前提条件是等效性。所谓“等效”，指的是把同类事物两种以上的表现形态归并为一种（或限定在某一范围）时，被确定的“一致性”与被取代的事物之间必须具有功能上的可替代性。也就是说，当从众多的标准化对象中确定一种而淘汰其余时，被确定的对象所具备的功能应包含被淘汰的对象所具备的必要功能。统一化常常是对原有的各种类型的综合或是在某一较好类型基础上加以改进。

4. 先进性原则

所谓先进性，就是指确定的一致性（或所做的统一规定）应有利于促进生产发展和技术进步，有利于社会需求得到更好的满足。就产品标准来说，就是要能促进质量提高。统一化过程实质上是打破旧的平衡、树立新平衡的过程。等效原则只是对统一化提出了基本要求，因为只有等效才有统一可谈；统一化后必须保持社会所必要的功能，否则便失去了统一的意义。但统一化的目标绝非仅仅为了实现等效替换，而是要使建立起来的统一性具有比被淘汰的对象更高的功能，在生产和使用过程中取得更大的效益，为此还须贯彻先进性原则。

三、通用化

（一）通用化的定义

通用化是指在互相独立的系统中，选择和确定具有功能互换性或尺寸互换性的子系统或功能单元的标准化形式。

通用化是以互换性为前提的。所谓互换性，是指在不同时间、地点制造出来的产品或零件，在装配、维修时，不必经过修整就能任意地替换使用的性能。互换性概念有两层含义：一是指产品的功能可以互换，叫作功能互换性，它要求某些影响产品使用特性（常指线性尺寸以外的特性）的参数按照规定的精确度互相接近；二是尺寸互换性，当两个产品的线性尺寸相互接近到能够保证互换时，就达到了尺寸互换性。尺寸互换性是功能互换性的部分内容，它对于零部件的通用化具有突出作用，但功能互换性问题在标准化过程中越来越显得重要。因此，通用化的概念还应该包括功能互换的含义，即具有某种功能的产品的通用在内。

（二）通用化的目的

通用化的对象有两大类：一是物，如产品及其零部件的通用化。二是事，如方法、规程、技术要求等的通用化。使零部件成为具有互换性的通用件必须具备以下条件：尺寸上具备互换性；功能上具备一致性；使用上具备重复性；结构上具备先进性。

互换性的著名案例是美国人艾利·惠特尼（Eli. Whitney）和来福枪。18 世纪末，美国刚成立不久，政府急需大量军火，便与惠特尼签订了一项两年之内生产一万支来复枪的合同。惠特尼的工厂用手工方法难以完成，他运用互换性的原理，选择一支标准枪为基准模型，分零件仿造，按专业化组织生产，这些零件在每支枪上都可以使用并可互换，提高了生产效率和质量，完成了合同。由于在批量生产中采用了可以互换零部件的方法，开创了标准化基础上的成批生产方式，引起了企业生产组织形式的革命，并为现代化大批量流水生产奠定了基础。因此，惠特尼被誉为“美国标准化之父”。

通用化的实施应从产品开发设计时开始。通用化设计通常有3种情况：一是系列开发的通用化设计。在对产品进行系列开发时，通过分析产品系列中零部件的共性与个性，从中找出具有共性的零部件，能够通用的尽量通用，这是系列内通用，是最基本和最常用的环节。如有可能，还可以发展系列间的产品和零部件通用。二是单独开发某一产品（非系列产品）时，也尽量采用已有的通用件。即使新设计的零部件，也应充分考虑使其能为以后的新产品所采用，逐步发展成为通用件。三是在老产品改造时，根据生产、使用、维修过程中暴露出来的问题，对可以实现通用互换的零部件，尽可能通用化，以继续降低生产成本，保证可靠性，焕发老产品的青春。

通用化的目的是最大限度地扩大同一产品（包括元器件、部件、组件、最终产品）的使用范围，从而最大限度地减少产品（或零件）在设计和制造过程中的重复劳动。其效果体现在简化管理程序，缩短产品设计、试制周期，扩大生产批量，提高专业化生产水平和产品质量，方便顾客和维修，最终获得各种活劳动和物化劳动的节约。

（三）通用化的方法

在对产品系列设计时，要全面分析产品的基本系列及派生系列中零部件的共性与个性，从中找出具有共性的零部件，先把这些零部件作为通用件，以后根据情况有的还可以发展成为标准件。如果对整个系列产品中的零部件都经过了认真的研究和选择，能够通用的都使之通用，即“系列通用”。这是通用化的重要环节和基本方法。

在单独设计某一种产品时，也应尽量采用已有的通用件。新设计的零部件应充分考虑到使其能为以后的新产品所采用，使其成为通用件。

在对已有的产品进行整顿时，根据生产和使用过程中的经验，特别是产品维修过程中暴露出来的问题，对可以通用的零部件经过分析、试验实现通用，这是老产品整顿的一项内容。

在企业里可以把通用件编成图册，也可以编写典型工艺，供设计和生产人员参考选用。通用化是标准化过程中的一个重要阶段。许多通用的零部件经过生产和使用考验以后有可能提升为标准件，具有某种功能的产品的通用更是标准化的其他形式所无法代替的。

四、组合化

（一）组合化的基本内涵

组合化是一种古老的标准化形式。组合化的产生是受积木式玩具的启发而发展起来的，故又称“积木化”。组合化很早就已经被人们用来作为生产建设和生活交往的科学手段。建筑用砖从“组合化”角度来看是最原始的组合件。活字印刷术是组合化的典型创造。文字和数字符号也是表达语言和数量的组合单元。音乐中的乐谱是选择最佳音响的组合式系统等等。目前，组合化的原理和方法已被广泛应用于机械产品、仪表产品、工艺装备、家具等的设计与制造中，在建筑业中也采用了组合式建筑结构，在编码系统和计算机软件中，组合化得到了更为合理的应用。

组合化是按照标准化的统一化、系列化原则，设计并制造出一系列通用性很强且能多次重复应用的单元，根据需要拼合成不同用途的产品的一种标准化形式。通过改变组合元的连接方式和组合的空间，可适用于各种变化了的要求和条件，创造出具有新功能的系统。

组合化的特征是通过统一化的单元组合为物体，这个物体又能重新拆装，组合新的结构，而统一化单元则可以多次重复利用。组合化是通用化的进一步发展。当通用件的通用性达到一定程度的时候，就可以把那些通用性很强的零部件从具体的产品中分化出来，变成独立的、标准的组合单元。这种组合单元可以预先设计并成批地生产出来。它们本身不属于任何一种具体产品，但如果需要生产某种产品，可以根据所要求的产品功能，用一定的组合单元，再加上少量的专门设计制造的专用单元，组装成所需要的产品。这样的产品可以按照人们的意愿反复拆装，重新组合，而组合元件则可以多次重复利用。

（二）组合化的理论基础

组合化建立在系统的分解与组合的理论基础上。把一个具有某种功能的产品看成一个系统，这个系统又可以分解为若干功能单元。由于某些功能单元不仅具备特定的功能，而且与其他系统的某些功能单元可以通用、互换，于是这类功能单元便可以分离出来，以标准单元或通用单元的形式独立存在，这就是分解。为了满足一定的要求，把若干个事先准备的标准单元、通用单元和个别的专用单元按照新系统的要求有机地结合起来，组成一个具有新功能的新系统，这就是组合。组合化的过程，既包括分解也包括组合，是分解与组合的统一。

组合化又是建立在统一化成果多次重复利用的基础上。组合化的优越性和它的效益均取决于组合单元的统一化（包括同类单元的系列化），以及对这些单元的多次重复利用。因此，也可以说组合化就是多次重复使用统一化单元或零部件来构成物品的一种标准化形式。通过改变这些单元的连接方法和空间组合，使之适用于各种变化了的条件和要求，创造出具有新功能的系统。

（三）组合化的主要过程

组合化依据对功能结构的分解而确定的单元能以较少的种类和规格组合成较多的制品，它能有效地控制零部件（功能单元或结构单元）的多样化，从而取得生产的经济性。

组合化开创了适应多种组装条件的可能性，为实现既能满足多种要求又尽量少增加新的结构单元这样理想的生产方式（如大规模定制）奠定了基础。

按组合化原则设计的单元，以及单元的分类系统，为实行成组加工打下基础，批量较大的标准单元还可组织专业化集中生产。

由于通过组合化能更充分地满足消费者的要求，用户能及时地更新老产品（如设备更新），有时只需要换某些单元，不致全盘报废，这同样会给消费者带来经济效益。

组合化的原则和方法已广泛应用于机械产品、仪表产品的设计和制造，工艺装备的设计、制造和使用，家具的设计和制造，在建筑业也广泛采用组合式建筑结构。此外，对于像编码系统和计算机程序之类的软件，同样可以通过组合化使之更加合理。

在基础件（单元）统一化、通用化的条件下，对产品的结构和性能采用组合设计，可以实现多品种、小批量、产品性能多变的生产方式，既满足市场需求，又保证生产结构相对稳定，保持一定的生产批量，不降低生产专业化水平。这就为那些单一品种大批量生产的企业向多品种小批量生产的转变，找到了一条出路。这种办法，对批量小、结构复杂、研制周期长、性能变化快的产品设计和制造具有特殊意义。

在产品设计、生产过程以及产品的使用过程中，都可以运用组合化的方法。组合化的内容，主要是选择和设计标准单元和通用单元（即“组合元”）。

确定组合元的程序，大体是先确定其应用范围，然后划分组合元，编排组合型谱（由一定数量的组合元组成产品的各种可能形式），检验组合元是否能完成各种预定的组合，最后设计组合元件并制定相应的标准，除确定必要的结构型式和尺寸规格系列外，拼接配合面（接口）的统一化和组合单元的互换性是组合化的关键。此外，预先制造并储存一定数量的标准组合元，根据需要组装成不同用途的物品。例如，机械加工过程中使用的夹具，常常具有比较复杂的结构，可以看作具有某种功能的系统。这类系统是由具备某些特定功能的零部件所组成的。整个系统的功能经过分解，一般是对工件起支承、定位、导向、压紧等作用。由此，便可将夹具的元件划分为基础件、支承件、定位件、导向件、压紧件、紧固件等类型。每一类元件根据其作用和使用范围，又可设计成几种结构型式，每种结构型式的元件又可形成不同的尺寸规格系列，并按一定的编号原则编号。这些统一化的夹具单元成叠制造、分类保存、反复使用。

五、模块化

模块化是在信息技术的客观发展形势下产生的应对复杂系统（产品或工程）的标准化新形式。模块化综合了以往标准化形式的特点，是一种解决复杂系统类型多样化、功能多变的一种标准化形式，有利于减少复杂性，具有创造多样性和多变性特点，是标准化的高级形式。

（一）模块化的概念

1. 模块的定义

模块通常是由元件或零部件组合而成的、具有独立功能的、可成系列单独制造的标准化单元，通过不同形式的接口与其他单元组成产品，且可分、可合、可互换。

模块不同于一般产品的零部件，它是一种具有独立功能，可单独制造、销售的产品；模块通常由各种元器件组合而成，高层模块还可包含低层模块（即由模块组成模块）；它是构成产品系统的完整单元（要素），它与产品系统的其他要素可分、可合；模块通过各种形式的接口（刚性、柔性）和连接方式（单向、双向、多向）实现模块间的连接与组合；模块通常是标准化产品，可成系列设计和制造。

2. 模块的种类

按照模块的用途和特征可以划分许多种类，我国通常将其分为功能模块和结构模块两大类。

按照价值工程的功能分析方法，可将产品系统分为具有不同功能的单元，执行这些功能的模块称为功能模块。功能模块又可分为基本功能模块、辅助功能模块、特殊功能模块等，而它们又可根据产品的特点进一步细分为更具体的功能模块。

依据模块在产品系统中所处的地位和模块之间的关系，可将模块划分为不同等级，叫作分级模块，在这个分级体系中通常包括高层模块、分模块（子模块）或一级模块、二级模块、三级模块等。

高层模块通常是由相应分级系统中低一级的模块组成；最低等级的模块则由元件或分元件组成，元件或分元件的构成要素叫作负分元件，它是分级体系中最基本的模块元件。

此外，还可依据模块的通用程度分为通用模块、专用模块、特别模块。通用模块是指该类模块的通用化程度高，它不仅用于某一种产品中，而且能在该类产品系列中通用，甚至能做到跨系列、跨大类产品通用，这种模块通常是成系列开发、成批制造，不断产生派生、变型产品，其应用面广、生命周期长、经济效益好。专用模块是为某种产品或某项用途而专门设计制造的，一般需单独研制。特别模块是根据系统的特殊要求而特殊设计的。

3. 模块化的内涵

模块化是以模块为基础，综合了通用化、系列化、组合化的特点，用以解决复杂系统快速应变的标准化形式。模块化是标准化的一种形式，它是在综合了标准化其他形式特点的基础上发展起来的标准化高级形式；模块化的对象是复杂系统，这个系统可以是产品、工程或一项活动（如教学)。这个系统的特点是结构复杂、功能多变、类型多变；模块化的基础是模块，由模块（而不是由零件）组合成产品或工程。

（二）模块化的过程

模块化过程通常包括模块化设计、模块化生产和模块化装配。

1. 模块化设计

模块化设计有两种情形：一种是为生产某种复杂产品或为完成某项工程，采用模块组合的方法，根据该产品或工程系统的功能要求，选择、设计相应的模块，确立它们的组合方式；另一种是在对各种不同类型、不同用途、不同规格产品进行功能分析的基础上，从中提炼出共性较强的功能，据此设计功能模块，目的不仅仅是满足某种产品的需要，而是要它在更广的范围内通用。

模块化设计的程序同产品系列设计极其相似：在市场调查的基础上明确目标要求（性能、结构等）；确定拟覆盖的产品种类和规格范围（确定参数范围和系列型谱）；进行基型产品设计（确定基型产品的结构和功能，提出对高层模块的要求）；进行分系统设计（确定分系统的结构和功能，对构成分系统的模块提出要求）；模块设计（根据分系统的要求，确定模块的结构和功能，对构成模块的元件提出要求）；元器件设计（根据模块的要求，设计或选用元器件，按尺寸、性能、精度、材料等形成系列并尽量标准化）；在基型设计的基础上根据需要发展变型；完成设计的各级、各类模块要建立编码系统，将其按功能、品种、结构、尺寸等特点分类编码，进行管理。

模块化产品设计的目的是以尽可能少的投入生产尽可能多的产品，以最为经济的方法满足各种要求。由于模块具有不同的组合可以配置生成多样化的满足用户需求的产品的特点，同时模块又具有标准的几何连接接口和一致的输入输出接口，如果模块的划分和接口定义符合企业批量化生产中采购、物流、生产和服务的实际情况，这就意味着按照模块化模式配置出来的产品是符合批量化生产的实际情况的，从而使定制化生产和批量化生产这对矛盾得到解决。

2. 模块化生产

模块化生产指的是模块的制造。由于模块本身就是一件标准化的产品，并且构成模块的元件和分元件也基本上是标准化的，所以模块的生产制造，有可能采用先进、高效的制造技术，如成组技术（GT）、计算机辅助制造技术（CAM）、柔性制造技术（FMS）、计算机集成制造技术（CIM）等，以提高模块的制造质量和生产效率。

3. 模块化装配

这是由模块组装成所需产品的过程。有些产品是在工厂里完成装配之后运送到用户；有些产品或工程由于规模过于庞大无法整体运输，可将各类模块配套之后运到现场装配，如模块化变电所、模块化居室、模块化锅炉等。目前个人计算机的用户也常常根据自己的经济条件、爱好和实际需要，选购适当的配套设备（功能模块）组合成产品系统。这是模块化的突出特点，也是它适应时代要求得以发展的原因。

（三）模块化的应用

模块化最初是制造业提出来的，组合机床就是模块化机床的雏形。集成电路、大规模集成电路、超大规模集成电路是电子工业领域最典型也是最杰出的模块化成果。产品设计师从纷繁无比的电子元器件中解放出来，采取直接选用标准集成块来组成产品的设计方式，从而引起了电子行业革命性的变化，电子产品成为更新换代最快的产品，诸如通信设备、电视技术装备、计算机硬件和软件都走上了模块化的道路。

模块化从产品起源到现在已扩展到工程领域。模块化工程极大地提高了这类产品的生产效率，降低了制造成本，体现出多、快、好、省的优越性。如今，模块化制造系统、模块化企业、模块化企业族群、模块化产业结构、模块化产业集群网络等均已成为经济学界的研究热点，国内外众多的经济学家把当今的时代又称为“模块时代”。

总之，标准化的形式是标准化内容的存在方式，标准化的每种形式都表现不同的标准化内容，针对不同的标准化任务，达到不同的目的。简化是缩减事物的类型数目并预防不必要的复杂化，目的是保证更好地满足需求并减少资源的浪费。统一化就是实现一致性，目的是建立共同遵守的秩序。统一是有条件的，必须遵守适时、适度、等效和先进的原则。通用化是在互换的基础上扩大技术成果的重复利用。组合化是事先设计制造的标准单元根据需要拼合成不同用途物品的标准化形式，其目的是通过标准单元的多次重复利用获得标准化效果。模块化是综合了通用化、系列化、组合化的特点，应对复杂系统类型多样化、功能多变的标准化新形式。

第二章　标准的制定与审定

【基本要求】 通过本章的学习，您应能够：

1. 了解标准制定的目的；

2. 熟悉标准的编写技术；

3. 掌握标准的审定程序。

【核心概念】 编写；审定；修订

制定（修订）标准和实施标准是标准化活动中互相联系的两个有机环节和最基本的工作。标准化的实践主要围绕标准的制定（修订）和实施而展开，标准化的作用也是通过制定（修订）和实施标准来实现的。在整个标准化活动中，标准的制定（修订）工作，则是建立最佳秩序、获得最佳社会经济效益的前提条件。

第一节　标准的制定

制定标准是标准化工作过程中的首要环节，也是标准化管理的起点。制定标准是指标准制定部门对需要制定标准的项目，编制计划，组织草拟、审批、编号、发布的活动。制定标准作为一项技术性和经济性很强的工作，必须紧紧围绕制定标准的目的，合理选择制定标准的对象，按照规定的工作程序和方法，遵循制定标准的原则进行工作，才能保证标准的质量。

一、制定标准的目的

根据《中华人民共和国标准化法》，我国制定标准的根本目的是发展社会主义市场经济，促进科技进步，改进产品质量，提高社会经济效益，维护国家和人民的利益，适应社会主义现代化建设和发展对外经济关系的需要。

（一）便于相互理解，促进生产协作

为了便于信息交流，增进相互理解，以提高工作效率，促进生产协作，标准中对有关的基础要素，如术语、符号、代号、标志等，给出定义或说明；对采用的试验方法、抽样与检验规则等作出统一规定，作为对产品评价与判定的共同依据。

（二）保证生态安全，节约资源能源

为了保护人和物的安全、保护环境，应对各种危险和有害因素（如烟尘排放量、各种噪声和食品有害成分的限量、电器的绝缘性能、压力容器的耐力试验等）在标准中作出明确的规定。又如，为了节省能源和物资消耗，在标准中提出合理开发和利用资源的管理要求等。

（三）确保产品适用，实现互换兼容

为了保证产品的适用性，在标准中对产品的某些尺寸、机械、物理、化学、声学、热学、电学、生物学、人类工效学及其他方面的要求作出规定，以保证产品满足使用要求，有效地实现其应有的功能。为了保证产品的接口、互换性和兼容性，标准中对产品配合连接部位的尺寸精度、输入、输出电压等接口、互换性和兼容性要求作出统一规定，使有关的产品参数之间互相协调。如果制定标准的目的在于保证互换性，则对产品的尺寸互换性与功能互换性两方面都应加以考虑。

（四）满足贸易需求，推进社会发展

生产企业最需要了解的是市场的需求，市场也最需要用标准进行规范。因此，在制定标准时就应考虑如何满足消费者的不同需求，对消费品的品种、规格的基本尺寸和参数系列等作出规定，以满足贸易需求，推动经济社会发展。

二、制定标准的对象

凡是具有多样性和相关性特征的重复性事物和概念，都可以作为制定标准的对象。但是否要制定标准，还要依照这种对象起的作用大小和社会需要而定。

一般来说，制定标准的对象包括下列需要统一的技术要求：以保护人身和财产安全为目的的安全要求；为保护人的身心健康，对食品、医药以及涉及人身其他方面的卫生要求；为保护环境和有利于生态平衡，对大气、水、土壤、噪声、振动、无线电干扰等环境质量、污染源、检测方法以及其他有关事项的环境保护要求；为合理开发和利用资源，对工农业产品、工程建设、交通运输和其他涉及资源、能源消耗的定额和各种方法等的管理要求；经济建设、科学技术和社会生活中需要统一的术语、符号、代号、标志等；统计和信息交换中需要统一规定的分类、编码要求；生产技术活动中的公差、基本数系、制图方法、精度与互换性等要求；产品通用的试验方法、检测方法、分析方法、计算方法、设计规程、工艺规程等；基本原料、材料、通用的零部件、元器件、构件、配件、工具和量具，以及国家重点控制的主要工农业产品的品种、规格、质量、等级、检验规则、包装、运输和贮存等要求；工程建设、交通运输、地质勘探、资源开发等各类工程的勘察、规划、设计、施工、安装、验收、维修等需要协调统一的技术要求；对国民经济建设发展和技术进步具有重大影响、跨地区、通用性强的其他技术要求；根据上述技术要求制作的标准样品。

三、制定标准的原则

制定标准应遵守合法性、可行性、先进性、统一性、协调性的基本原则。

（一）贯彻政策，遵守法律

国家的法律法规和政策是维护全体人民利益的根本保证，是国家政策的具体体现。制定标准是一项技术复杂、政策性很强的工作，直接关系到国家、企业和广大人民群众的利益。因此，凡属国家颁布的有关政策和法律法规都应严格遵守，标准中的所有规定均不得与现行法律法规和政策相违背。

（二）整合资源，满足使用

资源是发展经济最基本的物质基础。立足于国内资源，合理开发和利用国内各种资源，是我国一项很重要的经济技术政策。因此，在制定标准时，应该从我国的实际情况出发，结合我国的资源条件，适应我国的气候、地理自然环境条件，适合我国生产、使用、流通等方面的实际情况，符合我国政治、经济以及人们的生活习惯等。必须密切结合资源情况，注意节约资源和提高资源的利用率，以及稀有资源的替代。如用耗能低的产品代替耗能高的产品，充分利用富矿资源，用普通资源和富矿资源代替稀有资源和贵重资源，节约稀有资源和贵重资源的使用，等等。

（三）采用国标，协调配套

积极采用国际标准和国外先进标准，是我国的一项重大技术经济政策，是促进对外开放、实现与国际接轨、提升国际竞争力的重要措施。国际标准通常是反映全球工业界、研究人员、消费者和法规制定部门先进经验的结晶，包含了各国共同需求的大量的先进科学技术成果和先进经验。采用国际标准是一种廉价、快捷、方便的技术引进，可使现成且成熟的科技成果为我国经济建设服务。但在积极采用国际标准时，应根据国家安全、保护人身健康和安全、保护环境以及基本气候、地理或技术问题的原因等正当理由充分考虑我国国情。企业采用国际标准时也要从实际出发，采用国外标准尤其是某些企业或团体标准时，一定要认真研究，谨防专利陷阱。

加快国际标准和国外先进标准的采用速度，尽快形成和完善我国国家标准体系，提高我国标准水平。采用国际标准可防止不必要的贸易技术壁垒，促进对外贸易。采用国际标准和国外先进标准的根本目的是使我国的标准技术先进，经济合理，安全可靠。技术先进，就是标准中各项规定能够反映创新的科学技术的先进成果和经济建设中的先进经验，使标准起到促进生产、指导生产的作用，使产品或工程的质量不断提高。要求标准技术先进，必须同时考虑经济性，考虑我国用户和消费者的经济水平，做到经济合理。劳动安全和产品使用中的安全，直接关系到人民的生命和财产，因而，安全可靠更重要。对一些易燃易爆产品和电工电器产品标准以及涉及劳动者、消费者身体健康的标准，都必须制定严格的安全指标及可靠性指标，以保证机器设备的正常运转、产品的正常使用，防止伤亡事故和职业病的发生。

国际标准主要是指国际标准化组织（ISO）、国际电工委员会（IEC）和国际电信联盟（ITU）三大国际标准化组织发布的标准，以及 ISO 认可并在其网站上公布的其他国际组织制定的标准。国外先进标准是指未列入 ISO 认可的国际标准目录的其他国际组织的标准（如国际羊毛局 IWS 标准）、国际上有权威的区域标准（如欧洲标准化委员会 CEN 标准）、独联体的跨国标准（FOCT）等；俄罗斯（FOCTP）、美国（ANSI）、瑞士

（SNV）、英国（BS）、法国（NF）、日本（JIS）和德国（DIN）等工业发达国家的国家标准；世界上通行的团体标准，如美国材料试验学会标准（ASTM）、美国石油学会标准（API）、英国劳氏船级社规范（LR）以及美国波音公司、日本松下电器公司、德国西门子公司等著名企业的企业标准。国际标准一般都经过科学验证和生产实践的检验，反映了世界上较先进的技术水平，并且是在协调各国标准的基础上制定的。因此，世界上不仅一些发展中国家在积极采用，以引进先进技术，而且一些工业较发达国家也大量采用，以消除国际贸易中的技术壁垒，提高本国产品在国际市场上的竞争能力。如丹麦、比利时、荷兰、瑞士等国家几乎不加修改地直接引用国际标准。日本、英国、德国等国在国家标准中等同、修改采用或非等效采用国际标准的比例也高达60%以上。国外先进标准往往是国际标准的源泉，或者本身就是在世界上通行的标准，并且往往比国际标准更先进，产品标准更多，标准之间配套性更好。因此，我国把采用国际标准和国外先进标准作为一项重要的技术经济政策，也是制定（修订）标准必须遵循的一项原则。

标准的许多对象经常构成一个系统，彼此间有密切联系，如产品的性能参数与尺寸参数、连接尺寸与安装尺寸、整机与零部件或元器件，相互之间都需要协调配合。一定范围内的标准都是互相联系、互相衔接、互相补充、互相制约的，只有做到有关标准之间相互协调、衔接配套，才能保证设计、生产、流通、使用等各个环节之间协调一致。

相互关联的标准要协调一致、衔接配套，并符合我国标准体系的需要。相互关联的标准之间的一致性和配套性是制定（修订）标准时必须认真注意的问题。一致性主要表现在3个方面：一是凡需要而又可能在全国若干个专业范围内统一的标准化对象，应制定为国家标准，而不能制定成行业标准，凡需要在一个专业范围内统一的标准化对象，则应制定为行业标准，而不能制定成地方标准或企业标准；二是下层标准不能与上层标准相抵触，同一标准化对象，有了上层标准后，只能对上层标准作进一步具体补充或制定质量指标更高、技术更先进的下层标准；三是各类标准中对同一标准化对象的术语、符号、代号，对同类产品的抽样方法、试验或检测方法规定要一致，可以采取引用标准或引用条文的方法。

配套性主要包含6个方面内容：一是尺寸参数或性能参数之间要协调

配套；二是连接、安装尺寸之间要协调配套；三是整机和零部件、元器件之间的协调配套；四是同一类产品的原材料、半成品、成品、检验方法、检测设备、包装、工艺、工装等标准协调配套，相互有关的标准要衔接、协调、配套、齐全，形成一个以产品标准为龙头的标准群体；五是同一企业的企业标准协调配套，同一个企业的技术标准、管理标准和工作标准内的各项标准应衔接配套，标准之间相互协调配套；六是各个行业、地方乃至全国的各类各级标准应协调配套，全国的各类各级标准都要衔接配套，门类齐全，以尽快形成一个健全的标准体系，以充分发挥标准化的最佳整体效益。

（四）技术先进，经济合理

制定标准应力求反映科学、技术和生产的先进成果，将成熟的科学技术成果加以推广，以体现出较高的标准水平。只有先进的标准才能促进生产、推动技术进步。但任何先进技术的采用和推广又都受经济条件的制约。因此，在标准内容上，要求宽严适度，繁简相宜；在技术指标上，既要从现有基础出发，又要充分考虑科学技术的发展；在使用性能上，既能满足当前生产的需要，又能适应参与国际市场竞争的要求。

制定标准时，要有利于产品的简化、选优和通用互换，在满足使用要求的前提下，对同类产品中多余的、重复的和低功能的品种、规格进行简化、选优，按照一定的规律进行合理分档，形成系列，从而达到以较少的品种、规格数，最大限度地满足使用要求的目的。对零部件、元器件、构配件要尽量扩大使用范围，提高通用互换程度，为组织专业化大批量生产创造条件，以求达到优质、高产、低消耗和低成本。

我国领土辽阔，地形复杂，从东到西，从南到北，各地的地理和气候条件差异较大，如何使产品适应其工作地的地理、气候条件，并能正常工作和充分发挥其功能，是制定标准时必须考虑的问题之一。但要使一种产品同时适应各种环境条件，往往是很不合理的，因此根据各地环境状况和实际使用要求，制定成若干个品种或等级标准。

制定标准的根本目的是“获取最佳秩序和社会效益”，制定标准时，既要适应科学技术发展的要求，也要充分考虑经济上的合理性；既能适应参与国际市场竞争的需要，也能适应当前生产实践的需要，把提高技术标准水平、提高产品实物质量和取得良好的经济效益统一起来，以取得全社会的综合效益为主要目标。

（五）发挥民主，保护利益

标准是以科学技术和实践经验的综合成果为基础的，应当充分调动各方面的积极性，发挥行业协会、科学研究机构和学术团体的作用，广泛吸收有关的专家参与标准的起草和审查工作。制定标准要从全局出发，充分考虑国家、社会和经济技术发展的需要，以取得全社会的综合效益为主要目标。例如，标准中规定的某一指标要求，从生产或使用一方考虑是有利的，但如果从全局利益考虑却并非如此，则局部利益应服从全局利益，当前利益应服从长远利益，必须在尊重科学、发扬民主的基础上，达到必要的集中统一。要利用通信、网络等现代信息技术，广泛听取生产、使用、质量监督、科研设计、高等院校等各方面专家的意见，充分发扬民主，经过协商力求达成一致。在制定标准时，要把提高使用价值和使用户满意作为主要目标，正确处理好生产和使用的关系。要从社会需要出发，充分考虑使用要求，根据标准对象可能遇到的不同环境条件，对其必须具备的各种特性作出合理规定，使其在所处环境条件下能正常工作，充分发挥设计效能，并保证具有较好的使用价值。

标准中考虑使用要求包括两个方面：一方面是如何使标准化对象适应其所处的环境条件，正常发挥其效能，要根据标准化对象可能遇到的不同环境条件，分别在标准中作出规定。在制定产品标准时，要充分考虑产品使用的环境条件要求，使产品适应其所处的环境条件并能正常工作。例如，考虑到我国部分地区电压较低，在某些家用电器标准中规定的最低正常工作电压为180V。另一方面是要充分考虑用户和消费者的利益。如在制定产品标准时，对产品必须具备的各项质量特性的规定，应保证产品做到品种规格对路，使用性能好，可靠性高，维修便利，外形美观，易于操作和使用安全。充分考虑使用要求，满足社会和消费者的需要，在市场竞争的情况下，对企业的生存和发展，具有十分重大的意义。

制定标准是一项涉及面较广、相关因素较多的工作，关系到国家、部门、企业和广大人民群众的利益。因此必须从全局出发，在做好全面的技术经济分析基础上，充分考虑使用要求，根据不同需要作出合理的质量分级分等规定。在制定一项标准时，既要考虑标准制定部门的利益，更要考虑使用部门和使用者的利益。如家用电器产品标准中，安全性能指标、可靠性指标，对用户来说是必不可少的使用指标，但对生产企业来说，则意味着要增加成本、减少利润，但在制定家用电器标准时，就不能迁就生产企业的低标准要求，而要保证使用者的安全和利益。有些标准如环境保护标准、安全卫生标准及包装标准等，都要遵循局部利益服从整体利益，使全社会和人民群众获益的原则。

（六）适时制定，适时复审

标准制定必须适时。如果在新产品、新技术的发展阶段过早地制定标准，可能因缺乏科学依据而脱离实际，甚至妨碍技术的发展。反之，如果错过制定标准的最佳时机，面对既成事实，对标准的制定和以后的实施都会带来困难。对哪些项目应及早制定标准，哪些项目暂时还不宜制定标准，一定要加强项目论证，通过调查研究，掌握生产技术的发展动向和社会需求，不失时机地开展工作。技术标准制定后，应保持相对稳定，并根据科学技术的发展和经济建设的需要适时复审，以确认技术标准继续有效或者修订、废止。

标准制定后应保持相对稳定，使企业在一定的技术发展水平上，组织实施以获得经济效益。但是随着科学技术的发展，标准的作用会有所变化。因此，标准实施后，制定标准的部门应当根据科学技术的发展和经济建设的需要适时进行复审，以确认现行标准继续有效或者予以修订、废止。时机适宜原则就是指制定（修订）标准的时机要适宜。实践证明，标准制定得过早，由于客观事物的矛盾还没有充分暴露，人们的实践经验也不丰富，制定出来的标准就容易缺乏充分的科学依据，其技术指标、参数也不能考虑得周全，因此就会约束甚至阻碍事物的正常发展。反之，如果标准制定得过迟，由于事物已向多样化的自由发展，又会出现许多不必要的不合理的品种、规格，给制定标准时的统一协调工作带来很多困难，实施标准后，又要给一些部门和单位带来较大的经济损失，还会使一些已经发展成熟的先进技术、管理经验得不到及时的总结、推广应用，以及应得的经济效益。国家标准、行业标准和地方标准的复审时间一般不超过 5 年，企业标准的复审时间一般不超过 3 年。

四、制定标准的程序

制定标准不仅是技术工作，还有大量的组织协调工作，必须采取有效的形式，把有关方面的专家组织起来，严格按照统一规定的工作程序和要求开展工作，才能保证和提高标准的质量和水平，加快制定标准的速度。标准化技术委员会是制定国家标准和行业标准的一种重要组织形式，它是一定专业领域内从事全国性标准化工作的技术工作组织。

标准是一种技术法规，法规的产生有其一定的法定程序，制定标准也有规定的工作程序，每一个过程都要按部就班地完成。同时为适应经济的快速发展，缩短制定周期，除正常的制定程序外，还可采用快速程序。只有严格地遵循这些程序，才能保证标准的质量。

（一）制定标准的组织形式

1. 制定国家标准、行业标准的组织形式

目前，我国制定国家标准和行业标准的组织形式主要有全国专业标准化技术委员会、全国专业标准化技术归口单位（包括归口组织）等。

（1）全国专业标准化技术委员会。全国专业标准化技术委员会是有关部门共同组成的全国性的专业标准化工作机构，负责标准的起草和技术审查工作。技术委员会的建立及其负责的标准化领域，由国务院标准化行政主管部门会同有关部门共同商定。技术委员会是一个由有关各方的代表和专家组成的有权威的组织。通常包括生产、使用、质量监督部门和科研、设计单位以及高等院校的代表。专业范围较宽的技术委员会可建立若干个分技术委员会。技术委员会和分技术委员会，可根据工作需要，设置若干个制定标准的工作组，完成任务后撤销其组织。

（2）全国专业标准化技术归口单位。全国专业标准化技术归口单位是根据全面规划、分工负责的原则，由国务院标准化行政主管部门会同有关部门，按专业在有关的科研、设计、生产等单位指定的负责本专业全国性标准化技术归口工作的组织。归口单位为了做好所承担的工作，可以同其他有关单位直接进行标准化业务联系，并组织召开有关标准化的专业会议。各有关标准的起草单位、参加单位应经常向归口单位提供本专业标准化工作的情况和资料。归口单位应根据承担的任务，建立相应的标准化专职机构，配备专职人员开展工作。

（3）制定标准的联合工作组。制定标准的联合工作组由有关部门的代表组成，负责某一范围内的标准制定工作。这种工作组，有的是由国务院标准化行政主管部门组织成立的，有的是由其委托有关部门组织成立的，一般由归口单位负责。大多数工作组都是临时性的，也有少数是较长期的，视工作任务而定。在标准制定任务完成后即行撤销。

地方标准的制定，也可参照上述组织形式进行。

2. 制定企业标准的组织形式

制定企业标准的工作，通常在企业总工程师或技术负责人的统一领导下，由企业的标准化机构或标准化人员负责组织。具体组织形式，应根据标准化对象的内容与适用范围的不同，结合企业的实际情况，分别采用下列方式。

（1）标准化人员负责编制。这种方式适用于制定通用性强的基础标准，如抽样方法标准、互换性标准、技术管理标准等。这类标准牵涉广，影响大，由标准化人员负责制定，有利于通盘考虑，避免可能发生的局限性。

（2）专业人员负责编制。这种方式适用于制定专业性强的工艺、工装等技术标准和业务管理标准。专业人员对专业的生产和设备状况比较了解，编制的标准切合实际，易于实施。此时，标准化机构或标准化人员则负责督促、检查、统一组织审批、编号和发布工作。

（3）联合编制。这种方式适用于制定内容复杂、工作量大、牵涉面广的标准，如原材料、半成品、外购件、产品和检测方法标准等。这些标准涉及设计、工艺、生产、供应等各个方面，也关系到生产、经营的各个环节，采取标准化人员和专业人员联合编制的方式，可以集中各方面的意见，有利于标准的协调统一，标准发布后，也便于执行。

（4）委托编制。有些中小型企业或乡镇企业，如果缺少具备条件的专业人员，可以委托有关的标准化技术委员会、标准化专业归口单位以及地方的标准化技术委员会，或者有关的行业协会、科学研究机构和学术团体协助制定标准。

（二）制定标准的正常程序

制定标准是一项涉及面广，技术性、政策性很强的工作，必须以科学的态度，按照规定的程序进行。只有严格地遵循这些程序，才能保证所制定标准的质量。

我国依据《ISO/IEC 导则　第 1 部分：技术工作程序（1995 年版）》颁发了《国家标准制定程序的阶段划分及代码》（GB/T 16733 – 1997）。该标准将国家标准的制定程序划分为 9 个阶段，其他各级标准亦可参照使用。制定（修订）标准的一般程序可见图 2 – 1 所示。

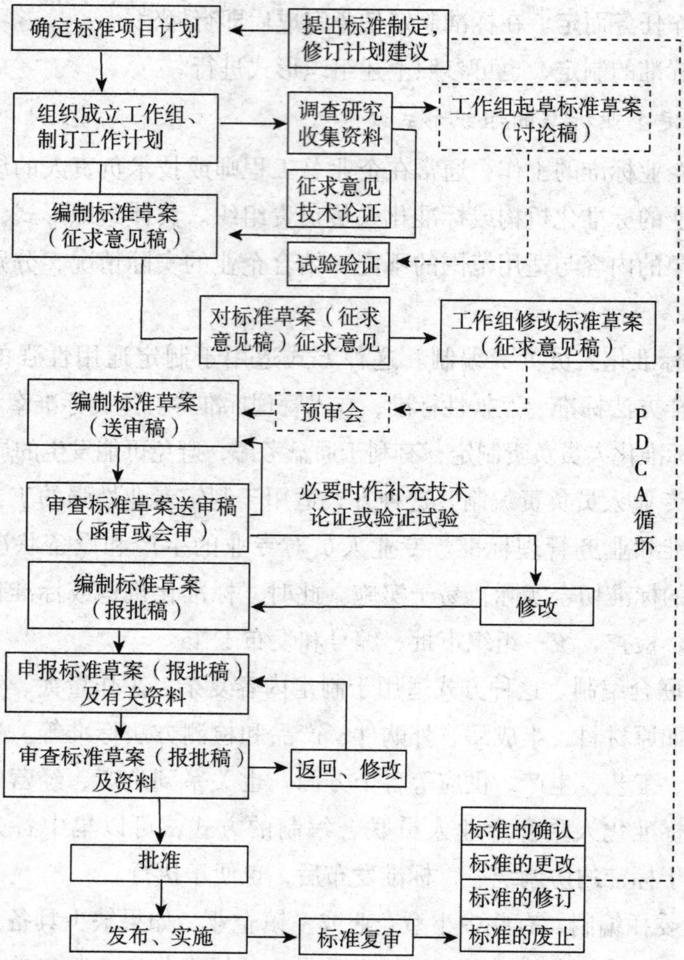

图2-1　标准制定的一般工作流程

1. 预备阶段

该阶段的任务是标准制定的前期研究，对将要立项的新工作项目进行研究及必要的论证，并在此基础上提出新工作项目建议，包括标准草案或标准大纲（如标准的范围、结构及其相互关系等）。

2. 立项阶段

对新工作项目建议的必要性和可行性进行充分论证、审查和协调的基础上，提出新工作项目，直至下达《国家标准制定（修订）项目计划》，时间周期不超过3个月。

制定标准的对象即需要统一规定的重复性事物或概念很多，它们涉及经济、技术、科学及管理等社会实践活动的一切领域。一般来说，这些事物具有普遍性、多样性、关联性、重复性和稳定性等五个特性。标准项目的确定，应运用科学的方法来研究决定，根据国内外标准化工作的实践，一般应从以下 3 个方面考虑。

（1）满足经济社会的客观需要。人民生活适用性的需要，专业化协作中互换、兼容的要求，横向经济联合的发展，信息化、社会活动、国内外贸易，安全、卫生和环境保护的客观需要，都是制定标准首先要考虑的因素。例如，正式生产的老年人用品，就要求有产品标准，规定产品的型式、尺寸基本参数、质量性能、外观要求、检验方法、验收规则以及包装、运输要求等，还要有产品零部件的质量标准，工时定额标准，原材料、燃料消耗标准以及企业管理员工工作、作业方面的标准，以便能科学合理地组织生产和检验。因此，任何单位和个人都可以提出标准项目。

（2）符合标准体系建设的要求。标准体系表是一种包括现有、应有和预计发展的标准的全面蓝图，并将随着科学技术的发展而不断地得到更新和充实，因此，就成为编制标准制定（修订）规划和计划的客观依据之一，当然也就成为确定标准项目的一种重要因素。如企业的所有标准，无论是在质的方面，还是在量的方面，都存在着客观的内在联系，它们之间相互依存，相互衔接，相互制约，构成一个有机整体，就是企业标准体系，用图表表示就成为企业标准体系表，制定企业标准时，就要符合企业标准体系表的规定。同样，制定国家标准、行业标准时，应符合相关国家标准体系、行业标准体系表的规定要求。

（3）符合标准化战略发展的要求。标准化工作的规划或计划都是在总结过去的基础上，立足于现在、展望并预测未来标准化工作的客观需要，在标准化发展战略指导下拟定目标，安排任务，制定措施后编制出来的。一般，标准化工作规划按 3 年或 5 年编制，标准化工作计划按年度编制，其内容包括纲要（或说明）、标准制定（修订）或实施项目和措施等 3 部分。标准化的规划和计划，使标准化工作有目标、有计划、有步骤地开展，也使标准的制定（修订）工作有次序、有计划地进行，因此理应是确定标准项目的直接依据。在确定制定（修订）标准项目后，应纳入国家、行业、地方或企业的工作计划并付诸实施。

3. 起草阶段

标准起草阶段是制定标准的关键阶段，该阶段的主要工作内容是：编制标准征求意见稿、编制说明和有关附件。项目负责人组织标准起草工作直至完成标准草案征求意见稿，时间周期不超过10个月。

首先是组织标准制定工作组。制定标准的项目确定之后，有关主管部门和负责起草单位即应根据工作量的大小和难易程度组成一个数量适当的标准制定工作组，并与其签订合同，实行制定（修订）标准的承包责任制。工作组一般由生产、使用、研究部门或高等院校的代表所组成，尤其要吸收相关企业参加，这些代表应该是熟悉标准化对象，掌握其专业技术和标准化技术的人员。为了保证制定标准时具有公正性即不迁就生产部门低标准要求，一般要求生产、使用和研究部门的代表各占三分之一左右或生产部门的代表不要超过半数。工作组有长期固定的和临时组织的两种，前者一般是制定重大的基础标准如机械制图标准、公差与配合标准工作组等；后者一般是具体产品标准工作组，完成制定任务后即解散。

其次是编制标准制定工作方案。工作组成立后，必须深入到具有代表性的生产、使用、科研、管理等部门和单位调查研究，全面收集有关资料，充分掌握标准化对象的国内外现状和发展方向、使用要求，科研成果和生产或工作实践中的技术数据、统计资料等，还要收集相应的国际标准和国外的先进标准，甚至国外一些先进企业（公司）的企业（公司）标准。在做好上述调查研究的基础上，编制出切实可行的工作方案。工作方案一般应包括下列内容：项目名称编号；任务要点；国内外相应标准及有关科研成果的简要说明；工作步骤及计划进度；参加的工作单位及其分工；制定标准过程中可能出现的主要问题及解决措施；标准化技术经济效果预测；所需经费预算。有些重大标准项目则应编写《计划任务书》，还要说明其中的主要研究项目、研究地点、试验规模及所需主要设备和仪器等。

最后是在试验验证基础上编写好标准草案（征求意见稿）。标准是一种科学的规定，有些标准本身就是一项科技成果。标准中的技术内容是建立在科研成果和生产实践经验等大量数据的基础上的。标准的一切技术指标都要以科学的态度，经过认真的试验验证以后才能确定。

4. 征求意见阶段

向标委会委员和有关单位发送标准征求意见稿，通过各种方式广泛征求意见。标准起草工作组根据收集到的反馈意见对征求意见稿进行修改，并在此基础上完成回函意见处理汇总表并编制标准送审稿。时间周期不超过 5 个月。若征求意见稿做了重大修改，则应分发第二征求意见稿（甚至第三征求意见稿）征求意见。此时，项目负责人应主动向有关部门提出延长或终止该项目计划的申请报告。

要广泛征求意见，集思广益，确定标准草案（送审稿）及其《编制说明书》。为了使标准制定（修订）得切实可行，有较高的质量水平，应将标准草案（征求意见稿），在指定的网站上公示，并发送有关的生产、使用、检验、科研、设计、大专院校等单位，广泛征求他们的意见，有时也可召集专门的标准征求意见座谈会，征求有关人员的意见，对个别重点单位或专家还可以派人专程前往，当面征求意见。被征求意见的部门和单位也应认真负责地收集、汇总意见，及时寄（发）送标准制定工作组。标准制定工作组收到各方面意见后应分类整理，逐一分析研究，合理的意见应采纳，不正确的意见需作说明解释，对难以确定取舍的分歧意见可作为一个专题研究审查或再次征求有关方面的意见，进行协商调整，最后确定标准送审稿。在发送标准草案（征求意见稿或送审稿）时，应同时发送《编制说明书》。

编制说明书是标准起草过程的真实记录和标准中一些重要内容的解释说明。其内容主要包括：标准项目来源及标准制定（修订）工作的简要过程；编制标准的基本原则，该标准与现行法规及有关标准之间的关系；该标准主要内容的确定依据，重要问题的解释说明；主要的试验分析、技术经济效果预测与论证情况；贯彻标准的要求和措施建议；参考文件资料目录等。

5. 审查阶段

标准化技术委员会对标准草案送审稿组织审查（以会审或函审的形式），进行表决（一般同意票数在全体委员的三分之二以上方可通过），在（审查）协商一致的基础上，形成标准草案报批稿和审查会议纪要或函审结论。时间周期不超过 5 个月。通过的送审稿根据审查意见进行修改并编制报批稿。对于难度较大和争议较多的标准送审稿一般采用会议审查方式。如标准草案送审稿没有被通过，则应分发第二标准草案送审稿，并再次进行审查。此时，项目负责人应主动向有关部门提出延长或终止该项目计划的申请报告。

标准的审查或审定是保证标准质量、提高标准水平的很重要的程序。审查或审定标准主要应考虑的内容包括：标准的规定是否与我国现行有关法令、法律、法规及相关标准和谐一致，也就是有否违反我国现行法规，是否与相关的上级标准和同级标准抵触；标准中的内容是否采用了有关的国际标准和国外先进标准，做到了技术先进，经济合理，安全可靠，适应当前科学技术水平和今后发展方向，符合我国的实际情况；标准的规定是否有充分的依据，是否在试验研究和总结实践经验的基础上确定的，是否完整齐全；各方面的意见是否得到充分反映，是否得到协调解决；贯彻标准的要求、措施建议和过渡办法是否适当；标准编写方法是否符合我国标准编写的基本规定。

审查方式一般有函审和会审两种，如果标准较成熟，各方面意见分歧不大的，或者是简单的标准则尽量采用函审的方式，以节约人力和财力。对标准内容较复杂，难度较大，争议较多的标准，或者涉及面较广的重要标准应采用会审的方式。标准审定会一般由各专业标准化技术委员会或分技术委员会召开，在开会前一个月，要把标准送审稿及编制说明书等寄送给参加会议的各位委员和代表，以便他们做好充分准备，到会深入讨论，提高会审质量，缩短会审时间，会审时要有会议记录，详细列出参加会议的人员及其单位，要通过会议纪要和审查结论。采用函审方式时，接受函审的单位或人员应按时认真填写和寄回审查意见，即使没有不同意见，也应按时回函表示同意，函审一般不超过 2 个月，过期未复函者则按同意处理；函审结束后，应写出函审结论报告，并写明对各种意见的处理结果、同意意见的所占比例数。在有些情况下，也可采用会审和函审同时进行的方式。无论采用哪种审查方式，都要充分发扬学术民主，认真听取各方面的意见，尤其要重视反对意见，最后要按科学办事，用数据说话，切忌以权势压制不同意见。

如果标准送审稿经审查未能给予通过，负责制定（修订）该标准的工作组应继续进行工作，然后再次提交标准送审稿，重新进行审查，直到审查通过为止。标准送审稿经审查通过后，工作组应根据审查意见，编写标准报批稿及报批时需同时呈交的文件资料主要包括：标准编制说明书；审查会议纪要或审查结论报告，审查意见汇总及处理表；主要的试验验证及研究分析报告；标准实施日期及贯彻措施建议（有必要单写时）；采用或参考的国际标准或国外先进标准的原文复印件和译文；标准化经济效果预测分析或计算报告。

6. 批准阶段

标准报批稿及报批所需的各项文件准备好后，应根据标准的层级，按《中华人民共和国标准化法》规定的审批权限，报送相应的标准化管理部门审批、编号和发布，确定标准的实施日期。主管部门对标准草案报批稿及报批材料进行程序、技术审核。对不符合报批要求的，一般应退回有关标准化技术委员会或起草单位，限时解决问题后再行审核。时间周期不超过 4 个月。国家标准技术审查机构对标准草案报批稿及报批材料进行技术审查，在此基础上对报批稿完成必要的协调和完善工作。时间周期不超过 3 个月。若报批稿中存在重大技术方面或协调方面的问题，一般应退回部门或有关专业标准化技术委员会，限时解决问题后再进行报批。国务院标准化行政主管部门批准、发布国家标准。时间周期不超过 1 个月。标准批准、发布后，就要公布于众，并立即组织发行，尽快把标准发行到各有关实施部门和单位，使他们在标准实施日期之前做好实施标准的各项准备工作。

7. 出版阶段

将国家标准出版稿编辑出版，提供标准出版物。时间周期不超过 3 个月。

8. 复审阶段

对实施周期达 5 年的标准进行复审，以确定是否确认（继续有效），修改（通过技术勘误表或修改单），修订（提交一个新工作项目建议，列入工作计划）或废止。

（1）标准的更改补充。标准的更改是指在不降低标准技术水平和不影响产品互换性能的前提下，在标准的内容（包括标准名称、条文、参数、符号以及图、表等）进行个别的少量的更改和补充，而不改变标准的顺序号和发布年号。这样既能使标准的内容得到及时的更改和补充，以适应科学技术和生产实践的发展，又可以节省人力、物力。标准更改、补充的内容从提出建议到审查通过，写出审查报告（包括审查单位和人员，审查的结论和依据等），再报送原批准部门，批准程序与制定标准的程序相同。对要更改、补充的内容，应明确其更改性质，如“更改”“补充”“删除”等。国家标准的更改和补充内容，开始实施日期，一般采用《国家标准更改通知单》的方式，在指定的《中国标准化》杂志上全文刊登公布。行业标准、地方标准及企业标准的更改和补充均可参照国家标准的更改、补充办法自行决定和办理。

（2）标准的定期复审。国家标准、行业标准、地方标准的标龄一般不超过5年，企业标准的标龄一般不超过3年应复审一次，分别予以确认、修订或废止。现代科学技术发展速度越来越快，使标准的复审与修订期有逐步缩短的趋势。标准的复审工作仍由标准所属的标准化专业技术委员会负责，复审后可以确认继续有效、更改、修订和废止，应修订的标准一般由原标准制定工作组负责修订工作。修订标准的工作程序与制定标准的工作程序相同，但可根据具体情况，在保证修订的标准质量前提下，简化程序中的某些环节。国家标准化指导性技术文件（GB/Z）是为给仍处于技术发展中（如变化快的技术领域）的标准化工作提供指南或信息，供科研、设计、生产、使用和管理等有关人员参考使用而制定的标准文件，它们的制定程序和国家标准的相同。

9. 废止阶段

对于经复审后确定为没有存在必要的标准，通过一定形式宣布某标准废止。

制定标准的过程可分为下列8个阶段，它们与ISO/IEC标准的制定程序基本一致，其名称、代码及工作内容见表2-1。

表2-1　制定标准的8个阶段及其代码

序号	代码	ISO/IEC标准		中国标准（GB）	
		阶段名称	工作内容	阶段名称	工作内容
1	00	预备	提交新项目提案	预备	提出建议
2	10	提案	登记和发送NP	立项	提出项目（NP）
3	20	起草	起草WD、表决	起草	提出草案（WD）
4	30	委员会	发出CD、投票	征求意见	提出草案（CD）
5	40	询问	DIS表决	审查	提出草案（DS）
6	50	批准	FDIS投票	批准	提供标准稿（FIS）
7	60	出版	出版ISO/IEC标准	出版	发行标准
8	90	复审	确认、修订或撤销	复审	确认、修订或废止

（三）制定标准的快速程序

为了缩短标准制定周期，以适应对社会主义市场经济快速反应的需要，我国于1998年开始按照国际惯例与ISO/IEC“快速程序”发布了《采用快速程序制定国家标准的管理规定》（如图2－2所示）。快速程序是在正常标准制定程序的基础上省略起草阶段或省略起草阶段和征求意见阶段的简化程序。在符合下列情况之一时，均可申请采用快速程序（FTP）：等同采用或修改采用国际标准制定国家标准、行业标准或地方标准；等同采用或修改采用国外先进标准制定国家标准、行业标准或地方标准；现行国家标准、行业标准或地方标准修订；现行行业标准或地方标准转化为国家标准；制定（修订）应急标准（即为了应付突发紧急事件急需实施的标准）。采用快速程序的项目，按《国家标准管理办法》的有关规定和GB/T 16733的要求进行管理；对现有国家标准的修订项目或我国其他各级标准的转化项目可直接由立项阶段进入审查阶段，即省略了起草阶段和征求意见阶段，将该现有标准作为标准草案送审稿组织审查。制定行业标准和地方标准的程序与国家标准差不多，企业标准的制定程序可适当简化。

根据GB/T 16733，快速程序适用于已有成熟标准草案的项目，如等同采用、修改采用国际标准或国外先进标准的标准制定（修订）项目和对现有国家标准的修订或我国其他各级标准的转化项目。本程序特别适用于变化快的技术领域。申请列入快速程序的标准在预备阶段和立项阶段应严格协调和审查。审查通过后，方可列入《国家标准制定、修订项目计划》。

采用国际标准包括采用国外先进标准，是指把国际标准和国外先进标准的内容，通过分析研究，不同程度地纳入我国的各级标准中，并贯彻实施以取得最佳效果的活动。采用国际标准是我国的一项重要技术政策，为此，国家质量监督检验检疫总局发布了《采用国际标准管理办法》，规定了采用原则、采用程度、表示方法和有关措施。对等同采用、修改采用国际标准或国外先进标准的标准制定（修订）项目可直接由立项阶段进入征求意见阶段，即省略了起草阶段，将该草案作为标准草案征求意见稿分发征求意见。

采用国际标准分为等同采用（IDT）、修改采用（MOD）和非等效采用（NEQ）3种。等同采用国际标准是采用国际标准的基本方法之一，它是指我国标准在技术内容与文本结构上均与国际标准完全相同，或者我国

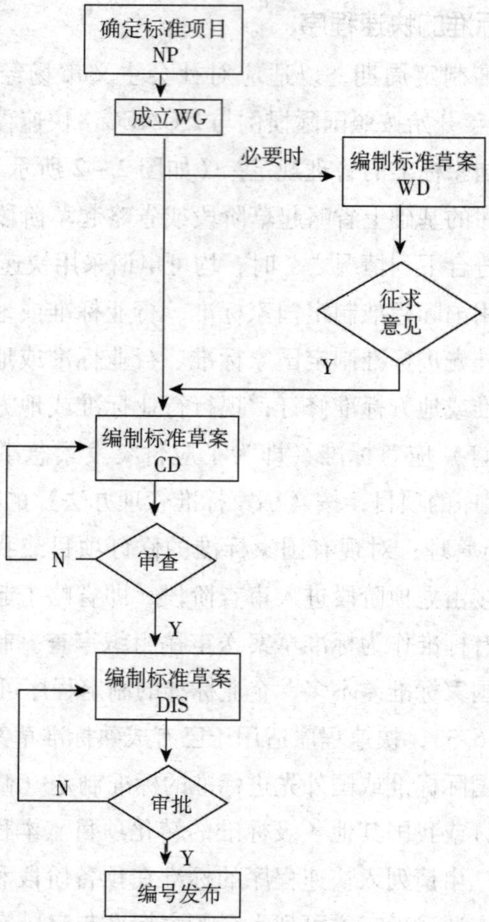

图 2-2　标准制定的快速程序

标准在技术内容上与国际标准相同，但可以包含小的编辑性修改。修改采用国际标准也是采用国际标准的基本方法之一。它是指允许我国标准与国际标准存在技术性差异，并对这些技术性差异进行了清楚的标识和解释。在结构上，我国标准应与相应国际标准相同，但如不影响对两个标准的内容进行比较，则允许改变文本结构。

对于等同、修改采用国际标准（包括即将制定完成的国际标准）和国外先进标准（不包括国外先进企业标准）编制的我国标准，在标准封面上必须注明采用标准和采用程度；在标准前言中，写明被采用标准的组织、国别、编号、名称、采用的程度和简要说明我国标准同被采用标准的主要差别。非等效采用编制的我国标准，则不需在封面上标注，也不算是采标。但在前言中应说明“本标准与ISO国际标准的一致性程度为非等效”。与国际标准的一致性程度为非等效的国家标准不属于采用国际标准，它是指我国标准与相应国际标准在技术内容和文本结构上均不同，它们之间的差异也未被清楚地标识。

（四）标准的技术审查要求

技术标准在批准发布前，需进行一次综合的、政策性的、全面的审查，其审查的内容与要点如下：

一是外观审查。审查标准的幅面是否符合规定，标准的名称与内容是否相符，页数是否齐全，有无签字和公章，附件是否齐全。

二是完整性审查。标准的内容是否完整。

三是内容审查。标准中的各项规定是否正确，有无互相矛盾之处，指标水平定的是否合适。

四是格式审查。封面、正文各栏的位置是否符合规定，章、条等的编号、移行等是否符合规定，公式、表格、标题的格式是否符合规定等。

五是统一性审查。名称、计量单位及符号、引用标准的条文与原文等是否统一，与有关标准是否统一。

六是数字审查。审查数值是否正确、是否符合一定的规律，有关数值之间有无矛盾。

七是图形审查。是否符合机械制图标准。

八是文字审查。是否做到了层次分明、语言通顺、文字简练、限定准确、用语得当、用字正确、标点清楚。

第二节　标准的编写

标准是一种特定形式的技术文件，为了便于编写、审查和使用，ISO/IEC和其他国际标准团体，以及各国标准化机构对编写标准都有一套基本规定，即统一的编写方法。如ISO/IEC技术工作导则、《英国标准导则制定标准用标准　第3部分：英国标准的起草和编排》（BSO.3）、《标准化工作导则　第1部分：标准的结构和编写》（GB/T 1.1）等都是指导编写国际标准、英国及中国标准的标准文件。标准的编写方法是指标准内容的叙述方法、编排方式和各种图表、注释的表达方式等。标准编写得是否正确，直接关系到标准的贯彻，也影响到标准之间的交流，是标准质量的外在表现形式。因此，掌握标准的编写方法是标准化人员必须掌握的基本能力。

一、编写标准的基本要求

确定了标准化对象，选择了编写标准的方法后，就要开始着手编写标准了。具体编写标准需要掌握许多知识。在起草标准之前要清楚地认识到制定标准所需要遵循的基本原理，以确保制定出的标准真正起到应有的作用。

各类标准的编写方法不同，但必须遵循的基本要求是：标准的内容应正确，文字要表述得准确、简明、通俗易懂，并做到与有关国家法规、标准协调一致，编写方法必须规范化。制定标准最直接的目标就是编制出明确且无歧义的条款，并且通过这些条款的使用，促进贸易和交流。为了达到这个目标，编制出的标准应符合下述要求：内容完整；表述清楚和准确；充分考虑最新技术水平；为未来技术发展提供框架；能被未参加标准编制的专业人员所理解。

（一）规范

编写标准要注意规范性，起草标准时要遵守与标准制定有关的基础标准以及相关法律、法规，实现规范性要做到预先设计，遵守制定程序和编写规则，特定标准的制定须符合相应基础标准的规定。编写标准还要注意适用性，所制定的标准中的内容应便于直接使用，且易于被其他标准或文件引用。

（二）正确

标准中规定的技术指标、参数、公式以及其他内容都要正确可靠。标准中规定的内容和指标必须是以现代科学技术的综合成果和先进经验为基础，并经过严格的科学验证，精确的数学计算而得出的结果。编写时，必须重复核实，对标准中的图样、表格、数值、公式、化学分子式、计量单位、符号、代号等均应进行仔细复核，消除一切技术错误，保证其正确无误。

（三）准确

标准的内容表述要准确、清楚，以防止不同人从不同角度产生不同的理解。标准是经济和技术活动的准则和依据，并被法律、法规和合同所引用，因此，必须具有法律和法规条文那样的措辞准确、逻辑严谨的特殊文风，用词禁忌模棱两可，语句结构紧凑严密。为了达到表达准确的目的，标准中常用的典型词句，可以另行制定成标准来统一执行，也可以制定指导性文件推荐采用。

（四）简明

标准的内容要简洁明了、通俗易懂，便于实施。标准中不要使用生僻词句或地方俗语，在保证准确的前提下尽量使用大众化的语言，使大家都能正确理解和执行，便于实施；避免产生不易理解或不同理解的可能性。标准中只规定“应”怎么办，“必须”达到什么要求，“不得”超过什么界限等，一般不讲原因和道理，凡能定量表述的都要定量表述。根据标准内容的具体情况，在表述准确简明的前提下，选择文字、图表或文字和图表并用的表述方式，宜用文字的用文字，宜用图表的用图表。

（五）和谐

标准要和相关的法规、标准内容和谐一致。而协调性是针对标准之间各有关标准之间存在着广泛的内在联系。标准之间只有相互协调、相辅相成，才能充分发挥标准系统的功能，获得良好的系统效应。标准是成体系的技术文件，它的目的是“为了达到所有标准的整体协调”。将标准系统作为一个“整体”，如果从企业的角度看，那么所有的企业标准应是协调的；从行业的角度看，所有的行业标准应是协调的；从国家的角度看，所有的国家标准应是协调的。为了达到标准系统整体协调的目的，在制定标准时应注意和已经发布的标准进行协调。这种协调包括普遍协调、特殊协调、本领域协调 3 个层面。

编写标准时要注意不能与国家的有关法律、法令和法规相违背，相反应使这些法律、法令和法规在标准中得到贯彻。如标准中的计量单位名称、符号要遵守《中华人民共和国计量法》和《关于在我国统一实行法定计量单位的命令》，一律采用中华人民共和国法定计量单位。编写标准时要与现行的下级、同级有关标准，尤其与基础标准协调一致，还要与该标准所属的标准体系表内的标准协调一致，以充分发挥标准化系统整体功能。

（六）统一

标准的文体、表述方式及其术语、符号、代号等应该统一。统一性是对标准编写及表达方式的最基本的要求。统一性强调的是一项标准或部分的内部或一系列标准的内部。统一性强调的是内部的统一，包括3个层次：一是一项单独出版的标准或部分的内部；二是一项分成多个部分的标准的内部；三是一系列相关标准构成的标准体系的内部。每个层次统一的内容都包括3个方面，即标准的结构、文体和术语。通过3个层次上3个方面的统一性保证标准能够被使用者无歧义地理解。

编写标准时，首先，同类标准的文体结构统一规范；表述方式始终要统一，同一标准中的术语、符号、代号要前后统一，相关标准中的术语、符号、代号也要统一。同一名词或术语始终用来表述同一个概念，同一个概念应始终采用同一名词或术语，不能在一个标准中出现其他同义词，即不能出现一物多名或一名多物的现象。其次，同级标准的书写格式、幅面大小、章条的划分以及编号方法等都要统一；同类标准的构成、内容的编排也要统一，都要符合 GB/T 1.1 等标准的有关规定。最后，标准中使用的汉字和翻译的外文也要统一，汉字要推广使用国家正式公布的简化汉字，注意杜绝错别字。

二、标准的基本结构

标准必须以特定形式出现，这是它区别于其他任何文件的重要特点。所谓特定形式，是指其编写的体裁格式、章条编号、文字结构与表述方式等方面，都有统一的规定和要求。指导我国国家标准、行业标准、地方标准以及国家标准化指导性技术文件编写的最基础的标准是《标准化工作导则》（GB/T1）、《标准化工作指南》（GB/T 2000）、《标准编写规则》（GB/T 20001）和《标准中特定内容的起草》（GB/T 20002），这些标准共同构成支撑标准制定（修订）工作的基础性系列国家标准。其他标准的编写可参照上述标准执行。国家标准《标准化工作导则　第1部分：标准的结构和编写》（GB/T 1.1－2009）对标准的结构、起草表述规则和编排格式作了规定。该标准是参考《ISO/IEC 导则　第2部分：国际标准的结构和起草规则》制定的。由于每项标准的对象不同，其内容也不完全相同。

任何标准都由概述要素、规范性要素（它规定了标准的要求和必须实施的条文，由一般要素和技术要素两部分构成）和补充要素 3 个要素构成。上述构成部分的内容不是任何一项标准都要写的，某一项标准究竟应包括其中哪些内容，应根据标准化对象的特征和制定标准的目的而定。其内容构成和编写顺序见图 2 -3。

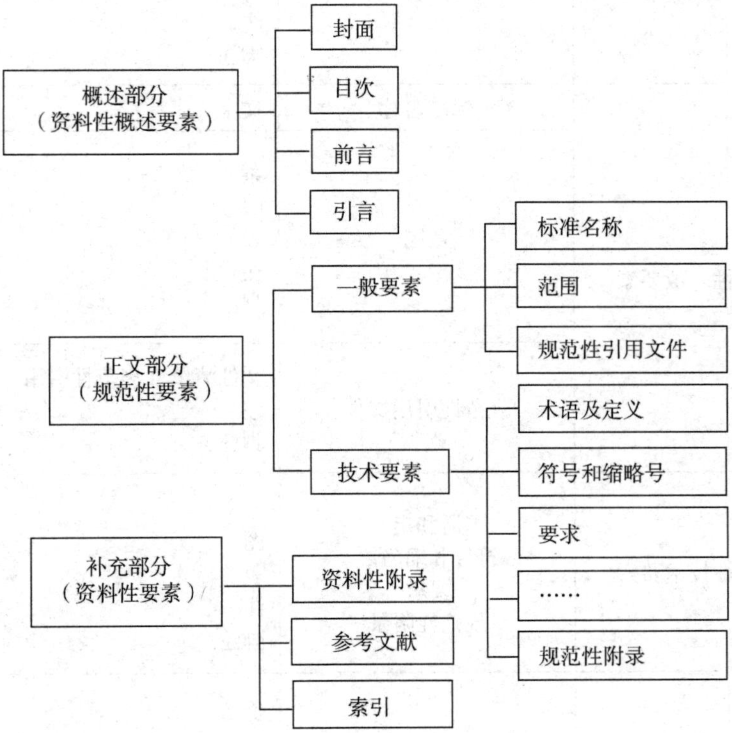

图 2 -3　标准内容结构和编写顺序

标准要素的典型格式见表 2 -2。

表 2 -2　标准中要素的典型格式

要素类型	要素的编排	要素所允许的表述形式
资料性概述要素	封面	见以下有关“封面”的说明
	目次	见以下有关“目次”的说明
	前言	条文 注 脚注

续表

要素类型	要素的编排	要素所允许的表述形式
资料性概述要素	引言	条文 图 表 注 脚注
规范性一般要素	标准名称	文字
	范围	条文 图 表 注 脚注
	规范性引用文件	文件清单（规范性引用） 注 脚注
规范性技术要素	术语和定义 符号和缩略语 要求 规范性附录	条文 图 表 注 脚注
资料性补充要素	资料性附录	条文 图 表 注 脚注
	参考文献	文件清单（资料性引用） 脚注
	索引	文字（自动生成的内容）

（一）资料性概述要素

资料性概述要素是指标示标准、介绍内容、说明背景、制定情况以及该标准与其他标准或文件的关系的要素，标准的概述部分内容是让读者概括地了解标准的批准、发布、实施时间等信息，标准章条内容标题，标准制定原因、过程及其与相关标准的关系等。

1. 封面

标准的封面为必备要素，也就是在标准中不可缺少的要素。标准的封面内容有：标准的名称、英文译名、标准的层次（如国家标准为“中华人民共和国国家标准”字样）、标准的标志、标准编号、国际标准分类号（ICS 号）、中国标准文献分类号、备案号（不适用于国家标准）、发布日期、实施日期、标准的发布部门等。如果标准代替了某个或某几个标准，封面上应给出被代替标准的编号。另外，当标准有对应的国际标准时，还应在封面上标明一致性程度的标识。

我国标准的封面上应写明标准分类号（CCS）、标准号、标准名称（国家标准还有英文标准名称）、标准的发布和实施日期、标准的发布部门等，国家标准封面上还应有国际标准分类号（ICS）。当采用国际标准时，标准封面上应在我国标准号后并列说明采用的国际标准号及采用程度，并在标准英文名称下方标识产品一致性程度，如 GB/T 27025－2008、ISO/IEC 17025：2005。标准征求意见稿和送审稿的封面显著位置应给出征集标准是否涉及专利的信息：“在提交反馈意见时，请将您知道的相关专利连同支持性文件一并附上。”封面格式及其字体、符号规格按 GB/T 1.1 规定执行。

2. 目次

目次为可选要素，也就是在标准中存在与否取决于特定标准的具体需求的要素。如果标准内容多、篇幅长、结构较复杂、条文较多时，可设置目次，这样可以清晰地显示标准的结构，便于阅读和使用。目次的内容包括条文主要划分单元（一般为章）和附录的编号、标题和所在页码，目次在 2 页以上时应另编页码，但与标准条文的页码不连续，目次中页码应加圆括号，以示区别。目次所列的内容和顺序为：前言、引言、章、带有标题的条（需要时列出）、附录、附录中的章和带有标题的条（需要时列出）、参考文献、索引、图（需要时列出）、表（需要时列出）。

3. 前言

每项标准均应有前言，以便标准的使用者正确了解该标准的有关情况。

前言中的内容根据情况依次给出以下内容：

对于系列标准或分部分的标准，在第一项标准或标准的第 1 部分中要说明标准的预计结构；在系列标准的每一项标准或分部分标准的每一部分中列出所有已经发布或计划发布的其他标准或其他部分的名称。

标准制定所依据的起草规则，提及 GB/T 1.1。

标准代替的其他文件说明。给出被代替的标准（含修改单）或其他文件的编号和名称，给出与前一版本的主要变化。

以国外文件为基础形成的标准，在前言中陈述与相应文件的关系。当标准等同、修改采用国际文件或与国际文件的一致性为非等效时，应说明与国际文件的关系。

涉及专利的相关说明。

标准提出信息或归口信息。

标准的起草单位和主要起草人。

前言不能有要求和推荐性的内容，也不应有公式、图和表的内容。

4. 引言

引言为可选要素，如果需要，可在引言中给出编制该标准的原因，以及有关标准技术内容的特殊信息或说明。“引言”写在“首页”第一章“范围”前面，主要写出关于标准技术内容以及关于制定标准的原因的特殊信息说明。一般不写标题，不包含要求，不编号。当引言的内容需要分条时，条的编号形式为 0.1、0.2 等。

（二）规范性一般要素

规范性一般要素是指描述标准的名称、范围，给出对于标准的使用必不可少的文件清单等要素。它包括标准名称、范围和规范性引用文件等。

1. 标准名称

标准名称为必备要素，是标准的总标题，应力求简练，并应明确表示出标准的主题，直接反映标准化对象的特征和范围，使之与其他标准相区分。我国标准名称一般由标准化对象的名称和技术特征两部分组成。标准名称中表示技术特征的术语，应采用标准化的统一术语。如一项标准的若干部分用同一个标准顺序号发布时，标准应有一个总名称，各独立部分再分别冠以名称，两个名称中间应隔开。标准名称不应涉及不必要的细节。任何其他必要的详细说明应在范围中给出。

标准名称最多可由 3 个要素组成，其顺序由一般到特殊，从总体到具体，即：引导要素（可选），表示标准所属的领域（可使用该标准的归口标准化技术委员会的名称）。主体要素（必备），表示在上述领域内标准所涉及的主要对象。补充要素（可选），表示标准所针对的主要对象的特定方面或给出区分该标准（或该部分）与其他标准（或其他部分）的细节。

一般来说标准名称按下面规则确定：如果没有引导要素，主体要素所表示的对象就不明白，则标准名称中应有引导要素；如果主体要素（或同补充要素一起）能确切地概括标准所论述的对象，则标准名称中应省略引导要素；标准名称中应有主体要素；如果标准只包含主体要素所表示对象的一个或非常少的几个方面，则标准名称中应有补充要素；如果只划分标准为部分，应使用补充要素区分和识别各个部分，每个部分的引导要素（如果有）和主体要素保持相同；如果标准包含主体要素所表示对象的几个（但不是全部）方面，则在标准名称的补充要素所对应由一般性的术语（如规范或机械要求和测试方法等）来表达这些方面，而无须一一列举；如果标准包含主体要素所表示对象的所有基本方面，同时是有关对象的唯一标准（而且拟继续保持），则标准名称中应省略补充要素；标准名称必应包含可能无意中限制标注范围的细节。然而，如果标准涉及一个特定类型的产品，则应在名称中反映出来。

2. 范围

范围为必备要素。范围应置于标准正文的起始位置。范围应明确界定一项标准的对象和所涉及的各个方面，由此指明标准或其特定部分的适用界限，也就是指明标准的适用范围和领域，必要时可指出标准不适用的界限。范围的文字应简洁，可作为内容提要使用。范围不能包含任何要求。

3. 规范性引用文件

规范性引用文件为可选要素，用来列出标准中规范性引用文件的清单，这些文件经过标准条文的引用后，成为该项标准应用时不可缺少的文件。引用文件清单中不包括不能公开出版的文件、资料性引用文件、起草过程中参考过的文件等，这些文件只能列入参考文献。文件清单中引用文件的排列顺序为：国家标准（含国家标准化指导性文件）、行业标准、地方标准（仅适用于地方标准的编写）、国内有关文件、ISO 标准、IEC 标准、ISO 或 IEC 有关文件、其他国际标准以及其他国际有关文件。国家标准、ISO 标准、IEC 标准按标准顺序号排列；行业标准、地方标准、其他国际标准先按标准代号的拉丁字母顺序排列，再按标准顺序号排列。

文件清单中，对于标准条文中注日期引用的文件，应给出版本号或年号（引用时，给出标准代号、顺序号和年号）以及完整的标准名称；对于标准条文中不注日期引用的文件，则不应给出版本号或年号。标准条文中不注日期引用一项由多个部分组成的标准时，应在标准顺序号后标明“所有部分”及其标准名称中相同部分。

规范性引用文件中的国家标准或行业标准，如果有对应的国际标准，应注明与国际标准的一致程度。规范性引用文件清单中，如有国际标准和国外标准，应在标准编号后给出标准名称的中文译名，并在其后的圆括号中给出原文名称；如果是非标准类文件，则应按 GB/T7714 规定的方法列出相应的文件。如果引用的文件可在线获得，宜提供详细的获取和访问途径，应给出被引用文件完整的网址。

文件清单不应包含：不能公开获得的文件；资料性引用文件；标准编制过程中参考过的文件。上述文件根据需要可列入参考文献。

规范性引用文件清单应由下述引导语导出：“下列文件对于本文件的应用是必不可少的，凡是注日期的引用文件，仅注日期的版本适用于本文件。凡是不注日期的引用文件，其最新版本（包括所有的修改单）适用于本文件。”

（三）规范性技术要素

规范性技术要素指规定标准技术内容的要素。因此，它是标准所要规定的实质性内容，也是整个标准的主体。其中的各项内容应根据各类标准的不同特点和需要编写，并遵循有关的编写方法。技术要素选择首先要注重目的性。标准中规范性技术要素的确定取决于编制标准的目的，最重要的目的是保证有关产品、过程或服务的适用性，也可侧重于促进理解和交流，保证安全、健康，保护环境和节约能源，合理利用资源，保证产品接口、互换性和兼容性以及品种控制等。技术要素选择应注重性能。为了给今后技术的发展留下空间，应尽可能由性能特性来表达，而不是用设计和描述特性来表达。技术要素选择应具可证实性，标准中列入的要求是能够被证实的要求，因此不应使用定性的表述，而应使用明确的定量数值。

1. 术语和定义

术语和定义为可选要素，术语和定义给出为理解标准中某些术语所必需的定义。为理解一项标准中的某些术语，对其中采用的术语尚无统一定义时，应加以必要的定义或给出说明，如果确有必要重复某术语已经标准化的定义，则应标明该定义出自的标准；如果不得不改写已经标准化的定义，则应加注说明。

术语宜按照概念层级进行分类和编排，分类的结果和排列顺序应由术语的条目编号来明确，应给每个术语一个条目编号。

对某概念建立有关术语和定义以前，应查找在其他标准中是否已经为该概念建立了术语和定义。如果已经建立，宜引用定义该概念的标准，不必重复定义；如果没有建立，则“术语和定义”一章中只应定义标准中所使用的并且是术语标准的范围所覆盖的概念，以及有助于理解这些定义的附加概念；如果标准中使用了属于标准范围之外的术语，可在标准中说明其含义，而不宜在“术语和定义”一章中给出该术语及其定义。

如果不得不改写已经标准化的定义，则应加注说明。定义既不应包含要求，也不应写成要求的形式。附加的信息应示例或以注的形式给出。适用于量的单位的信息应在注中重新给出。术语条目应包括：条目编号、术语、英文对应词、定义。根据需要可增加：符号、概念的其他表述方式（如公式、图等）、示例、注等。定义不应包含要求，同时也不应写成要求的形式。术语和定义可用“下列术语和定义适用于本标准”字样的引导语。

术语和定义由适当的引导语引出：仅仅标准中界定的术语和定义适用时，使用“……下列术语和定义适用于本文件”。其他文件界定的术语和定义也适用时，使用“……界定的以及下列术语和定义适用于本文件”。仅仅其他文件界定的术语和定义适用时，使用“……界定的术语和定义适用于本文件”。

2. 符号、代号和缩略语

符号、代号和缩略语为可选要素。为了理解一项标准中使用的某些符号、代号和缩略语，将它们列出，并对所列符号、代号和缩略语的功能、意义、具体使用场合给出必要的说明。为了简便起见，或将这一部分与“术语和定义”部分或者还有量的单位合在一起，用一个复合标题，如：“术语和定义、符号、代号、缩略语以及量的单位。”如有必要，应在该章中列出理解标准中有关符号和缩略语的一览表，并可与“定义”一章合并，标题定为“定义、符号和缩略语”。

除非为了反映技术准则需要以特定次序列出，所有符号、代号和缩略语宜按以下次序以字母顺序列出：大写拉丁字母置于小写拉丁字母之前；无角标的字母置于有角标的字母之前，有字母角标的字母置于有数字角标的字母之前；希腊字母置于拉丁字母之后；其他特殊符号和文字。

3. 要求

要求为可选要素，应包含以下内容：直接或以引用方式给出标准涉及的产品、过程或服务等方面的所有特性；可量化特性所要求的极限值；针对每个要求，可以引用已有的测定或检验特性值的试验方法，当没有可直接引用的试验方法时，应规定相应的试验方法。要求中只能列入技术性内容，不应包含合同要求（有关索赔、担保、费用结算等）和法律法规的要求。这部分内容的编写应根据各类标准的结构特点和需要，按照《标准化工作导则》（GB/T 1.1）、《标准编写规则》（GB/T 20001）等标准规定分别编写。

4. 分类、标记和编码

分类、标记和编码为可选要素，它是为符合所规定特性要求的产品、过程或服务建立一个分类、标记和（或）编码体系。对产品而言，就是要对有关产品总体安排的种类、型式、尺寸或参数系列等作出统一规定，并给出产品分类后具体产品的表示方法。为简便起见，可将这一部分与“要求”合并在一起。

5. 规范性附录

根据附录的性质，标准中的附录分为规范性附录和资料性附录两类。这两类附录都是可选要素。规范性附录给出标准正文的附加或补充条款，因此，是标准不可分割的一部分，与标准正文具有同等效力。为了使用方便，将其放在技术要素的最后。同时，对一个附录是规范性附录这一情况，要注意在正文中提及的措辞方式，如“……符合附录 A 的规定”，或者“……见附录 B”等；此外还在目次中列出的附录编号后加括号予以注明。规范性附录是标准不可分割的部分，主要是指对标准技术内容所作的补充，实质上相当于技术内容的一个组成部分，只有在技术内容过多、编写或阅读不方便时，才编写在标准条文的后面，其目的在于保证正文主题突出，避免个别条文过于臃肿。

（四）资料性补充要素

1. 资料性附录

资料性附录只提供理解标准内容的附加信息，帮助正确掌握和使用标准。资料性附录只能包含可选要求而不应包含其他要求，如资料性附录为一个可选的试验方法，则可包含要求，在声明符合标准时并不需要符合这类附录中的要求，也不具有标准正文的效力。对一个附录是资料性附录这一情况，在正文中提及的措辞方式如“……参见附录 C”；同样在目次中列出的附录编号后加括号予以注明。资料性附录可包含可选要求。例如一个可选的试验放大可包含要求，但在声明符合标准时，并不需要符合这些要求。它一般编写在规范性附录后，并与规范性附录一起依次编号，目次中和附录编号下方标明，如附录 A、附录 B……列入目次。

2. 参考文献

参考文献为可选要素。标准起草过程的参考文献，应位于最后一个附录之后。参考文献的格式应符合 GB/T 7714 的规定。文献清单中每个参考文献前应在方括号中给出序号。文献清单中所列的文献，文献的排列顺序等均应符合相关规定，如列出国际标准、国外标准和其他文献，无须给出中文译名。

3. 索引

索引也为可选要素。当有索引时，索引作为标准的最后一个要素。电子文本的索引宜自动生成。

（五）其他资料性要素

1. 条文的注和示例

条文的注和示例的性质为资料性，只能给出对理解或使用标准起辅助作用的附加信息，不能包含任何要求。应将注和示例放在所注释的章、条或段的下方。章或条中只有一个注释时，在标题“注:”后写注释条文。同一章（不分条）或条中有几个注时，则应以标题“注 1:”“注 2:”“注 3:”等加以区分。同样，当章或条中只有一个示例时，在标题“示例:”后写示例的具体内容；当同一章（不分条）或条有多个示例时，应标明“示例 1:”“示例 2:”“示例 3:”等。

2. 条文的脚注

条文的脚注的性质为资料性，用来提供附加信息，它不能包含要求，一般应尽量少用。

为阅读方便，脚注应该放在提及该脚注的页面下方，用一条细实线与正文分开，长度为版心宽度的四分之一，置于页面左侧。应使用带半圆括号的阿拉伯数字从1开始对条文的脚注编号。全文中条文的脚注应从“前言”开始连续编号，即1)、2)、3）等。另外在需注释的词或句子之后应使用与脚注编号相同的上标数字标明脚注。有些情况下，为避免与上标数字混淆，可用一个或多个星号代替数字及半圆括号，如*、**、***等标明脚注。

三、编写标准的步骤

编写标准的方法主要有两种，即自主研制标准和采用国际标准。自主研制标准按照GB T 1.1的规定进行编写；采用ISO/IEC标准的我国标准的编写除了遵照GB/T 1.1的规定外，还要按照GB/T 20000.2的规定进行编写。

（一）采用国标标准

我国加入世界贸易组织时，承诺我国的标准要符合《WTO/TBT协议》的规定。各国起草标准要以国际标准为基础，我国也不例外。采用国际标准已成为我国标准化工作的一项重要政策，《中华人民共和国标准化法》第四条规定“国家鼓励积极采用国际标准”。采用国际标准编写我国标准时需要采取以下步骤：

1. 准确翻译

在采用国际标准编制我国标准时，首先应准备一份与原文一致、正确的译文。译文的准确性在这一阶段需要重点把握。因此，翻译要以原文为依据，力求正确传达原文的意图，并保证没有差错。

2. 分析研究

有了一份与原文一致、正确的译文，就可以以此为基础结合我国国情进行研究。研究的重点集中在国际标准对我国的适用性（如原标准中的指标、规定对我国是否适用），必要时要进行实验验证。在《WTO/TBT协议》规定的正当目标范围以内的内容，结合时作出的修改是合理、合法和必需的；在《WTO/TBT协议》规定的正当目标范围以外的内容，也可以结合国情作出相应的修改。

在分析研究的基础上，要确定出以国际标准为基础制定的我国标准与相应国际标准的一致性程度。也就是说，要按照 GB/T 20000.2 的规定确定是等同、修改采用国际标准，还是非等效于国际标准。

在采用国际标准的程度方面，等同于修改没有谁优谁劣之分。修改采用国际标准形成的我国标准并不意味着其水平比国际标准低，有些修改后的技术指标完全可能比国际标准高。因此，不应简单地从等同、修改判断标准的技术水平，要看标准中的具体技术指标。

3. 编写标准

在分析研究的基础上，应以译文为蓝本按照 GB/T 1.1 和 GB/T 20000.2 的规定编写我国标准。

（二）自主研制标准

自主研制标准是指我国标准的编写不是以国际标准为蓝本，标准的文本结构框架不以任何一个国际文件为基础。然而，在编写标准之前，收集国内外的相关标准和资料是必需的。标准中的一些指标、方法参考一些国际标准和资料也是很正常的事情。因此，只要我国标准文本不是以翻译的国际标准文本为基础形成的，只是其中的一些内容参考了一些国际标准，在标准编写中仍然需要使用自主研制标准的方法。

1. 明确标准化对象

自主研制标准一般是在标准化对象已经确定的背景下开始的，也就是说标准的名称已经初步确定。在具体编制之前，首先，要讨论并进一步明确标准化对象的边界。其次，要确定标准所针对的使用对象：是第一方、第二方还是第三方；是制造者、经销商、使用者，还是安装人员、维修人员；是立法机构、认证机构还是监管机构中的一个或几个适用对象。

上述所有事项都应该事先论证、研究、确定，使标准编写组的每一个成员都清楚将要编写的标准是一个什么样的标准。在编写过程中应经常检查修正，不应脱离预定的目标，不应想到什么就写什么，也不要认为大家都同意的内容就可以写进标准草案，要辨别是否属于预定的内容。

2. 确定规范性技术要素

在明确了标准化对象后，需要进一步讨论并确定制定标准的目的。

根据标准所规范的标准化对象、标准所针对的使用对象，以及制定标准的目的，确定所要制定的标准的类型是属于规范、规程还是指南。标准的类型不同，其技术内容会不同，标准中使用的条款类型以及标准章条的设置也会不同。在此基础上，标准中最核心的规范性技术要素也会随之确定。

3. 编写标准

标准的规范性技术要素确定后，就可以着手具体编写标准了。首先应从标准的核心内容——规范性技术要素开始编写。在编写规范性技术要素的过程中，如果根据需要准备设置附录（规范性附录或资料性附录），则进行附录的编写。

上述内容编写完毕之后，就可以编写标准的规范性一般要素，该项内容应根据已经完成的内容加工而成。例如，规范性技术要素中规范性引用了其他文件，这时需要编写标准的第 2 章“规范性引用文件”，将标准中规范性引用的文件以清单形式列出。将规范性技术要素的标题集中在一起，就可以归纳出标准的第 1 章“范围”的主要内容。

规范性要素编写完毕，需要编写资料性要素。根据需要可以编写引言，然后编写必备要素前言。如果需要，则进一步编写参考资料、索引和目次。最后，则需要编写必备要素封面。

标准要素的编写顺序十分重要，标准要素的编写顺序不同于标准中要素的前后编排顺序。编写标准时，规范性技术要素的编写在前，其他要素的编写在后，这是因为后面编写的内容往往需要用到前面已经编写的内容，也就是其他要素的编写需要使用规范性美术要素中的内容。

四、标准的层次划分

标准要根据内容繁简合理编排，分为若干层次叙述。由于各类标准的内容性质和条文长短差异很大，很难制定统一通用的层次划分模式。为了使标准层次清晰、便于使用，应对标准的层次作出适当划分。标准应按其内容分成若干层次（以 2 ~ 3 个层次为好，一般不要超过 4 个层次）进行叙述，各层次的编号采用阿拉伯数字，每两个层次之间加圆点，圆点加在阿拉伯数字的右下角。一般可能出现的主要层次包括：部分、章、条、段、列项及附录等。

（一）主要层次

1. 部分

当一项标准的篇幅过长、后续内部相互关联、标准的某些内容可能被法规引用或者标准的某些内容用于认证时，可将一项标准分成若干个单独的部分出版。这时标准顺序号相同，部分采用阿拉伯数字从 1 开始进行编号，放在标准顺序号后面，用下脚点与标准顺序号隔开，如 20000. 1、20000. 2 等。同一标准的各个部分的标准名称都包含同样的引导要素（如果有的话）和主体要素，而补充要素应不同，以便区分各个部分。在每个部分的名称中，补充要素前均应使用阿拉伯数字标明“第 × 部分”，如：第 1 部分、第 2 部分等。

2. 章

章是标准层次划分中最基本的组成单元。每项标准及其部分中的章，应使用阿拉伯数字从 1 开始对章编号，从“范围”一章开始连续编号直到附录以前。每章都要有标题，写在编号后，章的编号和标题应占三行，与后面的条文分开。

3. 条

条是章的细分层次。第一层次的条可分为第二层次的条，根据实际需要最多可分到第五层次的条。应使用阿拉伯数字加下脚点对条进行编号，如：3. 1、3. 1. 1、3. 1. 1. 1 等。同一层次中有两个或两个以上的条时才可设条，如：若没有 3. 1. 1. 2 条就不应设 3. 1 1. 1 条。条有标题时，写在编号后面，单独占两行。第一层次的条宜给出条的标题，并应置于编号之后。

第二层次的条可同样处理。同一章或条中同一层次的条有无标题应该统一，即：如果 3. 1. 1 有标题，则 3. 1. 2 也应有标题。但要注意无标题的条要避免再分条。可将无标题条首句中的关键术语或短语标为黑体，以标明所涉及的主题。这类术语或短语不应列入目次。

章、条的编号顶格排，编号与标题或文字之间空一个汉字的间隙。

（1）标准条文的层次划分

第一层次“章”的编写自始至终须连续，以下层次的编号只在所属的层次内连续，引用章以下各层次的条文编号时，统称为条，如第 1 条、第

1.1 条、第 1.2.1 条……

当一个标准不宜容纳若干独立部分的内容时，可以将它们分开。但为了保持标准的系统性，方便使用，就把这些独立部分用同一个标准顺序号发布。每个部分的编号用阿拉伯数字表示，放在标准顺序号之后，也以圆点分开，如 GB/T 1.1－2009、GB/T 1.2－2009 等。

当标准条文内容较简短，或适于采用分行并列叙述时，其编号用小写的拉丁字母 a，b，c，……顺序表示，在字母后加半括号。

如产品标志的基本内容为：

a）产品名称；

b）制造厂名；

c）制造日期或生产批号和出厂日期；

d）产品标记；

e）产品的主要参数和质量等级。

（2）标准条文的排列格式

第一层次的条文一般应有标题，特别是需要编制目次时，必须设有标题，标题的编号应左起顶格书写，其后空一个字再写标题，占两行位置，另起一行写具体内容。在不需编制目录的情况下，可以不设标题，就可在编号后空一个字直接写具体内容。

第二层次及以下层次的条文可有标题，也可没有标题，但属于同一层次的下一层次的条文，有无标题应一致，有标题的也写在编号后空一个字，但只能占一行，其具体内容的第一行应左起空两个字书写，并列叙述的条文编号 a，b，c，……均应左起空两个字书写，并在编写后空一个字写内容。

4. 段

段是章或条的不带编号的细分层次。为避免在使用时产生混淆，尽可能不出现如图 2－4 所示的“悬置段”示意图，不能只将图 2－4 所标出的悬置段作为“第 3 章”，因为严格地说 3.1 条和 3.2 条也属于第 3 章，为了避免这类问题，可将未编号的悬置段编为 3.1，原来的 3.1 和 3.2 重新编成 3.2 和 3.3，或者将悬置段移到其他地方。

5. 列项

列项用以引出具有并列含义的句子。列项中每一项前应加破折号或

3　要求

××××××××××××

××××××××××××（悬置段）

3.1　×××××××××

××××××××××××

3.2　×××××××××

××××××××××××

4　试验方法

图 2－4　“悬置段”示意图

圆点。当需要对列项的内容进行识别时，则在每一项前加上用带半圆括号的小写拉丁字母顺序编号，如 a）、b）等，若还要对已经用字母编号的某项进一步细分，则应使用带半圆括号的阿拉伯数字进行编号，如 1）、2）等。

6. 附录

每个附录应按条文（从前言算起）中提及的先后次序进行编号（前言中说明与前一版本主要变化时所提及的附录不作为编排附录顺序的依据）。附录编号由“附录”和随后标明顺序的大写拉丁字母组成，从字母“A”开始编号，如附录 A、附录 B 等。只有一个附录时，也要编为“附录 A”，使它的章、条编号能与正文的章、条编号区分开。附录编号下方应用圆括号标明附录的性质，即是“规范性附录”还是“资料性附录”，再下方是附录标题。每个附录中的章、条、表、图和数学公式编号前，都要加上附录编号中标明顺序的字母，字母后跟下脚点，从 1 开始编号，如：附录 A 中的章用“A.1”“A.2”、图用“图 A.1”“图 A.2”等表示。

（二）层次编排

从起草征求意见稿开始，标准草案就应按规定格式编写。各层次编号和条文都在页面左边顶格排列，段的条文缩进两个汉字，移行时顶格排列；列项说明、条文的注和示例也要缩进两个汉字排列。

表2-3 层次的设置

名称	编号示例	说明
部分	9999.1	（1）部分和系列标准的区别： 分部分出版的标准不是独立的标准，而是一项标准内的组成部分； 系列标准是顺序号相连且内容互相关联的标准。 （2）部分的编号： 由标准顺序号和部分编号组成，如19000.2、19000.3。 （3）部分的名称： 各部分的补充要素不同 补充要素前说明是第几部分（用阿拉伯数字）
章	3	（1）从范围开始编号； （2）每一章均应有标题
条	3.1 3.1.1	（1）设置： 一个层次中有两个或两个以上的条时才可设条； 可以分到第五层，如3.1.1.1.1.1、3.1.1.1.1.2； 避免无标题条再分条。 （2）标题： 第一层最好给出标题； 同一章的各条（指同层次）有无标题应统一； 不同章之间的各条有无标题不要求统一； 可将无标题条首句中的关键术语或短语标为黑体
段	无编号	（1）是章或条不编号的层次。 （2）避免出现悬置段
列项	字母编号a）、b） 下一层次数字编号1）、2）	列项应由一段后跟冒号的文字引出。 可用黑体字强调列项中的关键术语或短语
附录	A	（1）识别：附录的编号（A/B）、附录的性质（规范性/资料性）、标题。 （2）章、图、表、数学公式的编号：章（A.1…）、图（图A.1…）、表（表A.1…）、数学公式（A.1…）

五、标准的编辑细则

这是对各类标准具体编写中的共性问题提出的统一要求，目的是使各类标准在这些共性问题方面保持一致。

（一）助动词的使用

标准中必须满足的要求和有一定选择自由的要求，就要采用不同的表述形式和措辞，以了解哪些条款是应遵守的，哪些条款是可选择的。表2－4给出了表述各类要求时的措辞形式，只有在特殊情况下不能使用正规表述时，才可使用等效的表述。

表2－4　要求的表述

<table>
<tr><th>含义</th><th>表述</th><th>等效的表述</th><th>注解</th></tr>
<tr><td rowspan="2">要求</td><td>应</td><td>应该
只准许</td><td rowspan="2">（1）用于表示声明符合标准需要满足的要求。
（2）不使“必须”代替“应”（以避免将某标准的要求和外部的法定责任相混淆）。
（3）表示禁止时，不使用“不可”代替“不应”。
（4）使用祈使句表示直接的指示</td></tr>
<tr><td>不应</td><td>不得
不准许</td></tr>
<tr><td rowspan="2">推荐</td><td>宜</td><td>推荐
建议</td><td rowspan="2">用于表达在几种可能性中被推荐作为特别适用的一种，不提及也不排除其他可能性；或表示某个行动步骤是受到推荐是首选的，但也未必是所要求的，或（以否定形式）表示不赞成但也不禁止某种可能性或行动步骤</td></tr>
<tr><td>不宜</td><td>不推荐
不建议</td></tr>
<tr><td rowspan="2">允许</td><td>可</td><td>可以
允许</td><td rowspan="6">（1）用于陈述由材料的、生理的或某种原因导致的能力和可能性。
（2）在“允许”的情况下，不使用“可能”或“不可能”，也不用“能”代替“可”。
（3）“可”代表标准所表达的许可。“能”指主客观原因导致的能力，“可能”则指主客观原因导致的可能性</td></tr>
<tr><td>不必</td><td>无须
不需要</td></tr>
<tr><td rowspan="2">能力</td><td>能</td><td>能够</td></tr>
<tr><td>不能</td><td>不能够</td></tr>
<tr><td rowspan="2">可能性</td><td>可能</td><td>有可能</td></tr>
<tr><td>不可能</td><td>没有可能</td></tr>
</table>

（二）组织机构名称

标准中使用的组织机构的全称和简称（或外文缩写）应与这些组织机构所使用的全称和简称（或外文缩写）相同。由拉丁字母组成的缩略语只有在不引起混淆的情况下才允许使用，当标准中多次使用某缩略语，而标准中未给出缩略语一览表时，则第一次使用某缩略语时，应先给出其完整的中文词语或术语，在其后的圆括号中给出该缩略语。一般情况下，缩略语由大写拉丁字母组成，每个字母后面没有下脚点（如：DNA）。特殊情况下，由字词的第一个字母组成的缩略语用小写字母表示，并且每个字母后有一个下脚点，例如，“交流电（alternating current）”表示为“a. c. ”。

（三）图表

如果图或表提供的信息更有利于标准的理解，则宜使用图或表。每幅图或每个表在条文中均应明确提及，无论数量多少，均用阿拉伯数字从1开始编号，如图1、图2或表1、表2。

1. 图

中华人民共和国原则上每幅图应有图题，接在图的编号后，放在图的下面居中位置。标准中有无图题应统一。图中应标出量的符号和单位。如果所有量的单位均相同，宜在图的右上方用一句适当的陈述（如“单位为米”）表示。符号要符合有关规定，必要时可以加下标，如不同长度的量可以表示为l_1，l_2，…，而不使用A.，B. …或a，b，…等。图上的字体要符合制图标准，一律用正体，而量的符号及下标，以及表示数的符号采用斜体，以便区分。

图注应区别于条文的注，图注不应包含要求。图注应置于图题之上，图的脚注之前。图只有一个注时，应在注的第一行文字前标明“注：”；图中有多个注时，应标明“注1：”“注2：”“注3：”等。每幅图的图注应单独编号。

图的脚注应区别于条文的脚注，图的脚注可包含要求。图的脚注应置于图题之上，并紧跟图注。应使用上标形式的小写拉丁字母从“a”开始对图的脚注进行编号，即a、b、c等。在图中需注释的位置应以相同上标形式的小写拉丁字母标明图的脚注。每幅图的脚注应单独编号。

2. 表

不准许表中有表，也不准许将表再分为次级表。每个表宜有表题（即表的名称），标准中表有无表题应统一。每个表应有表头，表头中，单位标注在各栏项目名称下方；各栏单位相同时，可以只在表的右上方标注（例如：“单位为米”）。超过一页的表，在续页上重复表的缩号、表头、表题（可选）和关于单位的陈述，并注明“续表”字。

表注应区别于条文的注，表注不应包含要求。表注应置于表中，并位于表的脚注之前。表中只有一个注时，应在注的第一行文字前标明“注：”；表中有多个注时，应标明“注1：”“注2：”“注3：”等。每个表的表注应单独编号。

表的脚注应区别于条文的脚注，表的脚注可包含要求。表的脚注应置于表中，并紧跟表注。应使用上标形式的小写拉丁字母从“a”开始对表的脚注进行编号，即 a、b、c 等。在表中需注释的位置应以相同上标形式的小写拉丁字母标明表的脚注。每个表的脚注应单独编号。

（四）引用

引用有关标准中的内容而不重复，能减少因抄写或重编时可能产生的差错或矛盾，也使标准内容精练，但引用的内容要注明引自何处，便于查询。特殊情况时，如果认为有必要重复抄录有关内容，则应在所抄录的内容之后的方括号中准确地标明出处。

1. 提及标准本身的内容

一般情况下，在标准中提及标准本身的内容时，用“本标准……”（提及单独的标准）或“本指导性技术文件……”（提及国家标准化指导性技术文件）等形式表述。当标准分为多个单独部分时，为避免可能的混淆，可使用诸如“GB/T 1 的本部分”，这表示只提及该标准的一个部分；而“GB/T 20000”则表示提及该标准的所有部分。

2. 提及标准本身的具体内容

规范性提及标准本身的具体内容时，应使用这样的表述方式：“按第 3 章的要求”；“按 3. 1 的规定”；“符合 3. 1b）的规定”；“按 3. 1. 1 给出的细节”；“符合表 1 的规定”；“见附录 A”。

如果是资料性提及标准本身的具体内容时，采用的提及方式为：“参见表 2 的注”“见 5. 1. 1 的示例 1”等。

3. 引用其他文件

原则上，被引用的文件应是国家标准、行业标准、国家标准化指导性技术文件或国际标准。对其他正式出版的文件，要经过引用这些文件的标准的归口标准化技术委员会或该标准的审查会议确认，当被引用的文件具有广泛的可接受性、权威性且能公开获得或者作者同意该文件被引用且能从作者或出版者处得到这些文件，当这些文件有修订打算时将修订所涉及的要点及时通知相关标准的归口标准化技术委员会或归口单位时，才允许以规范性方式加以引用。

引用其他文件可以注日期，也可不注日期。所有规范性引用文件，无论是注日期，还是不注日期，均应在“规范性引用文件”一章中列出。

对于注日期的引用，将来如果出现修改单或修订版时，引用这些文件的标准可根据需要发布修改单，来引用这些被修改的内容。

对于不注日期的引用，若是规范性引用，根据引用某文件的目的，在可接受该文件将来的所有改变时，才可不注日期引用文件。为此，引用时应引用完整的文件（包括标准的某个部分），或者不提及被引用文件中的具体章、条、附录、图或表的编号；而对于资料性引用，只要当引用完整的文件或标准的某个部分，或者不提及被引用文件中的具体章、条、附录、图或表的编号，即可不注日期。不注日期引用时，使用这样的表达方式：“见 GB/T 3102 的规定”。

（五）数值

为了表述标准中数值的精确性，要使用小数而避免使用分数。当表示物理量的数值时，应使用阿拉伯数字，后面写上法定计量单位符号。表示非物理量时，一般也应使用阿拉伯数字，10 以内整数，如果不是出现在具有统计意义的一组数字中，可以用汉字。小于 1 的小数，必须写出小数点前的“0”。小数点符号为“.”，小数点前或后如果达到或超过四位数，则从小数点起，向左或向右每三位数字为一组，组间空四分之一个汉字的间隙，但表示年份时除外。数值相乘时，一律用乘号“×”表示，不用圆点，以免与小数点混淆。

（六）公式

标准中经常要规定各类计算公式，能用量的关系式时尽可能不用数值关系式。公式要采用正确的数学形式书写，用字母符号表示出不同的变量，并对“符号、代号和缩略语”部分未说明的符号在公式下加以解释。公式中的符号要规范，不能以量的描述性术语或名称的形式表示。在条文中应避免使用多于一行的表示形式。公式要简明，特别是避免使用多于一个层面的上标或下标符号，还要避免多于两行的表示形式。为了便于引用，可用带圆括号的阿拉伯数字从 1 开始对标准中的公式进行编号，公式的编号应从引言开始一直连续到附录之前，并与章、条、图和表的编号无关。

第三节　标准的审定

标准复审是指对使用一定时期后的标准，由其制定部门根据我国科学技术的发展和经济建设的需要，对标准的技术内容和指标水平所进行的重新审核，以确认标准有效性的活动。

一、标准的复审

《标准化工作指南　第1部分：标准化和相关活动的通用词汇》（GB/T 20000.1－2002）第2.9.4条规定：复审是决定规范性文件是否应予以确认、更改或废止的审查活动。

（一）标准复审的概念

标准复审是指已经发布实施的现有标准（包括已确认或修改补充的标准），经过实施一定时期后，对其内容再次审查，以确保其有效性、先进性和适用性的过程。1988年发布的《中华人民共和国标准化法实施条例》中规定，标准实施后的复审，周期一般不超过5年。

标准复审是由各主管部门或标准化技术委员会组织进行，对需要复审的标准要收集实施中的问题并分类整理。复审可采用会议审查或函审，经复审的标准要用书面形式给出复审结果，如复审简况、处理意见、复审结论和依据等，以确认现行标准是继续有效、修订或者废止。

（二）标准复审的原则

标准复审工作应遵循以下原则：符合国家现行的法律法规；符合国家产业发展政策，促进产业结构调整和行业技术进步，对提高经济效益和社会效益有推动作用；标准的内容和技术指标应反映当前的技术水平和消费水平的要求；积极采用国际标准和国外先进标准，提高标准水平；促进国际贸易，提高国际竞争力；节约能源资源，保护环境；保证人身财产安全和人体健康；合理控制强制性标准范围。

（三）标准复审的内容

《关于国家标准复审管理的实施意见》“复审确认”给出了具体的解释：是否符合国家现行的法律法规；市场和企业是否需要，符合国家产业发展政策，对提高经济效益和社会效益有推动作用；是否符合国家大政方针、政策措施，对规范市场秩序有推动作用；是否符合国家采用国际标准或国外先进标准的政策；是否同其他国家标准有矛盾；国家标准的内容和技术指标是否反映当前的技术水平和消费水平的要求；是否符合国家标准委提出的其他要求。

（四）标准复审的结论

标准复审的结论分为继续有效、修订和废止。国家技术监督局第12号令《中华人民共和国标准化法条文解释》第二章第十三条中明确："标准实施后，制定标准的部门应当根据科学技术的发展和经济建设的需要适时进行复审，以确认现行标准继续有效或者予以修订、废止。"可见，标准的继续有效、代替与废止产生于标准的复审活动。

1. 继续有效

标准的内容能适应当前经济建设和科学技术发展需要，与现行法律法规无抵触；标准的技术内容仍符合当前技术水平，能满足行业发展和市场需求。继续有效还包括修改和限用。修改是指标准内容经少量修改仍能满足需要，以标准修改单的形式予以确认；限用是指标准内容适用于现役产品，不得在新设计、新产品中使用。

若在推荐性标准中，出现"自本标准发布之日起，代替……"字样，是指在满足"适用性"的情况下，旧版本可以继续使用。这种情况下，在前言结尾部分出现的"本部分所代替标准的历次版本发布情况"中所包含的标准都是可以参考的。在《标准化工作指南　第1部分：标准化和相关活动的通用词汇》（GB/T 20000.1－2002）的第2.2.1条规定：适用性是指产品、过程或服务在具体条件下适合规定用途的能力。所以，选用标准时，一定要查看标准的前言。标准的代替、部分代替、废止、强制性条款等许多信息，均在前言中体现。我们应根据产品的具体情况和使用产品的具体条件选择标准。

2. 修订

标准需修改后才能适应经济建设和科学技术发展需要，或局部明显与现行法律、法规和相关国家标准不一致的；标准的技术内容需做较大修改才能符合当前技术水平，满足行业发展和市场需要，或需要改变标准性质。

3. 废止

标准的内容不适应当前经济建设和科学技术发展的需要；标准适用的

产品已退出市场，涉及的主要技术已被淘汰；标准内容被其他标准所涵盖或替代；标准的主要技术内容属于企业内部规定等。

二、标准的修订

标准的修订是指对一项已在生产中实施多年的标准进行修改。修改的内容部分主要是生产实践中反映出来的不适应生产现状和科学技术发展的那一部分内容，或者修改其内容，或者予以补充，或者予以删除。

社会在进步，人们需求有变化，生产也在变化，必须在充分采用先进科学技术的基础上去满足使用要求，去谋求最大的经济效益和社会效益，因而标准内容也必须更改，对其已不适应部分予以删除。经复审后的标准，若标准主要技术内容需要做较大修改才能适应当前生产、使用的需要和科学技术发展需要的，则应作为修订项目。标准修订的程序按制定标准的程序执行。修订标准一般不改动标准编号，仅将其年号改为修订时的年号。标准制修订项目报批文件齐套性要求项目主办单位应将各阶段形成的各种文件妥善保存，以免报批时延误时机。

三、标准的废止

经复审后确认，标准内容已不适应当前生产、使用和经济建设的需要、或其技术内容已被其他标准代替，已无存在必要的，则应予以废止。废止的执行者是标准归口行政主管部门。依据文件标准废止的依据文件是标准复审结果目录公告。

有四类标准属于作废标准：一是已被新标准所代替的旧标准。强制性的标准一定要用最新的，旧的自动废止；推荐性的标准如果在前言部分没有明确提出废止，只是代替，则新旧并存，选择适合自己的用。只有前言中写明“本标准代替并废除……版本”，则旧版本的就不能用了。二是审批单位已宣布废止的标准。三是行业标准在相应的国家标准实施后，自行废止的；地方标准在相应的国家标准或行业标准实施后，自行废止的。四是企业标准复审期一般不超过3年，到期不进行复审的。

需要特别注意的是：在推荐性标准中出现“自本标准发布之日起，代替并废止……”字样，则旧版本不可再用；强制性标准新标准一旦发布，旧标准不可再用。

第三章　标准的实施与监督

【基本要求】通过本章的学习，您应能够：

1. 了解标准有效实施的意义、原则、步骤和技巧；
2. 熟悉监督标准实施的主体以及产品质量的检验；
3. 掌握标准后续管理的体制以及工作和服务体系；
4. 熟悉标准化经济效果的基本概念以及指标体系。

【核心概念】实施；监督；经济效果

我国标准化工作的基本任务包括制定标准、组织实施标准和对标准实施进行监督3个方面。标准的实施是标准制定部门、使用部门或企业将标准规定的内容贯彻到生产、流通、使用等领域中的过程。标准实施监督是国家行政机关对标准贯彻执行情况进行督促、检查、处理的活动，是政府标准化行政主管部门和其他有关行政主管部门领导和管理标准化活动的重要手段，也是标准化工作任务之一，其目的是促进标准的贯彻，监督标准贯彻执行的效果，考核标准的先进性和合理性，通过标准实施的监督，随时发现标准中存在的问题，为进一步修订标准提供依据。

第一节　标准的有效实施

标准的实施是指有组织、有计划、有措施地贯彻执行标准的活动，组织实施各类标准，是把科学技术和实践经验的综合成果运用到生产中去，转化为直接的生产力。这对提高企业的管理水平和技术水平，提高企业素质，发展国民经济，促进社会主义物质文明、精神文明和生态文明的建设，均具有极为重要的意义。标准也只有在实践中实施之后，才能取得制定标准时的预期目的，最终实现标准的价值。养老服务业的很多标准主要是从规范与管理的角度出发，提出的一些管理、技术、产品的基础要求和目标，标准的实施主体是各级机构。为了更有效地实施标准的要求，必须做好机构自身的运营管理与服务的服务标准化体系建设，通过服务机构的微观组织服务标准化体系的建设来达到宏观标准化的目标和要求，提升标准的有效性。同时，通过微观组织服务标准化体系的建设，可以为进一步更科学地提炼国家标准、行业标准与地方标准，规范行业的管理。

一、标准有效实施的意义

（一）切实发挥标准的功能

标准只有在实施之后，它的作用和效果才能产生和体现出来。标准化的目的是获得最佳秩序和社会效益。任何一个标准，只有认真实施，在实践中得以运用，才能使其在人类生产活动和日常生活中发挥预期的作用，才能取得社会经济效益。因为标准是在科学技术和实践经验综合成果基础上产生的，标准中规定的内容，是某一时期内的以标准化形式固定下来的先进技术和成熟的经验，组织标准实施，将有利于改进产品设计、工艺、工装、检测手段，进行科学管理，为有目标地进行技术改造和更新设备提供可靠的技术依据。

实施标准有时要比制定标准的难度还大，因此常出现重视制定标准而忽视或不积极实施标准的现象。一些部门和企业标准化工作开展得不好，标准化效果不明显，常同这些部门和企业对实施标准这项工作力度不大有直接关系。目前，我国的国家标准和行业标准中，已有许多达到或接近国际标准水平，在某些领域，采用国际标准比例已超过90%。我国与发达国家在标准水平方面的差距正在逐步缩小，但仍然需要加快实施这些先进标准，使标准中规定的先进技术得到普及和应用，努力提高产品质量，降低消耗，在技术水平方面缩小与发达国家的差距。

（二）正确评价标准的质量

实践是检验真理（即标准的科学性、合理性、适用性或标准的质量和水平高低）的唯一尺度。由于人数较少及其认识的局限性，有些标准在制定过程中，虽然做过许多调查研究和一些试验验证，也将各方面的情况和数据进行汇总、分析和归纳，然后批准发布，但这并不能绝对保证标准是科学合理的。因为可能受某些因素的影响，收集到的情况、数据不一定都有足够的代表性，特别是一项国家标准，要在全国范围内执行，而我国的地理、气候、资源条件，人民的生活习惯，各地的经济技术发展水平，都存在较大的差别，各地实施标准时必然会出现各种问题，而这些问题常常是在制定标准时难以考虑周到的，很难作出完全恰当的评价。尤其是标准的内在质量，更难以作出适当的评价，只有当标准在实践中实施后，标准中存在的问题才会逐步暴露出来。

（三）真正发现标准的问题

只有通过标准的实施，才能发现和积累标准中存在的问题。为修订标准提供线索和依据，使标准不断由低级向高级发展。任何一个标准都不可能十全十美，都要不断更新、不断修改。标准更新、修改的动力来自实施标准的实践。标准发布后，要求稳定一段时间，使之发挥作用、产生效果。但生产总是在发展，技术总是在进步，人们的实践经验总是在不断积累，对事物的认识也随之不断充实、深入和完善。到一定时候，标准中的原有规定就不那么适用了，甚至提出更多、更高的要求，原有标准的修订及新标准的制定将提上日程。因此，标准的实施可以推动标准的新陈代谢，使标准更好地适应科学技术的发展，适应市场变化，对存在的问题寻求解决途径。

标准的“制定—实施—修订—实施”过程是一个阶梯式发展的过程。正是在不断地实施、修订过程中，才能不断地把现代科学技术成果纳入标准，补充纠正标准中的不足之处，才能有效地指导社会生产活动实践。因此，标准只有经过实施，才能发现和积累标准中存在的问题，也才能收集到解决这些问题的经验和建议，为修订标准和补充、制定新标准做好准备；使每项标准不断提高和充实，使标准体系不断完善，更好地适应和满足社会技术经济发展的需要。

二、标准有效实施的原则

（一）服从利益原则

实施标准往往会给实施单位增加一定的负担，会与当前的生产或工作任务有矛盾。有些标准的实施，对该单位眼前利益不大，甚至还可能暂时会有些损失（如实施安全标准、术语、符号等基础标准），但从长远来看，获益却很多，这就要既照顾到眼前，更要考虑到长远，眼前利益应服从长远利益。

（二）顾全大局原则

有些标准，例如关于连接尺寸和互换性的标准，关于安全、卫生、环境保护方面的标准，从整个社会效益来看利益很大，但从某一局部、某一单位来看，利益不大甚至还要增加开支和工作量，这就要局部服从整体，要顾全大局。

（三）区别对待原则

实施标准要根据不同情况区别对待。例如实施一项新产品标准，需要慎重安排新老产品标准过渡问题，对于即将淘汰的老产品，如短期内要更新换代，可限期过渡，或不作修改地继续生产一些易损零部件以供老产品维修用，但对新产品则应无条件地坚决实施新标准。根据企业不同的设备、生产和技术条件，分别实施产品标准中不同质量等级标准，同时努力改善条件，使质量升级，也是区别对待原则的体现。

（四）自愿实施原则

我国的计量单位标准、安全标志标准等法规规定强制执行的标准，应该严格实施执行，但是，对于大多数标准，尤其是一些小批量、多品种的工业产品质量标准，由于图样文件多，技术准备复杂，如全部按标准强制执行，势必会给生产带来混乱，并造成一些人、财、物的浪费。因此应该采取一些灵活性的自愿实施原则，如老图样技术文件允许不按新标准修改，用编制新旧标准对照表等来防止实施新标准后的混乱，但新产品图纸要坚决实施新标准，这样就能完成过渡，取得标准化效果。

三、标准有效实施的步骤

实施标准是一项细致而又复杂的工作，涉及科研生产、经营、管理、使用等部门。在一个企业内部，牵涉到科研、设计、生产、检验、供应、销售、财务、劳资、计划等多个方面。里里外外，互相关联、互相影响、互相制约。所以，实施标准必须有计划地做好安排，各方面协调行动，根据不同标准的内容和特性，采取各种不同的方式和方法努力实施标准，让它们在社会生产和生活中充分发挥其效益和作用。

各类标准有不同的对象和不同的内容，实施标准的步骤和方法也应有所不同。但是，从我国实施各类标准的经验来看，标准实施工作，大致上可以分为计划、准备、实施、检查、总结 5 个步骤，标准的实施程序如图 3－1 所示。

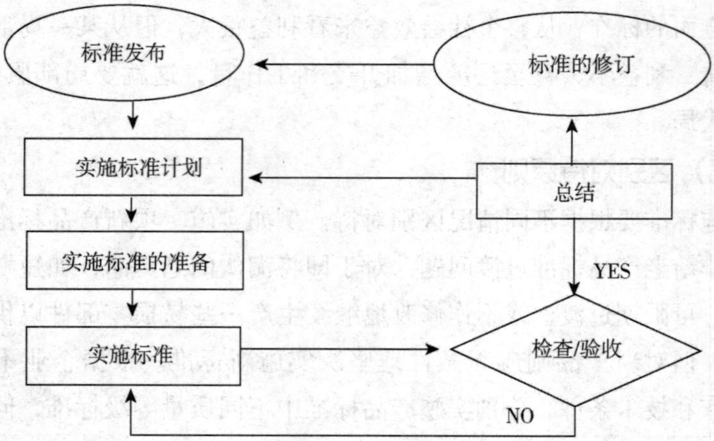

图 3－1　实施标准的一般程序

（一）计划

在标准实施工作之初，要摸清情况，分析问题，选择方法，掌握好时机，根据标准的种类和涉及的范围，编制实施计划或方案。

1. 摸清情况

要制订一个切实可行的实施方案，必须摸清以下几个方面的情况。

（1）准备实施的对象是某项标准还是围绕新产品开发或其他重点任务来进行配合的工作。

（2）如为单项标准，是强制性标准，还是推荐性标准。如为推荐性标准，在对外合同文件中是否规定必须执行，如是，则应按强制性标准施行。

（3）标准对本企业生产的影响。如是不是主导产品的重要标准，包括品种规格是否变动、技术要求是否提高、检测项目是否增减、方法是否改变、产品包装说明是否变化等；变动有多大，对生产、市场销售等方面会有多少影响，如果技术要求指标增加或提高，原来合格的产品可能会有一部分（或全部）被判成不合格的产品。

（4）实施时间的确定。应了解同行业其他企业行动情况，对全国或全行业都要实施的标准，如果走在前面，技术准备工作量会比较大，物质条件方面的困难会多些，风险要大些，但也可能由此而带来市场扩大的好处，走在同行的前面，使其产品在市场上获得了极高的声誉；若走在后面，则省些力气，但也可能有其他损失，是否有具体应对措施。

（5）对围绕新产品开发而进行一批标准的实施，要弄清涉及范围及工作量有多大，可以从外面获得的资料、信息与经验有多少，对打算列入实施范围的标准中有没有准备修订的，动向如何；还要摸清可以动用的人力、物力条件，组织起来的难易，协作部门能否给予支持，等等。

2. 分析问题

（1）实事求是。从实际出发，仔细分析需要与可能，对强制性标准，多考虑不及时实施可能造成的损害，实施会产生哪些矛盾，如何处理；对推荐性标准，是只做些介绍，任凭大家随意选用，还是提出要求，予以实施。这些都要实事求是地对待。

（2）突出重点。对企业主导产品所涉及的重要标准，要排在前面，仔细分析利害关系。对要求申请生产许可证的企业，应抓紧实施。对新上马、预计将有较大发展的对象，晚实施不如早实施；当一些标准不能连在一起实施，而该实施的标准又较多时，要分清主次，陆续安排，以免工作堆积，顾此失彼。

（3）通盘筹划。根据全国及全行业标准化工作的动向，特别是行业内重要标准的发布及组织宣贯情况，每年考虑实施几个项目，争取列入企业的年度工作计划，减少临时安排；或围绕产品换代与开发，在相关计划中列出项目（或子项），提前做些准备。同时也要预留一定的时间、人力，处理好经常性的标准化工作。

（4）讲求实效。分析实施标准所动用的人力、物力条件，预测可能取得的效果。在执行时间上对效果有影响的，要向领导讲清楚，抓紧及时进行。对主要考虑社会效益的项目，要做好宣传、解释工作。

3. 选择方法

在项目确定之后，要选择合适的方法。

（1）对产品比较单纯、按流水作业安排生产的企业，可在充分做好准备的基础上，规定日期，一次铺开，强制执行，全面实施。

（2）对各种产品交错生产或平等生产的企业，应先一般宣讲，组织试点（按产品或按车间选），然后分批分期逐步实施。

（3）对生产配套或维修备件的企业，实施的方法与时间，要与主机厂生产、备件需求搞好协调，准备工作要提前，但实际转换时间要仔细安排，处理好可能出现的新旧配套件、备件同时生产供应的情况。

（4）对全行业都要实施的标准，要充分利用其他单位的资料、经验与可能提供的物质条件。

4. 掌握时机

（1）对涉及企业主导产品的标准，如产品技术条件及测试方法标准，要尽早实施。

（2）新产品开发时，要及时做好标准实施工作，决不能存有等待产品鉴定时补课的想法。老产品改造及企业大规模的技术改造时，标准实施工作要尽早安排，跟上进度要求。某些交替生产的产品，可在生产间隙或下次投产之前安排修改技术文件，待再次生产时，按新标准执行。

（3）要分析标准项目的完善与配套时间，根据全行业技术准备工作的进度及物质条件的可能性来考虑安排计划。

5. 编制方案

根据已确定的项目目标、工作方法及具体工作内容和要求，在保证质量、加快进度、节约力量的前提下，组织人力，安排实施计划。

对较复杂的项目，工作方案中应写明总的目标要求，明确各子项的具体内容要求、负责单位（人员）与参加单位（人员）、起止时间、相关条件，并建立责任制，规定监督检查方法。

此外，在一些较大项目中，往往涉及产品更新换代、专题技术研究、工艺攻关、技术改造、设备更新、生产计划调整等问题，所以要在各有关的计划中列入项目，提出要求，以便更好地协调配合，完成任务。计划阶段工作做得细、情况明、方法对，以后的工作就可以有条不紊地进行。

（二）准备

准备工作是实施标准最重要的一个环节，必须认真细致地做好，才能保证标准的顺利实施，否则，就会忙于应付实施中出现的问题，甚至会使标准实施不下去，处于停滞状态。有些单位在组织标准实施时，常常把准备工作看得过于简单，在具体执行中发生了问题再临时想办法应付处理，造成手忙脚乱，甚至不得不中途停止执行，重新准备条件。实践证明，准备阶段的工作做得扎实、细致，执行阶段的工作就能顺利进行。准备工作大体上可分为思想准备、组织准备、技术准备和物质条件准备4个方面。

1. 思想准备

（1）加强宣传。首先要使领导和群众对实施标准的重要意义有一个正确的认识，这样才能把实施工作提上日程，把企业广大职工动员起来自觉地实施标准。

（2）讲解标准。针对一项标准进一步讲解，包括内容和要求标准对企业各项工作的影响，实施此项标准的意义和作用，实施中要做的工作，投入的人力、物力以及外部的协作条件，使大家知道需要花费一定代价，才能获得预期效果，由此而争取到各方面的支持、谅解和配合。

（3）遵循原则。一是长远考虑。有些标准的实施可能会与企业当前的生产任务有矛盾或当前获得的利益并不明显，甚至还会有一定的经济损失，但从长远来看，潜在收益却很大。因而决策者要克服短期行为，为企业长期发展考虑，认真组织实施。二是顾全大局。有些标准，如环境保护、安全、卫生等方面的标准，企业在组织实施过程中，需要花费相当数量的人力、物力，甚至还可能影响产品的产量和产值，使企业内部的经济效益受到一定的损失。但从整体利益来考虑，这些标准又是关系到人民生命、财产安全或造福于子孙后代的大事。因此要强调顾全大局，认真组织实施。三是相互协作。新标准的发布和实施，标志着一批新产品在使用性能要求、效率、可靠性、安全性与指标上有所提高，对用户、消费者有很大好处；但制造企业要投入大量人力、物力，才能把产品造出来，成本也会上升，企业要自行消化这些不利因素；同时一些为其协作配套的企业也要为实施标准作出努力，承担起应尽的责任。四是实事求是。由于我国幅员辽阔，经济技术水平千差万别，不少国家标准、行业标准为了适应复杂情况，标准内容比较广泛、概括，有的只列一些基本要求，有的则并列一种以上的规定，对一些技术指标进行分等分级，给企业执行标准以较大的灵活性。对此，企业应该实事求是地根据各自的具体情况，在内容选择、实施方法及时机等方面作出自己的决策，以利标准的实施。

2. 组织准备

标准在实施过程中必然会给企业各部门不同程度地增加了工作量，如：成立攻关小组、研发小组或进行部门重组。特别是新旧标准的交替，有时还会遇到一些需要专门处理的问题。因此，标准的实施，尤其是重大基础标准的实施往往涉及面较广，需要统筹安排，有专门组织机构或明确专人负责才行。在一个部门、一个企业实施标准时，就要成立一个有生产、技术、检验、计量、财务、供销等部门人员参加的临时标准宣传实施小组，统一研究、处理在标准实施中需要专门处理的一些问题。

（1）整个实施工作需要由主管生产技术工作的负责人统一领导。

（2）应视工作量的大小及工作的复杂程度，恰当地动员各方面力量进行工作。

（3）如果在行业内也在组织实施同一标准时，要注意企业内外力量的协作配合。

（4）结合其他重点任务实施标准时，需要调配少量精干人员参加工作组，掌握情况，提出建议，按统一的要求和进度专心致志地做好工作。

3. 技术准备

技术准备是标准实施全过程中的关键环节。要依据标准发布时下达的贯彻措施及拟定的工作方案或计划来进行工作。

首先，要提供标准、标准简要介绍资料以及宣讲稿等，准备足够的标准文本，收集标准编制说明或标准制定单位编写的标准介绍、宣讲材料、新旧标准对照分析等，有些标准还应准备有关图片、幻灯片以及其他声像资料，以便充分掌握标准内容，为消化、理解标准做好准备。

其次，要指定专人采用各种有效形式宣讲标准，为各类人员准备好执行标准所需的标准文本及相关标准、对照表、手册、图册等有关文献资料，针对某个行业、某类产品或工艺特点，编写新旧标准交替时的对照表、注意事项及有关参考资料，使不同层次的有关人员都能了解和熟悉执行标准时所需要的知识。

最后，要按照先易后难、先主后次的顺序，逐步做好标准实施中的各项技术准备工作。实施过程中，对工艺方法的改进，设备与工装的改造与增加，也包括某些技术关键的解决或进行必要的试点等都应有计划地进行，使标准全面执行时，从技术到管理都能得到有力的指导。在进行技术准备工作时，要与行业技术归口单位及行业中先期执行的单位密切联系，取得相关的资料、经验及具体帮助。有些问题可以报请主管部门或归口单位，依靠有关单位的力量来共同解决，如编写手册、图册，制备和挑选标准样品及研制专用仪器装备等。有些标准，还应进行标准实施的试点工作，在有代表性的单位先试行，取得经验以后，再以点带面，全面推广。

4. 物质条件准备

标准从准备到全面执行，要有一定的物质条件作为后盾。例如，为实施互换性标准，要制造和购买所需的刀具、量具等；为实施产品标准，要购买新的原材料、工具、工艺装备、设备与检测仪器、装置，还要做好外购件及工艺协作的落实定点等。

在清理与原来老标准配套的原材料、零部件、元器件、量具、外包装等物料时，有的可以利用。如外包装材料，若在新的产品标准中，产品的尺寸未发生变化，只是标准编号改变了，这时，可将新标准编号印在纸上，在确保粘贴牢固的前提下盖住原来的标准编号；而有的物料只能转做他用或处理报废。

这些准备工作除涉及生产、技术、供应部门以外，还需要计划、财务部门考虑资金投入，以及对产品制造成本的重新核算，以便在力争节约的要求下，做好物质条件的准备工作。

（三）实施

实施就是采取行动，把标准中所规定的内容，在有关领域的技术经济活动或相应管理事项等方面，按预期目标加以执行。实施是实现预期目标的阶段；其他阶段的工作都是为支持和保证实施阶段目标的实现而进行的。一般情况下，只有各项准备工作就绪，才可以正式进入实施阶段。实施阶段工作内容涉及面宽，工作方式也多种多样，可以结合实际运用。

1. 以单项标准为中心的实施工作

对单项标准的实施，如果是企业生产的零部件、半成品或成品，应首先抓在各种图样、文件编制过程中采用标准，有的重新设计、编制，有的修改、补充、更换，以保证能正确地指导生产。同时严格按标准、按图样、按工艺组织生产，从原材料进厂到成品出厂一抓到底，并按标准进行工序及成品的检验与试验。其中比较复杂的是多品种生产的企业，对新旧标准过渡要考虑产品的具体情况。即使是“单项标准”，实际上总会有互相引用、互相关联的标准存在，也要结合起来考虑。

2. 围绕相关工作推动标准的实施

在这种情况下，常常不是实施几个标准，而是要实施一整套标准。例如，为企业组织某类产品更新换代的系列设计时，就要把应该实施的标准都列入其中，及时跟上进度，讲明要求，介绍方法，提供资料，进行督促、检查和帮助，使新设计的系列产品中所有应该实施的标准都能认真地得到施行。

3. 做好技术辅导和咨询服务工作

要深入实际，解决具体问题，标准化人员还应该配合统计人员做好有关统计分析工作，收集数据，为计算新标准的技术经济效果做好准备。

（四）检查

检查是对实施标准的全过程实行检查，其中重点是按已批准的工作方案（或计划）对准备工作和施行情况进行检查，作出判断，发现问题，及时处理、解决，以保证整个实施工作的顺利进行。

1. 对实施准备工作的检查

对各项准备工作，要逐项检查进度与完成的质量是否满足标准执行时的要求，提出是否可以转入执行阶段。如检查技术准备中的标准宣讲工作，抽查听讲者掌握的情况和实际效果；检查技术关键的解决，设备、工艺的改造是否符合要求；检查物质条件准备情况，外购件、外协件的质量，工艺协作的质量与保证时间问题等。

2. 对标准施行情况的检查

在标准开始施行后，应分类定点定期地对各项工作中实现标准规定内容的情况进行检查，加以分析，作出判断，检查是否真正达到实施标准的目标要求，有无必要且是否有充分的条件保证标准实施能持续进行。要从技术、生产、经营、管理几方面分别进行检查。如设计人员是否按新标准进行设计；设计过程中是否最大限度地采用标准件、通用件；图样和技术文件是否符合标准化要求；供应部门是否按新标准采购原材料、零部件、元器件；检验人员是否按新标准进行检测把关等。通过检查，可以及时发现各个方面、各个环节在标准实施中的问题，以便动员力量，采取措施，通力合作，扎扎实实地实施标准。

以上内容主要是指生产企业自身监督检查。国家授权的产品质量监测机构所进行的监督和检验，物资部门、商业部门、使用单位采购商品时的检验，以及广大消费者的反映等，都是从不同角度对标准实施情况进行监督、检查。

（五）总结

在标准实施工作告一段落时，如试点结束、企业全面执行某项标准或完成某项重点任务时，应对标准实施情况进行技术、方法、管理上的总结，特别是对存在的问题，采取了哪些补救措施，执行中变通处理的方法等做仔细总结；对取得的技术经济效果进行分析和评价；对各种技术文件、管理文件、图样资料进行归纳、整理，立卷归档；对行业或企业下一步工作提出意见和建议；归口单位应定期汇总、整理，供继续实施和今后复审、修订时参考。在初步总结后，实施活动仍在继续，还会出现新问题，仍要继续收集这方面的信息，直到标准作废。

四、标准有效实施的技巧

（一）明确标准实施的职责

实施标准是标准化管理工作中关键环节，也是标准产生效果的必要条件。因此应该加强领导，各有关部门分工协作，互相配合，共同把标准实施好。

1. 标准化行政部门在实施标准中的职责

各级标准化行政部门不仅应该做好标准的制定（修订）组织工作，而且更应积极推动标准的实施，监督标准的实施。

对重大的、涉及面广的、直接关系人民群众切身利益的强制性标准实施，各级标准化行政部门要组织标准的宣贯工作，尽可能使标准为大家所熟知、理解，在标准实施过程中应代表国家组织有关协会、中介机构做好监督检查，并协调处理标准实施中发生的问题和纠纷。

对一些跨部门、跨行业的标准实施，要注意做好协调工作，保证标准能全面顺利实施。

2. 标准化行业部门在实施标准中的职责

各行业归口部门即有关部、委、各专业局、行业集团公司或行业协会对有关标准的实施有统筹安排、指导检查的任务。

在标准发布的同时应下达标准实施措施计划，对各有关单位的任务和责任作出规定，明确要求和进度，并下达相应的新产品生产计划、技术改造计划等有关计划。

对某些重要标准组织实施时，应在专业化协作、企业技术改造以及产供销等方面采取技术措施。

需要强制执行的标准，特别是安全、卫生、环境保护标准的实施，应下达行政命令，对实施执行情况结合有关法规的实施进行检查、考核，实行与经济利益挂钩的奖惩制。

在实施标准过程中要经常指导检查，促使企业持之以恒地认真执行标准，对企业在实施标准中发生的具体困难，也要帮助解决。尤其对一些亟待解决的技术困难，应委托有关研究机构和主导企业研究解决，为企业实施标准扫除障碍。

3. 企事业组织机构在实施标准中的职责

企事业单位是实施标准的主体和落脚点。对本单位适用的强制性国家标准、行业标准和地方标准，必须认真、严格地组织实施；对推荐性标准，则要从单位实际情况出发确定适宜的实施方式，积极组织实施。对企事业自行制定的标准更应努力实施。

（二）把握标准实施的形式

1. 直接采用上级标准

直接采用上级标准，就是按照国家标准、行业标准的内容，在企业的设计文件和工艺文件上直接引用这些标准，毫无改动地实施，或者直接按照这些标准组织生产、检验和交货。如重要的国家或行业基础标准、方法标准、安全标准、卫生标准、环境保护标准以及国家控制的重要产品质量标准等，这些标准可保持标准名称、标准代号、标准内容不变的情况下，由企业直接采用。如全国性的综合基础标准《量和单位》（GB 3100～3102）、《质量管理体系基础和术语》（GB/T 19000）、《安全标志及其使用导则》（GB 2894）等标准各单位均应直接采用。

2. 压缩选用上级标准

国家标准所规定的内容是考虑到全国各行业的共同要求而制定的，行业标准则是考虑本行业共同特点制定的。标准内容广泛、涉及面广，针对一个企业来说，标准中规定的内容，有的就不一定适合企业需要，对于这些标准，企业可根据实际需要，在实施时，对其内容进行压缩选用，也就是选取标准中部分内容实施。有些企业往往以企业标准的形式选用上级标准，限制其使用范围，便于管理和供应。

压缩选用上级标准一般有两种方法：一是在国家标准、行业标准文本上标出选用标记，即对标准中规定的产品品种规格、参数等级等压缩一部分，对允许采用的产品品种规格、参数等级等，在正式出版发行的标准上标注“选用”或“优选”标记，发至企业内有关部门，按标准中规定的标记执行；二是编制《缩编手册》，即把有关“原材料”“零部件”“结构要素”“通用工具”等国家标准、行业标准内容进行压缩，将选用的部分汇编成册，如《紧固件缩编手册》《材料规格缩编手册》等。在缩编手册中，保留原标准名称和代号，也可同时编上企业标准编号，供本企业内部使用。

对上级标准选用不应只根据企业眼前需要，还要预测企业发展趋向，经过缩编后的标准，不得任意改变原标准规定的技术内容。

3. 补充上级标准内容

在标准实施时，对一些上级标准中原则规定或缺少的内容，在不违背标准的基本原则下，以下级标准形式作出一些必要的补充规定。上级标准中的通用技术标准，如产品通用技术条件、通用零部件以及通用试验方法等，有时内容比较概括，技术要求、检测方法规定不具体，在实施时需要作出补充规定。

4. 制定实施配套标准

在某些标准实施时，要制定与这些标准配套的相应标准和使用方法等指导性技术文件，以便更全面有效地实施这些标准。例如机床夹具标准需要和机床标准、工具标准、辅具标准等成套地制定和实施，但有时只有相应的机床、工具标准，那么在实施机床夹具标准时，还应另行制定配套的辅具标准等，以利机床夹具标准的实施。

5. 制定优秀企业标准

为提高产品质量，增加产品在市场上的竞争能力，企业在实施某项国家标准或行业标准时，可开展市场调研，了解消费者的需要，并根据企业自身的技术制造水平，以国内外先进水平为目标，制定出标准水平高于国家标准或行业标准的企业标准，并加以实施，为企业创造优质名牌产品打下扎实的技术基础。

（三）区分不同标准的实施

标准的类型不同，其内容和特点也不尽相同，在实施过程中也应采用不同的实施方法和步骤达到预定目标。

1. 基础标准

基础标准的特点是涉及面广，在其他相关标准及有关行业中都应认真实施。对术语、符号、代号、制图、编码、抽样等标准的实施过程，主要可归纳为“宣、编、改”3 个环节。“宣”就是做好新标准的宣传，使人们广泛地了解和掌握这些标准。“编”就是将标准的内容编入有关教材和手册中，纳入到有关标准中，必要时，还可编印一些形象化的挂图，帮助人们熟悉标准，如我国的抽样检验标准《计数抽样检验程序　第 1 部分：按接收质量限（AQI）检索的逐批检验抽样计划》（GB/T 2828.1）在很多质量管理书籍中都做了详细介绍。“改”就是认真地、有条不紊地把老标准改成新标准，将原有的有关标准、教材、手册、图样、技术文件等，按新标准内容有计划、有步骤地改过来，并逐步做好新老标准的过渡工作。“改”是个比较复杂的工作，因为要把正在生产中的产品图样和技术文件都按新标准改过来，就有可能打乱正常生产秩序，影响正常生产。因此，要作出周密计划，组织各方面的力量，有条不紊地进行。可以利用老产品整顿图样及技术文件的时机进行修改，也可以抓住产品革新、改进的机会进行修改。注意处理好老产品维修和配件供应等问题，稳妥地进行过渡。对于即将淘汰的产品可不修改，等到产品更新换代时，在新产品设计中全面更改。

对于与互换配套密切相关的标准，如《公差与配合》《螺纹》等标准的实施，除应进行“宣、编、改”以外，主要注意与其相适应的生产条件的准备工作，其中包括设备、工具、测试仪器等的研制、生产和推广工作，制定配套的标准或者指导性技术文件，才能保证这类标准的顺利实施。

2. 产品标准

产品标准是企业组织生产的依据，也是供需双方进行产品交货验收的依据，实施产品标准是企业标准化工作的核心。产品标准实施除了应满足标准实施的一般要求外，还要有正确的方法才能获得预期的效果。

（1）实施上级标准要坚持原则并适度灵活。产品标准一般指产品品种标准和产品质量标准。产品品种标准是指产品的分类、型式、尺寸、性能以及产品系列型谱方面的要求，它是指导企业合理发展产品品种和进行产品系列设计的依据。产品质量标准则是对产品技术要求、试验方法、验收规则以及标志、包装、运输、贮存方面的规定，它是衡量企业产品的技术依据。产品品种标准一般由国家标准和行业标准等上级标准作出规定，企业可以直接采用上级标准，也可以在上级标准基础上，为简化设计、精简品种规格，从中选用，制定成企业标准。但在内容上不得与上级标准相抵触，特别是涉及有关结构要素和互换性方面的要求，必须严格执行上级标准的原则。对于产品质量标准，在实施上级标准时，则应分不同情况，区别对待。随着市场经济的发展，我国国家标准、行业标准结构发生了变化，在产品质量标准方面，除对产品和产品生产中的安全、卫生和环境保护方面的要求以及国家需要控制的重要产品质量标准列为强制性标准外，其余大多数产品质量标准为推荐性标准。对于强制性标准，企业必须认真贯彻，以保证上级强制性标准的有效实施，使企业做到不符合强制性标准的产品不生产、不销售。也可以制定严于国家标准或行业标准要求的企业标准，使产品质量更上一层楼。产品标准中的推荐性标准一般水平较高。企业实施上级推荐性产品标准对于提高产品质量和产品在市场上的竞争能力有很大帮助。当企业不具备实施条件或者市场对产品要求发生变化时，对推荐性标准是否实施或部分实施，则应从企业的技术水平出发，特别是从满足市场需要去考虑。只要产品的适用性和使用性能满足用户和市场需要，就不必要求企业制定严于推荐性标准的企业标准。对推荐性标准中规定的产品质量指标，企业在实施中可以保持一定的灵活性。

（2）把标准内容转化为设计、工艺文件。产品标准是消费者对产品质量需求的集中反映。标准在制定时，充分考虑了产品安全、卫生、环境保护以及耗能方面的要求，规定了产品适用性和各种使用性能。标准中规定的产品技术指标，一方面表明产品对用户要求的满足程度，同时，也为生产提供了依据。实施产品标准，就是要求企业按标准组织生产，保证生产的产品最终符合标准要求。产品标准的实施一定要和计量工作、质量管理工作紧密结合起来。产品标准是衡量产品质量水平的依据，计量测试手段是实施产品标准必不可少的物质条件。无论哪个工业企业，要实施好产品标准，必须同推行企业质量管理结合起来，必须与解决测试条件、加强计量管理密切结合起来。建立健全企业的质量保证体系，保证产品标准的全面实施，建立健全企业的计量保证体系，做到一切凭数据说话，为实施产品标准提供准确的数据。实践证明，只有把产品标准的实施与质量、计量工作密切结合起来，才能真正地实施好。因为标准只规定了产品在适用性和使用性能方面必须达到的要求，而不规定制造过程的要求。在企业中，直接指导生产者具体操作的技术文件是设计文件和工艺文件，因此，必须把标准的内容转化为设计文件和工艺文件才能指导生产者制造出符合标准、同时也符合消费者要求的产品。把标准内容转化为设计文件，就是把标准中的有关规定和指标，正确地传递到产品图样、工艺文件和其他技术文件中去。即要求设计部门为企业在采购、生产和验证产品过程中，制定符合产品标准的技术文件，设计出符合最终产品质量要求的材料、外购件、零部件、元器件等技术规定和验收规则；从企业现有生产能力出发，采用企业现阶段生产的主导产品的配套件或通用零部件，使同类产品、结构件、功能件相互通用；在产品验证过程中，考虑满足产品试验、检验所采取的各种手段和不同形式的技术规范。设计文件除必须适应最终产品技术要求外，还必须符合产品成本效果和企业经济效益方面的要求。工艺文件是根据产品图样和设计文件等要求，将原材料、半成品制造成产品的加工方法的技术规定。它对生产的作用主要在于确定产品制造的合理工艺过程和方法，以指导实际生产操作。工艺文件包括工艺方案、工艺规程和管理用工艺文件等3种类型。尽管工艺标准化有其自身规律和专门要求，但工艺方案、工艺规程等文件的编制应充分反映产品标准技术要求，通过工艺文件将产品标准要求分解到产品整个生产过程之中，指导操作者生产出在质量上符合标准要求的产品。

（3）要有一整套相关标准同时实施。在现代科技水平下，保证产品质量绝不是靠一两项标准所能解决的。产品标准实施倘若没有其他必要的相关标准作保证，也将无法实施。这种相关标准一般有两种类型：一类是与产品标准相配套的其他有关基础标准、方法标准以及相关产品标准等；还有一类是按产品标准组织生产所必需的原材料、外购件、工艺、工装、设备等标准。有的产品标准，没有达到完整配套，影响标准实施，所以应以产品标准为中心，制定材料标准、外购件标准、工艺标准、工装标准、包装标准、成品与半成品检验标准和管理标准，由此形成一个完整的标准综合体，这是产品标准赖以实施的基本保证条件。

（4）完善测试方法和检测手段。产品标准中，表征产品满足使用要求的各项特性指标是在规定条件下，通过试验验证得到的。在生产过程中，为判别产品是否符合要求，就须采用标准中规定的测试方法和检测手段，才能验证产品质量是否与标准一致。因此，实施产品标准必须完善检测手段，包括必要的测试设备、仪器和配套合格的检验人员等。对于有些企业来说，产品检测所需全部测试设备、仪器配备齐全是有困难的，但至少应具备产品出厂检验项目中所规定的测试条件，产品型式试验必需的检测设备和仪器则可通过协作方法组织或委托有关检测中心进行；另外，要保持测试设备和仪器的正确性，通过建立周期检定制度等质量控制手段，保证设备和仪器在规定环境下所应有的特性和准确度等级。在此基础上，还应对检验人员必须具备的技能，包括抽样方面的统计技术和数据处理技术等进行培训。互换性标准的实施要同时抓相应配套的测试仪器、检具的研究、生产工作。此外还要制定一些必要的配套标准或指导性技术文件。例如加工一个内螺纹时，先要有一个孔，那就要有一个加工这个孔的钻头标准来配套。

3. 原材料标准

通过分析、优选，把品种、规格繁多的原材料加以压缩、选用，可以在保证使用的前提下，大大减少库存量，节约流动资金，给企业带来明显的经济效益；同时也要注意原材料品种、规格的压缩选用工作比较复杂，外界影响因素较多，要进行必要的试验验证工作。另外，从设计选材、工艺编制、原材料采购、验收入库，到投放到生产，各个环节都需要指定专门人员负责组织协调，有关科室、车间密切配合，做好具体工作。

4. 劳动保护、安全、卫生、环境保护标准

劳动保护、安全、卫生和环境保护方面标准的实施，直接关系到人民群众的健康和安全，关系到子孙后代的幸福和生存。这类标准要与有关法律、法规实施紧密结合起来强制执行。对企业来说，实施这类标准，有时暂时不能增加经济效益，反而要增加投资对设备或工艺进行改进。企业要从全局出发，从长远考虑，坚决贯彻实施，决不可因小失大。若出现电气产品漏电、食品卫生不符合要求、生产车间有害气体含量超过相应的规定或排放的污水不符合标准要求，都将会造成重大人身事故和环境污染，企

业要承担法律责任。因此，实施这类标准，必须严肃认真对待，同相应国家法律法规的实施、同法制教育紧密结合起来，互相促进、互相保证。

5. 管理标准

管理标准在整个标准系统中起纵横协调配合的作用。通过各类管理标准的实施，可使企业管理科学化、规范化，提高企业素质。管理（体系）标准的实施要与现代企业或科学管理制度的建立与执行结合起来。管理（体系）标准的实施都涉及人，实施这两类标准时就应该与以产权清晰、权责明确、政企分开、管理科学为基本特征的现代企业制度及先进科学管理制度建立和实施紧密结合，甚至与政治思想工作紧密结合起来，前者为后者提供依据，后者为前者的实施提供保证。除法律法规中规定为强制性标准的以外，在国家标准、行业标准中，大多数为推荐性标准，企业要针对自身业务发展、产品开发与正常生产的需要，逐步增加管理标准的比重。在技术管理、质量管理、生产管理、安全卫生管理、能源管理、设备管理等方面，有选择地引入和采用标准。

由于传统观念和习惯势力的影响，新的管理系统和制度的形成与建立，是要花费很大精力的，这需要企业领导的理解和决心，各职能部门的配合，共同努力，持之以恒，才能实现。当企业处于产品方向尚在摸索、市场还未打开之际，应把注意力集中在产品及其直接配套的标准上；而当企业技术水平提升后，需要进一步加强管理之时，就应该考虑企业管理标准的增加与范围的扩大，形成自己的系统。

（四）综合成套标准的实施

企业实施标准涉及技术、生产、计划、检验、供应、劳资、财务等许多部门和环节，只有共同合作，采取各种措施，严格按照自己的管理标准、工作标准进行管理和工作，才能保证技术标准的顺利实施。技术部门只有按标准设计和制定出高质量的工艺、工装、原材料等一系列企业标准和技术文件，各项技术活动才有依据；物资部门只有按标准进行订货、按标准存放和投料，才能保证有合格的原材料用于生产；检验部门只有按标准对原材料、零部件、外购件、外协件进行检验把关，才能使不合格的原材料不投产，不合格的零部件不装配；生产计划部门只有按标准做好外协件的定点生产，才能保证产品的内在质量；工具制造部门只有按标准制作出合格的工、夹、刀、模、量具提供给生产车间，才有可能生产出合格的零部件；各生产车间只有按标准进行加工制作，检验部门才能正确判定产品质量；其他部门，如劳资部门、财务部门等也是如此。只有这些部门和相关人员，都能认真地执行各自的标准，提高管理质量和工作质量，互相协调，互相配合，互相监督，才能保证合格产品的生产。

企业要生产合格产品，不仅受到企业内部各环节、各系统的制约，而且还受到企业外部条件的影响和制约。不协调好这些约束条件，标准的实施也难以保证。例如原材料、外购件、外协件等都属于外部约束条件，对这些约束条件，不仅要制定相应的标准，而且要同协作方内部各系统相配合，要求提供符合标准的原材料、外购件、外协件，来保护企业自身经营的正常运行。

另外，标准的实施还应追踪到产品销售之后，通过售后服务工作，及时掌握市场信息，适时采取对策，修订标准，使标准上升到一个新的水平，产品质量不断提高，增强顾客满意度。

第二节　标准实施的监督

对标准的实施进行监督或检查是依据标准化法律、法规和规章，对有关部门、企事业单位或个人实施标准情况进行监督检查与处理，是保证标准贯彻执行的一个重要环节。标准实施的监督有企业自我监督、社会监督和国家监督等多种形式。

一、不同主体的监督

（一）自我监督

企业对标准实施的自我监督是企业对标准贯彻执行的内部监督与检查。这种监督检查必须从产品设计开始，贯穿于企业生产的全过程。设计阶段监督一般是通过对产品图样和设计文件的标准化审查方式进行，而生产过程的监督是企业实施标准的综合性检查。

1. 产品图样和设计文件的标准化审查

产品图样和设计文件的标准化审查是企业实施标准的重要环节，它的作用是使各级标准在产品图样和设计文件中得到正确贯彻。产品图样和设计文件是直接指导产品生产制造和质量检验的依据，通过标准化审查，可以充分掌握产品及其组成部分在设计、制造、检验、使用和维修等方面实施标准的情况，并使图样和设计文件达到完整、正确、统一，减少重复设计，最大限度地扩大零部件、工艺、工装的继承性，提高产品标准化水平。

产品和设计文件标准化审查对象主要包括产品图样、工装图样，产品设计、研制文件，工艺文件及图样和设计文件更改通知单等。如此大量的图纸资料完全依靠企业专职标准化人员审查是不可能的，因此，图样和设计文件审查贯彻预防为主的原则，即把全面、正确实施标准的工作做在设计完成之前，这样才能最大限度地减少在审查中发现不符合标准而造成设计工作的大量返工，提高设计工作的质量。采取这种方法，要求设计人员必须熟练掌握标准，在可能情况下，把标准化审查与图样绘制和文件编制过程交叉进行，首先由设计人员自审、互审，然后由专职人员或设计审查者进行正式审查。

2. 在生产过程中对实施标准进行综合检查

生产过程中的标准实施综合检查，是生产企业从原材料进厂到产品加工、装配、检验、包装入库直到销售和售后服务为止，在各个生产阶段和工序之间依据标准进行的内部检查。这种检查完全可以与企业质量管理活动结合起来。在产品质量形成的几个主要环节，加强有关标准实施情况的检查。如："采购"环节，其职能主要是选择合格供方和验证所购物资是否符合规定要求，采购质量管理过程同时也是企业"材料与外购件"标准实施过程，检查"材料与外购件"标准实施情况，是采购质量得以保证的基础；"工艺准备"环节，主要是根据产品设计制造工艺方案，确定工艺路线和编制工艺文件，在这个环节主要应检查整个工艺准备是否依据设计文件和工艺标准进行，每个工序和作业技术是否符合规定要求，从而达到使产品完全在受控条件下生产的目的；"生产制造"环节是对整个制造过程进行质量控制的重要环节，通过对产品图样、设计文件、工艺、工装、材料与外购件以及产品检测标准实施情况的监督检查，及时纠正不符合标准现象的发生，才能最终保证产品制造质量符合设计质量；"检验和试验"环节是以"不合格的制品不入库，不合格的在制品不转序，不合格的零件不装配和不合格的成品不出厂"为要求的。这个环节的质量管理职能主要是依靠对企业的检测标准实施的检查实现的。

生产过程中标准实施的综合检查与企业质量管理活动有机结合起来，体现了标准化是质量管理的基础，对于监督企业全面实施各项标准，保证产品质量是十分有利的。

（二）社会监督

社会监督是社会组织、人民团体、产品经销者、消费者、用户乃至社会新闻媒体对标准实施情况进行的监督。这是一种社会性群众监督，是对于不符合标准的伪劣产品和直接影响人民生活及社会公共利益的各种活动所进行的监督。人民群众对各种违反标准的现象，可以通过投诉、举报，利用社会舆论和新闻报道等多种形式进行公开揭露和曝光。由于产品设计时可靠性、安全性不符合标准，危及他人财产和人身安全；产品质量指示不符合，如对产品做不符合标准的说明，夸大产品功能；未提醒消费者药品副作用等，将构成质量侵权行为，消费者有权提出要求赔偿。

（三）国家监督

标准实施的国家监督是由国家法定机构依据标准化法，对标准实施情况的监督、检查和处理，是国家为保证标准贯彻执行的一项重要措施。国家对标准实施进行监督的依据是国家发布的强制性标准，监督的主要对象是企业，其目的是督促企业严格执行标准，及时发现并纠正企业违反标准化法的行为，以保护国家和人民的利益。

根据《中华人民共和国标准化法》规定，标准实施的国家监督，由县以上政府标准化行政主管部门负责，这些部门可以根据需要设置专门的检验机构或授权其他单位的检验机构，对产品质量是否符合标准进行监督检验。这类检验机构作出的检验结果，具有法律效力。

在标准实施过程中，企业必须在加强自我监督的同时，自觉接受社会监督和国家监督。例如，企业主动把产品标准报当地政府标准化主管部门备案，是接受国家监督的一种极好形式。当发现备案标准与国家、行业和地方发布的强制性标准有矛盾时，应立即停止实施，及时采取纠正措施；企业还应与产品质量监督检验机构建立密切的联系，对产品符合标准情况定期作出检查；在申请产品质量认证和发放许可证时，更应以产品符合标准为先决条件，从而保证标准在企业真正得到贯彻和实施。

国家监督是标准实施的公开性监督，具有权威性、法制性，企业自我监督则是国家监督的基础。对标准实施进行监督的部门是国家行政部门，主要是国家标准化行政部门。不同部门或单位分工不同。各级政府标准化行政部门主要对强制性标准即重要产品标准、建设工程标准、基础标准、方法标准、安全标准、卫生标准、环境保护标准的实施进行监督；行业主管部门侧重对本行业所属企事业单位标准的实施进行监督；而企事业单位则对本单位实施的各类标准进行检查。

二、产品质量的检验

提高产品质量是增长社会财富、提高人民实际生活水平、降低消耗的基本途径，又是增强产品在市场上的竞争能力、开拓市场、驾驭竞争的必要手段。产品质量标准是衡量产品质量的依据，而产品质量状况又较集中地、综合地反映了产品标准及各种相关标准的实施情况。因此，对产品质量标准的监督检验即产品质量监督检验就成为整个标准实施监督工作中的主要任务和中心环节。

（一）产品质量监督检验

为满足产品质量要求，由企业、国家、用户或第三方，用一定的检测手段检验产品的质量特性，并将检验结果与相应的产品标准相比较，从而确定其质量是否合格的评价过程，即产品质量监督检验。按照我国组织产品质量监督部门的地位和出发点不同，产品质量监督检验可分为以下 3 种类型。

1. 企业质量验收检查

由企业质量管理（检验）部门对本企业生产检验合格的产品（包括服务）进行质量监督抽查，称为企业自身的质量验收检查。企业生产产品的根本目的是满足社会和人民物质、文化生活水平不断增长的需要，对产品实行质量验收检查是企业对国家、对人民利益高度负责的表现，也是保证产品质量合格，促进产品标准等严格实施的必要措施。但由于企业质检部门本身是企业的职能部门，不可能在社会上持公正立场（在发生质量纠纷时），因此，被称作生产方的质量监督。

2. 行业质量监督检验

企业产品所属行业归口部门如机械、电子、纺织等行业协会对企业生产的产品进行质量监督，称为行业质量监督。在我国机械、电子、纺织等行业部门对本行业、本系统的产品质量实行经常性的监督，以不断提高产品制造质量，提高本行业产品在国内市场上的竞争能力，促进本行业的技术进步和现代化。

3. 社会质量监督检验

产品收购和销售部门（例如商贸部门）、产品使用部门对产品进货进行检查验收，以及用户委员会、中国消费者协会新闻媒体等社会团体对产品质量的监督检查统称为社会质量监督检验。尽管这种监督检验的数据不具有法律效力，质量监督检验往往带有使用方的偏向性，但对促进产品生产企业严格实施标准，提高产品质量，满足使用要求可以起到很重要的作用。同时，通过这种质量监督检验可以分清产品在生产、运输和销售环节上的质量责任，避免和减少质量纠纷。

（二）法定质量监督检验

随着现代工业技术的不断发展，人们逐渐认识到，这些技术能为人类造福，但也隐藏着危害人类的因素。技术监督就是用以发现、预防和消除这些技术隐患的科技管理工作。对产品、服务与工程质量和安全可靠性进行检查和监督的法定质量监督就是技术监督的重要组成部分。

由国家授权的具有第三方（即区别于买卖或供需双方）公正立场的质检机构进行的产品质量监督检验称为法定质量监督检验。这种法定质量监督检验是为了保证标准全面贯彻实施，保护国家权益和人民利益的技术监督。由于它坚持“不营利”“保持公正”等原则，具有社会公认的公正性、科学性和权威性。因此，这种质量监督检验的数据具有法律效力。“不营利”，就是不从监督检验收费中追求利润，即使按规定收取一些检验费，也主要是抵偿检验业务费用的开支。只有“不营利”，才不会同本单位的经济利害关系联系起来，才能坚持质量监督检验工作的公正性。“保持公正”，就是在履行质量监督检验过程中，不受任何势力的影响和左右，不偏袒生产方或使用方，只以事实为依据，以标准为准绳，严格履行对国家、对人民负责的职责。只有坚持“不营利”“保持公正”的部门及其检验机构，国家才可授权于他们法定质量监督检验的任务。

1. 法定质量监督检验的机构

由国家行政机构或授权有关机构根据国家的法律、法规施行监督检验权。法定质量监督机构，如国家标准化行政管理系统的产品质量监督机构，国家计量行政部门的计量测试监督机构，各级锅炉、压力容器安全监察机构，以及国家卫生部门的食品卫生监督机构等，都是在国家发布的标准化、计量、食品、卫生等法律、法规中授予监督权的。因此其监督检验证书被国内外各方面所公认。

第一类是各级政府标准化行政管理部门所属或授权的产品监督检验院（所、站）。他们代表国家，根据法律、法规和标准，对量大面广的工农业产品或工程实行质量监督，并统一管理和协调本行政区域内的产品质量监督检验工作。

第二类是国家已明确授权的计量器具、药品、锅炉、受压容器和船舶等专业质量监督检验机构。他们依据有关法规和标准，对计量器具、食品、药品、锅炉和受压容器、船舶等产品实行质量监督。

2. 法定质量监督检验的特点

（1）法定质量监督检验的依据是国家发布的技术法规和标准。企业生产检验是以本企业实际执行的产品质量标准为依据。它可以是国家发布的标准，也可以是企业自行制定的企业标准，还可以是订货合同中的协议标准。行业质量监督检验可以是标准化法认可的各级标准，也可以是本行业自行规定的质量分等规定。用户或消费者评价产品质量，往往从自己的需求、使用的性能要求和经济性来考虑。但是，法定质量监督检验的依据只能是标准化法认可的技术法规和标准，不能再有另外的依据，只有以统一的技术法规和标准作为检验的依据，才能保证监督具有公正的法律性质。

（2）受检产品种类由国家决定。产品种类繁多、数以万计，不可能也没有必要对所有的产品和工程都实行法定质量监督，只能抓住其中对国家和人民利益关系重大的那部分产品。我国规定重点监督 5 类产品：一是关系国计民生的产品。这类产品一般产值高，数量大，对国民经济较为重要，如钢铁、稻米、化肥、水泥等产品。二是影响人民安全和健康的产品。主要是家用电器、食品、药品、建筑材料、消防器材、劳保用品等。三是获得名优产品、产品生产许可证和认证标志的产品。主要是为了使这些产品保持应有的质量水平或荣誉称号。四是公众关心的重要消费品。这类产品直接涉及公众生活水平，而且量大面广，公众生活中很需要，应该保证符合标准。五是供外贸出口与进口的产品。这类产品不仅关系到创汇，而且直接关系到国家的信誉与我国人民的根本利益。具体受检产品的具体名称、抽检数量、时间和方式等都由国家质量监督部门决定，法定质量监督检验机构实施，企业和有关部门不能拒绝或抵制。

(3) 法定质量监督检验的结果具有法律效力。法定质量监督检验机构的检验结果是客观公正的，可以成为执法部门处理犯法案件进行法律仲裁的依据。此外，新产品鉴定、商标注册以及经济管理部门处理产品质量争议和纠纷时，都以法定质量监督检验机构的检验结果作为依据。而其他质量监督检验和企业的生产检验结果，都没有这种社会各界公认的法律效力。

(4) 法定质量监督检验是合格检验而不是评选检验。由于法定质量监督检验的依据主要是国家、行业技术法规和强制性标准，这就是说监督检验只要求产品“达标”，即符合标准规定。因此，它是合格检验。国家要求所有企业销售的产品都应该合格，否则就要给予处罚或关停，以免危害国家和人民的利益。这种国家对企业的技术监督性质并不改变其“合格检验”的实质。它与评选名牌产品完全不同，名牌产品的评选是在同类产品中，经过检验比较，取其优胜者。这些参与评选的产品不仅应是符合标准的合格品，而且应该是超过标准要求的佼佼者。

国内外的实践已证明：要搞好产品质量，没有技术标准不行；有了技术标准，不按照技术标准进行生产和检验也不行；只依靠和相信生产单位的检验，没有国家授权的专职机构进行监督检验同样不行。我国企业质量验收检验、行业质量监督检验、社会质量监督检验和法定质量监督检验都在人民政府的统一领导下工作，其根本目标和长远利益都是一致的。而且产品、服务或工程质量主要是设计、生产出来的，企业的质量检验是首要的环节，是行业质量监督检验、法定质量监督的基础和前提，不努力加强和做好企业质量检验也就做不好行业或法定质量监督检验，达不到行业或法定质量监督检验的目的，而社会质量监督检验又是法定质量监督检验的重要补充。因此各类质量监督检验应该充分发挥各自的职能，扬长避短、互相协作、密切配合，以建立一个完备的、有权威的、有效率的质量监督检验网，共同把我国的产品、服务或工程质量提高到世界先进水平。

（三）国家质量监督制度

我国从 1985 年第三季度起，实行每季度一次的国家质量监督抽查制度，授权国家标准化行政部门的质量监督司及各国家级质量检测中心负责这项工作。每次抽查的产品品种、规格，事先不公布，抽查时间也不事先通知有关生产企业，抽查的样品根据不同的产品情况，可以从生产企业内随机抽样，也可以到销售单位、用户仓库里取，一律采取突击抽样的方式，以较好地保证抽样的代表性，能客观地反映产品质量实际状况。

对抽查中发现的质量问题，实行“管、帮、促”相结合的处理政策。“管”，就是要体现一个“严”字，严格按标准把关，通过监督检验对产品质量进行管制。凡是不合格的产品不准出厂，伪劣产品应销毁，对伪劣产品生产企业实行罚款、停产整顿、取缔等处罚。二次国家质量监督抽查不合格产品的生产企业厂长或经理要建议撤职。“帮”，就是积极、主动地帮助企业查找原因，研究和提出改进产品质量的措施。“促”，就是促进企业树立“质量第一”的观念，促进企业总结经验教训，健全标准体系，完善计量检测手段，建立产品质量保证体系，从而稳定地生产合格产品。“管、帮、促”三者之中，应以“管”为主，帮其所短，促其进步。对一些技术基础条件和生产条件较好，因经营作风不正和管理不善造成产品质量低劣的企业，更要着重管制。

第三节　标准的后续管理

标准化实践证明，标准有效实施后都可以产生经济上的积极效果。标准化所获得的技术效果和社会效果更是不可估量，它们又能间接转化为社会经济效果。因此，获取全面的最佳的标准化经济效果、技术效果和社会效果是积极推行标准化工程的目的。适用有效的标准可以在实施后为社会带来可观的经济效果和社会效果；而过时失效的标准在实施后会带来负面的效果，因此，必须重视和强调标准适用有效性的后续管理。

一、标准化管理的体制

现代社会化大生产方式对标准化管理提出了新的要求，要求标准化管理体制由孤立分散的企业和行业标准化管理转变成一个与生产建设系统及整个国民经济管理系统相协调的国家标准化管理体系，并融入国际标准化管理网络。标准化管理体制是标准化管理系统的核心。由于各国社会制度、经济体制、工业与科技发展水平不同，标准化管理体制也不同。有的集中管理，有的分散管理，有的集中管理与分散管理相结合；有的以政府行政机构管理为主，有的以标准化学会（协会）管理为主，也有的由政府机构和民间组织共同管理。尽管管理体制各种各样，但基本上可以分为两类，一类是由政府标准化行政机构集中管理，其特点是集中统一，法制性强；另一类是以民间标准化协会管理为主，政府给予一定的支持、授权或干预，其特点是能充分发挥市场经济的竞争机制和调节作用。我国是实行社会主义市场经济体制的国家，标准化管理体制也实行了由标准化行政机构集中统一管理的体制。

（一）标准化行政管理机构的地位

我国的标准化管理体系由标准化行政管理体系、标准化技术工作体系、标准化中介服务体系等构成，它们都与国家的经济体系密切相关。无论哪种经济体系类型的国家，其经济体系尽管表现形式各有不同，但从实质上，它们都可分解成国民经济运行生产系统、经济监督系统和技术监督系统三个相互独立又相互制约的子系统。标准化管理系统是技术监督系统中一个主要子系统，在不同的社会经济制度国家中，标准化管理组织机构的表现形式也不同。

在中国、俄罗斯、朝鲜和古巴等国家，基本上是由一个统管标准、计量、质量的综合性政府行政部门来负责技术监督。我国是在国务院内设立国家技术监督行政管理部门（目前为国家质量监督检验检疫总局）统一负责管理全国的标准化、计量、质量管理和质量监督工作。各省、自治区、直辖市与绝大多数地（州）、市、县（旗）、区政府也设立了技术监督行政部门，并实行了垂直领导体制。

我国是一个发展中的社会主义国家，通过实行改革开放政策，已基本建立具有中国特色的充满生机和活力的社会主义市场经济体制。企业千方百计地去提高产品（或工程）质量，提高劳动生产率，降低消耗，降低成本。要达到这些目标，就必须加强标准化管理，同时也要加强计量和质量管理，以保证标准的实施，建立健全一个技术监督系统。市场经济的存在和发展，必然会产生大量经济案件和质量技术上的纠纷，这些纠纷和案件的解决，就要依赖技术监督系统，按照有关标准进行技术或质量仲裁检验，出具准确的技术或质量数据，再根据有关法律和法规，获得正确合理的解决。所以，标准是技术监督的依据，而标准化管理系统的正常运行可以为社会技术监督提供准确的依据。

社会主义市场经济包括主体、市场和规制 3 个必要的要素。主体是企业，市场是商品市场、劳动力市场、资本市场和产权市场，规制是法律、法规、规章和标准。它们主要由政府，尤其是经济和技术监督部门作为规范市场经济运转的工具。标准是规制市场经济优胜劣汰竞争的重要工具。

1988 年 7 月 19 日，国家技术监督局正式成立，成为国务院主管标准化工作的行政职能部门。1998 年，国家技术监督局更名为国家质量技术监督局，2001 年又与国家商检局合并为国家质量监督检验检疫总局。1999 年我国对省（直辖市、自治区）级政府以下技术监督部门实行垂直管理体制，同时又设立国家标准化管理委员会，统一管理全国标准化工作。至今，我国 31 个省、直辖市、自治区政府都已设置了标准化行政管理部门，省级以下市、县、州、旗、区政府也设立了标准化行政管理部门，有些经济发达地区还在乡镇政府内设立了包含标准化管理的技术监督机构。

（二）我国标准化行政管理的体制

我国标准化行政管理体制是建立在统一领导、分级管理和分工负责的原则基础上的。建立一个行政管理、法制管理和经济管理相结合，以行政管理、法制管理为主；强制性技术法规与推荐性标准相结合，以技术法规为主；强制性质量监督和自愿性合格评定相结合，以强制性法定质量监督为主的标准化管理体制。“统一领导”，就是要改变同级同类标准分口管理、政出多门的状况，建立一个高度集中、统一的有权威的国家标准化行政管理体制；做到统一标准化方针、政策、法律法规，统一标准化战略、规划和计划，统一标准的编号和发布，统一对外参加国际标准化活动等。“分级管理和分工负责”，就是国家标准化行政部门要简政放权；在加强宏观统一管理的基础上，充分发挥各地各部门的积极性，尤其是发挥各企事业单位的主体作用。

中国标准化工作实行统一管理与分工负责相结合的管理体制。按照国务院授权，在国家质量监督检验检疫总局管理下，国家标准化管理委员会统一管理全国标准化工作。国务院有关行政主管部门和国务院授权的有关行业协会分工管理本部门、本行业的标准化工作。省、自治区、直辖市标准化行政主管部门统一管理本行政区域的标准化工作，省、自治区、直辖市政府有关行政主管部门分工管理本行政区域内本部门、本行业的标准化工作。市、县标准化行政主管部门和有关行政主管部门，按照省、自治区、直辖市政府规定的各自的职责，管理本行政区域内的标准化工作。

1. 适应市场经济的发展

要建立适应市场经济要求，产权清晰、权责明确、政企分开、管理科学的现代企业制度；建立全国统一、开放的市场体系，并与国际市场相连接，促进资源的优化配置；要转变政府直接管理经济的职能；建立依法行政，采用间接手段为主的完善的宏观调控体系，保证国民经济的健康运行。为了适应社会主义市场经济体制，实行强制性技术法规（标准）和推荐性标准相结合，以推荐性标准为主的标准体制适应社会主义市场经济的发展，符合社会主义市场经济管理体制。

2. 充分调动各方积极性

实行我国新的标准化管理体制之后既要坚持原则，把强制性标准（技术法规）管住管好，强化监督，加强了管理，又能区别对待，在推荐性标准上应因地制宜，放开放活，原则性和灵活性相结合，使标准化工作受到各地方各部门的重视和支持，充分调动各方面的积极性，共同来做好标准化工作。

3. 增强企业的发展活力

随着我国经济体制改革的深入，企业已成为市场竞争的主体。它们面临着国内外市场的激烈竞争，迫切要求增加产品品种，提高产品质量，以提高其市场竞争力。新的标准管理体制给予企业自行制定、审批、发布高于国家标准、行业标准的企业标准权，还给予企业按合同或外贸出口要求自行决定商品质量标准权，这样增加了企业的活力，并在客观上起到引导企业开展竞争的作用，有利于提高素质和对瞬息万变的国内外市场的适应能力和竞争能力。同时，企业还应参与国家标准、行业标准乃至国际标准的制定（修订）工作，以促进和提高国家标准、行业标准水平，促进我国技术进步和国内外贸易，也使我国标准管理体制更具活力。

（三）我国标准化管理的工作体系

标准化行业管理体系是依据标准化对象所属的行业领域来建立的。按照我国经济管理的体制和分类习惯，基本上可以分成工业标准化管理系统、农业标准化管理系统、交通运输标准化管理系统、工程建设标准化管理系统、卫生标准化管理系统、军用标准化管理系统、环境保护标准化管理系统等。而工业标准化管理系统又可分为机械工业、电子工业、纺织工业、冶金工业等标准化管理子系统；农业标准化管理系统又可分为种植业、林业、畜牧业、水产业等标准化管理子系统；以此类推，逐层细分，组成我国标准化行业管理体系。随着服务标准化的顺利开展，我国已开展政府管理和公共服务的标准化工作，就是说围绕政府的经济条件、市场监管、社会管理和公共服务四项职能开展行政服务标准化的工作。

标准化技术工作体系主要由标准制定（修订）工作系统即标准化技术委员会系统和标准的实施监督检验系统两大系统组成。标准制定（修订）工作系统由标准化技术委员会（TC）、标准化分技术委员会（SC）、制定（修订）标准工作组（WG）三级机构组成。

1. 标准制定（修订）工作系统

标准化技术委员会（TC）是在一定专业领域内从事全国性标准化工作的技术组织，由生产、监督检验、经销、使用部门、科研设计单位及有关高等院校的具有中级以上技术职称科技人员组成，其中生产方委员不得超过三分之一，行政各标准化技术委员会均接受国家标准化行政部门的领导，技术委员会的委员由国家标准化行政部门发给聘书。

成立标准化技术委员会，必须符合下列条件：涉及的专业领域为国民经济和社会发展的重要领域；专业领域和标准体系框架明确，有较多的国家标准制定（修订）任务；业务范围清晰，与其他技术委员会原则上无业务交叉；专业领域原则上应当与国际标准化组织/国际电工委员会（ISO/IEC）及其认可的其他国际组织已设立的技术领域相对应。

技术委员会负责研究和提出本专业标准化工作的规划、组建和管理建议；组织或者参与本部门、本行业技术委员会的组建、换届和监督检查等工作；指导本部门、本行业技术委员会的国家标准立项、报批以及国际标准化等业务工作；协调本部门、本行业技术委员会的工作；并推荐本部门、本行业专家参加技术委员会；定期向国家标准委报告本部门、本行业技术委员会的工作情况；还需负责其他与技术委员会管理有关的职责。

由于技术委员会成员是来自各个方面的专家，具有广泛的代表性、群众性，有利于广泛调动各方面的积极因素，充分发扬民主，有效地保证标准的技术水平，有利于各相关标准之间的协调及其贯彻实施，并且因不设专职机构，还为国家节省人力、财力，提高效率。

专业范围较宽的技术委员会，可建立若干个分技术委员会（SC）。分技术委员会的工作范围、负责的技术业务领域、人员组成和办事机构—秘书处的设置等均由技术委员会决定，分技术委员会的主任、副主任也由国家标准化行政部门发给聘书。技术委员会、分技术委员会可根据工作需要，按标准制定（修订）项目设置若干个工作组（WG）。工作组具体负责标准制定（修订），应力求精干，工作组组长所在单位具体负责该工作的日常工作。

2. 标准的实施监督检验系统

我国实行标准实施的监督检验制度。强制性标准一经发布实施，就要接受政府和社会的监督，其中产品和工程质量监督检验是标准实施监督中的主要任务。我国的产品和工程质量监督检验系统主要由各级政府标准化行政部门的质量监督部门负责管理，并由工农业产品质量技术监督检验机构，进出口商品检验系统，建筑工程质量监督系统，以及纤维、药品、计量器具、锅炉和受压容器等专业监督系统组成。它们互相配合，正在逐步形成一个较完备的、有权威的、有效率的全国质量监督检验体系。

标准的实施监督检验系统在不同国家有不同的结构形式，我国标准实施监督检验系统可分成工农业产品质量监督检验系统、进出口商品检验系统、建设工程质量监督系统和专业监督检验系统等。而专业监督检验系统又细分成计量器具监督检测系统、船舶监督检验系统、锅炉和压力安全监察系统、药品监督检验系统等更小的子系统。

（1）工农业产品质量监督检验系统。工农业产品质量监督检验系统由国家级产品质量监督检验测试中心、各省（直辖市、自治区）及工业集中城市产品质量监督检验院和各地各部门产品监督检验所组成。它们均受国家和省级政府标准化行政部门领导，是具有第三方公证性和非营利性的法定检测机构。

国家级产品质量监督检验测试中心由国家标准化行政部门根据工作需要，按产品类别，从现有检验力量较强的检验测试机构或科研单位中审查确定，发给证书和印章。其主要职责是：对质量进行监督检查；承担产品质量认证检验和产品质量争议仲裁检验；对各地同类产品的质量监督检验机构进行技术指导，统一检验方法；承担或参与国家标准、专业标准的制定（修订）和标准的验证任务等。

各省（直辖市、自治区）及工业集中城市产品质量监督检验院（所）由省（直辖市、自治区）政府标准化行政部门根据本行政区域的经济特点和产品结构建立，主要承担量大面广的重要工农业产品日常质量监督检验任务。其主要职责是：对当地市场商品和企业的产品进行抽检；承担产品质量监督检验和产品质量争议仲裁检验；承担新产品投产前的质量鉴定检验和产品质量认证检验；指导和帮助企业建立、健全产品质量检验体系，正确执行统一的检验方法标准等。

省级政府标准化部门或机构根据需要，按产品类别还可设立若干个产品质量监督检验所站，这些产品质量监督检验所站一般从本辖区现有检验力量较强的企业或科研单位审查确定，发给证书和印章，就可承担指定产品的质量监督检验任务，其职责范围均与产品质量监督检验所相同。

为了加强上述各级产品质量监督检验机构的领导和管理，国家标准化行政部门已依据国际上有关规定，先后制定和发布了《国家产品质量监督检验中心授权管理办法》《产品质量监督检验所基本条件》和《产品质量监督检验站管理办法》《实验室和检查机构资质认定管理办法》《食品检验机构资质认定管理办法》等规章和《检测和校准实验室能力的通用要求》（GB/T 27025），《校准和检测实验室认可体系运作和承认的通用要求》（GB/T 15486）等标准。从机构设置、人员素质、工作程序及工作质量、仪器设备、环境条件及管理制度或从技术管理要求等各方面都作了严格的规定，促进了我国产品质量监督系统的建设。

我国已基本建立各级产品质量监督检验技术机构，形成了一个全国性的设备先进完备、工作效率高、有公正性和权威性的产品质量监督检验网络。

（2）进出口商品质量检验系统。为了适应国际市场的激烈竞争并保护我国权益，由统一监督管理全国进出口商品的检验工作的主管部门——国家质量监督检验检疫总局组织，建立了进出口商品的质量监督检验系统，对进出口商品严格执行监督检验。进出口商品质量检验系统由国家质量监督检验检疫总局和各地商检局及其下属事业单位组成。它们的主要职责是：对法定检验商品执行强制性检验；对合同要求检验的商品进行检验出证；对进口重点成套设备检验工作实行驻厂监督管理，对出口食品实行卫生普查和驻厂卫生主营制度；对出口危险品的包装安全条件实行逐批检查制度；对出口机电产品实行质量许可制度；对一般出口商品实行随机抽查的质量监督制度等。

（3）专业质量监督检验系统。由于历史上的原因和经济发展的实际需要，我国对建筑工程、纤维、药品、计量器具等实行受权于专业法定机构进行国家监督检验的制度。

（四）我国标准化管理的服务体系

中国标准化协会和地方各级标准化协会是从事标准化工作的单位和个人自愿结成依法登记的学术性、非营利性法人社会团体，其宗旨是："团结和组织标准化科技工作者，为适应发展社会主义市场经济的需要，更好地发挥桥梁和纽带作用；开展标准化科学学术活动，普及标准化科学技术知识，为提高标准化科技水平和标准化科技工作者素质，促进标准化技术合作和交流，加速社会主义现代化建设服务。"中国标准化协会的最高权力机构是全国代表大会，执行机构是它的理事会，在理事会闭会期间，由常务理事会行政理事会负责，协会秘书处在常务理事会领导下，主持日常事务工作。中国标准化协会设立有办公室、技术发展部、教育培训部和标准工作部等部门，企业、汽车、冶金与化工标准化等标准化分会。这些专业委员会和分会专门从事各专业领域的标准化学术活动。如企业标准化专业委员会的主要任务是开展企业标准化理论和实践问题的研究；探讨我国企业标准化的特点和方法；为企业开展企业标准化工作提供咨询和服务；参加国内外有关企业标准化的活动等。

标准化信息服务工作是标准化事业的一个重要组成部分，也是做好标准化管理的必要基础工作。为此，由国家标准化信息研究和服务机构（如国家标准馆、WTO/TBT查询中心）及地方各级标准化信息服务机构组织了中国标准情报网，各部委、局标准化管理部门也组织了各专业标准情报网，纵横交叉、分工协作组成了全国标准化情报信息平台系统。标准化信息系统的主要工作是：交流标准情报资料，互通标准化信息，开展标准翻译、对比、分析、研究、报道活动，充分发挥人力物力资源，为推进我国标准化事业和国民经济建设服务。

标准化科学研究工作是标准化工作的技术基础，近年来，标准化科学研究工作走上了健康发展的道路，较系统地开展标准化理论和一些重大综合性基础标准研究。这个系统以中国标准化研究院牵头，包括各地区、各部门标准化研究院所。这些机构主要负责对标准化对象、历史、性质、特点、原理及一般发展规律等行业标准化问题，有关标准化理论、方法、政策，对一些重大基础标准如通用或行业技术语言、符号代号、代码、技术经济信息分类与编码等方面，进行研究。

我国标准化图书杂志出版机构有中国标准出版社及其印刷厂和各地区各部门的标准化图书杂志编辑部、标准编辑出版委员会、标准发行站等组成。国家技术监督行政部门所属的中国质检出版社（中国标准出版社）主要印刷国家标准及标准化方面的普及读物、理论著作、工具书等图书，还翻译出版一些国际标准、国外先进标准和标准化专著。其他有关出版社出版发行各行各业的技术标准和有关标准化图书资料。地方各级标准化管理部门也组织印刷了不少地方标准及标准化图书资料。

自 1987 年以来，上海、浙江、四川、辽宁、昆明、西安、武汉等省、市有关标准化信息机构自办了标准图书资料发行站，逐步形成与新华书店并行的多渠道标准图书资料发行网络。各发行站直接与中国质检出版社及各有关部门标准出版、发行单位建立业务联系，已成为我国标准图书的一个重要发行系统。《中国标准化》《标准科学》《大众标准化》等杂志社和各部门、各地方的 30 多家标准杂志编辑部，通过公开或内部发行大量的标准化期刊，宣传我国标准化工作的方针、政策，介绍并交流标准化质量监督检验工作经验、研究成果和科学知识。

二、标准的适用有效性

（一）标准适用有效性的意义

标准与法规都是规范性文件，法规的生命周期是立法、执法、执法检查以及法规适用有效性的后评估。标准的生命周期包括标准的制定、实施，标准实施的监督检查以及标准适用有效性后续管理 4 个过程。标准的制定是首要环节，标准的实施是标准的生命，没有实施就不可能发挥标准的作用。标准实施的监督检查是促进标准实施的必要手段，而标准适用有效性后续管理是使标准适用有效、发挥正面作用的可靠保证。

标准符合标准化对象发展的客观需求就是适用；标准实施后，能够产生经济效果、社会效果和效益就是有效，这就需要标准的内容必须建立在科学技术和实践经验的综合基础上，具有科学性，也就是说标准具有了适用有效性。一般来说，标准在有效期内超过标龄就可能失去了适用有效性；标准实施后产生良好的标准化经济效果和社会效果就是适用有效，否则就应该修订或废止。

1. 评审标准适用有效性的重要性

科学的标准水平应该全面正确反映标准化对象的先进技术水平，这样的标准才是我们需要制定和保持的。如果标准滞后于标准化对象发展的客观需求，反映了标准化对象落后的技术水平，那不仅不能实现标准化的正面作用，反而起到了阻碍标准化对象发展的反面作用。如在标准起草制定过程中，要对标准适用有效性进行预测和论证。

在标准实施后要评价和计算标准化经济效果和社会效果，以验证标准适用有效性的大小；在标准的标龄到期时，要对标准适用有效性进行全面的复审评价，标准具有适用有效性，就应该进行确认；否则就根据具体情况决定更改标准条文，修订标准或废止。

2. 评审标准适用有效性的必要性

前些年，我国对标准适用有效性的重视不够，无论是国家标准还是行业标准都存在重视标准制定、轻视标准实施、忽视标准适用有效性的后续管理，给标准化工作乃至国民经济建设造成了较大的损失。例如我国 2005 年统计：在现行有效的国家标准 20688 项中，2000—2005 年发布的只达 6948 项，仅占 33.58%。标准有效年限内的标准数只占 33.58%，超过 5 年的国家标准数比例高达 66.42%，超过标准年限 15 年以上的占 23.32%，20 世纪六七十年代发布的国家标准还在实施的还有 89 项。直到 2010 年才完成 4403 项国家标准的复审，确定需要修订的项目 1843 项。清理了 2005 年以前的立项项目，对继续执行的 260 项明确了完成时限。

超过标龄的行业标准也十分严重。据工信部 2009 年统计，在该部管理的 5 万多行业标准中超过 5 年标龄以上的行业标准数达 1 万多项，占 20% 以上。直到 2010 年，工信部组织力量，认真分析了工业和通信业标准体系的现状，完成了 2.4 万项行业标准的清理、复审工作，64 个行业完成了 30959 项行业标准的审查，确认继续有效 14902 项，修订 11963 项，废止 4094 项，扭转了行业标准老化的局面。

（二）标准适用有效性的评审

标准适用有效性的评价方法主要是从标准的对象、技术水平和标准的实施年限两个方面进行评价。

1. 标准的实施过程中年度适用有效性评价

标准发布实施后一般应该在实施后每年度对该项标准实施后的经济效果和社会效果分别进行计算和评价。标准化经济效果越大说明标准适用有效性越好。标准化的社会效果评价方法可以采用定量和定性相结合的评价方法，一般采用调研法、比较法等。如社会秩序变好、劳动效率提高、工作协调、安全卫生环保成效显著，即说明标准适用有效性好。

2. 标准实施到达规定期限后的适用有效性评价

把标准适用有效性的期限称为标龄，如国际标准、国家标准和行业标准的标龄为5年，地方标准为5年或3年，企业标准为1—3年。如果标准在标龄期限内说明其适用有效，反之超出标龄就没有适用有效性，甚至产生负面效果，超出标龄时间越长负面效果越大。这种以时间作为评价标准适用有效性的方法是国内外较通用的评价方法。

3. 与标准对象的技术水平的适应程度评价

标准表述的技术与标准对象的技术水平状况基本相同，说明标准具有适用有效性。如果标准对象的技术水平发展高于标准本身反映的技术水平，标准的适用有效相对较差，甚至成为阻碍标准发展的桎梏。为了扭转标准这种负面作用，必须尽快修订或废止。

标准表述的技术水平程度大大高于标准对象的技术水平时，标准无法实施，标准的适用性差。为此，我们应该重视标准技术内容的适用有效性评价和审查。

三、标准化的经济效果

（一）标准化经济效果的产生机理

标准化之所以能产生经济效果，是由于它对人类的社会实践活动施于多方面的有益影响和制约，促进了社会生产力的发展。

1. 标准化为人类各项实践活动确立了活动准则

标准是衡量事物的准则，也为人们提供了相互了解和交流的基础，标准化使人类的活动有序化、规范化。当前的世界可以说标准无处不在，人人都要受到标准的约束，但由于这种约束是确立在大家协商一致的基础上的，因而人们能自觉地接受它、遵守它，它使人们的无序活动逐步走向有序化、规范化，从低级的有序走向高级的有序。标准的科学性和公正性，又使它比一般的行政法规较无偏见，标准化使其能跨越企业、地区和国家的界限，受到不同民族、不同国籍的人们尊重，产生突出的经济功能。一是标准化为社会化专业化协作生产建立了纽带，确立了指挥权威，从而促进了劳动生产率的迅速提高。没有标准化，社会化专业协作生产方式也就无法存在或者不可能组合（装）成人类所需的商品。二是标准化使人类的各种活动减少了盲目性，具有明确的目的性和整体协调性。一个企业的生产经营系统就是一个不可分割的整体，但组成这个整体的各个单元或子系统都是互相独立又相互依存、相互作用的，其中任何一个单元或子系统的活动，都必须对其他单元或子系统进行影响，必须同步协调活动，才能使整个系统发挥最佳功能，达到整体最佳目标，即生产出物美价廉、满足社会需要的产品等。只有产品标准，没有相关的技术标准与其配套，那就实施不好；只有技术标准，没有对应的管理标准，技术标准的实施也没有保证；没有落实到工作（作业或服务）标准上，产品质量更没有保障。

2. 标准是社会生产实践经验和科学技术的结晶

标准化促使它们转化为社会生产力。一项标准的产生，就是人们实践经验的科学总结，也是有关科学技术的积累和结晶。标准的修订，则是由实践证明是行之有效的新经验取代其中一些过时陈旧的老经验，由新的科学技术取代旧的落后的科学技术，标准化工程就是不断把标准转化为直接生产力的过程。因此，标准化必须和最新科学技术成就的推行保持同一前进的步伐，这样标准化就能把人类的先进经验、最新的科学技术不断地转化为生产力，从而产生很大的经济效果。

3. 标准化减少了因重复劳动而产生的劳动耗费

重复劳动耗费是指在劳动过程中，物化劳动或活劳动的支出重复。而标准化的功能是尽量减少或消除重复的不必要的劳动支出。其途径大致有两种：一是直接减少或避免重复的劳动耗费。如零部件标准化后就减少了重新设计、重新制作工装等方面的劳动耗费，工艺标准化就是减少或节省了重新编工艺的劳动耗费，管理标准化则节省了再次发生同类管理事件时的分析、研究、决策等方面的劳动耗费。二是尽量扩大劳动成果的重复利用。提高劳动成果的利用率，这就意味着相对地降低了劳动耗费。如通用化就是扩大劳动成果利用范围的典型形式，标准的覆盖面越大，其重复利用的范围就越大，降低的重复劳动耗费也越大。

4. 标准化促进质量提高而为企业带来经济效果

标准化促进了产品、工程和服务质量的提高，从而扩大销路、营业茂盛、增收节支，为企业带来经济效果。标准化使产品品种规格合理简化，增大生产批量，从而降低制造成本，获得显著的经济效果，这是标准化产生经济效果的重要机理。由于广大用户需要丰富多彩的商品，企业为了竞争要不断开发新产品，而新产品新工艺的采用，又提供和促进了多样化生产的条件，社会生产客观上存在着多样化的趋势。但是，多样化生产却给生产企业带来许多困难，而标准化却能在满足市场多样化的前提下，合理简化产品品种，从而缩短设计周期，降低了原材料消耗，增大了生产批量，同时还有利于采用先进工艺，有利于工人技术水平的提高，从而取得显著经济效果。产品质量好坏反映产品满足用户需要的程度高低。商品在市场上的竞争，主要表现为质量之争，只有以质取胜才能赢得用户信任，扩大销路。而企业推行标准化，才能稳定提高产品质量。严格执行各类标准，可以提高成品率，提高优等品率，降低废品、次品率。按照优质优价政策，优等品可以提高售价，使企业直接增加收入。而废（次）品率降低则可以为企业节约原材料，节省能源，减少劳动工时的消耗，从而降低生产成本。虽然由于严格实施标准而增加投资，提高了成本，但高质量的产品可提高其声誉和销售量，使增加的这部分投资完全可以从优价与多销中得到补偿，最终仍使企业获取较大的经济效果。同样，工程和服务质量的提高，也能使施工企业、商业、交通运输等企业获得较大的经济效益。

从20世纪60年代至今，标准化产生经济效果的机理研究已取得了不少成果。国际标准化组织标准化原理常设委员会第十工作组（ISO/STACO/WGlO）在经过大量调查研究的基础上撰写了《贯彻国际标准的效果》《贯彻国际标准经济效果的判断》《经济效果的计算》《经济效果的近似判断》《经济效果的分析》《产品国际标准化优先顺序评价》等一系列文件；日本提出了《公司级品种简化的经济效果计算方法》和《重要度评价与优先顺序》；美国则提出“公司级标准化节约的计算方法”等 9 个标准

（ANSI1524）。1998 年，德国的 DIN 委托有关院所到澳大利亚进行调查，2001 年认定德国在标准化方面的投入为 7.7 亿欧元，而产生的经济效益却是 160 亿欧元。国民经济增长的 1/3 是由标准化创造的，认定标准化的经济利润大约是国民生产总值的百分之一。英国贸易工业部委托的研究表明：标准每年给英国经济贡献 2.5 亿英镑；劳动生产率增长的 13% 归功于标准化的作用。我国自 1983 年以来已先后制定了《标准化经济效果的评价原则和计算方法》（GB 3533.1）、《标准化经济效果的论证方法》（GB 3533.2），2009 年修改为《标准化经济效果评价　第 1 部分：原则和计算方法》（GB/T 3533.1）、《评价和计算标准化经济效果数据资料的收集和处理方法》（GB/T 3533.3）等国家标准。

（二）标准化经济效果的基本概念

1. 标准化经济效果

标准化经济效果就是制定与贯彻标准所获得的有用效果与所付出的劳动耗费之比。标准化活动的目的是以尽可能少的标准化劳动耗费，取得尽可能多的标准化有用效果，从而实现较大的标准化经济效果。标准化经济效果是一个相对值，当这项比值大于 1 时，标准化活动才有经济效果。

2. 标准化经济效益

标准化经济效益是制定与贯彻标准所获得的有用效果与所付出的劳动耗费之差。其表达式为：

标准化经济效益 = 标准化有用效果 − 标准化劳动耗费

标准化经济效益是个差值，是个绝对值，只有当标准化有用效果的数值大于标准化劳动耗费的数值时，才可获得标准化经济效益，即标准化活动具有经济效益。

标准化经济效果和标准化经济效益是两个相互联系，但又是有所区别的概念。前者表现了标准化活动的效率，后者却是标准化活动的净收入。

3. 标准化有用效果

标准化有用效果是指贯彻标准所获得的节约或其他有益的结果。它的表现是多方面的，如提高劳动生产率，改善劳动条件，减轻工人劳动强度，节约劳动耗费，巩固国防能力，改善人类生活、工作环境等，有些有用效果可以用数量来表示，有些则难以用数量来表示，就是可用数量来表示的有用效果，也不是都能以货币来表示。在进行标准化有用效果分析时，应注意两点：一是要全面评价标准化有用效果，不要忽略定性的有用效果；二是凡能用货币表示的有用效果尽量采用货币单位，以便进行标准化经济效果的定量计算。

4. 标准化劳动耗费

标准化劳动耗费是指制定与贯彻标准所付出的劳动与物化劳动耗费的总和，也称标准化投资。活劳动耗费以工资（元）或单位时间的工资（元/时）表示，而物化劳动耗费以原材料、燃料、动力等物资耗费数量乘以相应的物资单价来表示，这样劳动耗费的总和就可以用统一货币量来衡量。劳动耗费的指标很多，具体如原料、材料、燃料、动力费，固定资产折旧费、设计费，试验费、检验费、工时费等。一般人们又把它们分为标准化基本建设投资和标准化实施费用两种，前者是标准实施以前支出的费用，后者是标准实施以后进行生产所耗费的资金。这种费用连续不断地支出去，一直到该标准修订或废除时为止。

5. 基准年和评价年

评价标准化经济效果时，作为比较的基准年度，称为基准年。评价标准化经济效果时，与基准年进行比较的各年，称为评价年。评价标准化经济效果，需要把标准化前后，即“基准年”与“评价年”的各项技术经济指标进行比较，如“基准年”选择不当，将影响评价的客观性和准确性。一般应选择新标准实施前所达到的实际技术经济水平作为基准，这样比较符合客观实际情况，较为合理，也能真正揭示出新标准的优越性。

（三）标准化经济效果的指标体系

标准化经济效果的研究具有3个特点：一是从标准化经济效果的定性评价发展到定量计算，标准化不仅与经典数学发生密切联系，而且已开始运用统计数学和模糊数学工具来评价和计算标准化经济效果；二是从贯彻标准后的效果计算，发展到制定标准前效果的预测、论证，使标准化更加具有科学性、经济性；三是从静态计算发展到动态计算，即考虑到标准化节约与标准化投资的时间可比性问题。

为了正确评价、论证和计算标准化经济效果，必须建立一个衡量标准化经济效果的指标体系，通过这些指标才能从某些方面，在一定范围内或在一定程度上反映出标准化经济效果的大小。根据我国《标准化经济效果

评价　第1部分：原则和计算方法》（GB/T 3533.1－2009），我国评价、论证和计算标准化经济效果的指标体系主要由以下4个指标组成。

1. 标准化经济效益（X）

$$X_{\Sigma} = \sum_{i=1}^{t} J_i - K$$

$$X_n = J - aK$$

标准化经济效益分为标准有效期内预计的总经济效益（X_{Σ}）和年经济效益（X_n）两种。

式中：

J—预计的标准化年节约额，元/年；

K—预计的标准化投资，元；

α—标准有效期内，标准化投资折算成一年的费用系数；

i—标准有效期，年。

在计算年经济效益时，采用标准化投资的“分摊法”，目前一般按5年分摊，即取值为0.2。

2. 标准化投资回收期（T_K）

$$T_K = \frac{K}{J}$$

式中标准化回收期单位为年，如需用月、日表示，则分别乘以12（月）或360（日）即：

$$T_K = \frac{K}{J} \times 12(\text{月})\ T_K = \frac{K}{J} \times 360(\text{日})$$

如有两个标准化方案进行比较时，可用下式表示：

$$T_K = \frac{K_2 - K_1}{C_2 - C_1}$$

式中：

T_K—追加投资回收期，年；

K_1，K_2—分别为方案1和方案2的标准化投资，元；

C_1，C_2—分别为方案1和方案2的年生产成本，元/年。

标准化投资回收期是用实施标准化获得的年节约去偿还投资所需的时间。我国基本建设计算投资回收期时，一般是以利润（包括税收）来回收的，虽然标准化产生的各种节约，一般是成本的节约，但二者的做法基本上是一致的。当制定标准的费用较多时，标准化投资回收期从投资开始支出的时候算起，从理论上讲，这样计算将有助于缩短标准从制定起到贯彻所需的时间。但由于标准的制定费用比贯彻费用要少得多，也就是说，标准的制定费用与标准化总投资的比例甚小，而贯彻标准所消耗的投资较多，时间一般也较集中，标准化投资回收期多从贯彻标准后产生效果时开始计算。

3. 标准化投资收益率（R_K）

标准化投资收益率是实施标准所获得的年节约与投资之比。表达式为：

$$R_K = \frac{J}{K}$$

从上式可以看到标准化投资收益率刚好是标准化投资回收期的倒数。

4. 标准化经济效果系数（E）

标准化经济效果系数表示实施标准所获得的总节约与投资之比。其表达式为：

$$E = \frac{\sum_{i=1}^{t} J_i}{K}$$

上述 4 个指标构成一组指标体系，它们分别从不同侧面反映标准化的经济效果。标准化经济效益是从数量上表达了经济效果的大小，反映了标准化经济效果的绝对值，是一个净收入的概念。而标准化投资收益率、标准化经济效果系数则从比率的关系上表达经济效果的大小，反映了标准化经济效果的相对值。标准化投资回收期又从时间上反映了取得经济效果的速度。它们既互相关联又互相补充，4 个指标同时运用，才能较全面地综合地反映出标准化经济效果。当然为了求取上述 4 个指标，还要一系列各种费用、节约、数量、成本等指标，这也是标准化经济效果指标体系的组成部分。详细指标名称及其符号、代号可查阅《标准化经济效果评价　第 1 部分：原则和计算方法》（GB/T 3533.1）的附录 A 标准化经济效果的符号。

（四）标准化经济效果的计算方法

标准化经济效果的评价、论证和计算方法是多种多样的，可以应用经典数学方法，也可以采用统计数学方法，甚至模糊数学方法。《标准化经济效果评价　第1部分：原则和计算方法》（GB/T 3533.1）中介绍了一些基本方法。

1. 评价、论证或计算标准化经济效果的时期

评价、论证或计算标准化经济效果的时期，我国标准规定为以下3个时期。

一是提出标准化规划、计划项目时期。国家、部门或企业标准化项目在列入远景规划或年度计划时，应进行标准化经济效果的预测和可行性论证，以便确定该项目的合理性，并为制订最佳的标准化规划、计划方案提供决策的依据，也就是要优先列入经济效果高、投资回收期短的标准化项目。

二是审议报批标准时期。标准送审稿和标准报批稿都必须附有标准化经济效果的论证报告，或在标准编制说明书上有标准化经济效果的论证说明，即对标准投资、贯彻标准将取得的各种节约、产品年产量、年生产成本、流动资金及市场或价格的变化进行预测计算，不能定量计算的内容，要以文字叙述，用图表形式定性地阐述实施标准后可产生的经济效果。论证方案可以有若干个，以供选择，审议和批准标准时，应对标准化经济效果的论证方案进行复核，并进行充分讨论，以保证论证的可靠性。

三是实施标准时期。在标准有效期内，应认真地将评价年与基准年的各有关数据进行比较、评价，并计算出该标准实施以后所获得的实际经济效果。

2. 评价、论证或计算标准化经济效果的原则

一是综合分析。全面考虑标准化经济效果。标准化经济效果具有广泛性和综合性两个重要特征。所谓广泛性，就是凡运用标准化的原理和方法进行的一切社会实践，均可能产生标准化的效果。所谓综合性，就是标准化经济效果存在于相互制约、互相关联、纵横交错的各个方面。因此，评价论证或计算标准化经济效果时，应坚持综合分析、全面考虑的原则。既要考虑微观效果，也要考虑宏观效果；既要重视当前的利益，更要重视长远利益；既要考虑生产领域内生产企业获得的效益，又要考虑非生产领域内广大用户、消费者等获得的效益；既要重视定量计算出来的经济效果，又要重视定性表示的经济效果和社会效益。

二是实事求是。合理区分标准化与其他管理技术措施产生的经济效果。制定与贯彻标准获得的一切经济效果，无论这些效果发生在哪个环节上，均应视为标准化的经济效果。但由于标准化经济效果的综合性特征，往往存在与其他管理、技术措施的效果混杂的现象，有时还的确不易区分。这就要根据各种措施的重要性和耗费量，按具体情况，实事求是地评价和计算标准化经济效果。当难以把标准化经济效果从总经济效果中划分出来时，一般采用协商评分法（根据各项工作的重要性程度，由有关部门共同协商，定出比例，分摊计算）和加权系数法（根据标准化与其他管理、技术措施的重要性及耗费量，规定其不同的加权系数）两种方法分摊。近年来，有些国家已把标准化经济效果视为国民经济总效益中的一部分，采用了这种制订加权系数的方法。

三是准确可靠。评价、论证或计算标准化经济效果应力求准确、可靠。标准化经济效果是客观存在的，但不能主观随意地夸大。开始进行这项工作时，宁可少算，不能多算，注意避免标准化经济效果在不同环节上的重复计算，当然也必须要求各种数据准确可靠。

四是有效结合。要与我国企业质量成本核算、财会核算和经济核算制度相结合。标准化经济效果的指标体系中许多指标与我国企业质量成本、财会与经济核算指标是相同的。为了及时收集这些数据资料，确定标准化经济效果的具体指标时，应尽量同其核算指标统一，评价和计算标准化经济效果时，也要从我国的国情出发，与我国现行企业管理和经济核算制度结合起来。

五是抓住重点。产生标准化经济效果的环节和因素很多，在评价、论证或计算时，不能主次不分，面面俱到，应抓住重点，首先集中分析那些效果大的因素，放弃那些效果很小的因素。

六是方法可行。评价、论证和计算标准化经济效果的方法应通俗、实用、简便易行，这样才能把标准化经济效果的评价、论证和计算工作广泛地开展起来，以便积累经验，进一步深入开展标准化经济效果的研究工作。

3. 评价、论证和计算标准化经济效果的主要因素

评价、论证和计算标准化经济效果考虑的主要因素如图 3－2 所示。

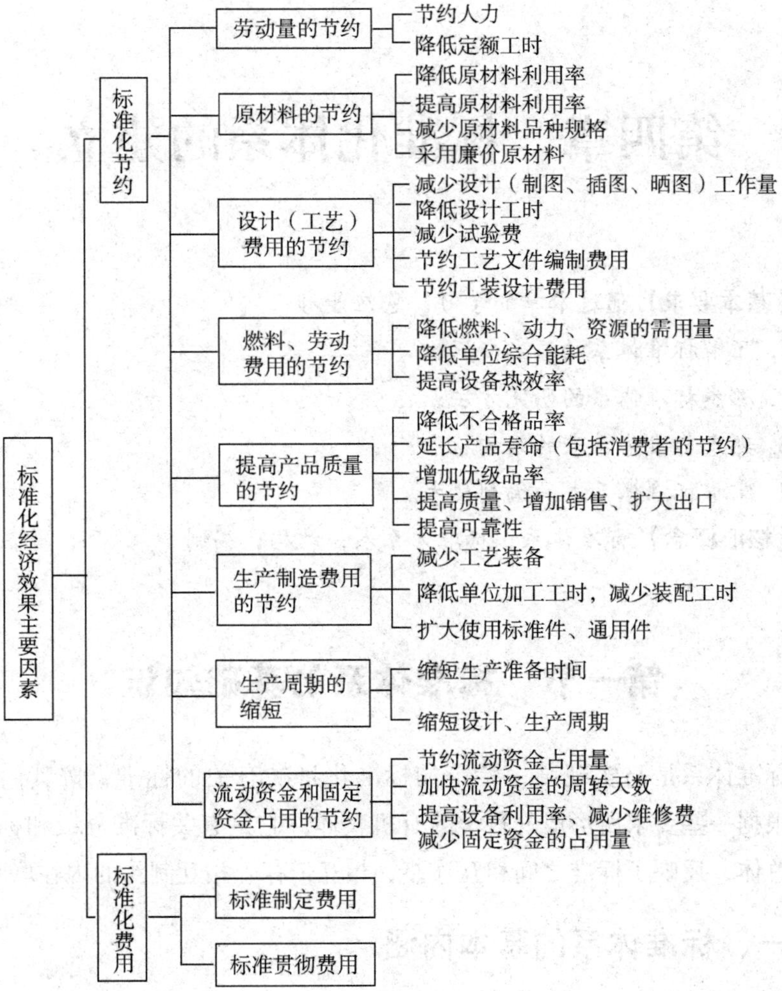

图 3－2　标准化经济效果主要因素

第四章　标准化体系的建立

【基本要求】 通过本章的学习，您应能够：

1. 了解标准体系的基本内涵；
2. 熟悉标准体系的研究方法；
3. 熟悉标准体系表的结构特点；
4. 掌握标准体系表的编制技术。

【核心概念】 标准体系；标准体系表；结构；编制

第一节　标准体系的基础知识

标准体系是与实现某一特定的标准化目的有关的标准，按其内在联系，根据一些要求所形成的科学的有机整体。它是有关标准分级和标准属性的总体，反映了标准之间相互连接、相互依存、相互制约的内在联系。

一、标准体系的基本内涵

《标准体系表编制原则和要求》（GB/T 13016－2009）对标准体系的定义是："一定范围内的标准按其内在联系形成的科学的有机整体。""一定范围"是指标准所覆盖的范围，可以指国际、区域、国家、行业、地区范围，也可以指产品、项目、技术、事务范围。"内在联系"包括3种联系形式：一是系统联系，也就是各分系统之间及分系统与子系统之间存在着相互依赖又相互制约的联系；二是上下层次联系，即共性与个性的联系；三是左右之间的联系，即相互统一协调、衔接配套的联系。"有机整体"是指标准体系是一个整体，标准体系内各项标准之间具有有机的内在联系。"科学的有机整体"是指为实现某一特定目的而形成的整体，它不是简单的叠加，而是根据标准的基本要素和内在联系所组成的，具有一定集合程度和水平的整体结构。

标准体系是一定时期整个国民经济体制、经济结构、科技水平、资源条件、生产社会化程度的综合反映。它体现了人们对客观规律的认识，又反映了人们的意志与愿望，是一个人造系统。标准体系可以按照不同范围划分为国家、行业、专业、门类、企业等不同层次的标准体系，也可以按照不同的具体对象划分为不同产品的标准体系。

标准体系是标准化工程的基本要素，具有管理工程的所有基本特性，如目的性、协调性、相关性、层次性以及成套性等。我国的标准体系以国家标准为基础，行业标准与地方标准为补充，企业标准为主体的标准体系。行业是生产同类产品或提供同类服务的经济活动基本单位的集合，与实现某个行业的标准化目的有关的标准，可以形成该行业的标准体系。企业内的标准按其内在联系形成的科学有机整体就是企业标准体系。某个企业组织的标准体系应该受该企业组织所在国家、行业及专业标准体系的制约，但它可以直接采用相关的国际标准与国外先进标准。因此，企业标准体系的水平应提倡高于国家、行业或专业标准体系的水平。

建立标准体系的主要作用在于：一是可以直观地描绘出一定范围内的标准化活动的发展蓝图；二是能够系统反映全局，有利于明确工作重点、发展方向；三是有利于标准体系的管理方结合实际进行对照，从发展的战略高度明确方向、寻找不足；四是有利于编制标准制定（修订）计划，加快标准的制定（修订）速度，提高工作的系统性。

二、标准体系的主要特征

标准体系是一个由标准组成的系统，具有系统的一切特征。

（一）目的性

每个确定的标准体系都是围绕着一个特定的标准化目的而形成的。如企业的标准体系就是围绕着提高产品质量，提高企业经济效益这个总目的而建立起来的。标准体系的目的决定了由哪些标准来构成体系，以及体系范围的大小，而且还决定了组成该体系的各标准以何种方式发生联系。标准体系实质上是标准的逻辑组合，是为使标准化对象具备一定的功能和特征而进行的组合。从这个层面上讲，体系内各个标准都是为了一个共同的功能形成的，而非各子系统功能的简单叠加。

建立标准体系有其自身的目标或特定功能，如促进体系所在领域的标准组成科学完整，促进达到最佳秩序和获得最佳效益，同时也便于管理方编制标准制定（修订）计划时使用。

（二）整体性

整体性是构建标准体系的一个主要出发点。标准体系是由两个以上的可以相互区别的单元有机地结合起来完成某一功能的综合体，随着现代社会的发展，标准体系的集合性日益明显，任何一个孤立标准几乎很难独自发挥效应。标准体系是由一整套相互联系、相互制约的标准组合而成的有机整体，具有整体性功能。在一个标准体系中，标准的效应除了直接产生于各个标准自身之外，还需要从构成该标准体系的标准集合之间的相互作用中得到。在这个整体中的每一个标准都起着别的标准所不能替代的作用，因而体系中的每个标准都是不可缺少的。构成标准体系的各标准，并不是独立的要素，标准之间相互联系、相互作用、相互约束、相互补充，从而构成一个完整统一体。即标准体系组成的完整性、一体性和均衡性，如在功能配置、数量分布、总体发展等各个方面，都应保持平衡。

（三）协调性

标准体系内各单元相互联系而又相互作用，相互制约而又相互依赖，它们之间任何一个发生变化，其他有关单元都要作相应的调整和改变。协调性是指标准体系内的标准在相关的内容方面互相衔接和互为条件的协调发展。为保证标准体系的有效性，这就要求体系的可分解性。标准在大多数情况下只是某一技术水准、管理水平和经验的反映，具有一定的先进性。对于标准体系的维护，除了标准个体的维护之外，还需要从系统的角度出发，以保证体系内标准之间的协调一致。

（四）动态性

标准体系存在于一定的经济体制和社会政治环境之中，它必然要受经济体制和社会政治环境的影响、制约，因此，它必须适应其周围的经济体制和社会政治环境。随着科技的进步、人类对自然界认识的加深、经验的不断积累，标准体系内的标准会得到修订、补充。因此，标准体系是一个随时间的推移而变化、发展和更新的动态系统，为了达到标准体系的目标性，标准体系应具备环境适应性，标准体系应与所在的国际、国内的社会、经济、生产等环境相适应。随着各方面情况的发展，标准对象的变化、技术或者管理水平的提升都要求制定或修订相关标准，这就要求对标准进行可持续的维护，包括修改、修订、废止等操作。

三、标准体系的实务研究

以典型的养老服务机构为蓝本，广泛调研各级养老服务机构，通过综合运用系统性方法、典型案例分析、比较分析等研究方法，以养老服务机构的服务标准化体系建设为主要研究对象，对养老服务机构的服务标准体系建设进行比较全面和深入的研究。

（一）选择标准体系的研究方法

1. 实地调查法

通过前往省、市、县的养老服务机构，以及已建和在建服务标准体系的养老服务机构进行调研访谈、深入考察，并召开研讨会、座谈会，掌握大量翔实的第一手资料。

2. 文献研究法

利用网络、媒体、图书等多种途径获取丰富的文献资料，掌握和了解理论界、学术界和实际工作者关于养老服务机构的重要研究进展及成果。

3. 比较分析法

以一个省的省、市、县的养老服务机构为主要考察对象，把养老服务机构标准化研究置于全国及国际的视野，进行比较研究。

4. 试点示范法

通过调查研究、文献研究、分析比较等，将养老服务与标准化理论相结合，运用于具体的养老服务机构，量身打造养老服务标准体系，再将所获得的宝贵经验和成果进行归纳总结，制定标准，示范实施，持续改进。

（二）明确标准体系的基本形式

标准体系中的标准应按照一定的结构进行逻辑组合。合理的标准体系结构要求具备合理的标准层次、时间序列和数量比例。由于标准化对象的复杂性，体系内不同的标准子体系的逻辑结构可能体现出不同的表现形式，主要有层次结构和序列结构两种。

标准体系的直观表现形式就是标准体系表，即由标准体系中的相关标准按照一定形式排列起来的框架图。标准体系框架是标准体系的表现形式，主要是在对现有各层次标准进行系统梳理的基础上，确定分类依据，形成条理明确和层次清晰的标准明细表，以方便系统了解。

不管采用哪种途径去建立标准体系，关键是要重视标准结构的优化和标准之间的协调。所谓优化，即通过构建合理、适用的标准体系，发挥系统论中"1+1>2"的系统优势，不但能够对性质、功能各异的标准进行有机组合，切实指导行业建设，还能够为确定未来相关标准的发展趋向，为行业发展提供坚实的规范基础。经过不断优化后的标准体系，可以提高和改进体系功能，发挥比较稳定的功能，从而产生较好的系统效应。所谓协调，是指标准体系内的各功能模块配合得当、各司其职；标准体系内的所有现行标准，互相联系、互相衔接、互相补充、互相制约，不存在交叉、重叠、矛盾、不配套等现象，也不存在"父子"同级、层次体系界限不清等现象。

总之，标准体系是一个开放的系统，要根据客观需要和实际情况不断地调整、修改、补充和完善。

（三）确定标准体系的研究逻辑

运用"理论共性→现实典型个性→普遍共性"的研究逻辑，从服务管理的基本理论，到养老服务机构的建设现状和发展趋势的个性，从服务标准化的基本共性理论，到养老服务标准化的特色个性，从普遍的养老服务机构的建设，到具体的个案的建设。在此基础上，将基础的标准化理论运用于具体的养老服务机构的标准体系建设，实施、检查、持续改进、验证。归纳总结具有普遍适用性意义的理论与实践成果，研究制定《养老服务业标准化体系建设指南》，指导养老服务业的标准化体系建设。

第二节　标准体系表及其编制

标准体系一般通过标准体系表来表示。标准体系表是一定范围的标准体系内的标准按其内在联系排列的图表。标准体系表用以表达标准体系的构思、设想、整体规划，是表达标准体系概念的模型。标准体系表由标准体系结构图、标准明细表、标准统计表和编制说明等构成。

一、标准体系表的含义

（一）标准体系表的定义

《标准体系表编制原则和要求》（GB/T 13016－2009）对标准体系表的定义是："一定范围的标准体系内的标准按一定形式排列起来的图表。"也就是与实现某一特定的标准化目的有关的标准按其内在联系形成一个科学的有机整体，把该标准体系内的标准按一定规则和形式排列的图表，就是标准体系表，它是标准体系的表述形式。可见，标准体系表是用图表的形式把一个国家、一个行业或一个企业已有及应有的各种标准，按照标准的类别、性质、适用范围以及标准之间的内在关系，按一定的结构形式排列起来。通过标准体系表，可以清楚地看出国家标准、行业标准或企业标准的全貌，以指导标准制定（修订）计划的编制，为开展标准化活动提供总体蓝图。

综合标准体系表应重点突出行业、专业间的配套标准。凡已纳入本产品、过程、服务所属的行业、专业标准体系表内的通用标准，可不再标出或从简标出。行业、专业标准体系表应全面成套，是行业、专业范围内标准体系表的主体，两者纵横配合，组成整体。为了使不同的综合标准体系表对同一类配套标准的不同要求之间取得协调和既满足于用户需要又有利于生产，应将综合标准体系表对有关行业、专业提出的配套标准，协调和纳入有关行业、专业标准体系表内。综合标准化工作的基本原则和方法见《综合标准化工作指南》（GB/T 12366）。

企业标准体系以技术标准为主体，还应包括管理标准和工作标准。企业标准体系应贯彻和采用上层国家或行业基础标准，在上层基础标准的指导下，制定本企业的企业标准。企业标准应在上级标准化法规和本企业的方针目标及各种相关国际、国家法律和法规指导下形成。企业标准体系表指企业标准体系内的标准按一定形式排列起来的图表。企业标准体系是用标准体系表来表达的，它不仅反映企业范围内所有组成企业标准体系的标准全貌，各个单项标准之间的联系，而且还反映出整个企业标准体系的层次结构，各类标准的数量构成；不仅能分析企业标准体系当前的结构状态，而且是确定结构优化方案的重要方法。企业标准体系表是促进企业的标准组成实现科学、完整、合理、有序的重要手段，它是表述企业现有的标准和规划标准的总体蓝图，也是促进企业产品开发创新、优化经营管理、加速技术改造和提高经济效益及实现企业科学管理的标准化指导文件。企业标准体系编制的具体要求见《企业标准体系表编制指南》（GB/T 13017）。

（二）标准体系表的作用

标准体系表是编制标准制定（修订）规划和计划的依据之一，是一定范围内包括现有、应有和预计制定标准的蓝图，它将随着科学技术的发展而不断更新和充实。编制标准体系表是标准化工作的一项重要基础性工作。研究和编制标准体系表是系统科学在标准化工作中的一种应用。对一定范围内的标准内涵和构成进行系统的分析研究后，找出最科学合理的安排，并且以一目了然的图表形式表示出来，就形成了标准体系表。

1. 构建标准化活动的发展蓝图

标准体系表反映了某一行业、专业范围内整体标准体系的状况，从中可以了解标准水平的现状，从而进一步预测某一行业、专业的标准化活动未来，明确努力的方向和工作的重点。

2. 有助于推进科研和生产工作

标准体系表中的国内外有关标准，一目了然，生产和科研人员在产品生产与设计时，可直接参照和采用，既可做到有的放矢地抓好标准化工作的主攻方向，明确工作安排的轻重缓急，又可减少重复劳动，节省人力、物力、财力。

3. 为采标工作提供全面的信息

标准体系表是对相应专业范围内国际和国外标准的现有组成、标准内容、特点和技术水平等进行系统全面的查阅、研究和分析后制定出来的，从中可了解到国外标准的先进性和国内标准的不足之处，为有针对性地采用国际先进标准提供了有利条件。

4. 有利于推动标准化现代建设

标准体系表反映了某一国家、行业、企业标准的全貌，有利于加速标准的制定和修订工作，改造、健全现有的标准体系，使之更加科学化、系列化、规范化。

二、标准体系表的结构

标准体系表的结构是标准体系同有的内在联系的形象表示。标准体系同别的系统一样，其内部结构是一个空间结构，具有纵向的层次关系和横向的门类关系，同时还具有时间上的程序关系。标准体系内部标准应按照一定的结构进行逻辑组合，而不是杂乱无序的堆积。由于标准化对象的复杂性，体系内不同的标准子系统的逻辑结构可能体现出不同的表现形式。作为该体系描述的标准体系表，其结构也具有以下 3 种关系。

（一）层次结构

全国标准体系表由若干个行业标准体系表组成，某个行业标准体系表又由若干个专业标准体系表组成。行业、专业标准体系表一般由一个总层次结构方框图和若干个与各方框相对应的标准明细表组成。企业标准体系表是国家、行业、专业标准体系的落脚点，国家标准、行业标准都要在企业标准体系表中得到贯彻，这样就组成了一个全国标准体系表的层次结构图。

层次结构是表达标准化对象内部上级与下级、共性与个性等关系的良好的表达形式。整个标准体系表分为若干层，位于各层的标准，从上至下，标准的共性逐渐减少而个性则逐渐增大。位于上一层的标准对下一层的标准起着指导和制约的作用；位于下一层的标准则对上一层的标准起着补充和具体化的作用。层次结构类似树结构，父节点层次所在的标准相较子节点层次的标准，更能够反映标准化对象的抽象性和共性，反之，子节点层次的标准能更多地反映事物的具体性和个性。层级深度如何，也体现了对标准化对象的管理精度。标准层次结构的完备性，标志着标准体系的灵活与弹性，是标准体系适应现实多样性的一个重要方面。这种层次关系，从本质上来说，反映了标准化对象之间本来就存在的共性与个性、抽象与具体、统一与变异的辩证关系。不同层次的标准互相制约、互相补充，构成一个有机整体。

企业标准体系可形成如下层次结构：第一层为综合性基础标准，它包括全企业通用的基础标准，企业标准化管理规定、企业方针目标、标准化法规及各种相关法规，它是指导性标准，企业所有标准都要在这一层标准指导下形成；第二层为技术标准和管理标准，它们是涉及企业生产、技术、经营管理和考核等方面的具体标准，包括国家标准、行业标准和企业自行制定的标准，管理标准是实施技术标准的保证；第三层为工作标准，工作标准是技术标准和管理标准在某部门或某岗位的具体落实和体现，是技术标准和管理标准共同指导的下一层标准，它表明技术标准、管理标准是通过人的工作标准去实现的。这种结构图比较直观地将三类标准之间的关系表示出来。

（二）门类结构

门类结构是指标准体系表中位于同一层次上的标准，又按照它们所反映的标准化对象的属性，分成若干门类。位于同一层次的各门类之间的标准，其关系不是指导和遵从、共性和个性的关系，而是相互联系、相互影响、相互协调的关系。各门类的标准彼此都向对方提出一定的要求，且又以一定的方式各自满足对方的要求，从而达到各门类标准之间的协调。例如产品可分成若干组件；组件分成若干部件；部件分成若干零件；零件还可分成若干元素。按照这种门类关系将标准结合起来，就构成了该产品的标准体系表。

（三）序列结构

虽然层次结构有以上优点，但层次结构因内容全面完整、篇幅较大，不便于专项或局部管理。因此，也可采用产品、过程、作业、管理或服务为中心的序列结构，以表示出某一专项或局部范围内的标准配套情况和要求，可以突出重点，不必面面俱到。序列结构体系表是将系统的全过程按顺序排列起来的图表。这种结构强调以产品标准为中心，由若干个相应的方框与标准明细表组成，这种结构主要适用于局部管理。各标准按照过程的内在联系和顺序关系进行结合，体现了标准化对象在活动流程中的时间性，例如老年人档案数据库的设计过程、档案数据库应用系统的开发都有比较严格的流程控制，它们都是由若干阶段前后相继完成的，前一阶段的标准是后续阶段标准得以实施的前提，如档案数据库设计过程中需求标准与逻辑设计规范之间就是线性结构。

三、标准体系表的编制

（一）编制原则

标准体系表由标准体系结构图、标准明细表、汇总表及必要的文字说明构成。《标准体系表编制原则和要求》（GB/T 13016－2009）提出了编制标准体系表要遵循的原则。

1. 目标明确

标准体系表的编制，应首先明确建立标准体系的目标。不同的目标，可以编制出不同的标准体系表。编制标准体系表可以促进一定标准化工作范围内的标准组成达到科学合理。建立标准体系要有明确目标，企业围绕质量而建立的标准体系，目的是改进企业的质量管理；围绕信息化建设而建立的标准体系，目的是实现数据共享、应用系统集成等目标。

2. 全面成套

应按照标准体系的总功能和总目的，预计到当前的经济、科学、技术及其管理中需要协调统一的各种事物和概念，将所有有关的标准全部列入标准体系表，力求在一定范围内的应有标准全面成套，包括已有的和待制定的标准，也包括从别的标准体系中移过来的标准。标准体系表应同时包括编制说明，其内容一般应包括：编制体系表的依据及要达到的目的；国内外标准概况；结合统计表分析现有标准与国际的差距和薄弱环节，明确今后的主攻方向；专业划分依据和划分情况；与其他体系交叉情况和处理意见；需要其他体系协调配套的意见。

一要完整。应涵盖企业的技术标准、管理标准和工作标准和企业应遵守的法律、法规，不能缺少其中任何一项。企业的技术标准体系、管理标准体系和工作标准体系都应该建立起来，一项都不能少。三大标准体系的构成要素（即各项子体系）的完整性应根据企业的行业特点以及要达到不同的标准化良好行为级别来确定。

二要齐全。围绕着市场拓展、产品开发的需要，相关的技术标准应齐全，与实施技术标准相关的管理标准应配套齐全。同样，在执行技术标准和管理标准时，相应岗位的工作标准也应齐全。做到产品实现全过程中说话有依据，办事按程序，工作照章法。

三要有效。纳入企业标准体系的标准应现行有效。有的标准多年不复评、不换版，企业执行着水平不高、有效性不足的“标准”，对企业的生产经营没有促进作用。因此，纳入标准体系的标准一定要现行有效。

3. 层次适当

列入标准明细表内的每一项标准都应安排在恰当的层次上。从一定范围内的若干个标准中提取共性特征并制定成共性标准，然后将此共性标准安排在标准体系内的被提取的若干个标准之上，这种提取出来的共性标准构成标准体系中的一个层次。基础标准宜安排在较高层次上，即扩大其通用范围以利于一定范围内的统一。应注意同一标准不要同时列入两个以上体系或子体系内，以避免同一标准由两个或以上部门重复制定（修订）。

根据标准的适用范围，恰当地将标准安排在不同的层次上，一般应尽量扩大标准的适用范围，或尽量安排在高层次上，即应在大范围内协调统一的标准，不应在数个小范围内各自制定，以达到体系组成尽量合理简化。标准体系中的标准，上下、左右关系要理顺。上下是从属关系，下层标准要服从上层标准。因此，应将共性大的标准安排在较上的层次，将共性较小的标准安排在较低的层次。总之，标准所处的层次应同其共性大小相适应。

4. 划分清晰

标准体系表内的子体系或类别的划分，主要应按行业、专业或门类等标准化活动性质的同一性，而不宜按行政机构的管辖范围而划分。标准体系表内不同的行业、专业、门类或不同的子系统间的划分，主要应按社会经济活动性质划分，而不是按目前行政系统归属进行划分。同一标准不能同时列入两个以上体系或分体系内，以避免同一标准由两个以上单位同时重复制定。要按标准的特征划分，而不是按产品或服务的特点划分，以免把标准体系表编成产品或服务的分类表。位于同一层次上的标准，应按照标准的功能或按照经济活动的同一性来划分门类，而不是按照行政系统来划分门类，应避免反映同一标准化对象的标准划在几个不同的门类里。为了表示一个门类的标准与其他门类标准的协调配套关系，可将引用的别的门类标准列为本门类的相关标准，并注明其所属门类或子体系。

5. 科学先进

标准体系表中已有的标准均应是现行有效的标准，采用国际标准和国外先进标准的或严于上级标准的标准数量较多，制定的标准项目符合客观发展需要，能起到指导标准化工作的作用。企业标准体系表中的已有标准均应现行有效，没有过期废止的各类、各级标准。标准体系中的标准应能有效地促进企业生产技术和管理水平提高，所有标准符合企业生产经营发展规划与计划，如有关国家标准或行业标准滞后于企业生产经营和技术水平时，则应制定替换为企业标准，从而使标准体系内的标准真正起到指导企业标准化工作的作用。

6. 适用有效

标准体系表的表现形式应简便明了、通俗易懂，既不深奥，也不繁杂；不仅要标准化专业人员理解掌握，而且能使有关管理人员也能看懂应用。标准体系表能反映行业、专业或企业的客观实际情况，同时行之有效，即付诸实施后能产生较明显的标准化经济效益。

企业标准体系表应符合企业实际情况，具有本企业特点，同时行之有效，能获取较明显的标准化效益。由于历史的原因，我国现行的标准大多是生产型标准，由上级主管部门制定批准，企业遵照执行，很少考虑消费者和顾客的需求；技术指标定得很细很全，缺乏必要的自由度和应变能力，很难适应目前国内外市场变化的需求。特别是近年来，环保节能的呼声不断高涨，标准更新的速度在加快，国内一些标准制定和修订工作严重滞后，部分标准已不适应企业市场发展的需求。对此，企业应根据市场反馈，适时制定符合市场需求的企业标准，使标准更加科学、合理、适用。

（二）编制技术

在制定标准体系表时，通常遵循以下几个步骤和方法。

1. 深入调查与分析

在制定标准体系表之前，需要对体系表所反映的相应的标准化对象进行系统调查分析，了解系统的目的，熟悉系统内的要素、环节、过程及相互关系，了解体系内已有标准的情况和完善程度。

2. 确定总体结构图

在分析的基础上确定体系表的结构形式，并绘出总体结构图。总体结构图是体系表的框架，它以粗线条的方式反映了体系内标准的分类、层次安排和门类划分。

3. 编制标准体系表

依据体系表总体结构图确定的标准分类、层次安排和结构形式，绘制出各分体系表。在各分体系表的基础上，由专人负责汇总绘制出标准体系总表的草案，分别编写出各层次或各序列标准的明细表，最后填写标准统计汇总表。

4. 征求意见并报批

标准体系表草案编制完成后，应广泛征求意见，然后组织专门会议讨论、审查、修改、补充，在此基础上整理出报批稿，报主管部门审批、发布。

第五章　养老服务业标准化

【基本要求】通过本章的学习，您应能够：

1. 熟悉养老服务业标准化建设的内容；
2. 掌握养老服务业标准化的编制技术；
3. 熟悉养老服务业标准化建设的对策。

【核心概念】民政标准化；养老服务业标准化；对策

随着科学技术突飞猛进和社会管理、公共服务的日益现代化、科学化，标准化工作领域也正由农业、工业、信息、能源、交通等领域向社会管理、公共服务领域延伸。在推进社会福利事业发展过程中，既需要建立和完善相应的法律法规体系，也需要建立和完善相应的标准体系。社会福利机构属于社会管理和公共服务范围，标准化是规范养老服务业服务管理的重要手段。随着养老服务业不断走向社会化、市场化和国际化，将会有越来越多民营企业、民间资本和国外机构、国外资本进入社会养老服务业。在市场经济和《中华人民共和国行政许可法》实施条件下，可以通过标准（如机构开业资质、设施建设标准、服务管理规范、服务质量评价标准、从业人员专业资质、岗位设置标准等），通过质量认证认可制度、检验检测制度、星级评定制度对养老服务业进行管理和规范。

开展标准化建设工作对推进我国养老服务各项标准、促进行业监管和养老机构规范有序发展具有重大意义和作用，现阶段养老服务业标准化建设工作存在一些问题和困难，需要进一步细化各项政策措施时予以考虑。据统计，到2013年年底，我国60周岁以上的老年人口总数已经超过2亿。目前我国是世界上唯一老年人过亿的国家，老年人口规模大、老龄化速度快、老龄化程度不均衡。人口老龄化带来了巨大的养老服务需求，对养老服务业规范的标准化建设要求也随之提高。

第一节　养老服务业标准化建设概述

法律法规和政策主要从宏观方面对带有原则性、制度性、框架性、机制性的问题进行规范，但难以对微观性、技术性、定量性的问题进行具体规定，而标准可以在法律法规的框架内，针对具体的管理、服务与技术内容进行规定。标准是监督管理者的工具和尺度，对被管理监督者则是约束或者是活动空间。设定标准是对一项事务依法进行管理、监督的前提。养老服务与管理要纳入法制化轨道，必须推进养老服务业标准化建设，确立和完善养老服务业标准体系，使之成为普遍遵守的规范和制度，贯彻实施这一标准体系，使我国养老服务与管理工作都有明确的标准可参照，管理者依标准行政，也将使养老服务机构与服务对象之间的纠纷有了解决的准绳。

法制化和标准化是养老服务业发展的两个引擎，两者相互补充又相互促进。标准是法律法规的基础、延伸和补充。法律法规较为原则、抽象，定性要求多。标准较为具体，定量要求多。法制化关注养老服务的权利义务以及实现权利义务的程序；标准化通过一系列的标准进行规范性运作，致力于提高养老服务业的管理水平和产品（服务）质量。法制化是标准化的保证，没有法制标准就无法落到实处；标准化是法制化的细化，没有标准，法律规定的权利义务也难以顺利实现。可以说，法律是宏观的标准，标准是微观的法律。制定标准时应严格遵守、执行相关的法律、法规、政策，我国的强制性标准相当于技术法规，具有法律效力。从实践层面看，我国养老服务业标准化晚于法制化，但是目前，法制化和标准化的进程相互交织，而且远远没有完成。因此，我国养老服务业面临法制化和标准化的双重任务。在法制化方面，要着力提高法制化的水平和层次，尤其要重视程序规范的制定。在制定程序规范时，需要注意“程序不等于程序公正”，浸透着公正理念的程序才能实现程序公正。

标准化是现代化社会服务和管理的重要手段和必要条件，是维护服务对象权益、提升管理水平与服务质量的重要技术手段。养老服务属于基本民生领域的社会事务，涉及学科多，影响范围大，服务对象广，开展活动多，养老服务业标准化建设是养老服务业发展的内在要求，也是建设社会养老服务体系的重要技术支撑。开展养老服务业标准体系研究，建立科学合理的养老服务业标准体系，全面梳理规范养老服务业发展所需要的标准制定（修订）项目，是推进行业标准化建设的基础性工作和必要前提。

一、养老服务业标准化的现状分析

当前，我国社会正处于快速老龄化时期。截至2013年年底，全国60周岁及以上老年人口2.02亿人，占总人口的14.9%，其中65周岁及以上人口1.31亿人，占总人口的9.7%。预计2020年将达到2.43亿，2025年将突破3亿。人口老龄化速度快，高龄化、失能化和空巢化特点突出，公众对养老服务的需求迫切。而目前，全国共有老龄事业单位2571个，各类养老服务机构4.24万个，拥有床位493.7万张，比上年增长18.9%（每千名老年人拥有养老床位24.4张），其中社区留宿和日间照料床位64.1万张。养老服务服务需求与服务供给不足的矛盾日益凸显。“十二五”期间，国家高度重视养老服务业发展和社会养老服务体系建设，对养老服务业标准化建设提出了新要求。《中华人民共和国老年人权益保障法》要求，“国务院有关部门制定养老服务设施建设、养老服务质量和养老服务职业等标准，建立健全养老机构分类管理和养老服务评估制度。”《国务院关于加快发展养老服务业的若干意见》（国发〔2013〕35号）提出，“健全市场规范和行业标准，确保养老服务和产品质量，营造安全、便利、诚信的消费环境”。《社会养老服务体系建设规划（2011—2015年）》（国办发〔2011〕60号）指出，“制定和完善居家养老、社区养老服务和机构养老服务的相关标准，建立相应的认证体系，大力推动养老服务标准化，促进养老服务示范活动深入开展。建立养老机构等级评定制度。建立老年人入院评估、养老服务需求评估等评估制度。”为推动养老服务业标准化建设，促进养老服务业科学健康发展，提高国家基本公共服务水平，应依据《国家基本公共服务体系“十二五”规划》《社会养老服务体系建设规划（2011—2015年）》《中国老龄事业发展“十二五”规划》和《全国民政标准化“十二五”发展规划》及相关标准化政策法规，推进养老服务业标准化建设。养老服务业标准化建设是养老服务业法律体系中不可或缺的部分，也是对养老服务业依法进行管理、监督的前提。养老服务业标准化体系建设的意义在于用科学化的标准指导和管理养老服务业，保障养老服务质量，保证依法行政，保护消费者的合法利益。

（一）养老服务业标准化建设的内涵

养老服务业标准是以养老服务业为对象的标准，是养老服务业标准化专业部门对养老服务概念、社会养老服务与产品、方法和活动等作出的在确定范围内共同遵守的规范性文件。养老服务业标准的对象是养老服务业“重复的事物和概念”，养老服务业标准的实质是养老服务业的“统一规定”，养老服务业标准的基础是现代社会“科学技术和实践经验的综合成果”，养老服务业标准的原则是在养老服务业管理、科研、教学、宣传、生产、销售、使用、服务等过程中“经有关方面协商一致”，养老服务业标准的权威是由标准化“主管机构批准”，养老服务业标准的确立是“以特定形式发布”，养老服务业标准的用途是在养老服务业乃至全社会“作为共同遵守的准则和依据”。

养老服务业标准化管理，就是在服务实践和服务管理活动中，通过对养老服务业的具体事物、工作环节、构成要素、状态等方面明确提出定量化和定性化的实施标准，引导和控制养老服务机构的管理目标、行为标向、服务质量、设施效用和服务社会方式等统一于所限定的约束范围和应遵循的规范准则之中，使之定向地向获最佳的运行状态、工作效率和社会服务效益的良性转化的过程。养老服务业标准化管理的含义，蕴含了5个内容：一是养老服务业标准化管理的核心内容是标准，通过制定和实施具体的标准而构成养老服务业管理的标准化体系。二是养老服务业标准是现代化科学、技术、管理等社会实践和工作实践的综合成果。三是养老服务业标准化的出发点和归宿点，是获得最佳服务秩序、工作效率、服务质量和社会效益。四是养老服务业标准化管理是一个实践过程，其效果只有当标准实施以后才能体现出来。五是养老服务业标准化是一个概括性范畴，它呈现为标准的制定、实施、反馈、修订、完善的运动态势，在深度和广度上是没有止境的。总之，养老服务业标准化管理是一个由非标准—标准—非标准—标准的不断循环相互转化而呈螺旋式上升的动态过程，每完成一个循环，标准化的水平就提高一步。

（二）养老服务业标准化建设的意义

1. 规范养老服务行为

养老服务业标准以科学、技术和经验的综合成果为基础，是养老服务活动中各种标准、协议、技术规范、规范性文件、法律法规等的集合，是政府为公众提供公共服务项目之一，直接关系到老人健康和生命财产安全，是特殊的社会福利服务产品。标准作为现代化管理的有效手段，可以在养老服务的范围内获得最佳秩序，作为衡量养老服务行业服务产品技术水平和管理水平的尺子。

2. 提高养老服务质量

标准化管理已经在现代化服务产品的服务提供、服务管理等活动中成为养老服务业现代化管理的重要组成部分和技术基础。标准化管理是组织现代化养老服务社会化、专业化管理的必要条件，通过标准化管理的手段建立“一套规则”即标准来规制养老服务，有利于加快和提高这项公共服务的效率和经济效益，成为稳定和提高养老服务产品质量的重要保证，从而保障养老服务安全，促进建立完善信息系统、充分利用信息技术，实现养老服务业的技术进步。

3. 完善养老服务管理

推行养老服务标准化是完善社会福利服务体系的重要内容，是规范养老服务行为、提高服务质量的重要手段，也是使养老服务机构健康有序发展的必要保障。一些地方通过制定养老服务业服务质量标准体系，规定了养老服务机构的设施设备、服务项目、服务流程、服务质量指标、服务人员资质、管理制度等多项标准，其中有些标准是强制性标准。这些标准的制定，使养老机构知道应为服务对象提供什么服务、如何提供服务、服务到什么程度，同时也为入住机构的老年人提供了维护自己合法权益的依据。

经过几年的标准化工作实践，一些地方养老服务业逐步实现规范化、标准化，服务质量得到整体提升，服务纠纷明显下降。养老服务业标准化管理水平成为衡量一个服务机构技术水平和管理水平的尺度，是养老机构实现现代化、科学化、专业化管理的重要标志，也是带动社区居家养老服务拓展的催化剂。

（三）养老服务业标准化建设的现状

1. 养老服务业标准化工作机制基本建立

民政部于 2007 年 12 月下发了《关于在民政行业推行国家职业资格证

书制度开展职业技能鉴定工作的通知》，为规范从业人员资质、实行持证上岗提供了依据，并进入规模化的培训与鉴定阶段。2009 年 4 月组建了由政府主管部门、企事业单位、社会组织、科研教育机构及其他组织代表组成的全国社会福利服务标准化技术委员会（SAC/TC 315），负责社会福利服务领域的标准化技术归口管理工作，养老服务业标准化工作机制基本建立。全国社会福利服务标准化技术委员会先后组织了“老年社会福利机构分类研究”“老年社会福利机构安全卫生通用要求”“老年人社会福利机构设施设备配置要求”等研究项目，有力促进了养老服务业标准化建设工作发展。全国社会福利服务标准化技术委员会研究编制了“养老服务标准化规划”和“养老服务业标准体系研究”，为编制养老服务标准年度制定（修订）计划与相关标准研制提供了重要依据。一系列标准的发布实施，为规范养老服务业发展、满足社会需求，提供了重要依据，同时也为政府进行有效的市场监管提供了依据。此外，住房和城乡建设部、全国服务标准化技术委员会（SAC/TC 264）、全国残疾人康复和专用设备标准化技术委员会（SAC/TC 148）也在一定程度上参与了养老服务业标准化研究、养老服务业标准制定（修订）与归口管理工作，为促进我国养老服务业标准化发展提供了基础与借鉴。

2. 一批养老服务业规范性文件发布实施

随着各行业贯彻管理体系国际标准进程的加快，养老服务业在服务质量、环境保护、健康安全等方面进行了积极的探索，一些先进的养老服务机构积极实施国际标准体系认证（主要是 ISO 9000 质量管理体系标准、ISO 14000 环境管理体系标准和 OHSAS 18000 职业健康安全管理体系标准），个别的开始实行以整理、整顿、清扫、清洁和修身为主要内容的“5S”管理或进行流程再造，有效地加强了养老服务业的科学管理，促进了养老服务业的可持续发展。2002 年，原劳动和社会保障部在职业分类的基础上，根据养老服务护理员的活动内容与职业特点，发布实施了《养老护理员国家职业标准（试行）》，规定了养老护理员的工作内容、技能要求和知识水平。2011 年，人力资源和社会保障部组织针对该标准进行了重新修订并发布实施。民政部组织编制，经住房和城乡建设部、国家发展和改革委批准的《社区老年人日间照料中心建设标准》（建标 143－2010）、《老年养护院建设标准》（建标 144－2010）两项养老服务业建筑标准发布实施，明确了针对社区老年人日间照料中心和老年养护院的建设要求，这为其他养老服务设施建设提供了基本依据，也为社会力量参与养老服务体系建设明确了最基本的设施建设条件。我国在养老服务领域的标准研制始于民政领域开展的标准体系研究与实践。目前，在养老服务业领域，我国已发布国家标准2项，正在制定的国家标准7项；已发布的行业标准3项，正在制定的行业标准1项。（见表5－1）同时据不完全统计，已发布地方标准16项。（见表5－2）这些标准的制定与实施，对于规范养老服务交付、提高养老服务质量发挥了促进作用。随着养老服务业标准化建设工作的逐步开展，全国各地都在养老服务业标准宣传贯彻和实施方面认真落实。北京市、江苏省、安徽省等省市已先后开展多项养老服务业领域国家级服务业标准化试点建设。黑龙江在全省范围开展了养老机构等级达标活动；天津、上海大力推进养老服务标准建设；江苏加强养老服务设施建设，规范行业服务标准；宁波在推进城市居家养老服务规范化、标准化的基础上，积极开展城乡一体化居家养老服务试点。

3. 养老服务业标准化建设有待整体推进

一是养老服务业标准体系尚未建立。建立科学、合理的标准体系是有效开展标准化建设工作的重要基础。目前，养老服务业尚未建立统一、协调、科学的标准体系，标准化建设工作者难以从总体上把握养老服务业标准化建设工作的总体方向，难以有计划、有步骤地开展标准化建设工作。二是养老服务业标准结构不够合理。从分布领域来看，现有养老服务业标准主要集中于机构养老服务领域；就标准类型而言，现有标准以管理和技术标准为主，服务标准少；从标准层次来看，国家标准严重缺失。现有养老服务业标准布局不够均衡、结构不够科学、协调程度不高、质量有待提升。三是养老服务业重要标准严重缺失。就总量而言，我国已发布的养老服务业国家标准和行业标准极少，与养老服务业对于标准及标准化的巨大现实需求严重不符，无法适应养老服务业的快速发展。四是标准研究制定的质量普遍不高。目前，我国在养老服务业标准化基础理论和工作方法、重要领域国际标准跟踪、标准实施推广机制等方面缺乏系统深入的研究，无法满足养老服务业工作的现实需求，这已成为制约标准化建设工作开展的瓶颈。在目前我国发布实施的各级各类养老服务业标准中，总体存在着重硬件轻软件、重技术轻服务的问题，以我国《养老机构基本规范》关于膳食服务的要求和《日本养老服务评价标准》中的相关要求进行对比后不难发现，我国养老服务业标准内容不够详细，要求不够具体，可操作性不高，科学性有待进一步提高，同时与国家关于标准制定（修订）要求相差较远。五是标准技术组织与人才队伍匮乏。作为新兴标准化领域，养老服务业标准化建设工作具有业务领域众多、业务类型复杂的特点，现有的标准化技术组织和人才队伍难以有效支撑养老服务业标准化建设工作。《国务院关于加快发展养老服务业的若干意见》（国发〔2013〕35 号）对养老服务业标准化工作提出了明确要求：要在养老行业实现标准科学规范、监管机制更加完善、服务质量明显提高的发展新目标；并在城市养老服务设施、养老机构建设、养老服务消费市场建设等方面也提出了具体的要求。

总之，由于我国养老服务业标准化建设工作起步较晚，目前还存在着一些不容忽视的问题：养老服务业标准体系有待完善；标准强制性不足，实施效果有待提高；服务于管理核心标准研制有待加强；标准化技术组织与人才队伍比较匮乏；标准化建设与管理保障机制尚未健全。整体来说，养老服务业标准化建设与行业发展的需求还有一段距离，发展养老服务业和推进社会养老服务体系建设都对养老服务业标准化建设提出了新挑战。

表 5－1　我国养老服务业国家标准、行业标准汇总表（按标准号/计划号排序）

序号	标准号（计划号）	标准名称	标准性质	标准级别	状态	分布领域
1	GB/T 50340－2003	《老年人居住建筑设计标准》	推荐性	国家标准	已发布	支撑保障
2	GB/T 29353－2012	《养老机构基本规范》	推荐性	国家标准	已发布	服务管理
3	20076440－T－314	《养老机构服务标准体系要求、评价与改进》	推荐性	国家标准	制定中	服务管理
4	20076441－T－314	《养老机构服务标准体系》	推荐性	国家标准	制定中	服务管理
5	20076442－T－314	《养老机构等级划分与评定》	推荐性	国家标准	制定中	服务管理
6	20076443－T－314	《养老机构老年人健康评估服务规范》	推荐性	国家标准	制定中	服务管理

续表

序号	标准号（计划号）	标准名称	标准性质	标准级别	状态	分布领域
7	20076444－T－314	《养老机构医务室服务质量控制规范》	推荐性	国家标准	制定中	服务管理
8	20076445－T－314	《养老机构院内感染控制规范》	推荐性	国家标准	制定中	服务管理
9	20090119－T－314	《社区居家养服务基本规范》	推荐性	国家标准	制定中	服务管理
10	MZ 008－2001	《老年人社会福利机构基本规范》	强制性	行业标准	已发布	服务管理
11	MZ/T 032－2012	《养老机构安全管理》	推荐性	行业标准	已发布	服务管理
12	MZ/T 001－2013	《老年人能力评估》	推荐性	行业标准	已发布	基础通用
13	JGJ 122－1999	《老年人建筑设计规范》	强制性	行业标准	已发布	支撑保障
14	20120699－T－314	《养老机构分类与命名》	推荐性	国家标准	制定中	基础通用
15	MZ 2012－T－011	《养老机构设施设备配置》	推荐性	行业标准	制定中	支撑保障
16	建标 143－2010	《社区老年人日间照料中心建设标准》	推荐性	行业标准	已发布	支撑保障
17	建标 144－2010	《老年养护院建设标准》	推荐性	行业标准	已发布	支撑保障

表 5－2　我国养老服务业部分地方标准汇总表

序号	标准号	标准名称	发布地区	标准性质	状态	分布领域
1	DB11/T 148－2008	《养老机构服务质量规范》	北京市	推荐性	已发布	服务管理
2	DB11/T 149－2008	《养老机构院内感染控制规范》	北京市	推荐性	已发布	服务管理

续表

3	DB11/T 219－2004	《养老机构服务质量星级划分与评定》	北京市	推荐性	已发布	服务管理
4	DB11/T 220－2004	《养老机构医务室服务质量控制规范》	北京市	推荐性	已发布	服务管理
5	DB11/T 303－2005	《养老机构标准体系要求、评价与改进》	北京市	推荐性	已发布	服务管理
6	DB11/T 304－2005	《养老机构标准体系技术标准、管理标准和工作标准》	北京市	推荐性	已发布	服务管理
7	DB11/T 305－2005	《养老机构老年人健康评估服务规范》	北京市	推荐性	已发布	服务管理
8	DB13/T 1185－2010	《养老机构服务质量规范》	河北省	推荐性	已发布	服务管理
9	DB31/T 461－2009	《社区居家养老服务规范》	上海市	推荐性	已发布	服务管理
10	DB32/T 482－2001	《社区服务养老服务规范》	江苏省	推荐性	已发布	服务管理
11	DB32/T 1644－2010	《居家养老服务规范》	江苏省	推荐性	已发布	服务管理
12	DB3301/T－2008	《居家养老服务与管理规范》	杭州市	推荐性	已发布	服务管理
13	DB35/T 1104－2011	《社区居家养老服务规范》	福建省	推荐性	已发布	服务管理
14	DB37/T 1111－2008	《家政服务居家养老服务质量规范》	山东省	推荐性	已发布	服务管理
15	DB37/T 1598.1－2010	《家政培训服务规范　第1部分：居家养老》	山东省	推荐性	已发布	服务管理
16	DB41/T 595－2009	《养老护理员等级规定及服务规范》	河南省	推荐性	已发布	基础通用

二、养老服务业标准化的建设目标

（一）养老服务业标准化发展的特点

我国养老服务业经历了从法制化到标准化的进程。在养老服务业法制化的进程中，法制化的层次逐步提高。在养老服务业标准化进程中，标准化的组织机构、管理体制、标准的研究制定和修改废止等一系列制度安排取得了突破性进展。目前，法制化和标准化的进程相互交织，我国养老服务业面临法制化和标准化的双重任务。

1. 养老服务业标准化建设步伐加快

世界各国养老服务业国家标准数量较少，尚未成立专门的养老服务业标准化技术组织。我国养老服务业标准化建设工作起步较晚，随着全球老龄化时代的来临，对养老服务国际标准的呼声日益强烈。发达国家都在不断加强养老服务体系建设，养老服务业标准化也已成为国际标准化建设工作的重要领域之一。制定养老服务标准不是目的，通过标准的有效实施规范养老服务业健康有序发展、保护老年人权益是养老服务业标准化建设工作的出发点和落脚点。目前，澳大利亚、英国等国家在开展养老服务标准制定、实施工作的同时，已经依据标准广泛开展了养老机构的认证工作，以此来推动养老服务业发展。随着养老服务业标准化建设工作的深入开展，养老服务认证已成为养老服务业标准化建设工作的不可缺少的一部分。

2. 养老服务业标准的服务要素凸显

服务是无形的，具有区别于商品交换的特殊属性，因此服务标准与产品标准也有所区别。目前，国际现有的与养老服务相关的标准主要集中于技术、安全以及考虑老年人生活特殊需求等方面。随着服务标准化的不断发展，各国都已围绕养老服务提供者、设施设备、服务环境、服务人员、服务交付、沟通等方面逐渐开展了标准化研究与标准制定，服务要素在养老服务标准中的比重正在逐渐提升。

3. 养老服务业先进标准的互相采用

通过调研分析国际养老服务相关标准时可以发现，一些养老服务相关标准是由国际标准或国外先进标准转化为国家标准的。这种转化的范围目前主要集中在产品标准中，标准内容主要涉及的是技术层面的规定。随着服务标准化建设工作的深入开展，国际层面制定的养老服务标准已被许多国家所采用，同时一些国家制定先进的养老服务标准也已被其他国家所采用。

（二）养老服务业标准化的目标定位

通过深入分析研究养老服务领域国家标准和行业标准的现状、结构、布局、质量和协调性，明确养老服务业标准在国家服务业标准体系中的定位和范围。基本建立覆盖全面、重点突出、结构合理的养老服务业标准体系；形成养老服务业标准化建设工作机制；制定推进养老服务业标准化建设的目标、任务和实施步骤并有效推进；初步形成规范运转的养老服务业标准化建设的工作格局；标准研制、实施和监管整体水平实现跨越式提升；标准化试点示范项目和专业人才队伍建设等工作有力开展。通过提高养老服务业标准化建设水平，有效促进养老服务和管理水平可持续提升，为养老服务业科学发展和社会养老服务体系建设提供技术支撑。

养老服务业标准化工作应该实现以下目标：一是建立和健全重点突出、科学合理，强制性标准与推荐性标准定位准确，国家标准、行业标准相互协调，基础标准、方法标准、设施标准、产品标准、服务标准、管理标准、工作标准、安全标准、卫生标准、环保标准、建设标准相配套，与国际相关标准体系基本接轨，能支撑养老服务业发展的标准体系。二是大力宣传贯彻国家和部门标准化法规、提高全行业标准化意识，使各级民政管理部门和养老服务业相关机构都把标准化工作纳入重要议事日程。三是加强行业标准化技术队伍的建设，培养出一大批专业骨干人员。通过开办培训班和网上教育等手段，进行标准化理论学习。通过组织开展各单位和部门的标准化工作实践活动，提高标准化人员的综合能力。四是积极采用国际养老服务业标准和国外先进养老服务业标准，加强国际贸易和国际合作。为养老服务业与国际接轨，消除行业技术壁垒做好标准化方面的技术准备。在完成标准制定（修订）目标的前提下，凡是国际上有相关标准的，进行等同采用、等效采用或非等效采用，积极参与国际有关标准的制定工作。

三、养老服务业标准化的基本原则

本着“以民为本、为民解困”的民政工作理念，着眼于社会主义和谐社会建设对养老服务业发展的实际需要，充分利用养老服务业和其他社会科研力量，全面加强养老服务业标准化基础研究，建立健全养老服务业标准体系，科学编制养老服务业标准发展规划，加快制定一系列养老服务业急需、社会适用的标准，为规范养老服务业行为、提高养老服务业依法行政水平、加强养老服务业行风建设，提供标准依据和技术支撑。

（一）政府主导，科学规划

以满足老年人服务需求、服务提供者和管理者需求为出发点，着眼于养老服务业标准化建设工作的整体性、协调性，顶层设计、科学规划。强化政府主管部门的政策引导、经费支持、组织实施和检查监督责任，联合相关部门建立联动机制，共同推进养老服务业标准化建设工作。

（二）凝智聚力，社会参与

推进高等院校、科研机构和服务组织等社会力量共同参与标准化建设，推进养老服务技术与管理的技术研究向制定（修订）标准转化，鼓励服务机构积极实践，组织引导自愿参与标准化建设。

（三）择优试点，逐步推广

在推进养老服务业标准化建设工作中，优先选择区域性基础好、社会认可度高的机构开展标准化试点和示范，在此基础上总结经验，通过自上而下、由点及面的方式逐步推广，以试点和示范作用带动养老服务业标准化水平整体提升。

（四）强化实施，注重实效

以应用为导向，注重标准宣传贯彻，通过宣传培训、等级评定、试点示范等方式，提高标准实施质量，使养老服务业标准化建设工作落到实处，成为提升养老服务质量、提高养老服务管理水平的有效途径。

四、养老服务业标准化的主要任务

（一）健全养老服务业标准体系

完善标准体系框架。研究完善科学合理的养老服务业标准体系框架，涵盖养老服务业基础通用标准，机构、社区居家服务标准，机构、社区居家管理标准和支撑保障标准，统筹国家、行业、地方和企业标准。

加快标准制定（修订）。针对养老服务业的急需，在养老服务业管理和服务、养老服务业人才、信息化以及设施设备配置用品等方面，加快国家标准和行业标准研制，支持地方标准上升或转化为行业标准、国家标准。对不适应实际工作需要的标准进行调整和修订。逐步形成覆盖养老服务业各环节要素、协调统一的养老服务业标准体系。

（二）建立标准化建设工作机制

一是建立健全管理机制。建立以政府主管部门为主导、专业标准化技术委员会为主体，各级行业协会和社会组织为承载、企事业单位共同参与的全国养老服务业标准化管理和运行机制。

二是加强技术组织建设。在成立行业标准化技术委员会的基础上，鼓励地方养老服务工作者参与标准化技术组织活动。充实养老服务业标准化专家队伍，发挥专家咨询与技术指导作用。

三是建立成果转化机制。在加强养老服务业标准基础研究，推动标准实施的同时，鼓励养老服务领域应用型科研成果向标准转化，建立科研成果与标准制定（修订）的良性衔接机制。

（三）建立养老服务评估机制

一是出台各类评估标准。制定和实施包括老年人能力评估、养老服务需求评估、养老服务质量评估和等级评定、养老服务供给资质评估和养老服务管理资质评估等在内的养老服务评估系列标准，分类开展老年人能力评估、服务需求、服务质量与资质评估工作。

二是建立评估组织模式。政府主管部门牵头组织开展养老服务相关等级评定工作，成立全国养老服务等级划分与评定工作办公室，指导全国范围内的养老服务评估评定工作，各地建立相应机构，共同推进。委托行业协会作为第三方承担养老服务相关评估工作。

三是建立评估专业队伍。建立养老服务评估专家库，为评估工作提供技术指导。加快培养评估专业人才队伍，加强评估培训，提高评估工作整体水平。

（四）建立服务质量监管机制

一是开展行政监管。通过许可登记和监督检查等形式，使审批与监管相结合，形成对养老服务全过程的行政监管。

二是实施行业监管。通过行业组织开展第三方评估，规范养老服务内容，提高服务管理水平。

三是探索保险监管。探索推行养老服务专项保险，由保险机构开展保险监管工作，规范养老机构行为、降低机构运行风险。

四是重视社会监管。建立社会评价和服务投诉机制，发挥社会舆论在规范养老服务中的重要作用。通过建立行政监管、行业监督、保险监管和社会监管“四位一体”的养老服务行业监管体系，为全面推进标准化建设提供有力保障。

（五）建立专业人才评估机制

一是建立专业人才资质认证机制。制定（修订）养老服务业人才分类、岗位设置和资质认证相关标准，建立养老服务业人才资质认证机制。

二是建立复合型标准化人才队伍。依托标准化技术组织、养老服务机构与组织、高等院校，通过专题培训、在职教育等方式，培养一批掌握标准化知识、熟悉养老服务业务的复合型标准化工作专业队伍。

（六）加快标准宣传贯彻实施

一是加大标准宣传贯彻力度。分阶段分步骤组织实施基础通用核心标准、服务与管理核心标准、支撑保障核心标准的宣贯工作。力争到2017年，在全国重点省市普及开展养老服务标准化建设工作。

二是实施标准化建设示范工程。引导和鼓励工作基础较好的地区先行开展标准化试点示范建设，通过宣贯培训、经验交流和第三方认证等方式，指导试点地区与机构推进标准化建设。形成一批具有辐射和推广作用的试点示范地区和机构，为全国养老服务业标准化建设提供经验借鉴。

五、养老服务业标准化的保障措施

（一）完善养老服务业标准化工作运行机制

养老服务业标准化工作涉及面广，要充分发挥各方面的力量，按照“统一计划、分头起草、统一审查、统一编号、统一发布”的原则，有计划、有步骤地组织落实规划中提出的各项任务。按照国家标准化管理委员会有关政策要求，建立健全标准制定（修订）工作机制，建立规范的国家标准、行业标准计划立项、起草、审查、审批、发布的程序和公开透明、协调一致、快速反应的管理模式。

要加强组织领导，提高对养老服务业标准化建设工作的认识，加强统筹协调和组织领导，将养老服务业标准化工作作为基本公共服务管理工作的重要内容，重视部署和有效推进。要加强分工协作，联合相关部门，建立分工协作的养老服务业标准化联席会议制度；发挥各级各类行业协会、社会组织和服务机构的主体作用，形成政府部门协调指导，标准化专业机构归口管理，行业协会、社会组织和服务机构积极参与的养老服务业标准化建设格局。要加大对养老服务业标准化建设工作的财政投入，建立经费保障长效机制。各级政府主管部门要在年度经费预算中专项列支标准化工作经费，并鼓励社会力量参与养老服务业标准研制。形成以政府投入为主、社会资金配套的标准化工作经费保障机制。

（二）加强养老服务业标准化人才队伍建设

要加强养老服务业标准化工作机构建设，在全国社会福利标准化技术委员会领导下，成立养老服务业标准化研究机构，组织一批高层次、高水平的标准化专业人才，加强标准的基础研究和前期研究，加强对国外相关技术法规和标准的追踪研究，以科研带动标准化水平的提升，实现标准化工作的跨越式发展。以集中培训为手段，培养一批养老服务业标准宣贯实施和应用人才，以理论、技术研究和标准制定（修订）为基础，以培训、进修为手段，培养一批既懂社会福利业务，又熟悉标准化专业知识和国际相关标准化情况，能积极参与国际标准化活动和指导有关标准化工作的复合型高级人才，尽快建立起一支与养老服务业标准化事业发展相适应的标准化专业人才队伍。

（三）加强养老服务业标准化信息体系建设

建立养老服务业标准化管理信息系统，实现标准提案、标准计划立项、审批、标准制定（修订）过程监督、标准征求意见、标准批准发布、标准复查复审等标准制定（修订）活动的网络化、信息化，缩短标准制定（修订）时间，提高标准制定（修订）效率。加强国内外相关标准信息的收集、整理和加工工作，建立“准确、高效、权威、便捷”的养老服务业标准化信息共享服务平台，为养老服务业系统和全社会提供标准化信息服务。

（四）建立养老服务业标准化宣贯保障体系

积极探索标准宣贯的新途径和新方法，充分利用电视、网络、广播、报刊等媒体，通过培训、论坛、讲座、展览等多种形式，加大养老服务业标准化工作的宣传力度，提高全社会对标准化的认知程度，让消费者能够利用标准作为武器维护自身权益，让养老服务业从业人员能够利用标准提高工作效率和服务质量，动员更多的社会力量支持养老服务业标准化工作。

第二节　养老服务业标准体系的建立

养老服务业标准体系就是各类养老服务业标准按其内在联系形成的一个科学的有机整体。中国养老服务业标准体系是养老服务业制定（修订）国家及行业标准的技术依据和工作基础，是全国养老服务业制定有关地方和企业标准的指导性技术文件。随着人口的增长和经济发展，人们对养老服务业提出了更多更严格的要求。养老服务业标准体系的建立，能为我国养老服务管理部门提供大量养老服务机构的标准化信息，从标准化和规范化方面提高养老服务业的管理水平，为从技术上评价行业的经营现状及发展趋势提供依据，更有利于管理部门的科学决策，促进我国养老服务业健康有序地发展。

标准的制定是为了实施，养老服务业标准化建设从政府管理的角度看，更加侧重于制定国家标准、行业标准，但是从制定国家标准和行业标准的目的和要求看，养老服务提供机构的内部服务标准化体系建设是实施国家标准和行业标准的最有效的方式，通过机构内部（微观）服务标准化体系建设（适用的国家标准、行业标准纳入其体系内），以满足国家标准、行业标准的要求，有效地实施标准，提高服务质量。同时，通过服务标准化建设，打造服务标准化品牌，形成辐射带动效应，进一步从机构内服务标准化体系建设中提炼制定更为适用、科学、有效的国家标准、行业标准。

作为实现养老服务业科学发展的重要途径，养老服务业标准化工作也受到党中央、国务院的高度重视，近年来陆续出台的《关于加快发展养老服务业的意见》《社会养老服务体系建设规划（2011—2015 年）》《中国老龄事业发展“十二五”规划》等相关政策措施，纷纷对养老服务业标准化作出了重要部署。目前，我国成立了全国社会福利服务标准化技术委员会（SAC/TC 315），启动了“老年社会福利机构分类研究”等基础研究项目，部分省市大力推进养老服务业领域国家级服务业标准化试点工作，各地养老服务业标准化建设工作蓬勃开展。

一、养老服务业标准体系的内容

养老服务业标准体系是通过运用系统管理的原理和方法，对养老服务业发展中相互关联、相互作用的标准化要素进行识别和搭建形成的有机整体，是标准级别、标准分布领域和标准类别相配套的协调统一体系。我国养老服务业标准体系可以按标准的级别分成国家标准体系、行业标准体系、地方标准体系、企业标准体系（见图5－1）。养老服务业标准体系是国家标准体系的子体系，为行业一级（国家二级）体系。

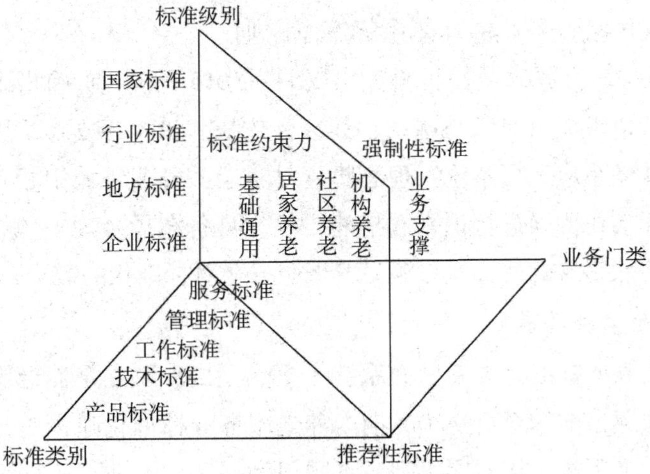

图5－1　养老服务业标准体系模型图

按照通用程度和使用范围，现阶段我国养老服务业标准体系分4层为宜。

一是行业通用养老服务业标准类。主要包括养老服务业通用的术语、分类、安全、卫生、环保等共性标准。

二是专业通用养老服务业标准类。分为养老服务业建筑、养老服务业设备、养老服务业用品、养老服务和养老管理等5个类别。这一层次标准中主要为通用技术要求。

三是门类通用养老服务业标准类。主要按标准化对象的门类划分，包括养老服务业机构建设规划要求与建筑设计规范、养老服务业设备通用技术条件、养老服务业用品通用技术要求、养老服务业服务规范和养老服务业管理技术要求等标准。

四是其他个性养老服务业标准类。主要是产品的个性标准或具体技术要求。在这一层次中，每种产品都应该有相应的标准，主要产品的重要部件也要有相应的标准。本层次是地方和企业标准化的重点。按产品的具体用途，养老服务业产品分为养老服务业设备和养老服务业用品两大类。养老服务业产品标准主要在于规范产品的性能、设计、生产、使用和检验等技术要求与规定。

二、养老服务业标准体系的编制

（一）养老服务业标准体系的编制原则

《社会养老服务体系建设规划（2011—2015 年）》明确指出，社会养老服务体系建设应以居家为基础、社区为依托、机构为支撑。因此，养老服务业标准体系应运用系统管理思想，对养老服务业领域中相互关联、相互作用的标准化要素进行识别和搭建，使之具备布局合理、领域完整、逻辑明确、功能完善的特征，以满足养老服务业对标准化的需求。

1. 全面系统的原则

养老服务业标准体系要全面系统，重点突出。要立足养老服务业各业务领域，把握当前和今后一个时期内养老服务业标准化建设工作的重点任务，涵盖养老服务机构不同级别、不同门类、不同专业、不同性质、不同要求的服务标准子体系，力求全面系统地描绘出我国现阶段养老服务业标准的发展规划，确保养老服务业标准体系的结构完整和重点突出。

2. 层次分明的原则

养老服务业标准体系要层次清晰，避免交叉。基于对养老服务业的科学分类，按照体系协调、职责明确、管理有序的原则，根据养老服务业标准的内在属性和使用范围，构建结构合理、层次清晰、内容完整、数量适中的体系框架，确保总体系与子体系之间、各子体系之间、标准之间的相互协调，避免交叉与重复。列入标准明细表中的每一项标准都应安排在相应的层次上，个性标准处于较低层次，共性标准处于较高层次，避免同一项标准同时列入两个层次或子体系的混乱现象。

3. 简明实用的原则

养老服务业标准体系要基于现实，适度超前。鉴于我国养老服务业标准化工作基础薄弱的实际情况，现阶段的养老服务业标准体系应立足养老服务业对于标准化的现实需求，分析未来发展趋势，建立适度超前、具有可操作性的标准体系，做到一目了然、清晰简明、突出重点、实用可行。

4. 协调兼容的原则

养老服务业标准体系要开放兼容，动态优化。养老服务业标准体系的制定应与相关法律法规和技术标准相配套，保持标准体系的开放性和可扩充性，为新的标准项目预留空间。同时结合养老服务业的发展形势需求，定期对标准体系进行修改完善，提高养老服务业标准体系的适用性，形成标准间相互协调、相互补充的有机整体。养老服务业作为服务业中的特种行业，涉及的领域广、面对的问题多，有时标准化的对象会与其他行业相互交叉，因此应与相关行业间的标准相互呼应和兼容，顺应提升改造传统养老服务业机构的需求，促进现代科技的应用，保证标准体系的先进性。

（二）养老服务业标准体系编制的程序

标准的制定工作包括制定新标准、修订老标准和复审现标准 3 项主要内容。制定养老服务业标准大体分为学习准备阶段、计划立项阶段、标准编制阶段和批准发布阶段。养老服务业标准体系的建立，可以采用过程法和分类法相结合的方法，通过对养老服务业标准化对象进行分析研究，形成一整套养老服务业标准体系开发方法，共同构建养老服务业标准体系。

1. 深入调研，明确标准制定的必要性

制定任何一项标准都需要依靠实践中的基础数据，因此必须进行深入细致的基层调研工作，立足现状、分析需求、明确目的，掌握大量翔实、准确的基础数据。同时对标准进行必要性的评定，从制定标准的目的性、标准实施的可行性及目前制定标准的适时性进行评定。

2. 整理文件，充分做好前期准备工作

收集有关的文件，主要包括与所编标准有关的法律法规、标准化方面的有关规定、各种相关标准及引用标准及本单位现行的通知、制度、规定、办法等各种形式的全部文件，并对其进行整理归类、查漏补缺，由有关使用部门和具体人员共同评估这些文件的适用性。

3. 转化形式，初步形成标准体系文件

将现行有效的文件按照标准化的要求，全部转化为标准文件体系表格形式；通过对整个标准文件体系表的研究和运用，发现新的需求和不足，从而再次完善、补充标准文件体系表。

4. 标准实施，运行标准以待逐步完善

将初步形成的标准体系文件经服务业组织决策层管理者批准后发布，并下发至各部门进行试运行。运行过程中需要有专人负责检查标准的试运行状况，对标准运行过程中的信息反馈做好记录，同时做好各部门的组织协调工作。

5. 实施评价，注重检验标准实施成果

确定评价方案，并确定专人进行评价。主要从符合性评价和实施效果评价两方面对服务业组织是否建立标准体系后进行有效实施，是否配备专职或兼职人员，标准化职责是否明确，全员是否经过标准化专业培训，最高管理者、中层管理者是否掌握标准体系文件有关内容等方面进行评价，形成评价报告。

（三）养老服务业标准体系的编制思路

养老服务业标准化是一个制定和实施养老服务行为规范、共同准则或活动依据的过程，是对养老服务活动中重复出现并且具有重复利用价值的工作方式，进行总结、归纳、鉴别、比较、选择、归一、成文、施行、评价、修订的过程。养老服务业标准化是一项系统工程，需要多方位、多渠道、多手段，整合各种资源共同推进。

1. 转变观念，厘清思路

这是养老服务业标准化的基础。养老服务从业人员要大力弘扬社会主义价值观，遵循社会主义市场经济规律，在推进养老服务业标准化中坚持以下原则：一是公平服务原则，坚持公平、公正、公开向客户提供服务，明示服务的价格、内容、流程、标准、要求，保障所有客户享受到优质养老服务的权利。二是个性化服务原则，按照客户不同文化背景、职业背景、支付能力等状况开展个性化服务，满足客户的多样性需求，不断提高客户服务的针对性和有效性。三是分类服务原则，对不同类别的客户实施相应的服务，做到分门别类、有的放矢，保证困难客户得到保障服务，一般客户得到满意服务，重点客户得到特色服务或高端服务。四是打造品牌原则，要始终把创养老服务品牌贯穿于服务的全过程，着力追求精细服务、周到服务、完美服务，打造卓越的养老服务品牌。

2. 广泛动员，形成合力

这是养老服务业标准化的保障。养老服务业标准化是不可能单靠某一方面的努力就能实现的，它需要政府主管部门、养老服务机构、各种专门机构及其各个层级的人员的共同参与和配合。各级养老服务管理部门要行使行政职能，在总体部署的同时，利用财政投入机制和市场筹资机制，引导、鼓励或组织养老服务单位和行业协会参与标准的制定；各地养老服务行业协会要发挥自身专业力量的作用，在标准基础研究以及标准起草、技术审定、宣贯实施、知识培训等方面承担相应的任务；各养老服务机构要对员工进行标准化知识普及教育，增强标准化意识，倡导以标准为依据的服务和管理行为。只有在形成了政府、社会组织、企事业单位共同关心、支持并投入养老服务业标准化建设的良好局面时，才能形成从标准基础研究到标准立项、从标准制定到标准执行的一体化工作机制，为养老服务业标准化工作更好更快发展提供有力的保障。

3. 系统规划，精细设计

这是养老服务业标准化的关键。养老服务业标准化要着眼于服务的整体，采用系统的方法，根据行业特征和服务对象的特性从不同方面进行细节设计。养老服务业标准化系统中无论主干还是枝节，均应以客户为中心。在系统流程的架构时，要摆脱传统模式中过于精细的分工羁绊，从服务人员工作导向彻底走向客户服务导向，注意时刻围绕客户价值设计每一项服务的流程与质量标准，注意满足部分客户的个性需要，根据机构内部条件和客户特殊需求谋求标准化和个性化的平衡。要注意让各种服务标准得以清晰、准确的表述，尽量减少质量信息在服务施受双方间不对称的现象，避免因服务标准的人为屏蔽或理解歧义而发生的纠纷。养老服务业标准的整体与细节设计，在当前诸多养老服务机构中是一个极其薄弱的环节。要想建立规范统一、协调配合、层次清晰、科学合理、全面完善、实用有效的养老服务业标准化体系，除了转变观念外，还需要政府与机构为相关人员提供更多的有关知识和技能的学习、研究与实践的机会，需要培养一支既精通养老服务业务又熟悉标准化知识的复合型标准化工作队伍。

4. 典型示范，经验推广

这是养老服务业标准化的捷径。可以在先期动员我国养老服务业中的骨干机构和地方行业协会编制与执行企业标准或行业标准，开展养老服务业标准化试点，再带动其他的组织；可以在某些服务标准形成后，开展旨在推动标准实施的服务明星大赛、标杆企业评比、星级机构评定、服务品牌排名等竞赛活动，通过典型示范推动整个行业的标准化；可以开展专题研究、理论研讨、经验交流等活动，总结养老服务业标准化的经验，并将成熟经验作为培训教材，使标准化的经验得以复制，以促进行业整体服务水平的提升。

（四）养老服务业标准体系的框架设计

采用过程法和分类法相结合的方法，对养老服务业标准化对象进行分析研究，构建养老服务业标准体系。

1. 要素选择

《标准化建设工作指南》（GB/T 20000.1－2009）指出：标准是为了在一定范围内获得最佳秩序，经协商一致制定并由公认机构批准，共同使用和重复使用的一种规范性文件，因此标准化的对象是某个范围内共同使用和重复使用的事物。养老服务业内部组成要素数量巨大、关系复杂，其中具有共同使用和重复使用特点的内容都是标准化的对象，也是养老服务业标准体系的组成要素，包括服务机构、服务人员、服务行为、服务质量、服务环境与场所、设施设备等。

2. 模型搭建

根据系统工程原理，可以将养老服务业标准体系建设定位于分布领域、标准类别、标准级别、标准约束力 4 个维度，构建起养老服务业标准体系模型（见图 5－2）。其中，“标准类别”是依据所规范要素的本质属性对标准进行的分类；“业务门类”是根据我国养老服务业发展实际对养老服务业标准进行的类别划分；“标准级别”是根据适用范围对标准进行级别划分；“标准约束力”是针对标准实施力度对标准进行划分。

（1）分布领域。目前我国没有关于“养老服务业”业务领域划分的明确表述，《国民经济行业分类》（GB/T 4754－2011）并未将养老服务业视

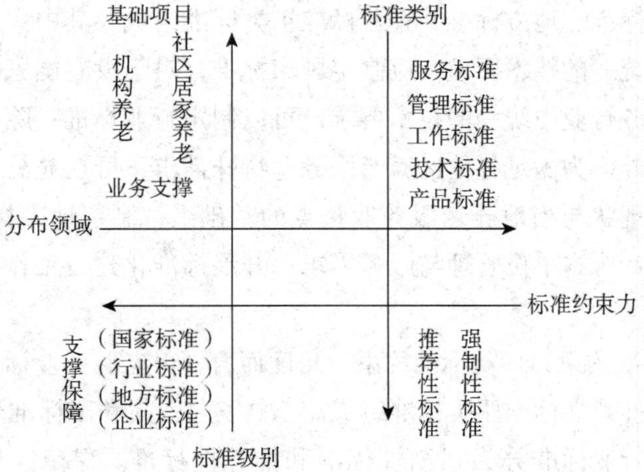

图 5－2　养老服务业标准体系结构图

为一个独立的行业。通过对国内外养老服务业现状及标准化建设现状的梳理，按照立足本国实际、适当参考国际的原则，将养老服务业标准划分为 3 个领域，具体包括：

基础通用标准。在养老服务业范围内，作为其他标准的基础并普遍使用的、具有广泛指导意义的标准。

服务管理标准。按照提供服务地点和方式的不同，分为机构标准和社区居家标准，用于规范政府和社会力量为老年人提供养老服务的标准。

支撑保障标准。用于支撑养老服务业开展各项业务活动的标准。

（2）标准类别。从标准类别角度而言，养老服务业标准体系应包括五类标准。

服务标准是针对与服务对象接触面上的各项养老服务工作而制定的标准。

管理标准是针对养老服务业中需要协调统一的管理事项制定的标准。

工作标准是为实现整个工作过程的协调、提高工作质量和工作效率，针对工作岗位、作业方法、人员资质要求等制定的标准。

技术标准是针对养老服务业标准化领域中需要协调统一的技术事项所制定的标准。

产品标准是针对支撑养老服务业发展的硬件产品而制定的标准。

（3）标准级别。从标准级别角度而言，养老服务业标准体系应由国家标准、行业标准、地方标准、企业标准4类标准组成，其中：对于需要在全国范围内统一的技术要求，应制定国家标准；对于没有国家标准而又需要在养老服务行业中统一的技术要求，可以制定行业标准；除国家标准与行业标准之外，为满足各地区养老服务业特殊需求，可在充分考虑地方经济社会发展现状与当地养老服务业特点的基础上，制定地方标准；此外，养老机构可针对本单位管理与服务需求，开展标准化建设工作，制定企业标准。

（4）标准约束力。从标准约束力角度而言，养老服务业标准体系由强制性标准和推荐性标准两类标准组成。《中华人民共和国标准化法》规定国家标准、行业标准分为强制性标准和推荐性标准。保障人体健康，人身、财产安全的标准和法律、行政法规规定强制执行的标准是强制性标准，其他标准是推荐性标准。强制性标准是所有相关方都必须严格遵守的，而推荐性标准则是鼓励各相关方积极采用。作为服务类标准体系，养老服务业标准体系应以推荐性标准为主，其中对于保障老年人身体健康、财产安全的内容则应制定强制性标准。

基于以上4个维度，可以搭建起养老服务业标准体系结构模型（如图5－3所示）。该模型明确了建立养老服务业标准体系时应考虑的因素及其内在结构，为后续搭建养老服务业标准体系结构图、编制养老服务业标准明细表奠定基础。

3. 框架设计

标准体系是一定范围内的一系列标准，按其内在联系形成的科学有机整体。作为养老服务业标准的系统集成，养老服务业标准体系应布局合理、领域完整、逻辑明确、功能完善，满足养老服务业对标准化的总体配置需求。

从养老服务业的现实需求出发，基于养老服务业标准体系模型图，首先梳理出养老服务业标准体系各板块的逻辑关系图（如图5－3所示）。其中，基础通用分体系是养老服务业标准体系中的基石，对机构养老、社区养老、居家养老3个分体系起整体指导作用；机构养老、社区养老、居家养老分体系是养老服务业标准体系中的核心内容，三者之间互为补充、相辅相成；业务支撑分体系是养老服务业标准体系中的保障，对机构养老、社区养老、居家养老3个分体系起技术支撑作用。

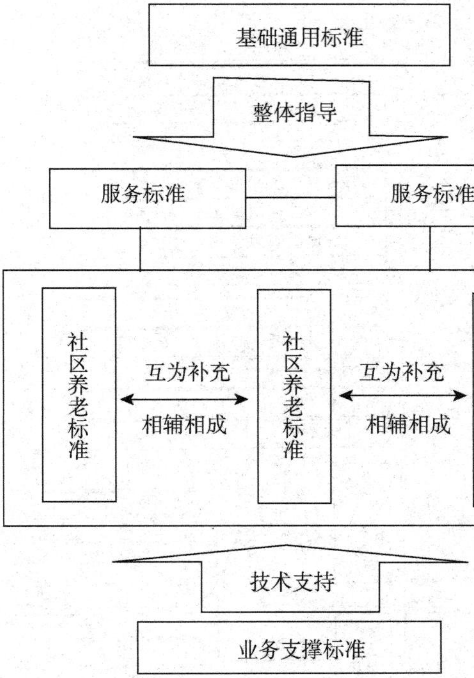

图 5－3　养老服务业标准体系板块逻辑

按照层次分析法将各板块及其内部分板块按照逻辑关系进行排列组合，以标准体系框架图通用的树形层次结构表达各（分）板块的内在联系，母节点层次以反映养老服务业标准化建设工作抽象性和共性的标准为主，子节点层次所包含的标准则更多地体现养老服务业标准化建设工作的具体性和差异性，由此得到养老服务业标准体系框架图（如图 5－4 所示）。养老服务基础通用标准指在养老服务业范围内，作为其他标准的基础并普遍使用的、具有广泛指导意义的标准。如：养老服务基本术语、养老机构分类、养老服务质量评价规范等。机构养老服务标准、居家养老服务标准和社区养老服务标准，3 个分体系对不同养老服务提供组织或人员的场所设施、养老服务内容和服务质量等进行规范。如：机构养老康复服务标准、居家养老护理服务标准、社区养老服务设施标准等。业务支撑标准指对为支撑养老服务业所开展的业务活动进行规范。如：养老服务人员基本要求、养老机构信息化服务指南、老年人健康档案架构与数据标准等。

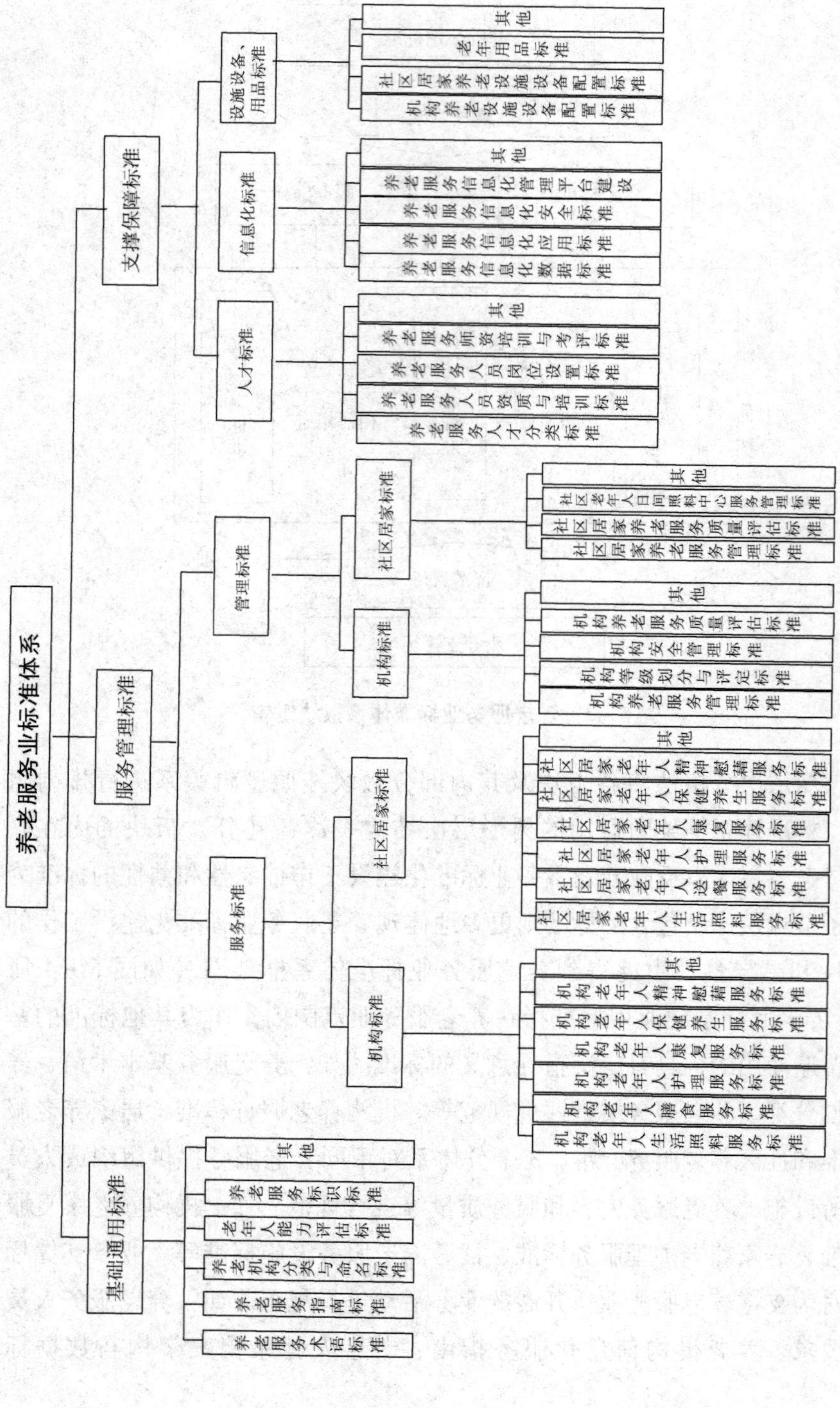

图5-4 养老服务业标准体系框架图

（1）养老服务基础通用标准分体系。养老服务基础通用标准分体系包括术语标准、指南标准、分类与命名标准、服务标识标准、老年人能力评估标准等6个子体系。

（2）服务管理标准分体系。服务管理标准分体系包括服务标准和管理标准两个子体系。根据服务地点和服务方式的不同，每个子体系分为机构标准和社区居家标准。其中，服务标准子体系中，机构标准包括机构老年人生活照料服务标准、机构老年人膳食服务标准、机构老年人康复服务标准、机构老年人护理服务标准、机构老年人保健养生服务标准、机构老年人精神慰藉服务标准等细目；社区居家标准包括社区居家老年人生活照料服务标准、社区居家老年人送餐服务标准、社区居家老年人护理服务标准、社区居家老年人康复服务标准、社区居家保健养生服务标准、社区居家老年人精神慰藉服务标准等细目。管理标准子体系中，机构标准包括机构养老服务管理标准、机构等级划分与评定标准、机构安全管理标准和机构养老服务质量评估标准等细目；社区居家标准包括社区居家养老服务管理标准、社区居家养老服务质量评估标准、社区老年人日间照料中心服务标准等细目。

（3）支撑保障标准分体系。支撑保障标准分体系包括养老服务信息化标准、养老服务人才标准和养老服务设施设备、老年人用品标准3个子体系。养老服务人才标准子体系包含养老服务人才分类、养老服务人员培训与资质标准、养老服务人员岗位设置标准、养老服务师资培训与考评标准等细目；养老服务信息化标准包含养老服务信息化数据标准、养老服务信息化应用标准、养老服务信息化管理平台建设标准、养老服务信息化安全标准等细目；设施设备、老年人用品标准子体系包含养老机构设施设备配置、社区居家养老设施设备配置、老年人用品分类标准等细目。

4. 标准明细表

在养老服务业标准体系框架构建完成的基础上，借助标准化基本原理，运用服务业标准化建设工作方法，以满足我国养老服务业标准化现实需求为出发点，借鉴国内外先进实践经验，结合目前发布实施及正在研制过程中的养老服务业相关标准，从服务提供者、供方、职员、顾客、合同、支付、交付、服务结果、服务环境、设备、补救措施、沟通等服务标准研制核心要素方面梳理出现行的标准，如表5-3所示。

表 5－3　养老服务业标准体系标准明细表

分体系	子体系（细目）			标准名称	标准级别	标准性质	标准类别	标准状态
养老服务基础通用标准	术语标准			养老服务基本术语	行标	推荐	管理	待制定
	指南标准			养老机构服务标准体系	国标	推荐	管理	制定中
				养老机构服务标准体系要求、评价与改进	国标	推荐	管理	制定中
				养老服务机构标准化工作导则	行标	推荐	管理	待制定
	分类标准			养老机构分类与命名	国标	推荐	管理	制定中
				养老服务项目类别	行标	推荐	管理	待制定
	老年人能力评估标准			老年人能力评估	行标	推荐	管理	已发布
				老年人健康档案	行标	推荐	管理	制定中
				其他……	……	……	……	……
	标识标准			养老机构标识使用规范	行标	推荐	管理	待制定
				养老服务图形符号标识	行标	推荐	管理	待制定
				其他……	……	……	……	……
服务管理标准	服务标准	机构标准	机构养老生活照料服务标准	机构养老服务规范生活照料	行标	推荐	服务	待制定
				其他……	……	……	……	……
			机构养老膳食服务标准	机构养老服务规范膳食	行标	推荐	服务	待制定
				其他……	……	……	……	……
			机构养老护理服务标准	机构养老服务规范护理	行标	推荐	服务	待制定
				其他……	……	……	……	……
			机构养老康复服务标准	机构养老服务规范康复	行标	推荐	服务	待制定
				其他……	……	……	……	……
			机构养老保健养生服务标准	机构养老服务规范保健养生	行标	推荐	服务	待制定
				其他……	……	……	……	……
			机构养老精神慰藉服务标准	机构养老服务规范精神慰藉	行标	推荐	服务	待制定
				其他……	……	……	……	……

续表

分体系	子体系（细目）			标准名称	标准级别	标准性质	标准类别	标准状态
			其他	……	……	……	……	……
服务管理标准	服务标准	社区居家标准	社区居家养老生活照料服务标准	社区居家养老服务规范生活照料	行标	推荐	服务	待制定
				其他……	……	……	……	……
			社区居家养老送餐服务标准	社区居家养老服务规范送餐	行标	推荐	服务	待制定
				其他……	……	……	……	……
			社区居家养老护理服务标准	社区居家养老服务规范护理	行标	推荐	服务	待制定
				其他……	……	……	……	……
			社区居家养老康复服务标准	社区居家养老服务规范康复	行标	推荐	服务	待制定
				其他……	……	……	……	……
			社区居家养老保健养生服务标准	社区居家养老服务规范保健养生	行标	推荐	服务	待制定
				其他……	……	……	……	……
			社区居家养老精神慰藉服务标准	居家养老服务规范精神慰藉	行标	推荐	服务	待制定
				其他……	……	……	……	……
			其他	……	……	……	……	……
	管理标准	机构标准	机构养老服务管理标准	养老机构基本规范	国标	推荐	管理	已发布
			机构养老服务质量评估标准	养老机构服务质量评估	行标	推荐	技术	待制定
			机构安全管理标准	养老机构安全管理	行标	推荐	管理	已发布
			机构等级划分与评定标准	养老机构等级划分与评定	国标	推荐	管理	制定中
			其他	……	……	……	……	……

续表

分体系	子体系（细目）			标准名称	标准级别	标准性质	标准类别	标准状态
服务管理标准	管理标准	社区居家标准	社区居家养老服务管理标准	社区居家养老服务基本规范	国标	推荐	管理	制定中
				社区老年人日间照料中心服务基本要求	国标	推荐	管理	制定中
			社区居家养老服务质量评估标准	社区居家养老服务质量评估	行标	推荐	技术	待制定
				居家养老风险评估	行标	推荐	管理	待制定
				其他……	……	……	……	……
			其他	……	……	……	……	……
支撑保障标准	养老服务信息化标准		养老服务信息化数据标准	养老服务信息数据集分类与编码规则	行标	推荐	技术	待制定
				养老服务信息数据集元数据规范	行标	推荐	技术	待制定
				养老服务信息数据模式描述指南	行标	推荐	技术	待制定
			养老服务信息化应用标准	服务信息处理通则	行标	推荐	管理	待制定
				养老机构信息化服务指南	行标	推荐	管理	待制定
				服务归档信息分类	行标	推荐	管理	待制定
				老年人健康档案架构与数据	行标	推荐	管理	待制定
			养老服务信息化安全标准	养老服务信息服务要求隐私保护需求	行标	推荐	管理	待制定
			养老服务信息化管理平台建设标准	养老服务机构信息化管理平台建设规范	行标	推荐	技术	待制定
				居家养老服务与管理信息平台建设规范	行标	推荐	技术	待制定
			其他	……	……	……	……	……

续表

分体系	子体系（细目）		标准名称	标准级别	标准性质	标准类别	标准状态
支撑保障标准	养老服务人才标准	养老服务业人才分类标准	养老服务业人才分类	国标	推荐	管理	待制定
		养老服务人员岗位设置标准	养老机构岗位设置及人员配备标准	行标	推荐	工作	待制定
		养老服务人员资质与培训标准	养老服务从业人员基本要求	行标	推荐	管理	待制定
			养老服务人员培训指南	行标	推荐	管理	待制定
		养老服务师资培训与考评标准	养老服务师资培训与考评	行标	推荐	管理	待制定
		其他	……	……	……	……	……
	设施设备、用品标准	机构养老设施设备配置标准	养老机构设施设备配置	行标	推荐	管理	制定中
			老年人居住建筑设计标准	国标	推荐	技术	已发布
			老年人建筑设计规范	行标	强制	技术	已发布
		社区居家养老设施设备配置标准	社区居家养老设施设备配置	国标	推荐	管理	制定中
			社区老年人日间照料中心设施设备配置	行标	推荐	管理	制定中
		老年人用品标准	老年人用品设计	行标	推荐	技术	待制定
			养老服务设施、用品分类与代码	行标	推荐	技术	待制定
			产品使用说明考虑老年人需求	国标	推荐	基础	待制定
			老年产品设计可用性指南　第1部分：听觉	国标	推荐	技术	待制定
			老年产品设计可用性指南　第2部分：视觉	国标	推荐	技术	待制定
			老年产品设计可用性指南　第3部分：触觉	国标	推荐	技术	待制定

续表

分体系	子体系（细目）		标准名称	标准级别	标准性质	标准类别	标准状态
支撑保障标准	设施设备、用品标准	老年人用品标准	老年产品可用性评价规范	国标	推荐	技术	待制定
			老年日常生活产品设计指南	国标	推荐	技术	待制定
			老年应急通信设备设计指南	国标	推荐	产品	待制定
			老年人紧急救援系统基本要求	国标	强制	技术	待制定
			老年人用辅具通用要求	国标	推荐	产品	待制定
			老年人用休闲健身产品基本要求	国标	推荐	产品	待制定
			老年人用休闲健身产品安全指南	国标	推荐	产品	待制定
			老年人用文化娱乐产品基本要求	国标	推荐	产品	待制定
			老年人用文化娱乐产品安全指南	国标	强制	产品	待制定
		其他	……	……	……	……	……

考虑到目前我国各地区养老服务供给现状与特点存在差异，因此，作为我国养老服务业标准化建设工作的顶层设计，在标准明细表梳理中，以国家和行业标准为主。

（五）养老服务业标准体系的运行机制

1. 政策引领，公众参与

面对新时期日益凸显的老龄化问题，我国应加大推行养老服务业标准体系的政策支持力度，丰富标准体系的相关内容，健全服务标准，积极推广养老服务业标准体系在实践中的应用。鼓励各级各类养老服务机构和社会公众参与养老服务业标准体系的实施，通过标准宣贯、培训会、媒体宣传、知识竞赛、业务比武、试点示范等多种方式，进一步强化标准实施。

2. 统筹兼顾，突出重点

我国幅员辽阔，各地区经济差异较大，养老服务业发展不均衡现象明显，需要统筹考虑不同地区的养老服务业标准化工作的开展模式，以“急用先立、重要先立、上层先立”为指导原则，切实推进养老服务业标准体系中各重点领域的标准制定（修订）工作，如：养老服务机构分类规范、老年人能力评估规范、养老服务机构顾客满意度测评通则、养老服务中介机构基本要求等重点标准项目。

3. 人才储备、资金保障

加强养老服务业标准化人才队伍建设，将标准化列入养老服务业工作人员培训内容，培养和引进一批既懂标准化又掌握养老服务专业知识的复合型人才。建立养老服务业标准化工作专家库，组建一支覆盖面广、业务水平高的专家队伍。积极发挥公共财政的资金保障功能，大力支持重点领域的标准体系构建、标准制定（修订）和标准宣贯工作。

4. 立足国情，放眼国际

养老服务业标准体系在实施过程中，应结合我国社会经济发展水平和养老服务业发展现状，引导我国养老服务业可持续快速发展，力争形成科学合理的养老服务业标准化工作运行机制，同时还应立足长远，放眼国际，可适当借鉴英国、美国、日本等发达国家的成功经验，优化我国养老服务业标准体系的结构和内容，确保标准体系的先进性与有效性，推动我国养老服务业标准化建设工作快速健康发展。

三、养老服务业标准的有效实施

标准一经发布，就要通过各种媒体和培训等方式进行宣传解释，使执行单位和部门准确地理解条文的内容。提高实施标准的自觉性和责任感，对于强制性标准一定要强制执行，对推荐性标准要积极执行。

（一）养老服务业标准实施的主要问题

养老服务业机构的标准化工作与新时期国家推行的标准化发展战略要求还有很大的差距，与相关领域的标准化发展水平还有一定的距离。

1. 执法不严，缺少有效监督机制

《中华人民共和国标准化法》第三条规定：“标准化工作的任务是制定

标准、组织实施标准和对标准的实施进行监督。”第十四条规定：“强制性标准，必须执行。不符合强制性标准的产品，禁止生产、销售和进口。推荐性标准，国家鼓励企业自愿采用。”《中华人民共和国标准化法实施条例》第二十三条规定：“从事科研、生产、经营的单位和个人，必须严格执行强制性标准。”现行有效的国家强制性养老服务标准和行业强制性养老服务标准都属于技术法规层面，都必须严格执行。多年来，全行业对于必须执行的强制性标准既没有严格的监督检查，也没有采取强制措施执行，更没有对不执行强制性标准的单位和个人进行处罚。对于推荐性技术标准同样缺少鼓励实施的机制。

2. 宣贯不足，标准工作意识淡薄

受传统意识强、开放程度小、区域差异大、科学普及差等综合因素影响，许多养老服务从业人员的标准化意识淡薄，没有意识到社会科学技术的进步、全球经济和服务一体化对我国养老服务事业可持续有序发展提出的严峻挑战，以及在本职岗位上规范管理和服务就能创造最佳秩序并取得最大效益。在标准的宣传贯彻方面，普及标准化基础知识不足，举行专题培训班等形式宣讲技术标准不够。对于现行有效的主要社会福利标准，还没有进行大规模的系统宣传贯彻培训，全行业对主要养老服务业标准中的技术内容的缺少理解，对实施标准中相关标准不够了解，加上对标准作用的认识不足，导致目前社会福利标准整体实施效果较差，使一些现行有效的标准没有发挥其应有的作用。

3. 合作面窄，标准实施效果偏差

养老服务业标准涉及的行业和部门很多，养老服务领域的国家标准需要多方合作与支持。例如，在养老服务建设用地方面，需要国土资源部的合作与支持；在养老服务环境保护方面，需要环境保护部门的合作与支持；在养老服务卫生防疫方面，需要卫生部门的合作；在养老服务从业人员的职业技能鉴定方面，需要人力资源和社会保障部门的合作；在养老服务产品的质量检验方面，需要质量监督检验检疫部门的合作与支持；在养老服务设施建设和规划方面，需要住房和城乡建设部门的合作；在养老服务标准体系建设和国家标准制定（修订）方面，需要标准化管理部门支持与帮助；在养老服务业标准科研方面，需要科技部门和财政部门的支持等。民政部门与有关部门合作不够，导致标准实施的效果较差。

4. 人才不足，缺乏人力资源保障

目前，养老服务机构没有标准实施方面的专门管理和技术人员，在兼职的养老服务业标准化队伍中，普遍存在标准基础知识欠缺、标准化实践经验少、对标准的理解和实施能力差等问题，不能很好地进行标准实施的推广示范和技术交流，限制了标准的实施，从标准的研究、规划、制定、评价、复审、修订、转化、解释、实施、监督、管理等各环节都缺乏专业的人才保障。

（二）养老服务业标准实施的基本对策

1. 制订养老服务业标准化发展规划

研究制定标准发展规划是促进标准实施的一项基础性、前瞻性和战略性任务。2009 年 6 月，国家标准化管理委员会作出了“实施国家标准化体系建设工程”的重大战略部署，提出了建立符合我国国情的标准体系、标准化技术体系、标准化推进体系和标准化保障体系。2009 年 7 月，民政部组织开展了民政标准化发展规划的前期研究工作并启动了民政标准化体系的建设工程。根据国家要求和行业发展需要，民政部应组织制订“全国养老服务业标准化发展规划”，按照“统筹兼顾，合理布局；突出重点，以点带面；立足当前，着眼长远；强化实施，注重实效”的原则构筑科学的养老服务业标准化体系框架，指导全国养老服务业科学、合理、有力、有序地开展系列标准化工作，为促进养老服务业的可持续发展提供战略保障。

2. 开展养老服务业标准化试点工作

在养老服务机构开展服务标准化试点，通过制定和实施养老服务业服务标准和规范，系统地规范养老服务机构的服务设施、服务设备、服务流程、服务项目和服务质量等方面的技术要求，保证社会福利活动沿着规范化方向健康发展。通过实施养老服务业服务标准，强化安全、卫生和环保意识，建立环境友好型和资源节约型的养老服务业标准体系。在从业人员的规范化管理上，全面实施养老服务相关《国家职业标准》，确定各职业不同职级的工作要求，规范各岗位工作内容和技能要求，为开展规范化的养老服务业服务提供必要的人力资源保障。

3. 实施养老服务业标准化人才战略

在争取国家和部门标准研究和制定经费的同时，争取标准实施与监督专项经费，为标准实施与监督提供财政保障。在标准宣贯活动中，继续争取财政资金用于标准培训补助费。利用试点项目、检测评定等方式积极疏通标准实施的经费渠道，在财政上保障标准的顺利实施。实施养老服务业标准化人才培养工程，建立并完善标准化培训教育制度和人才培养选拔制度。对于优秀的中青年标准化骨干，推荐到高校接受标准化学历教育。在标准实施和监督工作中，对有突出贡献的个人实行奖励，努力营造出标准化人才快速成长的良好环境。

四、整体推进养老服务业标准化

近年来，全国各地积极推进实施《社会养老服务体系建设规划（2011—2015年）》（国办发〔2011〕60号）和《社会管理和公共服务标准化工作“十二五”行动纲要》（国标委服务联〔2012〕47号），在养老服务领域积极实施标准化工作，不断完善市场规范，促进了养老服务业健康发展。但养老服务标准体系不完善，市场服务行为失范等问题仍然存在。为认真贯彻《中华人民共和国老年人权益保障法》关于建立健全养老服务业标准的规定，更好地落实《国务院关于加快发展养老服务业的若干意见》（国发〔2013〕35号）要求，充分发挥标准化工作对发展养老服务业的技术支撑作用，积极营造安全、便利、诚信的养老服务消费环境，民政部、国家标准化管理委员会、商务部、国家质量监督检验检疫总局、全国老龄工作委员会办公室2014年1月26日印发了《关于加强养老服务标准化工作的指导意见》（民发〔2014〕17号），认为：当前，我国已经进入人口老龄化快速发展阶段，养老服务需求迅速增长，养老服务消费市场亟待繁荣。行业标准和市场规范是推进养老服务工作的重要基石，是更好地提供为老服务、加强行业管理的准则和依据。加快行业标准化建设事关行业健康发展和广大老年人的切身利益，是关系养老服务业发展的长远性、基础性、战略性工程，是贯彻落实《中华人民共和国老年人权益保障法》《养老机构管理办法》的重要内容，是保障老年人合法权益和共享改革发展成果的必然要求。各级有关部门要将标准化建设作为创新社会管理，积极应对人口老龄化的重要方面，进一步提高认识、高度重视，切实增强责任感和紧迫感，采取有力措施，加紧制定完善养老服务标准，开展服务质量评估和服务行为监管，健全市场规范，促进养老服务业标准化、规范化发展。

（一）总体要求

1. 指导思想

从国情出发，紧密围绕速度、结构、质量和效益四统一的要求，发挥政府引导作用，服务经济建设、服务社会需要、服务科学发展，增强全行业标准化、规范化意识，调动各方面的积极性和主动性，共同参与标准化工作。着力完善我国养老服务业标准体系结构，平衡协调标准体系的布局，大力提升各类标准间的科学性、统一性、系统性和协调性，切实提高标准的有效性。以市场为导向，把更好地满足老年人日益增长的服务需求作为出发点和落脚点，坚持自主创新，全面实施技术标准战略。着力规范市场行为，提升养老服务业整体水平和综合竞争力，促进养老服务业科学发展。

2. 基本原则

（1）坚持政府引导。统筹规划，合理布局，实现养老服务业标准体系总体布局的全面、科学和平衡，促进养老服务业结构的协调和均衡发展。各级有关部门加强宏观指导和政策协调，加大引导和扶持力度，推动研究编制养老服务标准化建设规划，加强标准研究、制定（修订）和宣传贯彻，推动养老服务标准在全社会得到广泛认同和普遍实施。积极推进标准化试点示范工作，切实发挥在标准化工作中的规范和引领作用。

（2）坚持突出重点。以满足老年人服务需求，保障其合法权益为重点，着眼于养老服务标准化建设工作的整体性和协调性。加强基础通用标准研究制定，优先制定和实施老年人服务需求评估、服务规范、服务质量满意度测评、服务质量监管和等级评定、养老服务安全管理等标准。

（3）坚持市场导向。密切与市场的联系、体现行业特点，及时反映养老服务市场的需求和变化，增强标准的市场适用性，更好地为养老服务业的市场主体提供服务，为市场准入和规范市场秩序提供技术支撑。充分发挥企业和行业组织在标准需求、投入、制定和应用中的积极作用，支持企业加强标准化工作，鼓励企业制定联盟标准。

（4）坚持注重实效。通过完善和强化管理和运行机制，建立健全标准实施监督和信息反馈机制，提升标准的适用性和有效性，形成标准制定、标准实施、标准修订的良性闭环运行系统。坚持标准实施与规范市场行为相结合，提升服务质量水平，维护老年人、服务提供者和消费者的合法权益。完善标准评价体系，通过对实施效果的评价，不断总结推广实施标准的方法经验。将创建产品服务品牌、提高服务质量满意度作为衡量实施效果的重要指标，引导养老服务业向标准化、优质化和品牌化方向发展。

3. 总体目标

建立具有系统性、协调性、适用性、前瞻性和面向国际的养老服务业标准化体系，充分发挥标准的技术基础和引导作用，从根本上实现养老服务业标准化工作的根本转变。发展方向上，从单一性发展向追求标准的结构、质量、速度和效益统一发展的目标转变；发展重点上，从系统性不强的发散型发展向集中支撑养老服务业又好又快发展的重点领域的技术标准转变；发展模式上，从以跟踪模仿为主向制定具有自主核心技术的技术标准转变。到2020年，基本建成涵盖养老服务基础通用标准，机构、居家、社区养老服务标准、管理标准和支撑保障标准，以及老年人产品用品标准，国家、行业、地方和企业标准相衔接，覆盖全面、重点突出、结构合理的养老服务标准体系；基本形成规范运转的养老服务标准化建设工作格局；标准制定、实施和监管水平明显提升；标准化试点示范工作和专业人才队伍建设逐步完善，行业标准化意识和规范化意识显著增强，安全、便利、诚信的养老服务消费市场环境基本形成。

（二）主要任务

1. 健全养老服务领域标准体系

要构建适应养老服务业科学发展要求的标准体系，按照不同的管理需求和分类视角，标准体系可以形成不同的框架结构，标准体系可以按照标准的性质（强制性标准、推荐性标准）、标准的类别（基础通用标准、产品标准、方法标准、管理标准）、标准的级别（国家标准、行业标准）去构建，最终将形成一个多视角、立体式体系框架。加紧完善包括养老服务基础通用标准、服务技能标准、服务机构管理标准、居家养老服务标准、社区养老服务标准、老年产品用品标准等在内的养老服务标准体系。在基础通用标准方面，加紧制定养老机构分类与命名、养老服务基本术语、养老服务图形符号等标准。在养老机构管理服务方面，加紧制定养老机构设施设备配置规范、养老机构内设医疗机构服务质量控制规范等标准。在社区养老服务方面，加紧制定社区养老服务基本规范、社区老年人日间照料中心服务基本规范等标准。积极研究制定居家养老服务标准。在养老服务专业人才建设方面，加紧制定养老服务从业人员基本要求、养老服务人员职业培训规范等标准。要根据养老服务标准制定重点和工作计划，按照《国家标准管理办法》《行业标准管理办法》等有关规定，认真做好标准的起草、送审等工作。加强对养老服务地方标准化工作的协调与指导，建立地方标准的信息报送制度，支持地方标准上升或转化为国家标准或行业标准。

2. 加强养老服务标准化的研究

积极研究制定养老服务业标准化建设规划，深入分析研究养老服务领域国家标准、行业标准以及地方标准等方面的现状和问题，进一步明确养老服务业标准在国家服务业标准体系中的定位和作用，确定推进养老服务业标准化建设的目标、任务和实施步骤。加强养老服务业标准的基础研究和前期研究，加强信息通信技术和高新技术服务业的标准化成果在养老服务和产品上的应用。做好国外相关技术法规和标准的追踪研究，以科研带动标准化水平的提升，实现养老服务业标准化的跨越式发展。

3. 加快养老服务标准化的建设

积极探索标准宣传贯彻的新途径和新方法，通过培训、论坛、讲座、展览等多种形式，加大养老服务标准化工作的宣传力度，力争使养老服务标准落实到行业管理和经营服务的各个环节，提高全行业实施标准的自觉性。继续加大已发布标准的宣传贯彻力度，实施好《养老机构基本规范》《老年人能力评估》等标准，以及养老护理员等国家职业技能标准。对不适应实际工作需要的标准进行调整和修订，增强标准的适用性和有效性。

4. 推进养老服务管理的标准化

认真贯彻落实《中华人民共和国老年人权益保障法》关于建立健全养老机构分类管理和养老服务评估制度的要求，按照《民政部关于在民政范围内推进管理标准化建设的方案（试行）》（民发〔2010〕86 号）和《国家质检总局国家标准委关于加强服务业质量标准化工作的指导意见》（国质检标联〔2013〕546 号）要求，积极推进养老服务领域管理标准化。加紧制定和实施养老机构等级划分与评定、养老服务质量评估和等级评定等标准，统筹推进等级评定、合格评定和标准示范建设工作。按照职能转变要求，尽快启动养老服务机构与组织的等级评定，加强第三方评估，建立养老服务评估专家库，不断提高养老机构规范化建设水平。积极借鉴国际及其他行业经验做法，积极开展服务质量满意度测评。鼓励相关养老机构开展质量管理体系建设，并积极申请第三方认证，以逐步提高内部管理的规范性和透明度。在养老机构等服务单位开展认证认可和检验检测活动。

5. 健全规范养老服务市场秩序

建立养老机构服务协议制度，明确养老机构与老年人或者其代理人之间的权利义务关系，规范服务行为和收费行为。各有关部门要进一步落实部门责任，对养老服务市场实行日常化、规范化管理。各级质量技术监督部门要加强养老服务质量体系建设，完善服务质量满意度测评管理，推动服务质量对比提升，组织开展“安全、诚信、优质”服务创建活动。各级有关部门要强化协调配合，建立定期会商通报、联合执法等管理机制，形成管理合力。研究具体落实措施和管理办法，努力建立行政执法、行业自律、社会监督、群众参与的养老服务市场管理长效机制。

（三）保障措施

1. 完善工作的运行机制

养老服务标准化工作涉及领域多、覆盖面广，要按照国家标准管理的有关法律政策要求，充分发挥各有关部门、行业组织、科研机构以及社会研究力量，建立统筹协调、广泛参与的工作机制，规范的标准计划立项、起草、审查和发布程序，以及公开透明、协调一致的管理体制。进一步加强全国社会福利服务标准化技术委员会等专业委员会建设，提高其标准化工作水平。支持和鼓励各相关专业标准化技术委员会分工协作、密切配合。鼓励行业组织、科研机构、养老机构和相关企业参与国家和行业标准制定工作，形成政府、企事业单位、社会携手开展标准化工作的格局。各有关部门要各司其职，各负其责，进一步做好规范市场秩序工作，加大对违法违规行为的查处力度。

2. 推进标准化试点工作

认真贯彻落实国家标准委等部门《社会管理和公共服务综合标准化试点细则（试行）》（国标委服务联〔2013〕61 号），以及《国务院关于加快发展养老服务业的若干意见》（国发〔2013〕35 号）中关于开展综合改革试点的有关要求，按照由试点到示范的工作安排，扎实推进养老服务标准化试点示范建设。争取通过两至三年的时间，在养老服务领域形成一批具有辐射作用和推广价值的标准化建设试点示范地区和试点示范机构，为全面推进养老服务业标准化建设提供经验借鉴与示范引领。加强调查研究，及时发现和解决试点工作出现的问题，完善相关措施，总结和推广试点的典型经验，逐步形成以人为本、诚实守信、管理规范、优质发展的养老服务市场秩序，提升养老服务业的规模和效益。

3. 加强标准化队伍建设

各地大力开展养老服务标准化的教育培训工作，分层次培养行业组织、养老机构、养老服务组织、骨干企业中的技术人员，使其成为标准化工作的重要力量。重点培养基层标准化管理人员，积极组织一批结构合理、德才兼备的养老服务标准化专家和研究团队，为养老服务业标准化工作提供人才保障。

4. 建立标准化信息机制

探索建立标准化信息共享及服务机制，搭建标准化信息公共服务及工作平台，为各级有关部门、标准化技术委员会、企业以及利益相关方提供信息互通及资源共享的渠道，提升标准化工作的信息化水平。

第二篇

养老服务标准化

第六章　服务业标准化的实施

【基本要求】通过本章的学习，您应能够：

1. 了解服务业标准化的内涵与发展；
2. 掌握服务业标准体系的构建技术；
3. 掌握服务标准体系的实施和评价。

【核心概念】服务业标准化；服务标准体系；制定；实施；评价

第一节　服务业标准概述

当今世界经济发展，快速服务已成为发达国家市场经济中的重要形式，服务业也成为推动国民产出总量增长、经济持续发展的重要动力。2013 年，我国把服务业作为经济社会升级的“新引擎”，使“服务”有了新的内涵和特性。服务标准化是通过对服务标准的制定和实施，以及对标准化原则和方法的运用，以达到服务质量目标化、服务方法规范化、服务过程程序化，从而获得优质服务的过程。服务标准化的意义在于：确保服务质量，提高服务水平；保护消费者的合法权益；实现服务业的内涵式发展；应对国际服务贸易竞争，提高服务业的国际竞争力。

一、服务业标准化的内涵

服务业标准化的意义

《服务标准制定导则—考虑消费者需求》（ISO/IEC Guide 76：2008）作为 ISO 历史上首个专门指导服务标准化工作的指南，对“服务”定义为：服务提供者与顾客接触过程中所产生的一系列活动的过程及其结果，其结果通常是无形的。服务的目的就是“为满足顾客的需要”，这和服务行业常说的“顾客是上帝”的提法是一致的。服务所包括的内容有两个部分，一是“组织与顾客接触的活动”，二是“组织内部活动”。两个部分共同产生的结果就是服务所包括的内容。“组织与顾客接触的活动”指面对面的服务，也就是“前台服务”。“前台服务”直接服务于顾客，而“后台服务”同时为“前台”和服务对象提供服务。

服务业是指利用设备、工具、场所、知识、信息等为国民经济各行各业提供服务的产业，也就是生产或提供各种服务的经济部门或组织的集合。因为服务活动具有多种项目综合、存在形式多样等特点，所以对服务业进行一个普遍认可的分类是困难的。目前，国际上比较流行的分类方法主要有辛格曼分类法、联合国统计署国际标准产业分类法（ISIC）、北美产业分类体系（NAICS）以及《服务贸易总协定》（GATS）关于国际服务贸易的分类。目前，我国有关服务业分类的主要依据是《国民经济行业分类》（GB/T 4754－2011）。该标准按照国际通行的经济活动同质性原则划分行业，进一步打破了第三产业部门的管理界限，同时，在划分行业的原则和统计单位、分类的基本结构和编码方法等方面，都与国际标准产业分类（ISIC/Rev. 4）基本保持一致。该标准将服务业分为 15 个门类，在此基础上又细分为 47 个大类、80 个中类、339 个小类。

服务标准是规定服务应满足的要求以确保其适用性的标准。服务标准是国家主权在服务领域的延续，是服务业发展的重要制度规范和技术支撑，对服务业的发展具有重大的促进作用。公共产品论导致了服务标准化经济效益和陷阱阻碍分析的崛起，竞争工具论使得服务标准化供给与需求的分析盛行，系统工程论为基于系统理论的服务标准化工程研究提供了土壤。自 1996 年国际标准化组织（ISO）提出“服务标准化”以来，德国、美国、英国等西方发达国家都积极开展服务标准化工作，纷纷将服务标准化纳入国家发展战略，积极争夺国际服务标准制定的主导权。

随着国际服务贸易的深入开展，国际服务标准涵盖服务领域继续扩宽。各发达国家纷纷根据本国社会经济发展的总需求，大力开展服务业标准研制和相关政策的制定。面对未来国际服务业竞争的新一轮标准竞争已经愈演愈烈。我国服务业标准化也得到了稳步发展，完成并发布了《全国服务业标准 2009—2013 年发展规划》，提出服务业标准化发展的方针和目标，确立了我国的服务业标准体系基本框架，明确了制定（修订）服务业标准 1100 项的任务，对开展服务标准化工作发挥了重要的指导作用。全国已成立和批准筹建与服务业相关的标准化技术委员会、分技术委员会、工作组百余个，涵盖了金融、旅游、邮政、物流、商贸、交通运输、文化、体育等重要的服务业领域。经过这几年来的努力，一个以国家标准为主体，行业标准、地方标准相互配套的服务业标准体系已初步建立。

二、服务业标准化的发展

（一）服务业标准化的基本特征

服务是为了满足顾客需要，由供应方凭借体力、智力和技能，借助一定的工具、设施和手段，通过与顾客之间的接触的活动以及供应方内部活动所产生的结果。因此，服务业标准化最大的特点是结果导向要与起点导向、过程导向相结合，这也就是服务的延展性特征。因为结果本身是不完全确定的，通过起点阶段的资源提供，间接地为结果测定提供帮助，具有比较完善的资源提供机制，可以部分地依此推论将会有一个较为满意的结果。因为结果本身是不完全可以储存的，通过过程阶段的流程和痕迹描述，部分地为结果测定提供依据，具有比较明晰的流程和痕迹规范，可以部分地依此推论将获得较为可靠的质量。

服务标准化的这种共性特征对于公共服务标准化的具体实施有直接的影响作用，在公共服务标准化的推进方面尤为明显。相对于有形产品的先生产、后消费而言，服务是生产和消费同时进行的过程，服务的生产过程并不是封闭的，公民的满意度非常重要。公共服务标准化在为公民直接提供服务的领域，在有公民参与和公民互动的一线部门可以最先试行和推广，因而各级地方政府的行政服务中心标准化、基层养老服务机构标准化等比较容易推行。标准化主要是对重复性工作的统一，因此，在重复性大、可变性小、较具流程性的行业更适合标准化。

（二）服务业标准化的国际概况

在世界经济由“工业经济”向“服务经济”转型，呈现全球经济一体化的背景下，服务标准逐渐成为国际服务贸易的准则之一。《服务贸易总协定》（WTO）明确提出要通过制定服务质量标准，对各行业服务提供者进行资格认证。对此，国际标准化组织（ISO）作出积极响应，在第17届国际标准化组织消费者政策委员会（ISO/COPOLCO）年会上对服务标准化进行了专题研讨，并将1996年“世界标准日”的主题确定为“呼唤服务标准”。自此，服务标准化开始登上标准化的历史舞台，并引起国际标准化组织和德国、英国、美国等发达国家的高度重视。

1. 服务业标准化技术组织建设不断加强

近年来，国际标准化组织（ISO）加大了服务标准化技术组织建设力度，已经成立的技术组织涉及个人理财服务，饮水供应和废水处理系统，市场、民意与社会调查，旅游服务，教育服务、心理评估、品牌评估、评级服务、项目管理、会展术语等多个方面。在区域标准化组织层面，欧洲标准化技术委员会（CEN）也成立了家庭用品、交通、清洁服务、旅游服务、邮政服务和设备管理等标准化技术组织，以及推动欧洲区域服务标准化工作。

2. 服务业标准化覆盖范围得到不断拓宽

目前，国际服务标准的覆盖领域已经从最初的旅游服务、金融服务两大领域拓宽至十余个领域。在国际标准化组织层面，ISO 发布的服务标准已达 40 余项，除了“服务标准制定考虑消费者需求的建议”这一具有总体指导性的 ISO/IEC 指南之外，还制定了银行服务、金融保险服务、运输服务、邮政服务、旅游服务等标准。在区域标准化组织层面，CEN 早在 2004 年就与欧盟成立了专题工作组，重点围绕旅游、翻译等领域开展标准化工作。在发达国家中，英国、德国标准化学会等也普遍在金融服务、维修服务、清洁服务、运输服务、邮政服务等领域自主研制或采用欧盟标准，对于促进国际贸易和推动本国服务业发展起到了重要作用。

3. 高度重视消费者参与服务标准化工作

服务标准化需要消费者的积极参与。作为服务标准化的倡导者，ISO 开展服务标准化的基本宗旨之一就是注重保护消费者的合法权益不受侵害。因此，ISO 历来与国际消费者协会保持着密切的合作关系，每年组织对消费者的信息服务和人员培训，并在网站上推出了方便用户使用的《消费者和标准》互动教程，以此增强消费者对标准化的认知程度，引导消费者参与服务标准化工作。

4. 借助服务认证确保服务标准有效实施

针对服务标准多数为推荐标准，在实施中往往缺乏有效监督、实施效果欠佳的现状，发达国家采取服务认证等多种方式强化服务标准的实施环节。例如，法国是最先开展服务企业质量认证的国家，目前已有 18 个服务行业开展认证，涉及搬家公司、旅行社、旅游信息中心、公共交通客运服务企业、售后服务及职业培训服务企业等，通过认证的服务企业将由法国标准化协会颁发法国质量认证合格标志。

（三）服务业标准化的国内概况

近年来，我国服务业的快速发展对标准化提出了迫切需求，服务业标准化工作得到加强，并取得了一定的成绩。

1. 标准化工作总体思路基本明确

先后完成并发布了《全国服务标准2005—2008年发展规划》《全国服务业标准2009—2013年发展规划》，明确了我国服务业标准体系基本框架。在此基础上，通过实施“国家标准化体系建设工程”，进一步构建服务经济社会科学发展的标准体系、标准化技术组织体系、国际标准化工作推进体系以及标准化保障体系，有利于进一步突出工作重点，明确发展方向，提高我国标准化总体水平。

标准开始渗入社会管理和公共服务领域。经过几十年的发展，我国服务标准已经从传统的消费性服务领域扩展到公共教育、公共就业、人口和计划生育、公共基础设施管理与服务、法治管理、社会组织管理等领域。《国家标准化战略纲要》也明确将社会管理和公共服务作为未来标准化工作的重要领域。根据《中华人民共和国国民经济和社会发展第十二个五年规划纲要》的有关要求，《国家基本公共服务体系“十二五”规划》（国发〔2012〕29号）于2012年7月11日发布，主要阐明国家基本公共服务的制度安排，明确基本范围、标准和工作重点，引导公共资源配置，是“十二五”乃至更长一段时期构建国家基本公共服务体系的综合性、基础性和指导性文件，是政府履行公共服务职责的重要依据，其中多次提到基本公共服务标准，以引导公共资源配置。

2. 标准化技术机构建设逐步健全

目前，全国已成立和批准筹建的与服务业相关的标准化技术委员会、分技术委员会、工作组共102个，涵盖了金融、旅游、邮政、物流、商贸、交通运输、文化、体育等重要的服务业领域。其中，与生产性服务业、消费性服务业与公共服务业相关的技术机构分别占33%、13%和54%，这些技术机构为服务业标准化工作的有序开展发挥了重要的组织保障作用。

标准实施工作逐步得到加强。为了提高服务业标准的实施水平和效果，2007 年，国家标准化管理委员会联合国家发展和改革委员会等六部委印发了《关于推进服务标准化试点工作的意见》。在试点过程中，通过制定并实施各个服务提供环节标准，强化了服务企业内部管理，改善了服务质量，提高了企业的经济效益和社会知名度。

3. 标准化科研工作取得明显成效

我国注重社会公共服务评价体系研究和重要基础标准研制工作，相关服务行业部门的标准化科研工作取得较大进展，如民政部“十一五”期间进行了亚洲巨灾划分标准研究、残疾人发展战略研究以及地名公共服务等领域标准化关键技术研究，共计取得 266 项民政标准基础研究成果。

4. 国际服务标准化工作实现突破

2010 年 1 月，中国向 ISO/TC232 非正式教育与培训全会提出研制“语言培训服务提供商基本要求”国际标准的提案，获得全票通过，实现了我国从参与研制国际服务标准到主导制定国际服务标准的重大角色转变，也揭开了我国国际服务标准化工作的新篇章。

三、构建服务业标准体系

服务业标准化建设的核心工作是建立服务业标准体系并有效运行。建立服务业标准体系的目的，是为一定范围内规范和调整服务的提供相关管理活动的标准，组成科学、有机的整体，形成合理、协调的系统，促进标准化对象服务经营和管理水平的提升。

（一）服务业标准体系构建的原则

1. 目的性原则

构建服务业标准体系是一项以目的导向为第一原则的工作，是为了解决服务的具体问题，围绕服务的具体目标而进行的系统化顶层规划和战略布局。因标准化目的和对象不同，服务业标准体系构建的类型和方法也有所不同。在建立服务业标准体系时，应首先确定标准化的对象，明确对这些对象管理的目标、任务、方法和途径，将共同性和重复性的且对标准化对象有重要影响的事项一一列入，并运用简化原理，找出解决问题的关键点作为建立标准体系的基本要素。识别与目标有关的标准，剔除与目标无关或关系不大的标准，是建立标准体系十分重要的原则。

2. 系统性原则

服务业标准体系不是若干标准简单的集成，而是标准按其内在联系组成的有机整体，反映了标准化对象是一个有机系统，同时要求标准化人员要应用系统方法组织相关标准。将相关标准置于一个有目标的系统中，可以减少标准之间的不统一、不协调等问题，最大限度地发挥标准化的整体效益。建立服务业标准体系，在确定标准化对象之后应分析标准化对象诸要素之间客观的内在的联系。作为一门科学，服务业标准体系的构建以及表达方式还要遵循标准体系的一般规律，在此基础上将相关标准以一定的形式建立起逻辑关系则是形势的需要。

3. 结构性原则

标准体系的建立可以最大限度地发挥标准化的整体效益。在要素既定的条件下，其整体效益的发挥程度取决于标准体系表的结构（主要指标准体系结构图，还包括明细表、统计表）。因此，为了提升系统的功能，需要不断改进和优化系统结构。该结构主要表现为序列关系和层次关系的有机整合。序列关系是对标准体系要素按照一定逻辑关系进行的分类，体现标准体系要素的逻辑性。层次关系按照系统中各要素之间的共性与个性关系进行分类，体现标准的位阶性。服务业标准体系的序列结构表现为按照行业（专业）或要素划分的子体系或标准类别。层级结构一般表现为高层级对低层级有制约作用，而低层级又是高层级的基础，低层级诸项标准中的共同要求可上升为高层级中的单项标准。所以，服务业标准体系不是简单的标准的集合，不要把标准体系当成库存标准目录，而应是服务业运行和发展中相关联标准的集成。标准体系的基本单元是标准，因此，在体系序列结构中，子体系或标准类别的划分应科学合理，体现系统要素的完整性。而在体系层级结构中，大量个性化的标准应在低层级，低层级中共性的标准则应提升到上一层级，最高层级的标准为系统共性化标准。

4. 协调性原则

标准之间存在着相互连接、相互依存、相互制约的内在联系，只有相互协调一致，才能发挥体系的整体功能，获得最好的效益。服务业标准体系内的标准应相互兼容、协调、统一。上层级与下层级的标准，同一层级的标准，服务保障标准和服务提供标准，在标准体系内应相互协调。服务业标准体系与已经运行的其他管理体系的标准应相互协调，避免重复和交叉。服务业标准体系的标准应与已发布实施的国家标准、行业标准和地方标准相协调，不得违反国家有关法律法规、强制性标准、行业规划与政策及规范性文件的规定。

5. 适用性原则

建立和运行服务业标准体系，应借鉴先进管理模式、思想方法，如过程管理的系统方法、“PDCA”管理模式、关键控制点、合格评定、持续改进等。任何体系总是要与外部存在的大系统环境的有关要素相互作用，进行信息交流，并处于相互取长补短的过程中。同时，由于系统的不断优化要求，也要不断持续淘汰那些不适用的、功能低劣或重复的要素，及时补充新的要素。

服务业标准体系的发展是有阶段性的，因为标准化的效能发挥要求体系必须处于相对稳定状态。这样的稳态到非稳态、再到高一级的稳态，促使标准化的进步发展，体现了服务业组织标准体系阶段性发展的特征。因此，这就需要及时地通过测量和数据分析，通过评审不断持续地改进服务业标准体系。

（二）服务业标准体系的基本构成

按照标准化对象范围的不同，服务业标准体系可大致分为服务业组织标准体系、行业标准体系、区域标准体系和国家标准体系 4 种类型。从标准体系的完整性方面讲，服务业标准体系可以延伸到服务业组织标准体系；就共性来讲，行业、区域和国家 3 个标准体系具有宏观层面或普遍适用的意义，而服务业组织的标准体系则是建立在组织结构基础上的。

1. 标准体系结构图

标准体系结构图体现了体系总的边界、层次构成、涵盖的专业门类、各层标准的类型、层级之间的关系等众多关键信息，并为体系标准明细表的形成提供了依据。

标准体系结构图可由总结构方框图和若干个子方框图组成。标准体系的结构关系一般分为上下层之间的“层级”关系，或按一定的逻辑顺序排列起来的“序列”关系，也可是由以上几种结构相结合的组合关系。每个方框可编上图号，并按图号编制标准明细表。编制服务业标准体系结构图，应首先明确体系类型、服务行业的总体架构、专业构成，以及不同专业的标准化工作重点方向，应重点参考国家发布的相关规划、政策性文件等。

根据《标准体系表编制原则和要求》（GB/T 13016－2009）中5.1.2的规定，在标准体系结构图内，方框间用实线或虚线连接；用实线表示方框间的层级关系、序列关系，不表示上述关系的连线用虚线；为了表示与其他系统的协调配套关系，用虚线连接表示本体系方框与相关标准间的关联关系；对虽由本体系负责制定，而应属其他体系的标准也作为相关标准的并用虚线相连，且应在编制说明中加以说明；带文字下画线的方框，仅表示体系标题之意，不包含具体的标准。

2. 标准明细表

服务业标准体系的标准明细表是与结构图中的每个结构单元方框项对应的所有标准列表的集合，表示了标准体系中包含的所有标准。服务业标准明细表作为服务业标准体系的重要组成部分，由该体系中所有现有标准、待制定标准、待修订标准等组成，应按照标准体系结构图中的构图方式一一对应、依次罗列。服务业标准明细表通常由标准体系编号、标准名称、标准号、标准类别等项目构成，明细表的项目构成应根据标准体系建设完善和使用管理工作的要求调整和设置。例如，一定地域范围或服务业组织的标准体系明细表一般采用（如表6－1所示）的样式。其中，面向全国的服务业标准明细表中涉及国家标准和行业标准两类，面向地方的服务业标准明细表中涉及国家标准、行业标准和地方标准3类，且宜以地方标准为主。面向服务业组织的标准明细表涉及国家标准、行业标准、地方标准和服务业组织内部企业标准4类，且宜以服务业组织内部的企业标准为主。

表6－1　标准明细表

体系编号	标准号	标准名称	标准类别	实施日期	被采用或转化的标准号	备注

3. 标准统计表

按照统计目的不同，可设置不同的服务业标准统计表，既可以按照标准级别进行统计，也可以按照标准类别进行统计（见表6－2）。编制服务业标准统计表的核心目的是对应有标准数、现有标准数进行对比，从而确定下一步的标准制定（修订）工作重点。

表6－2 标准统计表

标准体系（第一层）	标准子体系（第二层）	标准子体系（第N层）	国家标准	行业标准	地方标准	标准状态	合计	备注
合计								

4. 标准体系编制说明

服务业标准体系编制说明的内容一般包括：标准体系编制的目的、依据；国内外标准概况；标准体系结构图的构建思路，如专业划分依据及划分情况；结合统计表分析现有标准与国际标准的差距和薄弱环节，明确今后的主攻方向；标准分析及其结论；与其他体系的交叉情况和处理意见，需要其他体系协调配套的意见等内容。

在构建和编制标准体系表之前应先收集相关的法律法规、规划、政策、标准等文件，这些文件是承载开展标准化工作目的的文件，是构建标准体系的主要依据。应以此为依据进行标准化需求分析，确保服务业标准化工作在国家法律框架内进行，符合行业发展政策和行业组织规划要求，符合服务业组织自身确定的发展方向和中心目标。这些文件既包括国家、行业相关的法律法规，也包括政府部门发布的相关规范性文件，行业组织发布的战略、规划、各类规定、规则；既包括服务规范类的国家标准、行业标准、地方标准，也包括企业管理者发布的方针、目标等管理文件。它们是研究标准体系建设方向、结构内容、表现形式的基础。不能系统全面分析这些文件，就无法对需求和目标进行准确定位，也无法构建科学合理的服务业标准体系。

（三）服务业标准体系的主要内容

按照《服务业组织标准化工作指南》（GB/T 24421）系列国家标准为指导，建立服务标准体系。整个服务体系就是围绕实现养老服务标准化试点建设的方针目标，依据养老服务所适用的法律法规以及标准化管理的有关规定。因此，在整个服务标准体系的上层即是养老服务标准化试点建设的方针目标以及适用的法律、法规和标准化管理规定，这些是指导性标准。服务标准体系内的所有标准，都是在这一层标准的指导下形成的。服务体系共分3个层次，4个子体系。

1. 标准化管理手册

为有效实施服务标准化体系提供管理与技术上的支持，需制定《标准管理手册》，用以指导标准化体系的建立与实施改进。

2. 服务标准体系

（1）通用基础标准体系。通用基础标准体系主要包括标准化管理的基本规定、方针目标、管理办法、标准体系编制原则以及服务标准化工作指南、术语、测量等方面的基础标准，在组织范围内作为其他标准的基础，具有广泛的指导意义并普遍使用。

（2）服务保障标准体系。服务保障标准体系对服务过程中涉及的关键环节和因素进行管理和控制，为保证体系的顺利运行提供支持。按照全过程、各环节控制的原则，以对人、财、物的管理为核心，对信息管理、后勤保障管理等所有管理事项进行了全面的规范，为服务保障标准体系提供全方位保障。

（3）服务提供标准体系。服务提供标准体系是针对标准化领域中需要协调统一的服务质量目标、服务方法、服务程序、服务提供过程及其结果等方面活动的适用标准，包含了服务规范、服务提供规范、服务控制规范、运行管理等标准，以及绩效评价和改进的标准体系，包括监督检查、绩效评价、奖惩措施等体现持续改进服务，修正服务偏离的具体落实和体现。

3. 行业标准体系

服务行业标准体系建设的目的是通过运用标准化方法和标准体系建设，完成行业发展顶层设计与规划，从战略角度对行业发展进行基础性、全局性谋划，指引整合行业资源，优化行业的运营质量，提升管理水平和效益，提升科学化、规范化、精细化水平，促进行业发展水平，推动转变发展方式。

服务业包含众多的专业门类，内部结构复杂，门类间的个体差异很大，因此以服务行业为整体对象的服务标准体系只能着眼于通用性、共性的内容，而无法深入、具体地体现出每个专业门类的特点。

为了更好体现标准体系对特定服务领域标准化工作的引导和规范作用，有必要针对每个具体的门类，甚至是门类中的大类，单独编制标准体系，即服务业专业领域标准体系，如餐饮业标准体系、金融业标准体系等。

这类标准体系宜由行业主管部门与全国专业标准化技术委员会共同主导编制，编制过程中应充分考虑本专业领域的特征及与相关专业之间的区别、联系等，保证系统边界清晰完整，并避免与相关专业的标准体系出现交叉重叠。

4. 国家标准体系

为全面提升我国标准化总体水平，推动标准化更好地服务于经济发展方式转变，我国国家标准化行政主管部门于2009年启动了国家标准化体系建设工程（国标委综合〔2009〕40号），从宏观经济产业布局出发，将全国标准化体系建设工作以三大产业分类为主线展开，将标准体系分为跨行业通用综合性基础标准和社会事业标准体系、第一产业标准体系、第二产业标准体系和第三产业标准体系等子体系。其中，第三产业即服务业。

实际上，为贯彻《中华人民共和国国民经济和社会发展第十个五年计划纲要》的要求，国家标准化管理委员会早在2005年就会同国家发展和改革委员会等部门编制了《全国服务标准2005—2008年发展规划》，其中提出了全国服务标准体系的总体框架。该体系包括了交通运输、仓储和邮政业；信息传输、计算机服务和软件服务业；批发和零售业；住宿和餐饮业；金融业；房地产业；租赁和商务服务业；减灾和救灾服务业；水利、环境和公共设施管理业；居民服务；卫生、社会保障和社会福利业；文化、体育和娱乐业；公共管理和社会组织；电力、燃气与水的生产和供应；其他服务等，共15个门类，并针对每个领域给出了新制定标准的发展规划建议。

2009年，国家标准化管理委员会又会同国家发展和改革委员会等部门，编制了《全国服务业标准2009—2013年发展规划》，总结了上一次规划编制和实施的经验和不足，结合服务业发展的新特点，对标准体系框架进行了修改，包含门类由15个增加到18个，增加了科学研究、技术服务和地质勘查业，国际组织、旅游业3个门类，并在“交通运输仓储和邮政业”中增加了“物流业”的内容。《全国服务业标准2009—2013年发展规划》的标准体系总体框架为两层基本结构，第一层包括基础标准、服务标准、支撑标准3个类别，并给出了具体的标准制定（修订）建议。第二层则是主要依据《国民经济行业分类》（GB/T 4754－2002）划分的18个门类，18个门类下根据各专业的具体特点再进行细分，提出了1108项制定（修订）建议。

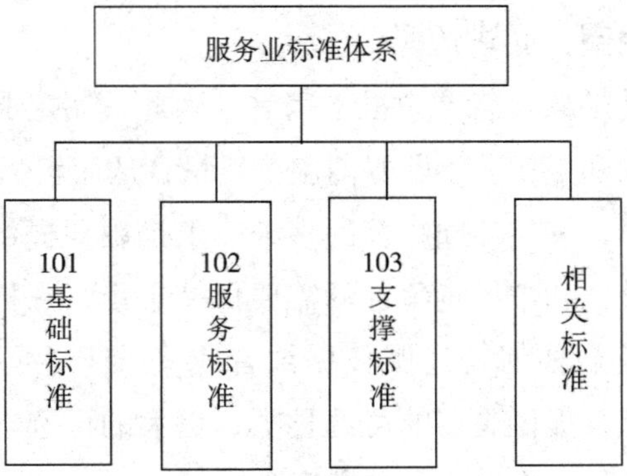

图6－1　企业标准代号编写

第二节　服务标准的制定

服务标准是获得服务行为最佳秩序、实现产业发展最佳共同效益的得力工具。制定服务标准是服务标准化工作得以开展的基础。

一、服务标准制定的原则

服务标准的制定只有在一定的原则指导下，遵循既定的制定程序，对标准条款严格把关，才能保证制定出来的服务标准科学、适用，满足行业发展的实际需求。在服务标准的研制过程中，除了需遵循标准制定的一般原则外，还要遵循以下原则：

（一）注重沟通，兼顾公平

信息与信息沟通在选择、提供及有效使用服务中起关键作用。与普通产品不同，服务在帮助顾客衡量产品质量、用途适合性、价值等方面存在的有形要素很少，信息沟通，尤其是合同签订前的沟通与处理方式（包括工作人员态度）是基本考虑事项。

服务可获得性取决于顾客对于他们需要或想要的服务的支付能力，以及服务对于所有顾客的可用性，而不论地点、社会和经济因素以及身体或心理机能障碍。为维护公平，标准需确保服务不会歧视任何特殊顾客群体，例如儿童和老年人、不同种族和文化背景的人以及不同能力的人。因此，在制定相关标准时应尽可能地考虑到所有的利益相关方。

（二）满足期望，促进选择

服务提供以满足顾客需求为根本宗旨。因此，制定服务标准时，应充分考虑顾客的需求和期望，不断提高服务质量，从而增强顾客满意度。

提供多种选择，满足不同顾客的多种需求是服务提供的宗旨。服务的各种特点将与性价比和市场竞争性的需要保持平衡。在标准化工作中，这意味着标准不宜偏袒任何特定服务提供者或受限于不必要的服务提供形式，应尽可能给顾客提供更多的可选种类、更大的可选空间，从而促进服务市场公平有序竞争，更好地保护顾客合法权益。

（三）关注安全，保证质量

服务提供的安全是重要原则。安全包括卫生安全、人身安全、财务安全以及个人数据信息等隐私安全。在标准中，编写关于安全的内容时要特别注意对困难群体的保护，例如要考虑到儿童、老年人、残疾人、生活条件差的人或因年老等原因丧失能力的人的安全需求，为他们提供相关帮助。

环境问题越来越为顾客所重视，同时也影响顾客的服务购买决定。环境问题包括通过减少浪费，降低气味、噪音和视觉污染来促进自然与人文环境的和谐，加强对人类物质、文化遗产的保护。这意味着在制定服务标准时，一般应提出环境要求来鼓励服务提供者尽可能地降低在服务提供过程中对环境造成的损害。

质量表示服务满足顾客需求的程度。质量包含构成优良服务的许多其他无形因素，例如提供有用而准确的信息，及时提供服务，很好地处理顾客投诉等。同时，质量也包括在环境影响评估和可持续发展框架内的因素，例如资源可持续使用和再利用能力。因此，在编写关于质量的标准条款时要考虑上述因素。

（四）统筹兼顾，照顾全面

制定标准时，标准起草工作组要考虑所有利益相关方，注意标准起草工作组中利益相关方代表的均衡性，既要有服务提供者代表、相关生产企业代表，也要有消费者代表。当所制定标准的主要内容会对消费者产生影响时，标准制定组织中要有消费者代表。如果不可行，需用其他方法确保各利益相关方的利益得到考虑，例如通过征求意见等方式。

二、服务标准制定的程序

国家、行业、地方服务标准的制定，按时间顺序一般可分为预备阶段、立项阶段、起草阶段、征求意见阶段、审查阶段、批准阶段、出版阶段、复审阶段和废止阶段9个阶段。服务标准的制定可根据实际情况，减少部分阶段，但是至少应包括起草阶段、征求意见阶段、审查阶段、批准阶段和复审阶段。按逻辑顺序，服务标准的制定，可分为识别服务接触环节和顾客期望、将顾客期望转化为具体标准条款、正式制定标准、对标准进行评估以及实施和修订服务标准5个步骤。

（一）要素识别

1. 梳理服务的主要要素和环节

对服务活动的主要环节和要素进行梳理，是制定服务标准的前提。一般而言，一项服务活动的主要环节和要素包括两个层面：一是服务支撑要素层面，即为保障服务顺利进行而需要准备的人员、设施、设备以及其他要素；二是服务传递要素层面，即服务提供者利用相关支撑要素，向顾客提供满足其需求的服务的各个环节和步骤。

2. 确定要素和环节的重要程度

由于服务的各个支撑要素和环节影响整体服务质量的重要程度不同，因此，在对服务要素和环节进行梳理后，就需要对每个要素和环节的重要性进行评估，确定其影响整体服务质量的重要程度。

确定要素和环节重要程度时，要充分考虑顾客期望，以顾客感知的服务质量作为判断依据，这就要求在这个环节中，广泛开展顾客调研。

（1）会议调研法。邀请具有代表性的消费者或消费者组织，召开征求意见座谈会，现场获得消费者关于不同要素和环节重要性的意见。会议调研法的好处是能在短期内获得有效的信息反馈，其缺点是与会代表覆盖面有限，可能具有一定局限性。

（2）问卷调研法。设计调研问卷，向不特定对象发放问卷，并对问卷结果进行汇总分析，以此确定消费者对不同要素和环节重要性的意见。问卷调研的好处是调研的范围较为广泛，其缺点是问卷的回复率较小，成本较大。

（3）实地调查法。派出调查人员或小组，深入服务现场或跟踪顾客接受服务的全过程来观察问题、征求意见。这种方法的好处是调查人员可以观察到顾客的实际态度和反应，并能有针对性地得到顾客的反馈信息。其缺点是适用的服务种类有限，周期较长的服务无法采用此方法。

（4）角色转换法。标准起草者把自己假想为消费者，设身处地分析顾客需求。这种方法的关键是起草者要把自身的角色转换为顾客的角色，否则会出现不可靠的反馈信息。

3. 确定标准应规范的要素与环节

了解了不同要素和环节的重要程度，就需要进行抉择，确定哪些要素和环节要纳入标准规范的内容，哪些可以在标准中舍弃。

一般而言，确定是否应纳入标准规范内容的依据主要有：

（1）标准化工作范畴。着重考虑标准与法律法规以及其他规范性文件的界限。

（2）制定标准的目的。不同目的会侧重于不同的内容。

（3）标准的层级划分。国家、行业、地方和企业标准，在规范的内容上会有一定区别，例如企业标准会侧重于服务的流程，而国家和行业标准，为避免干涉企业内部活动，一般会侧重于服务支撑要素以及服务传递环节的结果要素。

（二）指标确定

1. 指标的选择

在正式制定标准之前，应根据要素和环节的具体情况，确定标准的关键技术指标，这些指标可能是硬性指标，也可能是软性指标。

能够用定量化（数量化）语言或时间化语言表述的标准，称为“硬”标准。例如“电话铃响 10 秒之内必须有人接”“顾客来信必须在 2 天内作出答复”和“给顾客回电不超过 2 小时”等，都是“硬”标准。“硬”标准主要适用于服务相对简单、人际交流相对较少的服务环节。

然而，不是所有的服务标准都容易用定量化语言或时间化语言表述。较难用定量化语言或时间化语言表述的标准，称“软”标准。例如“要关注顾客个性化需要”是一项与关注性有关的服务标准。“顾客的个性化需要”“关注”等行为都难以用定量化或时间化语言描述。“软”标准有一定的灵活性，更适合服务人员运用服务接触技巧和发挥服务人员的创造性。“软”标准主要适用于服务相对复杂、人际交流比较多的服务环节。

起草组在拟定服务标准时，可以根据服务环节的复杂程度和人际交流的需要程度拟定“硬”标准或“软”标准。一旦起草组决定是采用硬指标或是软指标，下一步就必须通过各种方式得到这些指标规范的技术内容。对硬指标的测算可以通过机械计数、定时测算等技术方式实现。对软指标的确定则稍微复杂一些，需要向服务人员和顾客征求意见来进行感知测评。

2. 确定指标的具体数值或表述

在确定采用硬性或软性指标后，标准起草组就需要确定指标的具体数值或表述。起草组必须将相关要求转化为具体化、明确化、量化、可操作化的条款，只有这样才能转变为有效的服务标准。服务标准的具体化、明确化的主要技巧是采用定量化或时间化语言。采用这样的语言，有助于服务标准的具体化、明确化。

（三）编制标准

制定服务标准时，除遵循标准制定的一般程序和要求以外，还应根据服务本身的特性，在标准立项和起草时重点考虑相关事项。

1. 立项阶段

申请制定服务标准时，要确定以下事项：标准的目的、范围和适用的领域；服务提供者；服务满意度；当前可获得该项服务的用户群；消费者和服务提供者之间的沟通情况。

2. 起草阶段

标准起草工作组要做好充分的准备工作，确保以下事项：起草组中有消费者代表；起草组中服务提供者、用户及其他利益相关方的代表比例均衡；起草组成员熟知标准制定程序；起草组成员掌握用户投诉信息中与用户相关的信息，例如顾客投诉、事故和事件数据。

（四）标准评估

标准制定后，应通过各种方式对其适用性进行检验。一般而言，可以通过技术手段对硬性指标的合理性进行检验；同时可以选择部分消费者进行模拟交易来检验。检验时，对标准中不合理的地方应及时修改，予以纠正。

（五）标准修订

服务标准制定后进入实施阶段。在实施服务标准过程中，要建立一个信息反馈机制，以发现新标准存在的问题并加以修订、完善。服务标准的信息反馈机制通常就是服务标准的考核机制。按服务标准考核服务行为，找出服务行为不符合服务标准的情况。

当“服务标准正确，服务行为错误”时，要对服务行为加以调节和控制，以保证服务行为达到服务标准。这对服务标准的修订工作没有影响。

当“服务行为合理，服务标准有缺陷”时，服务标准可能存在标准过高或过低两个问题。服务标准定得过高，超过了标准使用者的组织实施能力，这样的标准就难以实施，需要进行调整。服务标准定得过低，就缺乏挑战性和竞争力，不符合服务标准的选择标准，也需要调整。

三、服务标准制定的要求

服务标准可能存在标准过高或过低两个问题。

标准编写是标准化工作的关键环节，是标准实施的重要基础。标准的编写质量直接影响标准化工作的有效性。在标准编写时应遵循有关规则。

（一）服务标准编写的要求

1. 符合现实需求

编写标准时，首先要识别与相关单位所提供的服务和组织的实际情况相关的国家法律法规要求，特别是安全、卫生、环境、节能减排和保护消费者合法权益等方面的法律法规，如《中华人民共和国食品安全法》《中华人民共和国消费者权益保护法》和《突发公共卫生事件应急条例》等。

2. 满足不同需求

不同的服务对象可能对服务提供有不同的需求，编写标准前应充分考虑服务对象的需求。对于处于相对弱势的服务对象，如老年人、儿童、不同文化背景的顾客及患病残疾或行动受限等顾客的期望和需求。

3. 确保内容适用

服务提供过程是服务的关键环节，是其服务质量和水平的体现。为了确保标准的适用性，在编制标准前应充分识别和分析服务提供过程的各环节，确定每个环节的输入、输出、所需的资源、提供服务的相关人员、所需的作业标准以及评价标准等。

4. 借鉴先进经验

有关单位在制定服务标准时应收集相关资料，重点查找是否有相关的国际标准或国外先进标准，对于先进的国际标准或国外标准，可结合组织的实际情况加以采用，如《标志用公共信息图形符号》（GB/T 10001）。同时，鉴于管理体系标准比较成熟，且许多服务业组织不同程度地建立了相关管理体系，如质量管理体系、环境管理体系、职业健康安全管理体系，因此制定服务标准时，应充分考虑《质量管理体系要求》（GB/T 19001－2008）、《环境管理体系要求及使用指南》（GB/T 24001－2004）、《职业健康安全管理体系要求》（GB/T 28001－2011）等标准的相关规定，以确保标准之间的协调性。

5. 强化可操作性

为便于标准使用者正确理解和应用标准，标准的结构要清晰，层次需分明，标准内容要具体。只有内容具体才能确保标准的可操作性，并有利于运用标准检查工作。

6. 便于实施应用

制定标准的目的在于应用，应用的前提在于充分理解标准的规定。因此标准制定过程中应做到语言简明、通俗易懂；不应使人产生歧义；且在一个标准或系列标准中应用到的术语、符号和代号应统一。

（二）服务标准的基本构成

服务标准构成主要包括资料性概述要素、资料性补充要素、规范性要素。

1. 资料性要素

资料性要素是标识标准、介绍标准、提供标准的附加信息的要素。声明符合标准时无须遵守这些要素，这些要素在标准中存在的目的是提供一些附加信息或资料。

（1）资料性概述要素。资料性概述要素是标识标准，介绍其内容、背景、制定情况以及与其他标准的关系的要素。具体到标准中，包括封面、目次、前言和引言。

（2）资料性补充要素。资料性补充要素是提供附加信息，以帮助理解或使用标准的要素。具体到标准中，是资料性附录、参考文献、索引等。

2. 规范性要素

规范性要素中的服务要求是服务标准中必须具备的内容。关于规范性要素除名称、范围、规范性引用文件、术语和定义、符号和缩略语之外，还包括服务业组织要求、职员要求、顾客要求、合同要求、支付要求、交付要求、服务结果要求、服务环境要求、设备要求、补救措施要求、沟通要求等内容，涵盖了服务业的各类标准化工作对象，但由于服务业组织所处行业与开展业务千差万别，在具体制定标准时可根据实际情况进行删减。

（三）服务标准的编写技术

《服务标准制定导则考虑消费者需求的建议》（GB/T 24620－2009）借鉴国际标准化组织 2008 年发布的《ISO/IEC Guide 76：2008》，给出了制定服务标准时通常关注的 12 个要素，这对服务业相关国家标准、行业标准和地方标准的制定提供了重要的指导。并非每一项服务标准都要包含上述 12 个要素，有些服务标准只需针对其中的几个要素展开编写工作，也不排除有些服务标准还要考虑除这 12 个要素以外的其他要素。

对于服务业组织标准的编写，《服务业组织标准化工作指南　第 3 部分：标准编写》（GB/T 24421. 3－2009）有具体的规定，从服务规范、服务提供规范等角度给出了服务业组织在制定组织内部标准时应遵循的要求。

1. 服务提供者

服务提供者是指提供服务的组织或个人，服务提供者与顾客是提供服务与被提供服务的关系。例如顾客直接到宾馆住宿，宾馆就是服务提供者。

制定“服务提供者”的标准可从组织的质量管理、环境管理、职业健康安全管理、偿付能力和其他财务方面、诚信、能力、社会责任、人力资源管理等多方面进行规范。

对服务提供者进行规范，主要目的是帮助服务提供者建立一整套运行有效的质量管理、环境管理、职业健康安全管理、财务管理等制度体系，规范服务提供者内部管理，从而保障服务过程顺利进行。

对服务提供者的规范可包括质量管理、环境管理、职业健康安全管理、偿付能力和其他财务方面管理、能力、诚信、社会责任、人力资源管理 8 个方面。

在编写服务提供者标准时，要注意是对服务提供者内部事项进行规范。例如同样是对人的规范，在服务提供者中是人力资源管理进行规范，主要规范人员的构成、管理人员以及人力资源管理制度；在职员中，则主要规范人员能力、态度等内容。

如《社区服务指南　第 8 部分：家政服务》（GB/T 20647. 8 - 2006）：

5. 3 文件要求

5. 3. 1 总则

家政服务组织应根据组织的发展战略、服务特点、员工素质，建立内部管理制度，并形成相应的文件，作为组织管理的依据。

家政服务组织还应明确文件控制要求，主要包括：

在充分调研的基础上编制文件；

注重组织内部对文件的学习和宣传；

如文件发生变更，及时通知相关人员，并重新学习和掌握。

2. 供方

供方是指为服务提供者提供产品或服务的组织或个人。供方包括制造商、批发商、产品的零售商或商贩、服务或信息的提供方，提供的产品可包括构筑物、系统、部件、零件或材料以及计算机软件等；提供的服务包括设计、制造、检查、无损检验、修理或安装等。

供方管理是极其复杂的经济活动，它包含多个环节，如采购信息收集、合格供方评估、合格供方选择、采购价格确定、合同签订、供方评价等内容。在服务标准中，对供方的规范，要注意规范与服务质量直接相关的内容，主要包括供方的资质管理和供方的绩效管理，而对于供方在某次具体供应活动的管理，一般在服务提供者与供方的合同中确定，例如供应物品或服务的质量、数量等。

如《旅行社服务通则》(LB/T 008－2011)：

7.3 服务供方管理

旅行社应：

a) 选择具备合法资质的接待单位作为服务供方，确保服务供方能够提供符合约定的服务。旅行社在国内选择的提供服务的车辆应符合 GB/T 26359 的要求。

b) 与服务供方间签署合作协议，并对服务要素及质量进行明确约定。

c) 保留与服务供方间确认采购服务要素的质量、价格及相关说明的往来书面记录并留存业务档案。

d) 旅行社应建立服务供方的信誉档案，每年进行服务供方质量评估工作，并与服务供方建立质量沟通机制。对于不符合质量要求的服务供方应及时沟通，要求其改进服务质量，拒不改正的，应及时予以淘汰。

3. 服务人员

近年来，基于对职员作用重要性的认识不断深入，人们对于职员管理的关注和重视程度日益加深，因此服务标准中通常都会提出针对职员的规范性要求。由于服务标准的最终实施是由每个职员的个体行为完成的，因此在编写服务标准时宜实不宜虚，要求应明确、详细、具体、清晰、可操作性强，同时在考虑标准适用范围的基础上尽可能地规范至服务最末端。

服务人员的工作能力、知识水平、职业技能、职业道德等可以直接影响到组织的安全、保障和服务提供能力。因此，标准可以直接列明服务业组织所必须达到的人员配置标准，如最低人员配备、人员的能力要求和重要岗位人员所占全体员工的最低比例。

应规定从事影响服务提供过程的人员的资格要求，资格要求应根据组织的机构设置、岗位设置、岗位职责及所需的人员技能和资格来确定。应规定一个合理的能力水平，过高和过低的要求都是不适宜的。标准中还应特别关注与顾客直接接触的人员。

对于人员能力的要求，应从教育、培训、技能、经验以及人员的健康与素养方面予以规定；对于人员素养方面的要求应包括对顾客隐私保密等方面的要求。

4. 顾客

顾客是指接受服务产品的组织或个人。广义的顾客不仅可以包括最终消费者，也可以是购买者、使用者或者其他受益者。这里的顾客包括了正在考虑预约服务、购买服务或享用服务的人。为保证顾客（相关的个体或预约团体）的安全和隐私，顾客需要达到一定条件才能被允许签订服务合同或接受服务。这些条件包括年龄、知识或技能、态度（例如顾客爱惜设施、尊重职员和其他顾客）或健康（例如患有心脏病的老年人不能剧烈运动）的最低要求。需要对在年龄、健康或智力方面处于弱势的顾客制定具体条款。有限制条件时（例如合理的安全因素），服务提供者应明确表述。服务标准中对于顾客要素的编写可从顾客资格、顾客行为和顾客责任 3 方面体现。

5. 合同

合同是服务提供环节中的关键要素，顾客凭借合同内容要求服务提供组织提供服务。当发生服务提供不当时，顾客可根据合同内容进行索赔。鉴于目前存在有服务提供组织通过格式合同来侵害顾客合法权益的现象，因此有必要在服务标准中对合同要素予以规定和强调，以确保顾客利益得到最大程度的保护。

（1）清晰明确。订立口头合同时，清晰而有条理的沟通至关重要。订立书面合同宜使用简单易于理解的语言，并包含关键术语的解释。具体领域的标准需明确哪些条款需要解释。合同的印制宜具有足够的尺寸和可选方式（例如字符大小和语种）。为与服务交付相适应，具体领域标准可提供适合格式的详细信息。

（2）客观公平。关于公平合同条款、撤销权、全部成本、数据保护等方面的规定，需遵守国家法律法规。对于每年一签的服务合同，消费者可能认为服务自动延续（例如车险），因此，合同需明确指出是否存在自动转签，以及长期服务享有哪些权利。需考虑长期服务的一些权利是否为该行业消费者享有，并考虑是否有必要对其进行详细描述。

（3）格式正确。合同的设计影响对合同的理解。关键信息的位置和表达方式需考虑国家或部门规定。

6. 支付

服务通常针对不特定的顾客，且顾客较为分散，因此告知有关支付的相关信息，并尽可能提供便捷的支付方式和多种支付途径供顾客选择，对于保护顾客知情权、增强顾客的满意度具有重要意义。

（1）相关信息。关于是否包含服务费、税费、运费等费用的发票或结算单应明确说明。适当时，应提供单位价格信息（如电话费、电力和燃气供应）。

（2）支付方式。支付方式可能包括现金、代金券、签账卡、信用卡或电子资金转账。消费者可能更喜欢有多种支付方式供选择。标准中宜给出适合于被交付服务的支付方式，另外，如果预计的支付方式不可用或某种特定的支付方式存在相关的附加费用，应在标准中明确指出。

（3）支付条件。关于部分或全部支付服务费用的时限信息、大笔金额支出（如购房保证金）、增值税、小费的信息应明确。合同中应规定投诉种类的处理，参照组织投诉程序和外部争执解决条款。

7. 交付

服务交付是服务提供的核心内容，是顾客获得服务、满足服务需求的重要环节。

（1）活动说明。具体领域的标准宜简要概述服务所包含的各种活动。

（2）可信赖性。具体领域的标准需描述交付协议。参照具体行业的评级方案，例如酒店评级方案。

（3）健康安全。其他标准或适用的法律法规要求可能与健康和卫生问题相关，例如与服务环境或者作为特定服务交付部分的商品的供应有关。其他标准或适用的法律法规要求可能与安全问题相关，例如与服务环境、使用设备或作为特定服务交付部分的商品的供应有关。

（4）环境卫生。对环境、人类和文化遗产的保护宜予以考虑，包括废物处理（减少、恢复或再利用）、降低气味、减少噪音和视觉污染，同时应增强顾客和职员的环境保护意识。

（5）行为守则。可以参照《质量管理顾客满意度组织管理的规范指南》（ISO 10001：2007）提供的行为规范。此外还需考虑组织使命、价值和质量承诺以及具体行业规范。

（6）保密隐私。需遵守隐私和数据保护方面的相关规定。保密性包括人（如成人/儿童和领导/团队安排）、所有物（如用于安全存放有价值物质的设施）、投资、财务信息和顾客身份（如个人数据访问限制、互联网代码等)。它们各自相应的重要性取决于被交付的服务。

如《社区服务指南　第2部分：环境管理》(GB/T 20647.2－2006)：

6.3 垃圾的收集和运输

6.3.1 垃圾收集

垃圾收集应符合以下要求：

设施摆放的位置应固定；

确保垃圾收集设施和场地的清洁；

每日定时收集垃圾；

不可再回收垃圾（例如，废旧家具、家用电器、电池）应按指定地点存放并定期消除。为了节约资源、保护环境，社区应逐步实现垃圾的分类收集。

6.3.2 垃圾运输

垃圾运输应符合以下要求：

确保垃圾运输设施和场地的清洁；

装卸垃圾的过程中应采取降尘措施；

运输过程中应尽量降低噪声；

运输垃圾的车辆应密封，并确保无垃圾的散落和滴漏。

7.5.4 垃圾污染防治

垃圾污染防治的主要措施应包括：

实施垃圾分类管理；

管理并维护垃圾处理设施。

8. 服务结果

服务结果是顾客对于所享受服务的一个评价，是服务提供组织关心的重要方面，同时，也是服务提供组织持续改进服务的重要信息来源。

（1）顾客满意度。参考建立顾客满意度的方法，包括对投诉数据和顾客调查的定期分析。

（2）持续改进。服务提供者应预见或预先设计到某种持续改进的方案。质量管理标准，如《质量管理体系业绩改进指南》（GB/T 19004－2000)，提供了持续改进方法。实现改进目标的途径包括分析相关的投诉、索赔和事件（或意外事故）的数据。适当时，定期分析顾客满意度信息以及对顾客需求的调查，不断提高服务质量。

如《国际货运代理服务质量要求》(GB/T 22154－2008):

8.1 持续改进

企业应不断寻求对其服务过程的改进,强调改进措施过程的效率和有效性,并应监控这些措施,以确保实现预期目标。可能采取的改进措施可以是日常的改进活动,直至长远的改进项目。措施主要包括:

a) 树立整体服务质量管理的思想;

b) 坚持持续进行服务改进的理念。

9. 服务环境

提供服务的客观条件状况的好坏在很大程度上也可能决定服务结果。可以毫无疑问地说,像麦当劳、肯德基那样同时在不同国家不同地区提供同一种服务的组织,如果没有对服务人员、服务环境以及服务程序的严格控制,就不可能给消费者提供"全球一致"的优质服务。

针对所应达到的基本条件以及管理提出要求,以确保服务环境满足顾客需求。如宾馆内不同季节的温度控制要求、噪声的控制要求,银行内光线的控制要求,餐厅内的清洁卫生控制要求等。

环境因素的提出源于《环境管理体系要求及使用指南》(GB/T 24001－2004):环境是组织运行活动的外部存在,包括空气、水、土地、自然资源、植物、动物、人以及它们之间的相互关系。外部存在是由组织延伸到自然界的各种直接或间接影响人类生活和发展的因素的总体。

环境因素是组织在活动、产品和服务中能与环境发生相互作用的要素。如厨房废水的排放、空调氟利昂的泄漏、水和电的消耗以及噪声的排放等。

环境影响是由组织的环境因素给环境造成的任何有害或有益的变化。环境因素和环境影响之间是存在因果关系的。判断环境因素是否造成环境影响主要看环境是否发生了变化,组织需要控制的是对环境造成不利影响的环境因素,对于造成有益影响的环境因素应保持。

在编写标准时,应识别出特殊环境下可能出现的情况以及相关法律法规要求,并从环境条件(如酒店规定不同季节的温湿度的控制要求)、环境因素(对组织内的环境因素进行识别和管理)和环境运行控制(日常运行中控制和减少有害环境影响的要求)3个方面制定环境管理的标准。

10. 服务设备

设备是提供服务的重要手段和支撑，设备的性能、质量和安全等因素也将直接影响服务结果。尤其是依托于高技术产业的服务业，如航空运输和电信服务，更需要对高技术含量的辅助设备进行有关安全、性能等重要方面指标的精密检测与控制。

设施、设备和用品是保证服务提供活动的资源。管理者应结合顾客要求按服务提供的策划配备这些资源，并在日常工作中对这些资源予以有效的管理。服务业组织应从购置、验收、使用、存放、维护保养和报废处置等方面对设施、设备和用品资源进行规定：建筑物、工作场所，如办公楼、服务提供的现场（餐厅、酒店大堂、客房等）、储存场所等，以及与之配套的水、电、气的供应、通风照明、空调系统等相关设施；过程设备，泛指各种类型的与服务提供过程相关的各种硬件和软件，如办公设备及软件、工具、器具、装置等；支持性服务或者设施，如通信技术及设施（如果是以提供通信服务为主的服务业组织，此类设施属于过程设备），运输设施、信息系统、维护网络等；各类用品，除设施、设备之外，为保证服务提供活动所需的物资，如餐饮业的食物原料、饭店业的客房用品等。

对于设施、设备和用品的标准应从两个方面予以考虑：一是对确保服务提供过程的有效运作所需的设施、设备和用品的要求，如设施设备的安全技术要求和最低配置的要求等。二是对设施、设备及用品的管理要求，如设施设备的操作规程、维护保养规定、报废处理规定等。

如《旅游景区服务质量规范》（DB45/T 381－2006）：

5 服务设施

5.1 公共设施

5.1.1 停车场

5.1.1.1 旅游景区应设置与其规模相适应的停车场。

5.1.1.2 停车场应地面平整、出入畅通、设置车位标识。

5.1.1.3 停车场机动车出人口及人员通道应分开。

5.1.1.4 停车场应设专人管理并引导出入。

5.1.2 收费处

5.1.3 特殊人群服务

5.1.3.1 出入口及重要景点除文物保护有规定外，应设立无障碍通道。

5.1.3.2 出人口及必要部位应为老年人、儿童、残疾人等特定人群提供特殊需要的用品、用具和服务。

……

5.9 特种设备

5.10 安全设施

5.11 消防设施

11. 补救措施

（1）服务的中断或变更。发生影响使用者安全、服务中断或紧急情况时，用户希望在恢复正常服务和采取临时措施之前及时得到有关事故性质、所涉风险、联系方式、清晰的说明等信息。补救措施中宜具体规定政策、程序、相关设备，以及在各种情况下获得应急服务的渠道。具体领域标准可规定具体情况以及适用相关法律法规的特定情况。一旦出现公司被接管、兼并、迁移或其他对消费者造成影响的类似情况时（如服务的可获得性或条件可能发生变化时），在情况确定之前宜采取适当的措施通知消费者，并提供合理的连续性服务或顺延服务期限。

（2）责任条款。服务提供组织宜依据具体情况提供适当的保险。具体领域标准需明确可能需要保险的特殊领域和最低程度。

（3）保证。依据所交付的服务，保证向顾客提供适当履行（如列车到达时间间隔或旅馆客房保留时间段）。具体领域标准宜指出需要提供担保的范围或最低要求。

（4）赔偿。需制定服务未按照协议交付时的赔偿条款（如由于电力供应中断，电力公司自动提供补偿，或者航班延误超过规定的时间时，航空公司自动提供补偿）。在行为守则中宜制定这样的承诺。需要制定组织投诉程序和外部争端解决办法的相关条款。

如《快递服务　第3部分：服务环节》（GB/T 27917.3－2011）：

5.4.5 无法投递快件

快递服务组织应在投递前联系收件人，当出现快件无法投递情况时，应采取以下措施：

（1）首次无法投递时，应主动联系收件人，通知复投的时间及联系方法，若未联系到收件人，可在收件地点留下派送通知单，将复投的时间及联系方法等相关信息告知收件人；

（2）复投仍无法投递，可通知收件人采用自取的方式，并告知收件人自取的地点和工作时间；收件人仍需要投递的，快递服务组织可提供相关服务，但应事先告知收件人收费标准和服务费用；

（3）若联系不到收件人，或收件人拒收快件，快递服务组织应在彻底延误时限到达之前联系寄件人，协商处理办法和费用，主要包括：

a）寄件人放弃快件的，应在快递服务组织的放弃快件声明上签字，快递服务组织凭放弃快件声明处理快件；

b）寄件人需要将快件退回的，应支付退回的费用。

12. 沟通

（1）服务提供者与顾客之间的沟通。顾客与服务提供者之间的沟通发生在服务提供之前、服务提供过程中和服务提供之后。广告中和其他宣传资料中所包含的信息以及签订合同、提供和支付账单、保证、维护和投诉等后续信息非常重要。

沟通方法。特定领域标准宜针对可能使用的信息和沟通技术（面对面、互联网、电话、传真、信件、电子邮件）提出具体要求。宜提供可选方式和面对面交流的机会。

沟通内容。服务交付时，应提供详细说明和具体要求，尤其涉及儿童时，应扼要说明价格、税费或服务费、支付方法和账单。应清楚说明保证和赔偿形式，包括索赔和投诉处理政策，活动取消政策（例如允许的取消时限）。此外还要提供详细的服务提供者的联络信息以及关于第三方参考资料的可用性和使用权限的信息。

标准宜考虑格式布局、措辞、电子信息的句法规则等。语言需明确、简洁、真实，考虑顾客的潜在特殊需求。此外，也要考虑具体行业要求、协议和标准。

沟通频率。沟通失败可能导致出现问题以及顾客对服务提供者的投诉。因此，在服务交付阶段，标准宜指出沟通的关键环节以及最小沟通频率/间隔。在可能进行“实时”沟通的情况下，宜考虑适当的反应速度（例如电话询问或使用互联网）。

易接近性。不能与服务提供者联系是顾客失望的潜在原因。因此，宜为所有顾客提供清晰可用的有关服务提供组织职员的信息（包括地点、办公时间、平均等待时间、每次呼叫成本、媒体、可选方式等），并且这些信息应适合被交付的服务。

态度政策。服务提供组织宜制定相应的顾客服务政策和流程，包括礼貌要求。

行为守则。服务提供组织宜提供其行为守则是否公开和如何获得的信息。特定领域标准中可作出规定。

顾客满意度测量。服务交付时，需提供获得反馈信息的方法，并确定能够从广泛的用户，包括有特殊需求的用户获得反馈。

（2）服务组织内部沟通。服务组织内部以及该组织与其供方之间应进行良好的沟通。

沟通方法。标准宜针对可能使用的信息和沟通技术（面对面、互联网、电话、传真、信件、电子邮件）提出具体要求。宜提供可选方式。

沟通频率。沟通失败可能导致出现问题或引起顾客对服务提供者的投诉。在服务交付阶段，标准宜指出沟通的关键环节以及最小沟通频率/间隔。

共享信息。组织的政策和流程宜涵盖服务提供者与其供方之间，或服务组织内部的不同部门之间要共享信息的数量和质量，尤其涉及顾客隐私信息时。这包括对个人数据使用权的控制，尤其涉及广告、向其他组织销售等。

第三节　服务标准的实施

服务标准的实施是整个标准化活动的重要环节，标准实施的好坏直接关系到整个标准化活动的成效。服务标准实施是将标准贯彻到生产、服务、技术、经营以及管理工作中的过程。服务标准编制完成正式发布之后，应立即组织各相关部门和各相关单位研究、落实标准的实施工作。服务标准只有通过贯彻实施，才能在服务活动规范、服务过程控制、服务质量保证、服务（产品）实现等方面产生预期效果，发挥标准的作用和效益。

一、服务标准实施的原则

服务标准的实施应遵循因地制宜与实事求是相结合、关注顾客与注重实效相结合、重点突破与全面推广相结合、沟通协调与评价改进相结合的原则。

（一）因地制宜与实事求是相结合

由于客观条件的限制，不同行业往往呈现出不同的行业特性，其环境、人员、技术、设备、服务对象及管理水平也各不相同。因此，实施服务标准时，要区别对待，因地制宜地制定符合本地区、本行业、本组织、本部门客观实际的服务标准实施方案，最终达到规范服务内容、提高服务质量、优化服务流程、保障顾客利益、保护环境卫生、增强市场竞争力、产生最佳经济社会效益的目的。当有些标准中给出不同等级要求时，更应结合本地区、本行业、本组织、本部门的客观实际和发展潜力，科学合理、实事求是地确定要实施的等级。否则，不但会造成资源浪费和因目标过高无法实现影响“士气”，而且最终也无法实现标准的预期效果。一般来说，实施某项标准可以策划若干方案，再对这些方案应进行科学论证和综合评价，从中挑选出一个符合当前实际且经济社会效益最佳的方案组织实施。

（二）关注顾客与注重实效相结合

服务标准的实施应在考虑顾客需求和期望，突出服务过程和特点的基础上，充分发挥出标准的效益。实施服务标准，应从顾客的角度出发来思考问题，在明确谁是顾客（包括潜在顾客）和了解顾客需求（包括潜在需求）后，尽一切可能去满足甚至超越顾客期望，把提高顾客满意度和突出标准实用性作为首要目标。服务只有满足顾客需求，获得顾客认可后，才有可能取得预期的经济社会效益。同时，标准的实施应注重实效。要严格按照标准要求组织实施，为顾客提供高质量服务，增强顾客满意度，重视并及时有效处理顾客的投诉建议。只有这样，才能造就忠诚的顾客群体，不断提高标准实施的经济社会效益。因此，在研究确定标准实施方案时，应尽量选用投入较少、收益较大、见效较快的方案，要追求标准实施效益最大化，优先采纳和应用能获得显著经济社会效益的标准实施方案。

（三）重点突破与全面推广相结合

服务标准涉及各行各业，领域广阔，一项服务标准（尤其是内容和结构较为复杂的标准）的实施，应根据其所在地区、行业、组织和部门的实际情况以及服务标准的内在要求，统筹安排、科学谋划，分重点、分层次、分批次地组织实施。通过在若干重点指标、关键环节取得实质性突破后，再逐步加快标准实施的时间进度，最终达到全面推广实施的目的。当同时实施多项服务标准时，应系统、全面地考虑各项标准的特定功能和实施要求，以及它们之间的相互衔接和内在联系。标准实施既要着眼于眼前，又要放眼于未来，可以根据标准实施难易程度的不同，按照由易到难或者由难到易的顺序，有选择、有重点地分批实施，通过点上的突破，不断总结经验，以点带面，最终积极稳妥地实现多项服务标准的全面推广实施。

（四）沟通协调与评价改进相结合

服务标准的实施应注重沟通协调，尤其是同时实施多项服务标准或标准实施涉及多个地区、多个行业、多个部门时，应建立有效的沟通协调工作机制，及时研究解决标准实施中可能出现的各种问题，避免标准内部或标准之间的不协调、不配套，重复甚至矛盾，进而保证标准实施的系统性和有效性。服务标准实施是一个不断改进螺旋上升的循环过程，标准实施过程中要持续跟踪、监督和考核标准实施的效果，及时反馈并妥善管理标准实施中产生的各种信息和数据。标准实施过程中应按标准要求建立规范的标准实施记录并保存这些原始记录，尤其要对标准的实施监督以及考核中发现的问题及时进行总结分析，采取纠正和预防措施，以便于改进后更好地实施标准，不断提高标准实施效果。

二、服务标准实施的程序

服务标准实施是一项复杂细致的工作，涉及服务提供的各项活动，以及管理、保障等多方面，而且不同的服务标准，实施的难易程度不同，要求的实施条件也不尽相同。服务标准实施工作可分为计划、准备、宣贯、实施、监督、反馈、总结 7 个步骤进行，也可根据实施标准的实际情况进行调整。

（一）制订计划

要实施的服务标准，无论是国家、行业、地方标准，还是组织自己制定的标准，无论是一项标准，还是多项标准，标准实施前都要制订详细的工作计划（或方案），统筹规划，周密部署。不同地区、不同行业或不同组织都应结合客观实际情况制订目标明确、切实可行的标准实施计划。必要时，还要对拟实施的服务标准，先组织制订若干实施计划广泛征求意见，经过科学论证后再确定其中一个最佳方案组织实施。

1. 编制实施计划的主要内容

包括标准实施的范围、方式、内容、步骤、归口部门、协作部门、负责人员、时间安排、应达到的目标和要求、实施经费，以及为实施该项标准所需的技术、设备、流程改进项目等。

2. 编制实施计划的注意事项

（1）从总体上分析实施标准的有利因素和不利因素，确定实施的先后顺序和应采取的措施。除一些重要标准需要专门组织实施外，一般标准应尽可能结合或配合日常服务工作进行宣贯或实施。

（2）将需要多部门、多环节共同实施的标准分解成若干项具有可操作性的任务和要求，分配给各有关部门和具体人员，明确职责，规定完成时限以及相互配合的内容和要求。

（3）根据标准实施的难易程度和涉及范围的大小，选择合适的实施方式，对难度较小且涉及范围较小的标准，可一次性铺开，全面贯彻；对涉及范围广、实施难度较大的标准，可先行试点，然后分期组织实施。这样既能确保标准实施工作的全面推进，又能兼顾重点标准的实施进程。

（4）多项标准的实施计划制定还应考虑标准之间的相互协调，合理组织人力、物力资源，避免内容交叉、重复，人为造成矛盾。这样既能保证标准实施工作的顺利进行，又不造成资源浪费。

（二）实施准备

实施每项标准都需要做一些前期准备工作，准备工作是确保服务标准顺利实施的关键环节和重要保证，准备工作不足或过于简单，一旦标准实施过程中出现问题后得不到及时解决，便会延缓标准实施进度，影响实施效果。政府部门制定发布的标准，通常涉及社会管理和公共服务领域，社会影响面更广、百姓关注度更高，对经济社会发展的影响更大。实施这类标准时，更需要扎实做好实施前的各项准备工作，并针对标准实施过程中可能出现的各类突发情况做好应急预案。准备工作主要包括组织准备、人员准备、经费和物资准备、技术准备 4 个方面。

1. 组织准备

标准的实施，尤其是涉及面广，需要统筹安排和由专人负责的重大基础标准的实施，必须建立一个领导机构和日常工作机构，研究标准实施的各项具体措施，协调解决标准实施过程中出现的问题。领导机构的建立应根据标准实施的范围和要求来确定，主要是明确领导机构由谁来牵头负责，有哪些单位、部门和人员参加，以及对应的职责权限等。标准涉及的范围越广、内容越复杂，领导机构的层次也相应越高，参加的单位、部门和人员也就越多。必要时，还可以专门成立以决策层领导为首的标准实施领导小组，各单位、各部门负责人员均应作为小组成员，共同组织和协调标准实施工作。对单一的、较简单的标准的实施，也应设专人或某一具体单位或部门来牵头负责标准实施工作。

2. 人员准备

实施标准涉及的关键岗位，应配备具有相应资质和技能的工作人员。服务行业的许多服务活动都是由服务人员与顾客直接接触来完成的，服务质量的高低与服务人员的技能、素质直接相关。服务标准通常明确规定了服务人员的任职资格。例如，在养老护理服务行业，护理人员要取得养老护理员资格证书方能上岗。政府公共管理服务标准的实施涉及突发事件和应急情况的，都需要具有应急处理的专业知识，甚至处理过类似情况的人员才能完成实施任务。对技术要求较高或国家有明确规定的，在标准正式实施前，通常需要对有关实施人员进行专业系统的培训，对技能要求不高的岗位，一般也要进行相应的岗前培训。

3. 经费和物资准备

服务标准实施要有一定的资金和物资条件做后盾。服务标准是对服务提供的规范，对服务的各个环节、最终质量都作出了明确规定，并具有一定的先进性。为了达到标准要求，往往需要对现有设施设备进行技术改造，有时还需要购置新设备或必要的检验检测设备、服务用品、工具等。如有些组织制定的《服务人员着装规范》《服务大厅设置规范》标准中，明确提出了对服务人员统一着装，服务大厅应配备设施设备的要求，这些要求都需要一定的经费来支持才能实现。因此，实施此类标准前，应做好详细的经费预算和物资采购计划。其他服务标准实施中所需要的原辅料、设施设备、服务用品、工具、资金以及与实施标准相适应的环境条件，尽管不必在全部备齐后再开始实施，但必须按照标准实施过程及时提供，以免不能启动或中断标准的实施，影响标准整体实施进度。尤其在实施有关健康、安全、环保类标准时，要充分考虑到突发情况，及时备足物资，以保障社会和谐和稳定。

4. 技术准备

技术准备也是标准实施过程的一个关键活动，要根据标准实施计划，重点做好以下工作：一是提供标准文本及必要的宣传、介绍资料，有些标准还应准备有关图片、幻灯片以及其他音像资料。例如，政府部门在必要时可选择电视、广播、公共媒体、新闻发布会等形式，促进标准实施。二是针对某些特殊标准，还应编制新旧标准对照表，预先提出对标准实施中可能出现的主要问题的处理措施。三是标准实施涉及服务技术改进时，应提前进行相应的技术准备，必要时应进行技术攻关或采取新的工作方法或流程。四是有些涉及范围较广、实施难度较大的标准，实施前应先选取若干有代表性的单位或部门进行小范围试点，试点成功后，再进行大范围推广。

（三）宣贯培训

服务标准实施前，应认真组织宣贯培训工作，使所有有关人员对实施标准的必要性、重要性和可行性都有一个正确而全面的认识。同时，要确保实施人员都能准确掌握标准的详细内容，关键要求和难点。对内容较复杂或技术含量较高的标准，还应组织进行专业技能培训，这样才能全面、准确地贯彻标准的内容与要求，实现标准的预期效果。一般来说，宣贯培训标准时，可以按照决策层领导、中层领导和工作人员 3 个层次分别组织培训，以确保培训工作的针对性和有效性。

1. 对决策层领导进行宣贯培训

讲明各项组织、人员、物资、技术、经费保障内容和要求，以及实施过程中需要领导协调解决的重要事项等即可，不必过于详细讲解标准的具体内容和技术要求，培训次数和时间要严格控制。

2. 对中层领导进行宣贯培训

鉴于中层领导是标准实施的具体负责人和组织者，对中层领导进行宣贯培训，一是要讲清标准实施的必要性和重要性；二是要讲清标准实施中涉及领导的内容和实施要求；三是要讲清标准实施的重点和难点，需要进行的各项前期准备；四是对于实施范围较广的标准，要讲清各单位、各部门之间需要沟通协调、共同解决的各种事项；五是要讲清标准实施的计划安排、时间进度、监督和考核评价方式、内容和要求。

3. 对工作人员进行宣贯培训

对工作人员进行宣贯培训，对于标准中规定的各项要求，可以举办标准培训班或标准实施骨干培训班，聘请有关专家对标准进行系统的讲解和培训，也可以选择若干人员参加国家或行业标准化行政管理部门组织的标准宣贯培训班。要善于利用网络、电视、广播、报刊、杂志、板报、演讲、竞赛、技术比武、工作会、班前会等多种形式对一般工作人员进行标准的培训教育，广泛宣传标准的意义和作用、内容和要求、实施难点和技术要领，使一般工作人员都能充分了解实施标准的重要意义和作用，准确了解标准内容和要求，熟悉掌握标准实施的关键环节和技术要领，确保每位一般工作人员都能在日常工作中自觉地运用标准、执行标准和维护标准，实现全员参与的标准实施目标，实现标准实施效益最大化。

（四）实施标准

组织标准贯彻实施的中心工作就是要把标准中规定的各项要求应用到提供服务的各项活动中去。

1. 严格按照标准规定的要求组织实施

标准正式实施后，有关部门和人员应严格按照标准规定提供服务或进行经营、管理活动，不得随意降低标准或不按标准规定执行。具体要求有：一是对服务活动涉及的设施设备、服务用品、工具及相应的环境条件等，通过一定的方法确认其达到标准要求后再投入使用；对于服务人员，应通过考核确认其工作技能能够满足标准规定要求后再准予上岗。二是对服务标准规定的服务质量要求、服务提供要求等应转化为各个岗位的具体工作要求再加以实施。三是对于安全、环保等方面的标准要求，应落实到具体关键点上，并有相应的保证措施。四是对实施过程中遇到的各种问题应及时采取有效措施予以解决，以保证标准各项要求的贯彻落实和标准实施的连贯性。

一般来说，强制性标准及标准中的强制性条款，都对以上 4 点要求给出了限值，实施过程中必须达到；推荐性标准及标准中的推荐性或可选择的要求，可以根据实际情况灵活实施，但一经采纳也应严格执行。

2. 记录和保管标准实施中形成的数据

标准实施必定会对服务实现、经营管理等各个环节及最终结果产生一定的影响，实施过程中必然会形成一系列新的实施数据。例如，实施服务环境标准时，可能需要对环境卫生、水质、空气、光亮度等方面的指标进行检查；实施设施设备标准时，要记录设备运行状况，验证功能是否满足要求，检查设施设备性能、安全环保等指标；实施服务流程标准时，要记录每个环节运转情况，监测完成时间、数量等方面指标。实施标准过程中形成的各项数据是改进标准实施工作和修订标准的重要依据。因此，必须要求相关工作人员认真做好实施记录并妥善保管，必要时，应及时将记录信息反馈至有关单位或部门。

（五）实施监督

对标准的实施情况进行监督和处置是实施标准的重要组成部分，通过监督可以进一步验证标准的可行性、先进性和适宜性，了解标准的实施状况，发现标准中存在的问题，以便及时处理和解决。监督主要包括各级政府标准化行政主管部门、有关行业行政主管部门或中介组织依法对标准贯彻执行情况的监督和组织自身的实施监督。对标准实施监督可以按计划进行若干次。

1. 监督的主要方式

标准的实施监督可分为定期和不定期两种方式。定期的实施监督一般在年度标准化工作计划中就要确定组织实施监督的时间和范围，以避免和其他重要工作交叉或冲突，也便于实施服务标准的某一地区、某一行业或相关单位和部门提前准备，抓好落实。定期实施监督可以成立专门的监督机构，对重点地区、重点领域、重点部门、重点工作、关键环节和薄弱环节进行全面监督，以确保标准实施工作取得实效。不定期的监督一般由具体负责标准实施工作的单位或部门执行，而且需要特别强调其时间、部门和监督内容的随机性，从而确保不定期监督的有效性和代表性。组织标准的实施监督时，要制订详细的实施监督方案，准备好相应的工具和记录表格。实施监督过程中要做好记录，发现问题后，要及时与标准实施单位或部门的负责人进行沟通，并要求其在相关记录上签字确认。标准实施的监督结果要定期公布，并作为对各单位或各部门绩效考核、奖惩评价的一项重要指标，与各单位或各部门的目标考核、绩效奖惩紧密挂钩。

2. 监督的主要内容

标准的实施监督一般包括两方面的内容：一是对标准实施准备工作的监督，主要是确保准备工作及其质量满足标准实施的要求。二是对标准实施情况的监督，即对服务过程中标准实施情况（包括标准实施效果）的监督。应事先明确服务标准中规定的要求，以及对相关地区、行业、单位或部门组织实施的要求。实施监督的过程中要做好记录工作，确保服务过程以及标准实施过程中产生的各项原始记录的可追溯性，通过对这些原始数据的分析和比对，可以更加全面、更加准确地掌握标准实施的情况。

3. 监督的结果处置

监督中发现的问题，要及时与相关地区、行业、单位或部门沟通反馈、共同研究，总结分析问题产生的原因，制定切实可行的整改措施，明确整改要求和完成时限。整改结束后，要适时组织复查以确保整改结果的有效性。

（六）信息反馈

信息反馈就是将标准实施过程中形成的有关记录、实施效果以及监督过程中发现的问题和处理措施等方面的信息，及时传递给标准的批准发布机关、提出单位和起草单位，为标准的修订提供科学依据。

1. 自上而下的信息反馈

自上而下的信息反馈主要通过实施监督来实现，负责监督的机构应及时将发现的问题和整改措施反馈至相关地区、行业、单位或部门。

2. 自下而上的信息反馈

自下而上的信息反馈，主要通过一般工作人员在实施标准过程中发现和提供，这是对自上而下实施监督的信息反馈机制的有效补充。组织标准实施的地区、行业、单位或部门，应制定以奖为主、奖罚分明、操作简便的标准实施奖惩制度，如《合理化建议奖励办法》《标准实施先进个人评选奖励办法》等。对主动思考、积极提供标准实施过程中存在的或潜在的问题的个人及其所在单位或部门，给予相应的奖励，从而充分调动全体人员参与标准实施工作的主动性、积极性和自觉性。只有一般工作人员全身心投入到标准实施的持续改进活动中去，成为标准实施和改进的主体，才能使标准发挥最佳的经济效益和社会效益。

（七）总结改进

标准实施经过监督和考核，确认其已基本实施到位后，应对实施情况进行全面总结，特别是对存在的问题采取了哪些措施及取得的效果进行分析和评价。总结工作主要包括对标准实施工作应用的技术和方法的总结，对各种文件、资料的归纳、整理和立卷归档，以及对下一步或后续标准实施的意见。在总结过程中，有关人员应深入实际了解情况，应与标准实施的重点单位、部门和环节加强联系，具体指导，及时交流情况，总结经验，从而推动标准的全面实施。通过对标准实施前后变化的比较分析，以及对标准实施总体效果的客观评价和经验与教训的总结，可以为以后的标准实施工作积累宝贵经验。每一次总结并不意味着标准实施工作的终止，它既是对前一阶段标准实施工作的阶段性总结，同时也是标准实施工作下一次策划、实施、监督、改进的“PDCA”循环的开始。

三、服务标准实施的方法

（一）明确组织实施主体

实施主体是指具体负责实施标准的单位、部门或职员，即标准的实际执行者。实施主体应按照要实施标准的内容选择。不论是国家、行业、地方标准，还是组织自己制定的服务标准，其最终实施主体，都应是标准适用范围内涉及的相关地区、行业、单位、部门及其工作人员。

组织服务标准实施的主体根据标准类别有所不同。

1. 国家、行业、地方标准的组织实施主体

国家、行业、地方标准的组织实施主体一般由其对应的标准化行政主管部门、行业主管部门或中介组织担当，各级主管部门的关键任务就是统筹组织，从宏观的高度推动、监督国家、行业、地方标准的实施。对重大的、涉及面广的、直接关系到人民群众切身利益的基础标准，各级标准化行政主管部门和中介组织要做好标准的宣贯工作，尽可能使标准涉及的相关地区、行业、单位、部门及其工作人员都能了解、熟悉和掌握标准。同时，在实施服务标准过程中，各组织实施主体要做好日常监督工作，督促标准涉及的相关地区、行业、单位或部门能够持之以恒地严格执行标准，确保标准实施的成效。对在实施过程中发生的具体问题和困难，要及时协助解决；对一些跨地区、跨行业、跨单位、跨部门的服务标准，要注意做

好沟通协调工作，尤其对一些亟待解决的技术难题，共同参与，研究解决，为服务标准的实施铺平道路。

2. 组织制定的标准以及实施上级标准的组织实施主体

组织自己制定的服务标准以及经组织采用在组织内部实施的上级服务标准，其组织实施主体应为各相关组织。各相关组织应认真、严格地组织实施相关的强制性国家、行业和地方标准，对推荐性标准，要从组织的实际情况出发，确定适宜的实施方式，积极组织实施。对组织自己制定的服务标准更应严格实施。

（二）科学选择实施方法

实施主体如何对具体的服务标准进行实施，可以根据具体的标准要求和组织的实际条件来制定，也可以按照组织实施主体（标准化行政主管部门、行业主管部门及服务业组织）规定的统一要求进行实施。

1. 按照标准内容适用性的不同而选择

（1）直接采用法。一般来说，国家、行业和地方强制性标准或一些基础标准，应不做任何修改地全面实施。如《标准化工作指南　第1部分：标准化和相关活动的通用词汇》（GB/T 20000.1）、《国际单位制及其应用》（GB 3100－1993）、《标准化工作导则　第1部分：标准的结构和编写》（GB/T 1.1）等，都应该直接实施。对于不能直接采用的国家、行业和地方强制性标准或一些基础标准，可依据客观实际条件，将标准中适用的部分内容转化为组织标准进行实施。

（2）细化提高法。在组织实施国家、行业和地方标准时，经常发现由于标准适用范围较广，标准中的很多内容规定往往比较原则或者不够具体。因此，实施标准时必须采取补充细化的方法，结合客观实际进行逐项分析。如服务业组织在实施《服务业组织标准化工作指南》（GB/T 24421）系列国家标准时，应对其中提出的通用性要求结合本组织实际情况进行具体分析，补充细化，以便于更好地实施标准。为了更好地规范一个地区、一个行业、一个单位或者一个部门的服务行为、优化服务流程、提升服务质量，在实施标准时，也可以加严或提高其中的部分或全部服务质量要求，以便于更好更快地达到标准实施的预期目标。

（3）配套协调法。在实施某项具体标准时，有时需要同时实施相关的配套标准，才能取得预期目的。如实施某项服务规范时，往往要配套实施相关的服务提供标准，甚至服务保障标准。这种情况不仅限于国家、行业或地方标准，还包括组织自己制定的服务标准的实施。标准实施过程中应全面、系统地考虑各项标准之间的内在联系，统筹安排，确保标准实施顺利进行。

2. 按照标准特性的不同而选择

（1）过程法。是指按事件发生的时间顺序一步步或分阶段地实施标准，针对服务流程制定的有关标准，一般可采用这种方法进行实施。采用过程法实施标准要注意实施过程中各个阶段的相互衔接，因为上一阶段标准实施的好坏，可能直接影响下一阶段的实施，甚至当有一个环节没有很好地贯彻标准，将影响整个标准的实施效果。服务行业的很多标准，如服务流程标准等，就适宜采用过程法进行实施。

（2）分类法。是指按照标准实施中涉及的范围大小和难易程度，分类组织实施。一般来说，应先组织实施涉及地区、行业、单位或部门较少、实施难度较小的标准，以此调动全体工作人员实施标准的主动性和自觉性，不断激发工作人员的信心，确保标准实施的效果。在此基础上，逐步组织实施涉及地区、行业、单位或部门较广、实施难度较大的标准。例如，养老院接待咨询服务规范、岗位工作标准等仅涉及一个部门或个人的就适宜先实施，而能耗管理办法、财务报销制度等涉及部门多、实施难度大的就适合最后实施。

（3）要素法。有些服务标准是按照要素分别提出要求的，各要素之间虽有关联，但没有严格的时间上的关联性。当标准是按服务活动或结果的各个要素给出要求时，可采用要素法实施标准。例如，服务行业制定的环境标准、设施设备标准等，就属于这一类标准。这些标准的实施可按要素法进行，使每个要素分别达到标准的要求。

3. 按照实施主体组织结构的不同而选择

（1）横向联合法。有些标准需要在具有横向结构的组织中进行实施，或者为了某一标准事项，需要同一层级的多个部门共同参与实施。如一项政务审批事项的服务流程标准需要在某一级行政机构的多个部门间联合实施才能完成，这时，可以由其中的一个部门牵头，作为具体负责标准实施的责任部门，这一责任部门应该是这一服务事项的核心或关键部门，该部门除了实施标准中对自己部门的有关要求外，还要统筹安排其他部门的实施工作，确保标准能充分有效地实施。

（2）纵向覆盖法。有些标准需要在具有纵向层级结构的组织中进行实施，或者为某一标准事项，需要不同层级的同类部门共同参与实施。通常这种结构的组织构成复杂而庞大，标准的实施需要由该组织内具有行政管理职能的部门来负主要责任，该部门最好是标准化主管部门。在这样的机构中实施一项服务标准，可以结合标准内容和特性的不同，优先选择业务较为熟练的某一级部门进行试点实施，然后对实施的情况进行总结改进后，再在所有层级的部门中全面推广实施。

（3）独立运营法。单一机构指的是实施主体的组织结构较为简单，标准的实施与其他部门和单位联系较少，仅涉及某一单位或部门。如部分服务业组织制定的食业标准的实施就属于这种情况。单一机构标准的实施较为简单，可以由其标准化管理部门具体负责组织内各项标准的实施，也可以设专人负责标准实施工作。

4. 按照系统理论构建服务标准化体系

服务标准化建设是固化先进管理经验、深化创新服务理念、美化良好组织品牌、强化组织竞争能力的重要管理方法，也是服务机构联合或进行区域合作的重要技术前提之一。随着服务业不断成熟发展，项目服务标准化、标准系列化、模块化和组合化成为趋势，服务机构的优势由专业化的行为转为特殊化的服务标准，通过制定长期发展战略，将多年来形成的稳定和超前的专业化管理、制度、服务、市场观念和标准转化成员工的行为，以不断改进创新而巩固专业领先能力，从而促进组织机构规模化发展。这不仅是服务机构在当今社会发展阶段对客户和社会应尽的责任和义务，也是服务机构能否长期赢得市场、不断获得生存发展的客观要求。在服务规范、业务流程、技术平台和管理工具等方面着手，构建形成点、线、面相结合的一体化服务标准化体系，其中“点”是指每个服务岗位，“线”是指相关联岗位所要经过的服务流程，“面”是指整个业务平台。

（1）以岗为点，建立岗位服务规范，构成业务点上的服务标准。服务规范主要包含6个模块，分别从服务对象、服务对象需提供的凭据及材料、服务内容、服务流程、服务标准、服务结果等方面规范服务对象的主要性质类别、业务办理条件、工作的主要内容、服务的程序步骤、服务的态度、效率和操作质量标准以及最后交付的服务结果。其特点主要有：一是体现系统思维，涵盖服务的输入条件、过程处理以及输出情况；二是指标合理、控制得当，定量指标和定性指标相结合，明确态度、效率和操作质量的要求；三是简明扼要、通俗易懂、便于操作。在组织编制服务规范的过程中，贯彻格式和行文方式的统一性、指标设计的合法与合理性等原则要求。其中《工作人员言行举止基本要求》包括仪容仪表、礼节礼貌、服务语言、职业道德、服务纪律、投诉处理、环境安全、环境秩序8个模块，从员工思想意识、在岗状态、安全卫生、行为举止等方面予以规范。通过实施岗位服务标准，对外服务岗位工作人员的服务面貌大为改观，服务态度更加积极、友好，服务效率更加高效，服务过程更加规范，服务结果更加优质。

（2）连点成线，建立业务流程规范，构成业务线上的服务标准。出于专业化分工的需要，多项业务采取生产线式作业的劳动组织形式。针对服务项目的特点，借鉴管理界流程重组的技术经验，采取流程图和流程说明相结合的方式组织编制了业务流程规范，对主要业务进行流程梳理和规范。该业务流程规范最大的特点：一是系统规范，整体优化，通过改善整个服务体系内的分工和合作方式，优化整个服务流程，从而提高服务的效率，寻求服务质量的保证；二是环节分明、层次清楚，采用流程图节点的描述方法，线路走向清晰、图形标注规范、文字简明扼要；三是目的明确、内容简练，通过流程说明的任务名称、节点、工作内容、标准要求、工作时限、责任岗位6个要素结合流程图对业务流程各环节工作的标准要求进行说明，充分体现了首问负责制、限时办结制和责任追究制的要求。通过业务流程的规范化管理，理顺业务流上各相关岗位各自分工和互相配合的组织关系，强有力地引导着组织资源共同实现服务目标，明确各环节工作的质量要求，既提高业务流管理运作的效率、质量，降低业务间组织协调的成本，还提高业务控制的安全性。

（3）以技术平台和管理工具为支撑面，建立平台、工具规范，构成业务面上的服务标准。以数据库共享的形式进行联网，组成网联系统，通过建立统一的管理和技术标准，促进区域内的联合发展。

总之，以服务规范为标准点，以业务流程为标准线，以技术平台和管理工具为标准面，构成点、线、面相结合的一体化的服务标准化体系。

（三）加强试点工作考核

服务标准是规范服务行为和服务市场、增强服务企业自律和调整服务企业与消费者关系的重要技术支撑，是推进服务标准化工作和构建和谐社会、建立诚信服务的具体措施，也是优化服务产业结构、促进服务业可持续发展的重要手段。为加快服务标准化工作的深入开展，提高我国服务业的整体水平，促进我国和谐社会的建设，国家标准化管理委员会、国家发展和改革委员会、民政部、商务部、国家体育总局、国家旅游局于2007年1月19日联合发布了《关于推进服务标准化试点工作的意见》（国标委农联〔2007〕7号），在全国范围内进一步推进服务标准化试点工作。服务业标准化试点工作一般为2人，标准体系应运行半年以上方可申请评估。试点期满前3个月，试点单位应按照试点任务书和服务业标准化试点评估计分表内容进行自查，自查合格的，逐级向省、自治区、直辖市质量技术监督局提出评估申请，并填报《服务业标准化试点评估申请表》。

1. 评估的程序

评估组由标准化、有关行业专家和管理人员组成，成员一般为3—5人。现场考核评估时，评估组听取试点单位工作汇报，查阅必备的文件、记录、标准文本等资料，考核服务现场，随机调查消费者满意程度，依据评估计分表进行测评，形成考核评估结论，评估组向试点单位通报评估情况，提出改进意见和建议。

2. 试点的复查

“服务标准化单位”证书有效期届满前3个月，试点单位可向所在地的省、自治区、直辖市质量技术监督局提出复查申请，并提交《服务标准化单位复查自检报告》和《服务标准化单位复查申请表》。逾期不提交的视为自动放弃。

（1）成立复查专家组。复查专家组由标准化、相关专业领域的技术专家以及管理人员组成。专家组成员人数一般为2—3人，在申请单位复查时间一般为1—2天。

（2）评价复查申请材料。专家组对申请单位复查申请材料依据相关标准和文件进行评价。

（3）进行现场复查。主要包括对标准体系文件的审查及现场抽查两个方面内容。专家组对申请单位建立标准体系的适宜性、有效性及标准化工作情况予以审查。可采取查阅相关文件、记录、向相关人员提问等方式进行。对不合格项及有关问题做好现场记录，填写评分表。

（4）形成复查结论。专家组根据现场审核结果，集体讨论后，提出结论意见，并就有关问题与被复查单位沟通。经复查合格的试点单位，由国家标准化管理委员会换发“服务标准化单位证书”。

第七章　服务业标准化的评价

【基本要求】 通过本章的学习，您应能够：

1. 了解服务业标准和标准体系评价的原则；
2. 熟悉服务业标准和标准体系评价的程序；
3. 掌握服务业标准和标准体系评价的方法。

【核心概念】 评价；原则；程序；方法

标准及标准体系实施的评价是服务业标准化工作的重要组成部分。通过评价工作，可以发现标准及标准体系本身特别是实施过程中存在的不足，以利于及时修订标准、提升标准水平和完善标准体系，从而持续改进，增强实施效果，促进标准和标准体系实施效益的最大化。对标准及标准体系实施的评价并不直接对标准及标准体系文件本身的科学性、有效性和协调性进行评价，而重点是对实施情况及效果进行评价。

第一节　服务业标准的评价

在服务标准实施的过程中，要验证其科学性、适宜性和可行性，进而对标准的编制质量和水平作出科学、全面、准确的评价，以便发现其中存在的或潜在的问题，为修订和改进标准提供实践依据，从而不断完善标准，发挥标准的最大效益。

一、服务标准评价的原则

为确保评价结果全面、客观、准确地反映实际情况，评价过程必须坚持原则，严格按照程序和要求进行，排除各种干扰因素，保证评价的质量，使评价工作和结果真正具有现实指导意义。

（一）客观公正原则

坚持客观公正的原则，要求评价工作以客观事实为依据，给出公正的结论。标准及标准实施中的客观事实，包括记录、陈述、文件资料、实物特性、实际现象等，切忌加入个人的猜想和推测成分。客观事实还未发生或者没有可靠证据证明已经发生的，不能作为评价的事实依据。对各种材料及数据，包括标准或标准体系实施主体提供的各种材料及数据，评价时应当认真辨别，对有疑问的材料和数据应当提出质询，对于与事实不符的应当剔除。评价时，评价人员应当独立作出判断，排除各种干扰因素，尽量不受他人的影响，以免影响评价的独立性和公正性。对于可能影响评价结果公正性的人员，应当采取回避措施。

（二）科学严谨原则

坚持科学严谨的原则，要求评价人员应当具有科学严谨的工作态度，采取科学严谨的评价方法，确保客观公正地得出有效的评价结论。在评价过程中，应当充分尊重客观事实，尊重地区和服务行业之间的差异，以及服务标准实施主体的实际情况，科学制定评价指标，严格按照事实进行正确的分析和评价，做到依据翔实可靠，方法运用得当，分析深入透彻，结论恰当可信，指导性强，令人信服。

（三）全面准确原则

坚持全面准确的原则，要求评价工作全面覆盖标准及标准体系实施全过程中的各个环节，充分评价各方面的实施结果和效益，全面确定评价方案、指标并准确进行描述，作出评价结论。在评价过程中，对标准实施的主要工作、措施及其结果、效益，要注意收集完整的数据，从各个角度进行评价，并在评价结论中全面予以体现，不发生遗漏，避免以局部数据臆测整体结果。在评价每一方面的成效时，应当充分考虑到正效应和负效应，如在评价经济效益时，不仅要考虑标准及标准体系实施后增加的经济效益，也要考虑到由于实施标准及标准体系带来的各方面成本的增加。

（四）综合分析原则

各种所收集、了解到的材料和数据，有一些是可以进行量化和定量分析的，有的则是只能进行定性分析。有一些指标，虽然可以进行定量分析，但对于评价结论和作用而言，没有必要进行量化。有一些指标，虽然量化以后可以更好地进行评价，但要获得必要的准确数据可能耗时费力，经济性不佳。在评价服务标准及标准体系实施过程中，非量化的数据经常可以看到，有时甚至占了很大比重。因此，为了做到准确评价，应当坚持定性和定量相结合的原则。在实际评价过程中，无论是定性和定量，都应当以准确的事实为依据，不可臆断和猜测。一般而言，能量化指标的应当尽可能具体化、量化。

二、评价条件和人员要求

（一）基本评价条件

对服务标准及标准体系实施进行评价，应当具备以下两项基本条件：

一是服务标准及标准体系已经建立（发布）并有效实施。只有当服务标准或标准体系已经成形、成熟并有效实施了一段时间，对其实施过程及结果进行评价才有意义，这是一个基本前提。

二是评价对象和内容明确。由于实施主体及其实施内容不同，评价对象可以分为多种类型。在评价前，应当明确具体的评价对象和内容，即评价谁、评什么一定要明确。

此外，国家标准化管理委员会和发展改革委联合发布的《服务业标准化试点实施细则》（国标委服务联〔2009〕47号），对参加服务业标准化试点的企业、行业和区域具备的基本条件以及试点申请评估时应达到的要求作出了具体规定，这些规定可作为对服务标准及标准体系实施进行评价时的重要参考。

（二）评价人员要求

对服务标准及标准体系实施的评价是一项专业性很强的技术活动，评价人员的专业素质对评价工作至关重要。评价人员应当掌握科学的评价方法，包括如何进行调查、收集证据、组织验证以及对有关信息的分析、判断等。总体来说，评价人员的综合要求包括：熟悉国家有关标准化方针、政策和法律、法规，并掌握服务业标准化组织工作指南系列国家标准和相关专业知识；熟悉被评价组织的行业特点、主流模式和先进经验，能识别和预见该组织在服务、经营和管理中存在的问题；坚持原则、实事求是，具有较强的综合评审能力，能客观判断发现的评审证据，并依据证据给出公正的结论。

三、评价对象和评价内容

全面了解评价对象和评价内容，是做好服务标准及标准体系实施评价工作的基础和前提。在开展评价工作之前，评价人员首先要清楚评价的对象是什么、评价该对象的哪些具体内容。由于服务业涉及的门类众多，服务标准和体系所涵盖的领域也是非常广泛，在开展评价工作、学习掌握评价方法时，不可能按照行业的标准化对象来具体区分评价对象、固化评价内容。因而，在划分评价对象时，要按照实施主体及其实施内容的组合进行划分，即主体是服务业组织还是某一行业或区域，实施的内容是单项服务标准还是标准体系；在评价内容上，不分具体行业，而是按照符合性评价、效果评价两个部分进行。

（一）评价对象

按照实施主体及其实施内容的组合，评价对象可分为以下 3 类常见类型。

第一类，服务业组织实施单项服务标准的情况和效果。例如，分别对某公园实施《主题公园服务规范》（GB/T 26992－2011）、快递公司实施《快递服务》（YZ/T 0128－2007）邮政行业标准、汽车销售企业实施《汽车销售及售后服务规范》（DB32/T 796－2005）地方标准等情况和效果进行评价。服务业组织可以是企业，也可以是机关事业单位。服务标准，可以是国家标准、行业标准、地方标准，也可以是企业标准。这种情况主要对涉及服务提供、安全、节能、环保等相关标准的实施进行评价，一般不对单一服务组织实施通用基础标准（如术语标准）的实施情况和效果进行评价。

第二类，服务业组织实施多项服务标准的情况和效果。例如，对某地行政服务中心建立的行政服务标准体系的实施情况和效果进行评价。目前对各地开展的服务标准化试点，在申请考核时，要求试点单位进行自我评价，在多数情况下，自我评价就是指对其构建的服务标准体系内所有各项标准实施情况和效果的综合评价。服务业组织实施多项服务标准，理论上既包括服务业组织实施自建的服务标准体系的情况，同时还包括服务业组织实施多项“互不相干”的标准的情况。对服务业组织实施服务标准体系的评价，可在对标准体系进行评价的基础上，再对体系实施情况和效果进行评价，两者最好能够结合进行。在后一种情况中，即所评价的多项标准之间不存在紧密联系、不构成标准体系时，可通过分别对某一项标准实施情况及效果进行评价，即采用叠加的形式进行综合评价。

第三类，一定范围内单项服务标准的总体实施情况和效果。例如，分别对全国旅游行业实施《旅游饭店星级的划分与评定》（GB/T 14308－2010）、对全国公共航空行业实施《公共航空运输服务质量》（GB/T 16177－2007）、对江苏省实施《旅游景区（点）道路交通指引标志设置规范》（DB32/T 1091－2007）的情况和效果进行评价。这里所说的一定范围，可以是某个行业或是某个区域，或者是某一个区域的某个特定行业，但不是某一个或几个服务业组织。同时，所评价的服务标准，也应当是与这个区域或行业紧密相关的，而不是毫无联系或者联系不紧密的。

（二）评价内容

评价内容主要包括符合性评价和效果评价两个方面。符合性评价是前提和基础，效果评价包括服务质量评价、经济效益评价和社会效益评价。对某一具体评价对象进行评价时，其评价内容应该充分考虑该对象的内容和实施目的，突出重点进行评价，不一定要面面俱到。

1. 符合性评价

符合性评价，就是对标准或标准体系是否得到执行、执行程度如何进行评价，主要评价实施主体的行为或结果是否符合标准的规定、符合性达到什么程度。符合性评价应当作为其他评价的前提而首先进行。如果未开展符合性评价或者符合性评价的结果不好，也就表明，标准或每一项标准中的内容及指标要求，可能未得到贯彻执行，或者执行基本不到位。在标准未得到执行或执行不到位的情况下，对其实施效果进行评价，就没有什么意义。

2. 效果评价

（1）服务质量评价。提高服务质量水平是开展服务标准化活动的主要目的之一。对服务质量和顾客满意度进行评价，是标准及标准体系实施评价的重要内容。服务质量评价主要是对标准及标准体系实施后，服务质量是否有提升、在哪些质量特性方面得到提升、提升程度如何等内容进行评价。服务质量特性主要包括：功能性、安全性、时间性、舒适性、经济性、文明性。对服务质量进行评价，就是要对可能涉及的这些特性分别进行评价，确定其中的一部分或全部是否有提高改善以及程度如何，并得出一个综合的结果。其中，时间性、经济性的评价，要更多地从定量的角度进行分析，其他特性则可更多地从定性的角度进行分析。当把经济性作为服务质量之一时，主要是指提供过程及方法对顾客来讲是否经济，与后面要讲到的经济效益并不完全等同。

对服务质量进行评价时，可结合相关服务质量标准实施的符合性评价同时进行，但要更加侧重于评价实施结果对服务质量的影响。服务质量的评价包括顾客满意度的评价。按照《质量管理体系基础和术语》（GB/T 19000－2008）中的定义，顾客满意是指顾客对明示的、通常隐含的或必须履行的需求或期望已被满足的程度的感受。从该定义出发，可以将顾客满意度理解为：顾客的需求或期望已被满足的程度。从实施服务标准化的角度看，顾客满意度评价就是对标准及标准体系实施后，顾客的需求或期望是否得到满足、被满足的程度如何进行评价。

（2）经济效益评价。服务标准化的经济效益分析是服务标准化研究的首要问题。无论是服务标准化的效益来源归属，还是效用最大化路径分析，都既有理论价值也有实践意义。经济效益是标准或标准体系实施主体最为关注的内容之一，也是评价标准或标准体系实施效果的重要内容。服务标准化具有重要的经济价值，不仅是各国推动技术进步、拉动经济增长、促进社会发展的有效工具，也是各国参与国际竞争、获取“非价格竞争优势”的重要战略手段。

经济效益评价主要是评价标准或标准体系实施后，在经济上取得的收益大小、是否可持续，以及与物质投入成本之间的比率高低，包括直接经济效益和间接经济效益。

一是直接经济效益。标准或标准体系实施后，实施主体因此在降低服务过程成本和经营管理成本、提高服务效率、增加营业收入等方面取得的可计算收益，减去实施标准或标准体系的物质和劳动投入，两者之间的差额即直接经济效益。实施标准或标准体系的经济产出高于物质投入成本，且差额大，则直接经济效益高，差额小则直接经济效益低；反之，经济产出低于物质投入成本，则产生负经济效益。降低服务过程成本和经营管理成本，包括实施标准或标准体系后，减少了提供服务所需要的投入。例如，某单位实施一项物流服务标准后，平均每百公里耗油量下降了8%，某试点单位实施标准体系后，经营管理成本较实施前总体下降5%，等等。提高服务效率主要指通过实施标准或标准体系，优化了服务流程，使同一服务事项需要的时间减少或用工量下降。例如，某服务大厅实施叫号服务系列标准后，平均每件事项办结所需求时间减少了20%，高峰时间段用工可由5人减至4人，节约1个用工。增加营业收入，既包括了顾客数量的增加，又包括平均每位顾客消费额度的增加。例如，某装饰有限公司实施装饰装修服务标准化以后，不仅找该单位进行家装的顾客不断增加，而且平均每位顾客家装服务的总额也得到明显增加，不少顾客在看到该单位严格按标准提供产品和服务后，主动提出将原来不在原合同范围内的家装材料采购、安装及配套服务等交由该公司办理，实际合同金额明显增加，使该公司直接经济效益多年连续年递增20%。

二是间接经济效益。标准或标准体系实施后，实施主体因此在提高品牌知名度、影响力和竞争力，以及提高便利化程度、降低交易成本和投诉处理成本等方面的不可直接计算的收益。例如，某景区运行服务标准体系后，不仅直接经济效益连年递增，间接的品牌效益更是日益显现，为集团成功参与北京、上海、山东等地文化旅游创意综合体的开发和管理增加了竞争的砝码。其品牌得到各地政府以及市场的高度认可，成为旅游景区管理行业中为数不多的中国驰名商标。又如，《旅游饭店星级的划分与评定》（GB/T 14308－2010）的实施，既对旅游饭店的建设和发展起到指导促进作用，同时又提高了饭店与顾客之间的便利化程度、降低了交易成本，取得了巨大的间接经济效益。

在评价经济效益时，既要考虑直接经济效益，又要考虑间接经济效益，同时应当考虑取得的效益是否可持续，以及其与投入之间的比率。实施服务标准或标准体系，应当兼顾直接经济效益和间接经济效益，并追求可持续的高收益以及较高的投入产出比。评价经济效益时，还应当充分考虑时间因素。有可能出现短时间内直接经济效益为负值，但是放在更长时间考虑，则会出现长期的正值的情况。这是由于标准或标准体系的实施，在开始时需要物质投入较大，而产生经济效益则需要过一段时间，而在实施后期，需要物质投入较小，但仍然持续产生经济效益。

（3）社会效益评价。服务标准或标准体系的实施后，除了能够获得经济效益外，还能够取得重大的社会效益，特别是一些社会管理和公共服务标准的实施，其社会效益甚至大于经济效益。

评价社会效益，主要是评价标准或标准体系实施后，对实现一定区域范围内各项社会发展目标所作的贡献和影响，如对维护社会秩序和社会稳定、提高人的素质和文化教育水平、改善生态环境和促进节能环保、保障健康安全、促进就业和公平分配、保护顾客及员工合法权益、营造社会环境和防范社会风险等方面发挥的作用。

社会效益评价主要以定性评价为主。社会效益涉及的内容多数为不可量化的无形效益，评价时主要靠定性描述进行评价。在进行定性评价时，要尽量做到描述客观准确，在表述上注重斟酌用词，特别是关键词语，要多方商量确定。

进行社会效益评价，要更加注重客观事实和逻辑推理。正是由于社会效益多数内容难以量化，因此，在实际过程中容易被夸大或忽视，在评价时务必要结合标准或标准体系的内容，以其实施的实际效果为依据，注重分析标准实施与产生的社会效益的逻辑关系，特别是实施与效益间是否存在必然的因果联系。同时，对效益的大小评价，要多听取服务对象和广大顾客的意见，通过对比分析等方法，认真进行确认，综合进行评价。

四、评价程序和评价方法

评价工作应当按照一定的程序和方法、有计划、有步骤地开展，才能达到评价的预期目的，取得应有的效果。应当坚持和推广评价前有准备、评价中很认真、评价后抓改进的良好做法，避免出现为了评价而评价、匆忙开展和草率结束的情况，不仅直接影响本次评价的成效，更会持续影响整体评价工作。

（一）评价程序

1. 评价准备

标准实施评价是一项目的明确、相对独立的活动，必要的准备工作是不可或缺的，包括组织准备、人员准备、物资准备、确定评价方案 4 个方面。

（1）组织准备。评价前可成立标准实施评价工作组（组织名称可依实际情况确定），并明确其职责、权限。评价工作组组成人员的数量应视评价工作的复杂程度来定。评价工作组可设组长或负责人一名、副组长若干人。一般来讲，确定评价工作组组成人员，应考虑：能圆满完成评价工作；尽可能降低评价成本，减少被评价单位的负担；尽可能照顾到所需专业领域。

（2）人员准备。评价工作是通过人的活动来完成的，评价工作质量的好坏取决于评价人员的能力和水平，因此，评价人员的选择至关重要。评价人员应具有相应的标准化知识和相应的专业知识，熟悉标准及实施的有关要求，能熟练运用评价方法。

（3）物资准备。应备齐必要的测量设备、工具、实验用品以及评价用记录表等。在标准实施的评价过程中，可能需要开展一系列实验验证活动，特别是验证场地、设施设备、服务用品、安全卫生等方面是否符合标准要求，离不开必要的测量设备、工具、实验用品等物资。评价过程中使用的记录表、记录工具、调查表等，也应事先备齐。

（4）确定评价方案。制订一个好的评价方案，是做好评价工作的前提。评价工作正式开始之前，应认真研究评价对象以及标准内容、标准实施过程中的各项要求，制订周密的评价方案，以保证评价结果的客观准确。评价方案应包括：评价工作总体安排，如任务分工、时间安排、总体要求等，一般应事先与被评价单位进行沟通，得到被评价单位的有效配合。确定评价方法，可根据评价对象和内容等实际情况确定适宜的评价方法，在评价过程中应灵活运用多种方法相互佐证，以期使评价结果更符合实际情况。建立评价指标体系，评价前应依据标准内容以及衡量标准实施效果的需要，确定一系列可以测量或可以进行比较的指标，建立评价指标体系，评价时根据建立的指标体系进行综合评价，指标体系中可包括服务质量、效率、成本、效益、安全环保、资源利用等方面的影响指标。

2. 评价实施

标准实施评价工作组及其成员，根据确定的实施方案及评价方法、指标体系，对标准实施情况及效果进行评价。

评价的实施可按照确定的实施方案，着重做好以下工作：听取服务标准实施单位情况汇报、查阅实施记录及相关资料、统计及核实相关数据、现场体验或验证服务标准的实施、编写评价报告、反馈评价信息等。需要注意的是，不同的评价对象和内容，实施评价时的侧重点会有所不同，在开展具体评价时应结合评价对象和内容，确定评价的实施流程及重点环节，有序做好各项评价工作。

编写评价报告及给出评价结论是评价工作的重要环节。评价报告应当在对评价过程中获得的信息、数据进行综合分析处理并在汇总各单项评价结果的基础上综合给出。评价结论要客观真实地反映实际情况，内容齐全，格式规范，体现评价工作的严肃性。评价结果及评价报告的内容应当及时反馈到有关行政主管部门、单位或组织。评价报告一般应包括：评价报告的名称；评价的时间、地点、参加人员；评价的目的、范围；评价的简要过程；所评价服务标准实施的基本情况、实施经验及效果；发现的问题以及改进建议；评价结论。

3. 评价结果处置

有关部门、单位或组织在获得评价组反馈的评价信息后，应当组织相关人员，对评价结果报告及评价结论、问题和建议等信息进行分析和研究，提出和制定改进意见、纠正和预防措施，并及时落实、跟踪各项措施的实施情况。对评价时提出的修订标准体系及相关标准的建议，应当高度重视，在调研核实的基础上，尽可能快地予以修订。标准实施评价结果的处置过程中，特别是重要服务标准实施的评价以及服务业组织实施标准体系的评价结果的处置，应当积极与评价工作组成员进行沟通，多听取评价人员以及各方面的意见和建议，科学处置评价结果。

（二）评价方法

1. 符合性评价方法

对标准或标准体系是否得到执行、执行程度如何进行评价，主要可采用以下方法：

（1）观察。对仪容仪表、标识标志设置等内容是否符合标准规定的要求，可采用观察的方法直接进行评价。

（2）查看标准实施的相关记录和报告。对标准实施过程中应当予以记录的内容，查看其历史记录是否按照标准规定予以记录、处理，记录是否真实可信，是否反映了标准实施的实际。对服务设施、设备、用品等是否满足标准规定的要求，可采用查看有关检验报告、合格证明等方法进行评价。

（3）询问管理人员、实施人员对标准的熟悉程度。对照标准内容，对管理人员、部分岗位人员应知应会的标准内容进行询问，了解其对标准的掌握情况，以确认标准是否真的得到实施、实施的范围和深度如何。

（4）服务过程再现。对一些流程性较强、可现场进行过程再现的标准，可在评价时随机抽取实施人员，进行演示验证，确认标准是否得到有效实施。

（5）其他方法。如可对顾客进行回访询问，确认服务过程是否按照标准进行。

符合性评价的主要目的是确认标准是否真的得到实施，因此在评价时务必要注意收集到的材料、观察到的行为是否真实可信。同时，该项评价也可与其他内容评价结合进行。

2. 效果评价方法

（1）服务质量评价方法。结合服务质量中的功能性、安全性、时间性、经济性、文明性、舒适性等特性，可灵活运用以及方法进行评价。

定量分析。主要是针对时间性、经济性的评价，从顾客角度出发，采用抽样统计进行定量分析，确定实施标准后顾客的时间、成本等节约或改进的情况，以及效果是否明显。如对顾客抱怨的增减情况，也可依据长时间的有效记录进行定量分析。

横纵对比。横向对比指与其他未实施标准化的组织进行比较，看有无明显提升和改进；纵向对比指相同实施主体实施标准化前后的服务质量进行比较，看是否有明显变化。

现场体验。针对功能性、舒适性、文明性等服务质量特性的评价，可依据情况到现场进行实地体验，确认和评价其实施效果。

查看记录和报告。对于安全性的评价，查看其记录和相关设施设备的检验检测报告是一项重要的评价措施。对于其他质量特性，也可通过查看记录和报告进行辅助评价。

顾客满意度调查。满意度是衡量服务质量优劣的综合性指标，其调查方法可参照《顾客满意测评模型和方法指南》（GB/T 19038－2009）、《顾客满意测评通则》（GB/T 19039－2009）、《质量管理顾客满意监视和测量指南》（GB/Z 27907－2011）规定的原则和推荐的模型，结合《关于推进服务标准化试点工作的意见》（国标委农联〔2007〕7 号）中附件 3 的规定执行。进行顾客满意度调查可以自行组织，也可委托第三方机构进行。

神秘顾客调查。神秘顾客调查是指由经过相关培训或指导的调查人员，在规定或指定的时间里扮演成顾客，以匿名的潜在消费者或真实消费者身份，按照事先设计的方案或一系列问题，对服务质量和服务过程进行真实的调查、体验和评价，并将结果反馈给委托单位的调查方式。

在进行质量评价过程中，为了使调查和评价结果切实反映服务质量状况，应当着重做好三项工作：一是尽可能根据服务内容、服务标准，科学设计有针对性的方案或调查表，切忌使用通用的或者其他组织设计的方案或调查表；二是尽可能确保数据的真实性和全面性，要保证参与调查的顾客、被调查的员工具有代表性，可采取必要的奖励措施，鼓励参与者认真、如实反映服务质量状况，调查的内容应当全面覆盖所有服务项目以及各个环节，以便进行综合评价；三是对于有效的调查和评价结果，应当认真进行分析，切实找出顾客对服务质量的不满之处，以及服务提供流程、细节中不科学、不合理的地方，并有针对性地制定、实施改进措施，实现持续改进。

（2）经济效益评价方法。对于直接经济效益中可用数量表示的，可参照 GB/T 3533.1 中的方法和公式进行定量计量。结合服务业实施标准化的实际，可以改进为以下内容：

“标准化直接经济效益 = 标准化有用效果 - 标准化投入”

其中，标准化有用效果包括一定期限内实施标准化后增加的营业收入和节约的成本，标准化投入包括物质和劳动的投入。两者的差额如果出现正值，则视为经济效益好，正差额越大则经济效益越好；出现负值，则表示实施标准化的投入大于产出，未起到预期的经济效果。

总的直接经济效益可用下列公式计算：

$$X_{\Sigma} = \sum J_i - K$$

式中：

X_{Σ}——标准或标准体系有效期内总的直接经济效益，单位为元；

i——标准有效期，单位为年；

J_i——某一年因实施标准化增加的营业收入和节约的成本，单位为元/年；

$\sum J_i$——标准或标准有效期内，各年度因实施标准化增加的营业收入和节约的成本总和；

K——标准或标准有效期内，因实施标准化而增加的物质和劳动的投入总和，单位为元。

对于间接经济效益的评价，主要可通过调查、对比、现场体验、查验记录等方法进行，对实施主体实施标准化后提升品牌知名度、增加便利化程度、降低交易成本和投诉处理成本等方面进行估算、评价。

（3）社会效益评价方法。评价标准或标准体系实施后的社会效益，可以参考项目社会效益评估的常用方法，包括基准线调查法、有无对比分析法、逻辑框架分析法、综合分析评估法等。

确定评价对象实现社会效益的可能范围。在评价前，应当预先根据评价对象以及其实施的标准、标准体系的内容，确定其可能实现的社会效益范围。一般而言，实施服务标准化的社会效益可能包括对维护社会秩序和社会稳定、提高人的素质和文化教育水平、改善生态环境和促进节能环保、保障健康安全、促进就业和公平分配、保护顾客及员工合法权益、营造社会环境和防范社会风险等方面。对于某一评价对象，其可能涉及某一方面或几个方面的效益，或是以某一方面的社会效益为主，因此，在评价前应当进行识别和确认，以便评价时有的放矢、集中精力。

一是基准线调查法。可选择实施标准或标准体系前的最近一年的状况作为基准时点，调查了解其主要社会效益涉及领域的初始状况作为基准线。将实施标准化后的某一时点与基准线比较，确定并评估其是否取得社会效益，程度如何。

二是对比分析法。对实施标准或标准体系情况下和未实施情况下的社会影响进行对比分析，确定并评估实施标准化的组织与同一时刻的未实施标准化的组织，在主要社会效益涉及领域有无明显变化，变化是否是正面的，程度如何。

三是逻辑框架分析法。从实施标准或标准体系所采取的措施、行为着手，按照因果关系的逻辑，朝着可能产生社会效益的领域方向，向上逐级展开，得到其影响及后果，确定并评估其是否取得社会效益且程度如何。

四是综合分析评估法。对可能产生多方面社会效益的评价对象，应当针对多个方面内容进行综合分析，得出其社会效益的几个主要方面和影响。

社会效益往往无形且无法定量分析，因此，无论采用哪种方法分析，都应当以客观事实为依据，以严密的逻辑推理为手段，使服务标准化的社会效益评价能够有理有据，让人信服。

（三）注意事项

1. 内部评价和外部评价

依据评价人员的身份来源，可将评价活动分为内部评价和外部评价。内部评价，又称供方评价、自我评价，是指服务业组织自己组织内部有经验的管理人员或员工对标准或标准体系实施情况及效果进行评价。外部评价，包括顾客评价和社会第三方评价。顾客评价，主要包括顾客满意度调查以及其他主要由顾客参与的评价活动。社会第三方评价，包括中介组织和政府有关机构的评价。内部评价和外部评价，由于参与评价人员的出发点和角度不同，其结果可能会有差异。服务业组织或委托评价的组织，可以将三种评价结合起来，各取所长。在具体评价时，如果已经实施了另一种评价，可以将前面作过的评价结论进行分析，作为参考。

2. 抽样检查与全面检查

在评价时是通过抽样检查还是全面检查来获得最终结论，是各种评价方法共同面临的问题。这里所指的抽样检查和全面检查，是借用了工业产品检验时的说法。从时间上看，可以说几乎每一种评价方法都是在一个相对固定、相对短暂的时间内，对评价对象和内容进行抽样检查来获得最终结论的。从项目上看，可以对评价对象和内容所涉及的所有项目和指标进行检查，即通过全面检查而获得评价结论。当受条件限制或出于其他目的时，也可以抽查部分项目和指标进行评价，即通过抽样检查来获得最终评价结论。当进行抽样检查时，应当确保所抽查的项目和指标具有典型性和代表性，满足评价目的的需要。

第二节　服务标准体系的评价

标准体系评价是服务业组织标准化工作的重要组成部分。通过标准体系评价可以发现标准本身和标准体系存在的缺陷和不足，以便修订标准，提高标准水平。通过标准体系进行评价，可以发现服务业组织建设和实施的标准体系在结构、功能等方面的缺陷，并通过制定纠正措施和持续改进，进一步完善标准体系。《服务业组织标准化工作指南　第 4 部分：标准实施及评价》（GB/T 24221. 4 – 2009）第 4 章给出了标准体系评价的原则、方法、程序、内容和要求，对服务业组织开展评价工作具有一定的指导作用。

标准体系涉及服务业组织服务、经营和管理活动的方方面面，包括多项标准，其功能作用比较复杂，因此，对标准体系评价的难度和工作量也较大。《服务业组织标准化工作指南　第3部分：标准编写》（GB/T24421.3）中的4.3给出了标准体系评价的依据和基本条件、组织机构和人员、评价的程序和方法、评价的内容和要求以及数据分析、处理和评价报告等内容。

一、评价的依据和条件

（一）评价依据

评价工作主要依据《服务业组织标准化指南》（GB/T 24421－2009）等文件开展，另外，还可参照《企业标准体系》（GB/T 15496～GB/T 15498）、《企业标准体系　评价与改进》（GB/T 19273－2003）、《标准体系表编制原则和要求》（GB/13016－2009）、《企业标准体系表编制指南》（GB/T 13017－2008）以及《标准化工作导则》（GB/T 1）等。

（二）基本条件

被评价的服务业组织应满足以下要求：

1. 建立了满足本组织服务、经营、管理要求的标准体系，并在标准体系文件批准发布后，进行了有效实施。此项是对标准体系的建立和运行提出的要求。

2. 设有专门的标准化管理机构，配备专职或兼职人员，标准化职责明确。此项是对标准化机构和标准化人员提出的要求。

3. 全体员工应经过标准化专业知识培训，熟悉企业方针、目标和本部门、本岗生的职责、权限，掌握本岗位工作所执行的各项标准要求。此项是对员工提出的要求。

4. 最高管理者、中层管理者以及关键部门和岗位的工作人员，应熟悉国家有关法律、法规和规章，掌握服务业组织标准体系文件的有关内容。此项是对管理者提出的要求。

上述4项是对被评价服务业组织提出的基本要求。只有达到这些要求后，服务业组织标准体系的建设工作才算是基本完成，才能进入标准体系评价阶段。

二、评价的机构和人员

（一）评价的组织机构

标准体系评价应由相应的评价组织来完成。评价组织应由熟悉标准化工作和相关业务工作的人员组成，评价任务和职责明确。

标准体系评价涉及面宽、内容复杂，应成立相应的评价组织，并由专业人员完成。标准体系评价一般分为两类，一类是外部评价；另一类是服务业组织自己开展的内部评价。外部评价由有关部门或委托相应机构成立评价组织；内部评价由服务业组织成立评价组织，并可聘请外单位专业人员参加评价工作。评价组织成员的多少，应根据评价工作量的大小和所涉及的专业来确定，既要保证评价工作质量，又要尽可能减轻被评价组织的经济负担。

评价组织的责任和义务：严格按照评价依据对服务业组织建立及运行标准体系进行评价；客观、公正地开展评价工作，如实反映评价活动中发现的问题；严格按照评价计划要求的时间、地点、范围、方法和程序进行评价，对出具的评价报告负责；评价后，评价组对评价效果、问题、不合格项产生的原因及改进建议向被评价的服务业组织说明，以便进一步改进标准体系。

评价组织应设评价组长，全面负责评价工作，组织制订评价计划或方案，协调处理评价过程出现的有关问题，组织全体评价人员研究确定评价结论、分析不合格项原因及改进意见，主持编写评价报告等。

（二）评价的主要人员

评价人员应具备的条件主要包括以下方面：

熟悉国家有关标准化方针、政策和法律法规，并掌握服务业组织标准化工作指南系列国家标准和相关专业标准。此项是对评价人员的标准化政策、法规和专业知识提出的要求。

熟悉被评价组织的行业特点，能识别和预见该组织在服务、经营、管理过程中存在的问题。此项要求评价人员对被评价组织所处行业有所了解，并熟悉被评价组织的服务、经营、管理过程，只有这样才能准确识别有关问题。

具有大专以上学历和中级以上职称，有一定工作经验，有组织管理和综合评审能力，能够解决评价过程中出现的实际问题。此项是对评价人员资质、经验和评审技能提出的要求。

遵纪守法，坚持原则，实事求是，保守被评价组织的商业秘密。此项是对评价人员的职业道德提出的要求。

标准体系评价是一项专业性比较强的工作，特别是服务业组织标准体系评价，在很大程度上依赖于评价人员的知识水平、技能和经验，因此，对评价人员的要求也较高。评价人员要严格遵守评价纪律，参与制订评价计划或方案，按评价原则要求，认真进行各项检查、验证工作，详细填写记录表、评分表和不合格报告，对不合格项提出改进建议和意见。

三、评价的程序和方式

（一）评价的程序

一是成立评价组织。确定评价人员、成立评价组织。

二是制订评价计划或方案，确定评价方法、指标体系和判定规则。一般包括评价目的、评价依据、评价方法、评价内容和要求、任务分工、时间、地点等。评价计划或方案一般应事先与被评价的服务业组织进行沟通，征得其同意后，方可实施。

三是评价准备。要结合被评价组织的实际，按照评价要求，建立科学的评价指标体系。例如，对体系文件的评价，应明确标准覆盖率指标、标准适用性指标等。《服务业组织标准化工作指南》（GB/T 24421－2009）提出了标准体系的有关指标，但应结合被评价组织的实际情况进行取舍或具体化。标准体系实施效果的指标的确定，一般从服务质量、安全环保、经济社会效益等方面考虑，如“满意度”是衡量服务质量的指标。当然，对于不能给出具体指标的项目，也应有一个明确的要求。建立指标体系后，应明确各项指标合格与否的判定规则。

四是评价实施。根据评价项目的特点，选择合适的方法进行评价。要认真做好评价准备工作。除做好评价人员的确定、成立评价小组、制订评价方案或计划外，还应编制检查记录表、评分表、调查表（问卷）、汇总表、准备评价所需的工作文件（包括国家标准、行业标准文本和标准目录以及标准化方面的法律法规、文件等）、必要的测量工具、验证方案等。

评价人员在进行评价之前，要仔细阅读服务业组织提交的有关文件，特别是标准体系结构图和标准文本，了解服务业组织的服务、经营、管理状况。具体的评价实施工作要按照评价计划或方案进行。

五是编写评价报告。按照要求编制评价报告。

六是评价结果处置。根据评价结果和评价组织提出的改进建议，服务业组织要制定改进措施，进一步完善标准体系，提高实施效果。

（二）评价的方式

标准体系评价一般采用查看记录和报告、过程验证、观察提问、满意度测评等方式。其中“查看记录和报告”“观察”“提问”是经常采用的评价方式。“过程验证”方法比较复杂，但往往能获得比较可靠的证据，必要时可以采用。“满意度测评”是考查服务质量的有效方法。当然，根据评价的需要，评价组也可以选用其他更有效的方法。无论采用什么方式，其目的都是要获得真实、可靠的数据。

四、评价的内容和要求

（一）标准体系文件评价

1. 体系完整性评价

主要经营活动的标准覆盖情况。“体系完整性评价”主要是通过分析服务业组织的服务、经营、管理等各个环节，对照标准明细表，检查该有的标准是否具备，并计数标准的覆盖率。对于涉及服务质量、安全、环境保护等重要标准以及有关法律法规规定必须具备的标准，而体系中缺少的，一般应视为严重不合格项，其余的应视为一般不合格或缺陷。

2. 体系规范性评价

标准体系框架、标准体系表、标准明细表、标准汇总表和标准文件。体系规范性评价主要是对照有关国家标准检查体系结构是否合理、标准文本编写质量等内容。

3. 体系协调性评价

标准与相关法律法规之间的协调性，标准之间的协调性。“体系协调性评价”主要是检查标准体系的外部协调性和内部协调性。外部协调性主要考虑体系文件与有关法律法规及国家有关政策、现行国家标准、行业标准、地方标准的协调性；内部协调性主要是考虑体系内各标准之间以及标准各项规定之间的协调性。

4. 体系有效性评价

满足经营活动需要的情况，保证体系正常运行及持续改进的有关措施。“体系有效性评价”主要是检查标准体系文件对服务业组织各项活动的支撑作用，包括保障安全、保护环境、保证服务质量、提高工作效率、降低成本等多个方面；同时，还要检查保证体系正常运行及持续改进的有关措施是否有效等内容。

（二）标准体系实施评价

对标准体系内的各项标准的实施情况进行评价。由于标准体系中的标准较多，可以抽取部分重要标准进行评价，并且可视情况简化评价程序，其中，单项标准的实施效果评价可与标准体系实施效果评价结合进行。

（三）标准体系效果评价

1. 效益评价

应对服务业组织通过建立和实施标准体系，提高服务效率、降低服务成本、增强市场竞争力、提高经济效益和社会效益等方面进行评价。要严格进行该项评价比较困难。根据事先确定的评价指标，收集有关数据，通过测算得出较为准确的结论。

2. 服务质量评价

服务质量评价包括服务质量特性评价和满意度测评两个方面。

（1）服务质量特性评价。服务质量特性评价主要是指考核服务业组织按标准提供的各项服务，在功能性、安全性、时间性、文明性、经济性等方面实现的程度，一般按下列要求进行评价：

一是功能性。对照标准规定的服务项目的功能，对每项服务通过检查、验证等方法，证明其是否达到预期的功能和顾客要求。

二是安全性。标准中应有明确的保证顾客人身、财产安全的设备、设施、人员和措施方面的要求。通过检查、验证等方法，证明其是否达到预期的安全效果。安全性一般包括：文字或图形的安全提示；为顾客或财产提供运输、储存、包装、交付和保护的有效控制；安全方面的应急预案或措施等。

三是时间性。对时间有要求的服务提供，标准中应规定等待和服务提供过程的时间。通过时间测量，证明其是否达到标准规定的时间要求。

四是文明性。应对各种文字、图示、影像的说明、指南或宣传广告以及服务员的服装、仪表与顾客接触、沟通的语言、动作作出规定。通过观察、考察等方法，证明其是否达到预期文明程度，包括：设计、产品说明书、广告、文明用语；企业文化、诚信；员工素质等。

五是经济性。标准应对服务和经营活动的经济指标作出明确的规定，各项服务应明码标价。向顾客提供产品或服务的质量与顾客交付的费用是否合理，组织自身的各种能源、材料的消耗是否降至最低等方面，通过测算，综合分析其经济性状况。

（2）满意度测评

“满意度测评”是评价服务质量高低的有效手段。测评方法可参照国家标准化管理委员会等六部（委、局）《关于推进服务标准化试点工作的意见》（国标委农联〔2007〕7 号）的有关规定进行。

通过发放调查问卷、电话访问或网上调查等方式进行顾客满意度测评。调查的内容应全面反映服务质量要求，调查的范围应尽可能广泛。对调查反馈的信息进行统计计算，给出满意度测评结果。

五、评价的分析和报告

对评价过程获得的数据进行分析、处理，给出各评价单项的评价结果，汇总各单项评价结果，给出标准体系评价结论，出具评价报告。评价报告一般应包括评价报告的名称、编号，评价的时间、地点、参加人员，评价的目的、范围，评价的简要过程、对被评价组织的肯定、发现的问题及改进建议，评价结论等内容。

认真分析、处理评价过程中获取的有关数据，给出评价结论，出具评价报告，是评价工作的重要环节。评价结论要客观真实地反映被评价服务业组织的实际情况，评价报告内容要齐全，格式要规范，体现评价工作的严肃性。

第八章　服务业组织标准体系

【基本要求】 通过本章的学习，您应能够：

1. 了解服务业组织标准化工作内容；
2. 熟悉服务业组织标准的编写技术；
3. 掌握服务业组织标准体系的运行；
4. 熟悉服务业标准体系评价的程序。

【核心概念】 组织标准；编写；运行；评价

服务业组织是整个服务行业最基本的结构单元，可以是服务业企事业单位、服务业企业集中的区域以及区域性综合服务机构，是标准贯彻实施的最终落脚点，也是服务业标准体系建设工作的重要一环。服务业组织标准化工作的核心是在组织内部建立实施标准体系并持续改进。

第一节　服务业组织标准化概述

服务业组织围绕提供“服务产品”开展活动，服务产品的“无形性”“不可储存性”“过程提供性”及“以消费者需求为目的”等一系列特点成为决定服务业组织标准化工作特点的主要因素。服务业更多地体现个性化，除服务业必须满足的要求外，如安全性、社会责任等，对服务提供过程的控制是其重点关注的问题。通过对提供过程的控制，彰显个性化的服务，实现服务目标。同时服务业组织标准化更多关注消费者的感受，在如今产品同质化程度越来越高、可替代性越来越强的情况下，是否能够提供全过程的良好服务成为赢得消费者的关键因素。

《服务业组织标准化工作指南　第1部分：基本要求》（GB/T 24421.1－2009）对服务业组织标准化工作的任务和内容进行了规定。服务业组织标准化工作的内容是围绕服务产品的提供建立科学完善的标准体系并有效运行，具体工作包括服务需求的分析、标准的收集和制定、标准体系的建立和运行及持续改进等。

一、制定标准化工作规划

在开展标准化工作前，服务业组织首先应对相应消费群体的服务需求及组织自身的发展需求进行分析，在明确需求的基础上确定标准化工作目标和任务，并结合组织经营和发展目标，制订标准化工作规划或计划。制订标准化工作规划一方面可使服务业组织标准化的各项工作能够有目标、有步骤地开展；另一方面，也可使标准化工作与服务业组织总的方针目标及其他管理工作同步协调发展。服务业组织开展标准化工作，应在遵循、贯彻国家（包括行业和地方）相关的方针、政策、法律、法规、规章及有关规定的基础上，制订标准化工作计划或规划，开展顶层设计。

二、建立并完善标准体系

《服务业组织标准化工作指南　第2部分：标准体系》（GB/T 24421.2－2009）给出了服务业组织标准体系的建设模式，即由服务通用基础标准体系、服务保障标准体系、服务提供标准体系组成，它是服务业组织其他体系，如质量管理体系、环境管理体系等的基础和融合体。服务业组织在确定标准体系框架时，应充分考虑自身的服务特点和经营管理需要，研究建立协调配合、科学合理的标准体系。在建立标准体系过程中，应做到循序渐进、不断完善，以保证体系有效运行。标准体系内的所有标准，包括通用基础标准、服务提供标准和服务保障标准，应该相互协调、相互支撑，并且应现行有效。标准化工作人员应对标准体系实行动态管理，将新发布的标准及时纳入体系，对于已修订的标准应及时更新，对于废止的标准应终止使用。

三、加快制定服务业标准

服务业组织制定标准（包括国家标准、行业标准、地方标准、企业标准等），应符合规定的程序。根据《国家标准管理办法》《行业标准管理办法》《企业标准化管理办法》等相关规定，标准制定的一般程序是：编制计划，调查研究，起草标准草案，征求意见，对标准草案进行验证、审查、批准、编号、发布等。

服务业组织在制定标准的过程中，应认真检索所在行业领域的国际标准和国外标准。对于检索到的国际标准和国外标准，通过分析研究后，如果认为适合本组织使用，则应尽可能采用这些标准，这有利于我国的服务业组织跨越国外技术性贸易壁垒，参与国际市场竞争。服务业组织在起草标准时，还应考虑到所起草的标准是否与国内现行的其他相关标准协调一致，以免标准的内容互相矛盾或冲突。标准征求意见对保证标准的质量同样至关重要。服务业组织应公平、公开、广泛地听取各层面人员的意见与建议，以保证标准真正地扎根于实际。在标准正式发布和实施一段时间后（一般不超过3年），服务业组织应根据需要对已发布实施的企业标准适时进行复审，以确认现行标准继续有效或者予以修订、废止。有关服务标准化对象和要素的选取以及内容的编写应符合《服务业组织标准化工作指南　第3部分：标准编写》（GB/T 24421.3－2009）的规定。

四、推动服务标准的实施

贯彻执行现行标准是服务业组织标准化工作的最重要任务，也是整个标准化活动的一个十分关键的环节。标准化的效益最终都将反映在标准的实施效果上，因为标准的实施效果直接影响服务的质量甚至服务业组织的声誉。因此，服务业组织应有组织、有计划地实施标准，并取得各方面的协调一致。

实施标准是一项复杂细致的工作，涉及服务准备、服务提供以及内部管理等许多部门。因此实施标准应有明确的目标，即提高服务质量、规范服务行为、满足顾客的需求和期望，以及保障安全和保护环境。服务业组织在建立标准体系后，应认真贯彻实施纳入体系的所有标准，在实施标准时，应制订切实可行的实施计划，包括确定实施范围、实施人员、实施进度和具体要求。服务业组织可以根据标准适用范围和工作任务的不同，灵活使用不同的方法，对实施过程中可能遇到的各种情况，有针对性地采取相应的解决措施，以保证标准的有效实施。此外，在标准的实施过程中，对于强制性标准，必须严格执行；对于推荐性标准，一经采用，就应严格执行；对于没有相应国家标准、行业标准和地方标准的，服务业组织可制定本组织的企业标准。

服务业组织开展标准化工作除了建立完善内部标准体系，还应积极参与外部标准化活动，包括国际、国家、行业和地方服务业标准化活动。目前我国部分国家级服务业标准化试点通过自身标准化建设，进一步提炼总结建设经验，提出一批国家、行业服务业标准，承担建设一批国家级服务业领域标准化技术委员会，为相关行业标准化理论知识的构建和完善作出积极贡献，同时标准化试点的辐射带动作用，对提升整个行业的标准化意识和水平起到积极促进作用。

五、标准实施的监督评价

对标准的实施情况进行监督和评价是促进服务业组织认真贯彻实施标准，提高服务质量和经济效益的有效手段。服务业组织应对标准的实施情况进行定期或不定期监督和检查，其目的是促进标准的贯彻执行，同时，通过检查可以发现标准本身存在的问题和不足，以便日后对标准作进一步修订和完善。在监督和检查过程中，服务业组织应对一些好的做法给予褒奖，而对不符合标准的行为应及时进行纠正。此外，还应对标准的实施效果开展评价，通过评价，总结经验，提出持续改进的意见或措施。

第二节　服务业组织标准的编写

服务业组织标准编写是服务业组织标准化工作的重点工作之一。服务业组织标准的编写除应符合《标准化工作导则　第1部分：标准的结构和编写》（GB/T 1.1－2009）的要求外，还应根据服务的特性和自身的特点，对服务质量和服务提供过程进行规范，主要参照《服务业组织标准化工作指南　第3部分：标准编写》（GB/T 24421.3－2009）、《服务标准化工作指南》（GB/T 15624－2011）和《服务标准制定导则考虑消费者需求》（GB/T 24620－2009）等。

一、基本要求

《服务业组织标准化工作指南　第3部分：标准编写》（GB/T 24421.3－2009）中第3章规定了服务业组织在标准编写过程中应满足如下要求。

（一）服务业组织标准的规范性要求

1. 遵守国家法律法规

这是服务业组织的义务，也是保护消费者合法权益、促进组织发展的保障。服务业组织在策划和编写标准时，首先要识别与本组织所提供的服务和组织的实际情况相关的国家法律法规要求，特别是安全、卫生、环境、节能减排和保护消费者合法权益等的法律法规，并在标准编写时加以贯彻。

2. 符合标准的规范性

为了使读者准确地理解标准的内容，标准的起草者应按照约定的格式进行编写。《标准化工作导则　第1部分：标准的结构和编写》（GB/T 1.1－2009）和《服务业组织标准化工作指南第3部分：标准编写》（GB/T 24421.3－2009）是服务业组织标准编写工作的重要基础标准。其中，《标准化工作导则　第1部分：标准的结构和编写》（GB/T 1.1－2009）对标准结构、标准表述规则和编排格式等进行规范；《服务业组织标准化工作指南　第3部分：标准编写》（GB/T 24421.3－2009）规定了服务业组织标准编写的基本要求。因此，服务业组织起草服务标准时应遵循这些标准的基本原则。

3. 符合标准的可行性

为便于标准使用者正确理解和应用标准，标准的结构要清晰，层次需分明。此外，标准内容要具体，只有内容具体才能确保标准的可操作性，并有利于运用标准检查工作。

（二）服务业组织标准的服务性要求

1. 服务是特殊产品

服务是服务提供者与顾客接触面上的活动，是一边生产一边消费的特殊产品，因此，对服务提供过程进行控制是服务业组织标准化的重要任务。在策划和编制服务标准时，应充分识别和分析服务提供过程的各环节，确定每个环节的输入、输出、所需的资源提供服务的相关人员、所需的作业标准以及评价标准等。

2. 考虑顾客的需求

除满足一般顾客的期望和需求外，应当特别关注对于处于相对弱势或行动受限人群的期望和需求，如老年人、儿童、残障人员等。对于有不同文化背景的顾客，在编写标准时应尊重不同文化、习俗或宗教信仰。

3. 满足服务的应用

应用的前提在于充分理解标准的规定。因此标准制定过程中应做到语言简明、通俗易懂，不应产生歧义，且在一个标准或系列标准中用到的术语、符号和代号应统一。

（三）服务业组织标准的技术性要求

1. 收集信息是标准编制的基础

服务业组织在制定服务标准时应收集相关资料，重点查找是否有相关的国际标准或国外先进标准，对于先进的国际标准或国外标准，可结合组织的实际情况加以采用。同时，鉴于管理体系标准比较成熟，且许多服务业组织不同程度地建立了相关管理体系，如质量管理体系、环境管理体系、职业健康安全管理体系，因此制定服务标准时，应充分考虑《质量管理体系要求》（GB/T 19001－2008）、《环境管理体系要求及使用指南》（GB/T 24001－2004）、《职业健康安全管理体系要求》（GB/T 28001－2011）等的相关规定，以确保标准之间的协调性。

2. 对相关要素进行有效的控制

服务业组织活动的形式和内容各不相同，但这些活动的形式和内容可以归纳出若干基本要素。《服务标准制定导则考虑消费者需求》（GB/T 24620－2009），从满足消费者需求的角度提出了制定服务标准时需要考虑的服务要素，包括服务提供者、供方、职员、合同、支付、交付、服务环境、设备、补救性措施和沟通等。制定服务标准时可围绕服务要素作出适当的规定。

二、主要内容

《服务业组织标准化工作指南　第3部分：标准编写》（GB/T 24421.3－2009）给出了服务规范、服务提供规范、人员资质、运行管理、安全、环境和设施设备及用品七项服务要求的编写方法。七项服务要求的提出参照传统工业企业比较成型的标准体系，如工作标准、管理标准、技术标准等，借鉴了《服务标准化工作指南　第1部分：总则》（GB/T 15624.1－

2003）中“服务标准的基本内容”和《服务标准制定导则考虑消费者需求》（GB/T 24620－2009）的有关规定。服务要求中没有包含（GB/T 15624－2011）中的“6.2 服务基础标准”，主要基于以下考虑：“服务基础标准”是通用标准，适合于各类服务业或某一服务行业，包括服务标准化工作指南、服务分类标准、服务术语标准、标识类标准等，对服务业具有普遍指导意义；《服务业组织标准化工作指南　第3部分：标准编写》（GB/T 24421.3－2009）旨在为服务业组织编写企业标准提供指导，企业标准一般很少涉及诸如此类“共性”的条款。

（一）服务规范

服务规范规定的是服务应达到的水平和要求，服务规范的描述应该是服务提供过程结果的质量要求，质量要求包括明示的、通常隐含的或必须履行的期望或需求。服务业组织可将服务规范和服务提供规范的要求规定在一项标准中。为了突出某些方面的质量要求时，可以将相关的服务规范单独形成标准。特性要求可以是定量的（可测量的），也可以是定性的（可进行比较的），服务业组织在编写服务规范时，宜充分考虑如下方面的质量特性要求：

一是功能性。功能性要求是从服务项目所达到的功效角度提出的。服务业组织应着眼于自身提供的服务，从满足顾客需要的角度确定功能要求。这种要求可以分散到组织的不同服务标准中，如一个健身俱乐部可能有教练服务的规范和游泳馆的服务规范，因服务项目的不同对于功能的要求可能会有所不同，也可将这些要求在不同的服务提供规范中规定。

二是经济性。经济性是指用较少的输入获得同质量的服务。经济性要求往往是组织从自身的生存和发展的角度以及社会资源有效利用的角度提出的。经济性主要关注的是资源投入、使用过程中成本节约情况，以及资源使用的合理性，旨在用较少的资源提供高质量的服务。经济性是相对于所得到的服务质量而言的，即经济性是与功能性、时间性、舒适性等密切相关的。

三是安全性。安全性对于服务业组织尤为重要，服务提供活动大多在与顾客接触层面发生，服务业组织应识别组织中可能会对顾客造成各种伤害的危险源，并根据实际情况规定安全性方面的要求，规定这些要求时应特别着重于保护易受伤害的群体。如消防、人身财产安全、保密和健康卫生等方面的要求和工作目标。

四是舒适性。舒适性是顾客对服务设施、服务环境、服务人员和服务提供活动的一种综合感受，如何能保证让顾客感觉舒适，服务业组织应该在认真调研和分析的基础上，规定相关的要求和目标，这些要求有时无法直接规定，可以通过对服务人员、服务设施、服务用品和服务环境等方面的要求来实现。

五是时间性。时间性的要求在当今社会越来越为顾客所关注，服务业组织应针对有服务时限要求特性的服务项目提出相关的服务要求，应规定等待时间、服务提供过程的时间（包括开始时间和结束时间）、顾客意见反馈处理的时间及工作效率等。

六是文明性。文明性要求体现了一个服务业组织中从业人员的素质，这种文明性的要求在服务业组织中具有普遍的适用性。服务业组织应通过对服务行为的规定体现文明性的要求，使接受服务者获得自由、亲切、受尊重、友好、自然和谅解的感受，同时，员工保障和社会责任方面的要求，也体现了文明性的要求。

对于上述服务特性的要求可以是定量的，也可以是定性的。定量的要求是可测量的，是对服务的“量”的要求，如银行要求处理存取款的时间是在 5 min 之内。定性的要求是可以进行比较的，是对服务的“质”的要求，是规定服务“有没有”和“是不是”，如良好的仪容仪表要求和不得索取小费的要求等。以上服务特性适用于不同类型服务业组织，服务业组织可根据自身的实际情况确定特性要求，对于这些特性要求可以单独形成服务规范，也可将服务规范和服务提供规范在同一标准中体现。

（二）服务提供规范

服务提供规范是为确保服务提供过程满足服务规范的要求，制定的服务提供规范，服务提供规范规定的是服务方法和手段。服务提供规范制定应该考虑服务业组织的方针、目标和能力，以及诸如安全、卫生、环境或适用法律法规等方面的要求，要描述服务提供过程所用方法及服务提供程序等。服务提供过程应该包括有形产品和无形产品整个活动的过程。

服务提供规范的制定是以服务规范为前提，为了达成服务规范要求的特性，应对服务提供过程进行策划。可将服务提供过程划分为各个工作阶段，每个工作阶段应制定相应的程序（提供规范）标准，标准中应描述包含在每个阶段中的活动，特别注意各个不同工作阶段之间的衔接，服务提供过程的详细提供规范图能有助于工作阶段的划分。

服务提供规范中应该包括应急预案、应急准备和应急响应等标准，以应对突发事件。发生服务中断或有紧急情况足以影响服务提供时，顾客希望及时得到有关信息，包括事件的性质、存在的风险、联络信息、明确的指引、恢复服务所需的时间和临时解决方案等，对于不能按协议和承诺提供服务时应给出赔偿的程序。标准中可规定组织内可能会出现的紧急异常情况，如何对这些紧急情况做好预防和准备，以及如果发生类似情况时如何响应的应急预案。

由于服务是与顾客接触层面发生的活动，服务业组织与顾客的沟通非常重要，沟通不畅往往会导致顾客不满，招致投诉。因此，应在标准中对沟通进行规定，具体可以包括沟通的内容、沟通态度、沟通的渠道、沟通的频率、沟通出现问题时的解决方案等方面内容。此外，通过沟通获得顾客满意度信息十分重要。顾客满意度是顾客对服务业组织所提供服务的一种感受，服务业组织制定标准时应考虑顾客满意度信息的获取渠道和方法等内容。

服务提供规范可以用提供规范图体现，也可以用语言描述的方式。在编写服务提供规范时，应考虑如下方面的基本内容：

一是服务提供规范。应将服务提供的过程按服务提供规范分成各个工作阶段，明确各个工作阶段间不同部门的接口，描述各工作阶段的服务行为，包括工作步骤、各工作环节的输入输出要求、工作内容和操作规范等。

二是职责。应规定部门机构设置、最低人员配备、工种类别和工种执业资质的要求、部门职责及岗位职责和权限的要求等内容。

三是预防性措施。应制定相应的标准和配置相应的设施，以处理服务中断或紧急情况，应确保顾客及时获得有关的信息，包括事件的性质、风险、联络信息、明确的指引、恢复服务所需的时间和临时的解决方案等。

四是与顾客沟通的安排。应明确沟通的方法、内容、频率、态度政策和行为守则，包括顾客满意度测量的要求等。

（三）人员资质

人员资质包括人员配置、资质要求、能力要求等。

一是人员配置标准。人员数量、员工技能可以直接影响到组织的案例、保障和服务提供能力。因此，标准可以直接列明服务业组织所必须达到的人员配置标准。如最低人员配备、人员的能力要求和重要岗位人员所占全体员工的最低比例。

二是人员资质要求。应规定从事影响服务提供过程的人员的资质要求，资质要求应根据组织的机构设置、岗位设置、岗位职责及所需的人员技能和资格来确定。应规定一个合理的能力水平，过高和过低的要求都是不适宜的。标准中还应特别关注与顾客直接接触的人员。在编写人员资质相关要求时，应考虑教育与培训（与岗位职责相应的最低教育和专业培训背景要求）、技能与经验（完成岗位工作应具备的最低能力和与从事岗位相关的工作经历要求）、健康与素养（健康卫生要求和服务过程中的仪容仪表、责任和礼貌、时刻关注顾客的需要、遵守行业或组织的道德规范等）等方面的内容。

三是人员能力要求。对于人员能力的要求，应从教育、培训、技能、经验以及人员的健康与素养方面予以规定；对于人员素养方面的要求应包括对顾客隐私保密等方面的要求。

（四）运行管理

运行管理应规定对各项运行管理活动的要求，包括计划、组织、领导和控制等方面的要求。在编写运行管理的相关要求时，服务业组织应针对与服务提供过程相关的运行管理事项制定标准。

一是目标管理，企业为保证方针目标的实现，应制定相应的目标考核管理规定。

二是信息管理，服务业组织应对信息的收集、加工、传输、处理、存储和利用等方面管理提出要求。

三是沟通管理，沟通包括组织内部的沟通和组织与其他相关方之间的外部沟通。沟通的方法多种多样，在标准中应规定与沟通对象的文化和技能水平相适应的沟通方式，确保所沟通的信息清楚和便于理解，并能及时地将信息传递给相关的人员，明确沟通的频率和提出信息共享的要求。

四是财务管理，应按有关法律法规的要求，规定财务活动、成本核算和定额管理等方面的要求。

五是人力资源管理，规定人员聘用、人员培训和业绩考核等方面的要求。可通过制定人力资源管理标准来规范和提升员工的职业胜任力。人力资源管理标准可包括招聘、调岗、轮岗、考核和培训等内容。以培训为例，培训标准可包括培训方式、培训频率、培训内容等方面；培训内容可涉及人员专业知识、安全和健康要求、关注顾客特殊需要等方面；具体的培训活动应与员工所承担的工作任务相关。对人员的有关考核和评价的标准十分重要，服务业组织应依据考核评价标准找出人员能力的差距，从而更好地识别出人力资源管理的需求。

六是能源管理，规定对能源消耗统计分析、能源的合理利用、能源设备的管理和节能措施的实施等方面的要求。

七是营销管理，规定对市场信息、市场预测、营销策划和营销评价等方面的要求。

八是合同管理，规范合同格式、合同评审和合同变更管理的要求。

九是采购管理，规定对供方的管理和采购活动控制等方面的要求；制定采购管理标准时，主要从供方（包括服务的外包方）的选择、评价和再评价，采购活动的控制要求，包括采购信息（合同、协议、清单、口头约定等）、采购提供规范及控制要求等方面进行考虑。

十是绩效评价，评价标准包括对服务结果、服务提供过程、各类运行管理活动的评定以及服务质量的顾客评定等方面的标准，应明确实施评价的职责和方法，应体现对服务及服务提供过程的监视和测量，体系评价和顾客满意等方面的管理要求。通过评价获得了各类活动实施情况的数据，在对数据进行分析的基础上寻求改进的方向，以提高服务业组织的总体业绩。可从以下方面考虑制定对供方评价的标准：评价供方的产品（服务）质量；评价供方的质量业绩，如顾客满意度测量和组织业绩等；评价供方的管理能力，可通过现场的第三方审核和现场能力调查等方式评价；征询其他顾客对供方的意见，了解其社会信誉；查证有关符合性的证明文件，如产品检验报告等。

此外，要做到持续改进，服务业组织为持续改进组织业绩应制定有关数据分析和改进措施的标准，规定改进目标和寻找改进机会的过程，包括规定数据分析、纠正措施和预防措施实施的要求。

（五）安全要求

服务业组织的服务提供活动多发生在组织与顾客的接触层面上，与之相关的安全问题尤为重要。所以，服务业组织应制定与服务结果及服务提供过程相关的安全管理规定，对风险进行管理和控制，以消除安全隐患，确保相关方处于安全状态下。可以从场所、用品、设施和人员等方面考虑安全问题，对于存在的风险应制定安全保障措施，这些保障措施包括对人身和物品的安全保障措施，也包括对各类信息的安全保障措施，如电信、医疗等组织应制定关于保护个人隐私信息的安全保障措施。

服务业组织在编写标准时可参考《职业健康安全管理体系要求》（GB/T 280001 - 2011）的相关要求，对于上述各方面可能存在的导致人员安全健康和公众生命安全、重大财产损失、环境损害和社会影响的危险源应制定风险分析和应急预案管理等方面的标准。应急预案的编制可参考《生产经营单位安全生产事故应急预案编制导则》（AQ/T 9002 - 2006）。很多法律法规、政策和标准都涉及安全方面的规定。服务业组织在编写有关安全的标准时应充分考虑这些内容，如《安全标志及其使用导则》（GB 2894 - 2008）、《安全社区建设基本要求》（AQ/T 9001 - 2006）和《民用航空运输机场安全保卫设施》（MH/T 7003 - 2008）等。

在编写安全相关要求时，宜考虑安全保障措施（如对个人、物品、投资、金融信息和顾客个人信息的保障措施）、服务场所的安全要求、服务用品使用的安全要求、服务设施的安全要求、服务从业人员的安全要求等方面的基本内容。

（六）环境要求

服务业组织为保证向顾客提供适宜的环境及保护环境、文化和人类遗产，应制定环境相关要求，规定本组织应具备的环境条件和应达到的环境保护的要求。环境条件标准以确保服务环境满足顾客需求。如宾馆内不同季节温度的控制要求、噪声的控制要求，银行内光线的控制要求，餐厅内清洁卫生的控制要求等。服务业组织在编写标准时应识别出特殊环境下可能出现的情况以及相关法律法规要求，并从以下方面制定环境管理的标准。

一是环境条件。规定服务提供所需的温度、湿度、光线、空气质量、清洁卫生、噪声限值、场地面积等基本条件和管理的要求，如酒店规定不同季节的温度、湿度的控制要求。

二是环境因素。对服务业组织内的环境因素进行识别和管理的标准，规定环境因素的识别和评价要求，环境因素的识别通常应考虑向大气的排放、向水体的排放、向土地的排放、原材料和自然资源的使用、能源使用、能量释放和废物等。

三是环境管理。规定日常运行中控制和减少有害环境影响的要求，规定对环境因素实施控制的要求以提高组织的环境绩效，控制的要求包括废物处理、减少资源和能源的消耗、减少废气排放、噪声和视觉污染等。

四是环境意识。增强环境、顾客和其他各相关方环境保护的意识。

（七）设施设备及用品

设施设备及用品是保证服务提供活动的资源。服务业组织应结合顾客要求按服务提供的策划配备这些资源，并在日常工作中对这些资源予以有效的管理。服务业组织应从购置、验收、使用、存放、维护保养和报废处置等方面对设施设备及用品资源进行规定。一是建筑物、工作场所和相关设施，如办公楼、服务提供的现场（餐厅、酒店大堂、客房等）、储存场所等，以及与之配套的水、电、气的供应，通风照明、空调系统等相关设施；二是服务提供过程设备，泛指各种类型的与服务提供过程相关的各种硬件和软件，如办公设备及软件、工具、器具、装置等；三是支持性服务或者设施，如通信技术及设施（对以提供通信服务为主的服务业组织，此类设施属于服务提供过程设备），运输设施、信息系统、网络维护等；四是其他用品，除设施设备之外，为保证服务提供活动所需的物资，如餐饮业的食物原料，饭店业的客房用品等。

编制关于设施设备及用品的标准应考虑对确保服务提供过程的有效运作所需的设施设备及用品的要求（如设施设备的安全技术要求和最低配置的要求等），以及对设施设备及用品的管理要求（如设施设备的操作规程、维护保养规定、报废处理规定等）。

第三节　服务业组织标准体系的建立

服务业组织的标准体系由服务通用基础标准体系、服务保障标准体系、服务提供标准体系3个子体系组成。它是服务业组织其他体系，如质量管理体系、环境管理体系等的基础和融合体。

一、服务业组织标准体系的基本结构

《服务业组织标准化工作指南　第2部分：标准体系》（GB/T 24421.2－2009）给出了服务业组织标准体系总体结构与要求，并针对服务通用基础标准体系、服务保障标准体系、服务提供标准体系给出每种标准体系的结构、所应包含的标准类型和需要考虑制定标准的内容。

服务业组织还应该通过搭建标准体系，识别标准缺失领域，明确需要标准化的重要环节和关键服务要素，依据《标准化工作导则　第1部分：标准的结构和编写》（GB/T 1.1－2009）和《服务业组织标准化工作指南　第3部分：标准编写》（GB/T 24421.3－2009）等相关标准开展标准制定工作，确保组织的各项工作有标可依。

根据《服务业组织标准化工作指南　第2部分：标准体系》（GB/T 24421.2－2009），图8－1中服务业组织的标准体系的3个子体系之间并不是独立的，它们之间有着广泛的内在联系，缺一不可。通用基础标准体系是服务保障标准体系、服务提供标准体系的基础；服务保障标准体系是服务提供标准体系的直接支撑，对服务提供标准体系起着保驾护航的作用；服务提供标准体系是为满足顾客需要，规范供方与顾客之间直接接触活动而建立的体系，是整个标准体系的核心。服务提供标准体系对服务保障标准体系起着检验、验证的作用，在服务提供过程中遇到因服务保障不完善造成服务不能有效提供时，就应考虑对服务保障体系进行完善和改进。

标准体系的建立应结合服务业组织的实际情况，突出服务功能和特点，建立适合自身要求的协调配套、科学合理的标准体系，并有效运行。对于中等以上规模的组织，应搭建较完备的标准体系；对于人数很少的小规模组织，如个体经营或独立的小店铺经营模式，可视情况建立简单的标准体系，确保标准体系覆盖组织的核心工作。对于那些已经建立质量管理体系、环境管理体系、职业健康管理体系等一种或多种体系的服务业组织，可以将已建的体系通过梳理、归纳分别融入服务业组织标准体系中，形成较完整的服务业组织标准体系。

（一）通用基础标准体系的构成

服务业组织服务通用基础标准体系结构如图8－2所示。

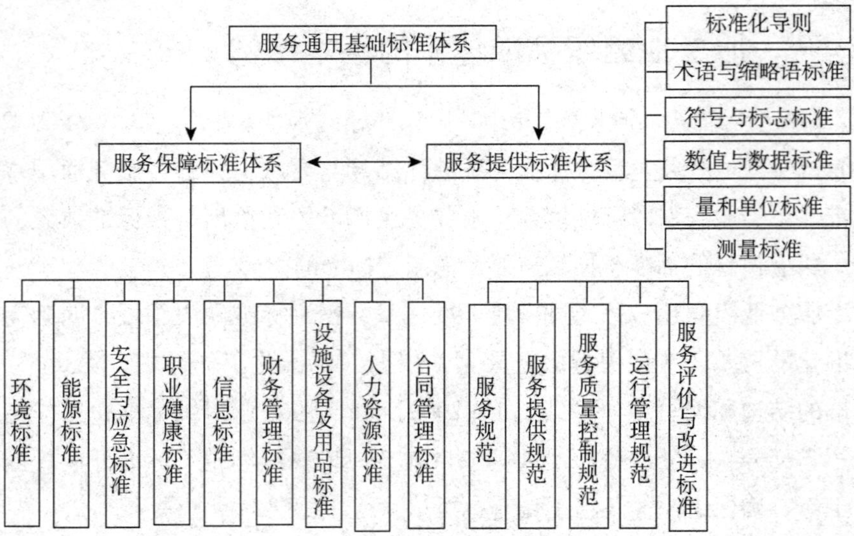

图 8－1　服务业组织标准体系基本结构

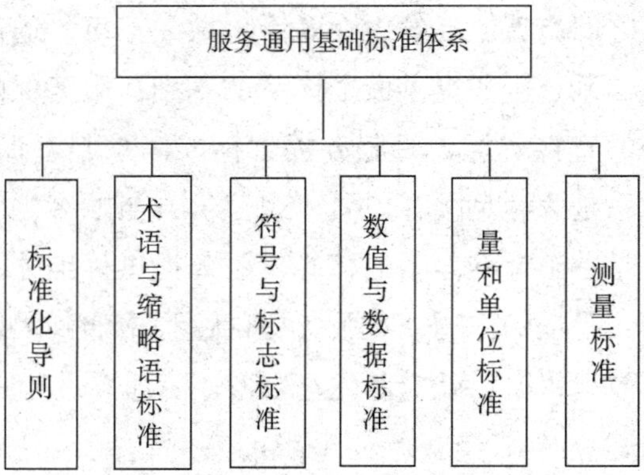

图 8－2　服务业组织服务通用基础标准体系结构

1. 标准化导则

标准化导则是指导服务业组织开展标准化活动的规范性文件。标准化导则主要包括标准的制定程序，编写规则，标准的通用词汇，采用国际标准，规范性引用文件，标准的分类，编号以及标准体系建设和实施指南等内容的标准。主要包括现行有效的国家标准、行业标准、地方标准，以及为满足服务业组织的经营管理实际需求而编制的企业标准。服务业组织的标准化导则标准部分示例见表 8－1 所示。

表 8－1　服务业组织的标准化导则标准明细示例

序号	标准编号	标准名称
1	GB/T 1.1－2009	标准化工作导则　第 1 部分：标准的结构和编写
2	GB/T 15624－2011	服务标准化工作指南
3	GB/T 24421.1－2009	服务业组织标准化工作指南　第 1 部分：基本要求
4	GB/T 24421.2－2009	服务业组织标准化工作指南　第 2 部分：标准体系
5	GB/T 21421.3－2009	服务业组织标准化工作指南　第 3 部分：标准编写
6	GB/T 24421.4－2009	服务业组织标准化工作指南　第 4 部分：标准实施及评价
7	GB/T 13016－2009	标准体系表编制原则和要求
8	GB/T 13017－2008	企业标准体系表编制指南

2. 术语与缩略语标准

术语是某些组织经常使用，而在行业外又易造成混淆和难理解的名词进行统一解释或定义。其作用是让大家都能看得懂和理解词汇的具体含义，避免产生歧义。

缩略语俗称缩写，是对较长或较复杂的汉语词汇或英文词组经简化后的一种表示方法。如“WTO”是“世界贸易组织”的缩略语、“TQM”是“全面质量管理”的缩略语。服务业组织的术语与缩略语标准部分示例见表 8－2。

表 8－2　服务业组织的术语与缩略语标准明细示例

序号	标准编号	标准名称
1	GB/T 10112－1999	术语工作原则与方法
2	GB/T 15565.1－2008	图形符号术语　第 1 部分：通用
3	GB/T 15237.1－2000	术语工作词汇　第 1 部分：理论与应用
4	GB/T 19000－2008	质量管理体系基础和术语
5	GB/T 15236－2008	职业安全卫生术语
6	GB/T 24050－2004	环境管理术语
7	GB/T 17532－2005	术语工作计算机应用词汇
8	GB/T 20001.1－2001	标准编写规则　第 1 部分：术语

3. 符号与标志标准

符号与标志标准是指以特定的文字、字母或图形、图像为主要内容并附有相关说明的标准。这类标准主要用于规范公共场所和服务业组织内以及产品中涉及安全、卫生、环保等便于顾客识别的符号与标志。服务业组织的符号与标志标准部分示例见表 8－3 所示。

表 8－3　服务业组织的符号与标志标准明细示例

序号	标准编号	标准名称
1	GB/T 10001. 1－2012	公共信息图形符号　第 1 部分：通用符号
2	GB/T 10001. 9－2008	标志用公共信息图形符号　第 9 部分：无障碍设施符号
3	GB 2894－2008	安全标志及其使用导则
4	GB/T 20001. 2－2001	标准编写规则　第 2 部分：符号
5	GB/T 20001. 3－2001	标准编写规则　第 3 部分：信息分类编码
6	GB/T 2893. 1－2004	图形符号安全色和安全标志　第 1 部分：工作场所和公共区域中安全标志的设计原则
7	GB 13495－1992	消防安全标志
8	GB/T 16273. 8－2010	设备用图形符号　第 8 部分：办公设备通用符号
9	CJJ/T 125－2008	环境卫生图形符号标准
10	GB/T 15566. 1－2007	公共信息导向系统设置原则与要求　第 1 部分：总则

4. 数值与数据标准

数值与数据标准是对数字的表示、数值的计算、数据的统计以及方法等有关内容的规范性文件。在服务业组织的经营和管理活动中经常涉及有关数值和数据如何计算或统计的问题，如数据统计中数值与数据的修约规则。服务业组织的数值与数据标准部分示例见表 8－4 所示。

表 8－4　某服务业组织的数值与数据标准明细示例

序号	标准编号	标准名称
1	GB/T 8170－2008	数值修约规则与极限数值的表示和判定
2	GB/T 4086. 1－1983	统计分布数值表正态分布
3	GB/T 3358. 1－2009	统计学词汇及符号　第 1 部分：一般统计术语与用于概率的术语

5. 量和单位标准

量和单位标准是物理量以及量的单位、符号的使用和表示方法的规范性文件。服务业组织在经营和管理活动中所使用的量和单位应当严格执行《中华人民共和国计量法》规定的法定计量单位，不得使用非法定计量单位。如果需要制定量和单位的企业标准，则企业标准不得与现行的国家有关量和单位的强制性标准抵触。服务业组织的量和计量单位标准部分示例见表 8 –5 所示。

表 8 –5　服务业组织的量和计量单位标准明细示例

序号	标准编号	标准名称
1	GB 3100 – 1993	国际单位制及其应用
2	GB 3103 – 1993	有关量、单位和符号的一般原则
3	GB 3102. 1 – 1993	空间和时间的量和单位

6. 测量标准

测量是指用某种方法（实验）将已知标准量与未知的被测物理量进行比较和判断的过程。测量标准是对测量方法以编号及测量过程中所涉及的设备、器具、人员、环境、已知量和未知量的规范性文件。服务业组织需要对某项活动、过程、产品进行测量，检查其是否达到标准规定的要求时，就要用到测量方面的标准。根据服务的特性和服务的程序，服务业组织可选择并使用定量或定性方法对服务的安全性、有效性和服务满足顾客需求进行验证。定量或定性方法如果有国家标准、行业标准、地方标准的可直接采用，没有的就需要制定测量方法的企业标准。服务业组织的测量标准部分示例见表 8 –6 所示。

表 8 –6　服务业组织的测量标准明细示例

序号	标准编号	标准名称
1	GB/T 18204. 13 – 2000	公共场所空气温度测定方法
2	GB/T 18204. 14 – 2000	公共场所空气湿度测定方法
3	GB/T 18204. 21 – 2000	公共场所照度测定方法

（二）服务保障标准体系的构成

服务业组织服务保障标准体系结构如图 8 –3 所示。

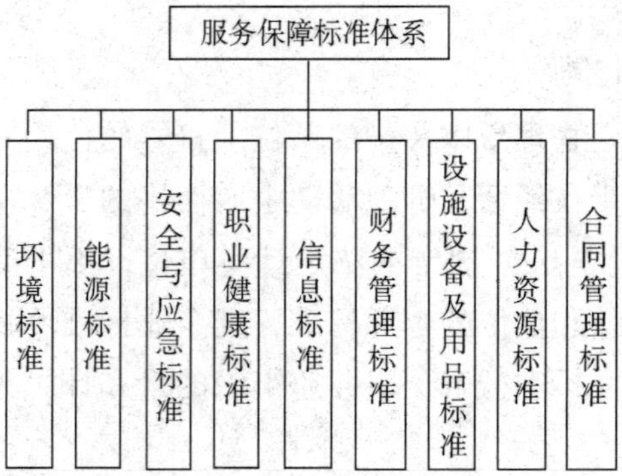

图 8-3　服务保障标准体系结构

1. 环境标准

环境是服务业组织运行活动的外部存在条件，包括空气、水、土壤、自然资源等。服务业组织应重点收集、制定服务场所的温度、湿度、光线、空气质量、卫生、清洁度、噪声等方面的国家标准、行业标准和地方标准，也需制定符合服务业组织实际情况的环境管理等方面的企业标准。服务业组织的环境标准部分示例见表 8-7 所示。

表 8-7　服务业组织的环境标准明细示例

序号	标准编号	标准名称
1	GB/T 18883-2002	室内空气质量标准
2	GB 19085-2003	商业、服务业经营场所传染性疾病预防措施
3	DB 31/405-2008	公共场所空调通风系统运行卫生要求

2. 能源标准

在服务保障标准体系中对能源的管理以及用能和节能工作措施都是十分重要的内容。有关能源方面的标准主要包括：

执行能源产品标准。服务业组织在运营和管理活动中使用到的各种能源产品的产品标准，这些标准不需要服务业组织来制定，都有现成的国家标准或行业标准，服务业组织可以收集起来作为能源类标准的一部分。

制定组织中能源系统的经济运行标准。对于没有国家标准、行业标准和地方标准可执行的，企业需要根据自身的经营和管理活动需要，制定企业能源系统经济运行标准。

3. 安全与应急标准

为使顾客的生命和财产在服务过程中不受到伤害，或者在发生突发事件时能有效降低损失而收集制定的标准，包括安全标志、报警信号、危险因素分类等安全标准，突发事件应对预案与处置程序标准，安全防护与管理标准，安全人员配备和安全教育标准，设施设备安全标准。服务业组织的安全与应急标准部分示例见表 8－8 所示。

表 8－8　服务业组织的安全与应急标准明细示例

序号	标准编号	标准名称
1	GB/T 23809－2009	应急导向系统设置原则与要求
2	GB/T 2893.1－2004	图形符号安全色和安全标志　第 1 部分：工作场所和公共区域中安全标志的设计原则
3	GB 13495－1992	消防安全标志
4	GB 15630－1095	消防安全标志设置要求
5	GA 654－2006	人员密集场所消防安全管理
6	GB 50140－2005	建筑灭火器配置设计规范
7	GB 4943－2001	信息技术设备的安全

4. 职业健康标准

为消除和减少服务提供过程中产生的职业安全风险，针对职工从事职业活动中的健康损害、安全危险及其有害因素收集、制定的标准，主要包括工作场所的空气、噪声、温度限值、湿度限值标准，工作场所有害物质限量标准，职业安全培训标准，职业病的防护与管理等标准。服务业组织的职业健康标准部分示例见表 8－9 所示。

表 8－9　服务业组织的职业健康标准明细示例

序号	标准编号	标准名称
1	GB/T 280001－2011	职业健康安全管理体系要求
2	GB/T 28002－2011	职业健康安全管理体系实施指南
3	GB/Z 188－2007	职业健康监护技术规范

5. 信息标准

信息标准指在服务业组织内均适用的与信息有关的标准。信息标准应用范围很广，各行业都有自己的信息应用方面的标准。比较典型的信息应用技术有 RFID 射频识别技术，俗称“电子标签”，在产品包装、动物食品追溯等方面应用很广。服务业组织也可根据服务特点收集和制定相关信息应用标准。服务业组织的信息标准部分示例见表 8－10 所示。

表 8－10　服务业组织的信息标准明细示例

序号	标准编号	标准名称
1	GB/T 20271－2006	信息安全技术　信息系统通用安全技术要求
2	GB/T 20269－2006	信息安全技术　信息系统安全管理要求
3	GB/T 25058－2010	信息安全技术　信息系统安全等级保护实施指南
4	GB/T 20988－2007	信息安全技术　信息系统灾难恢复规范
5	GB/T 20272－2006	信息安全技术　操作系统安全技术要求
6	GB/T 20008－2005	信息安全技术　操作系统安全评估准则
7	GB/T 20273－2006	信息安全技术　数据库管理系统安全技术要求
8	GB/T 20009－2005	信息安全技术　数据库管理系统安全评估准则
9	GB/T 20270－2006	信息安全技术　网络基础安全技术要求
10	GB/T 22081－2008	信息安全技术　信息安全管理实用规则
11	GB 17859－1999	计算机信息系统安全保护等级划分准则

6. 财务管理标准

根据法律法规和标准的要求，应对财务活动中的成本核算和收支等方面进行管理，收集、制定标准，主要包括财务决策管理，财务计划分析与控制、成本管理、筹资投资管理等标准。

7. 设施设备及用品标准

设施设备及用品标准是服务保障标准体系的重要内容。只有设施设备完好、运转正常，才能保证服务提供的有效实施。服务业组织在选购适合的设施设备及用品方面需关注以下方面的标准：设施设备及用品的技术要求；进货验收的质量检验项目与检验方法；设施设备及用品的供方管理，审批程序、购置程序管理；设施设备及用品的储运方式、条件和出入库管理等标准；安装、验收技术条件。

8. 人力资源标准

人力资源是服务业组织最重要的资源和竞争力的源泉，通过对员工进行组织、开发、培训、考核等活动，实现最优化的组织绩效。为使所聘用的人员符合本组织提供服务的要求，服务业组织应从配备、使用、管理等方面对人力资源管理作出规定，主要包括人员资质要求、人员聘用管理、人员教育和培训、人员工作绩效考核等标准。

9. 合同管理标准

服务业组织为了保障服务目的实现，避免或减少纠纷，应制定合同管理标准，对服务实施有效的管理。经济合同一般包括信贷合同、租赁合同、采购合同、服务提供合同等，不包括与员工签订的劳动合同（劳动合同的管理应放在人力资源管理标准中）。合同管理标准的制定应与经济合同法的要求及本行业的相关规定协调一致。

（三）服务提供标准体系的构成

服务业组织服务提供标准体系结构如图 8－4 所示。

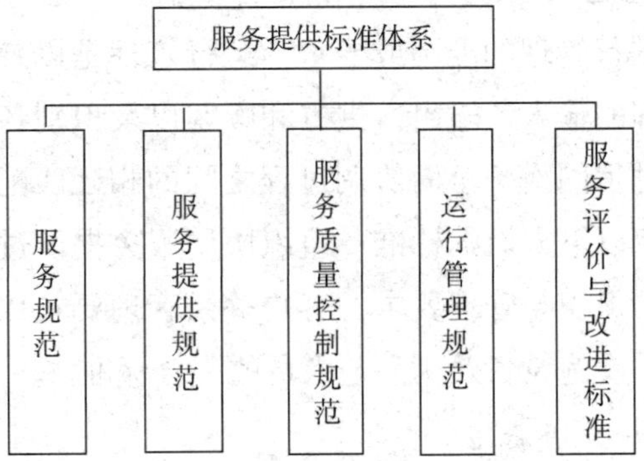

图 8－4　服务提供标准体系结构

1. 服务规范

服务规范是指服务业组织为满足顾客需求，对某项服务（工程）或者行为制定的定量或定性的服务要求的规定。服务规范的范围、种类非常广泛，不同的服务业组织、不同的服务对象、不同服务内容其服务规范也各不相同。如旅游业的导游服务规范，交通运输业的公交客运服务规范，银行业的柜员服务规范，汽车租赁业的汽车租赁服务规范等。服务规范的内容既可能有技术性的内容，也可能有管理性的内容或服务人员的工作性内容。虽然服务规范的内容不同，但制定的目的是唯一的，都是为了满足顾客的需求。服务规范可从功能性、安全性、时间性、舒适性、经济性、文明性6个方面对服务应达到的水平和要求进行规范。

2. 服务提供规范

服务提供规范是服务实现过程中对服务提供的要求、提供的方法、程序所制定的标准。

3. 服务质量控制规范

服务质量控制规范是指在提供服务的过程中对反映满足需要的全部特性，采用一定的手段和方法去评价、改进并完善服务而制定的标准或要求。服务质量控制实际上就是对服务特性的控制，包括：服务提供的评价方法、控制措施标准，对顾客抱怨的处置标准，不合格服务的纠正管理标准，预防性措施的要求及评价标准等。

4. 运行管理规范

运行管理规范是根据组织的经营战略要求，对运行过程的规划、设计、实施和控制进行管理的准则或要求。运行管理是以各种过程为基本单位，规定每个过程的输入、输出、供方和顾客以及识别各个过程的相互关系和作用，建立过程网络，全面协调过程之间的相互匹配。服务业组织主要需要收集和制定以下方面的标准：组织协调服务提供过程中各种因素的平衡管理；营销的组织与管理要求，客户关系管理要求；服务人员的有序组织和配备要求；设施设备及用品与人员的配合标准。

5. 服务评价与改进标准

对服务业组织构建的标准体系开展有效性、适宜性和顾客满意度评价，并通过评价对达不到预期效果的服务提供进行改进，是服务业组织提高服务质量、完善科学管理的有效方法。服务评价与改进是一个持续的、周而复始的过程，一般可以按照“PDCA”（计划→实施→检查→处置）管理模式进行。服务评价与改进标准主要包括以下几方面内容的标准：评价的组织机构和人员；评价的程序和方法；评价的内容和要求；改进的方法。

二、服务业组织标准体系建立的步骤

服务业组织应在深刻领会GB/T 24421系列国家标准的基础上，结合自身服务需求，建立科学适用的标准体系。服务业组织所建立的标准体系是组织执行标准的集合，体系应符合国家法律法规要求，符合政府和行业部门对服务业组织的各类要求，整合各种管理体系对服务业组织的要求。标准体系层次的分级和内部标准的分类应符合组织服务实际，体系内标准应相互兼容、协调一致、科学系统。服务业组织标准体系建设表现为“梳理—设计—编制—实施—改进”的过程。为了确保示范效应的发挥，还需要有宣传、推广和展示的环节。

（一）梳理

首先，梳理、确定服务业组织的标准化需求、标准化对象和通过标准化意欲达到的目标。其次，梳理服务业组织运营管理所涉及的法律法规、规范性文件等指导性依据，国家标准、行业标准、地方标准及组织内部标准等管理依据，对照标准化的目的需求查缺补漏。最后，梳理服务业组织的现有服务事项，进行科学分类，对现有服务类别、服务要求、服务流程的科学性、合理性进行评价，进一步强化关键质量控制点。

（二）设计

以适用的法律法规为基础，参照《服务业组织标准化工作指南　第2部分：标准体系》（GB/T 24421.2－2009）的要求，规划设计标准体系框架，按照一定编码要求形成标准体系明细表，根据单位业务发展规划和标准化发展需求编制标准化发展规划，形成规划表。对明细表中标准按照不同方式进行统计，形成统计表，更好地对标准化工作进行管理。

（三）编制

主要体现为编制通用基础标准、服务提供标准、服务保障标准和岗位手册。通用基础标准应以满足实际需要为原则，服务业组织用不到的标准不列入体系和明细表，服务业组织只用到某个国家（行业、地方）标准的某些章节条款的，可以将该标准简化改写为服务业组织标准。服务提供标准应按照此前梳理的服务事项类别分别编制服务标准、运行管理标准、评价与改进标准。每一个服务（提供）规范应当要素齐全，如一般包括机构、人员、设施设备物品、业务（服务要求、服务流程）、质量控制、安全与环境、监督、记录与报告、评价与改进。评价与改进通用标准应当与各岗位的评价要求相区分。

（四）实施

实施中应注意需要全员参与，通过动员宣贯、培训等多种方式营造标准实施的良好氛围。

（五）改进

应注意对实施效果的评价，不断总结实施经验，持续提升和改进标准的质量和水平。

总之，通过标准体系建设，在法律法规、规划、政策指导下，在通用基础标准的支撑下，通过保障标准体系的运行来改进内部管理和运营质量，把保障服务业组织的发展与推动服务质量的提升有机融合。

第四节　服务业组织标准体系的运行

服务业组织标准体系的运行，就是服务业组织将标准体系中的相关标准逐步建立起来，并且有组织、有计划、有措施地将其在服务业组织的服务、经营、管理等活动中应用的过程。服务业组织标准体系的运行主要依据《服务业组织标准化工作指南　第4部分：标准实施及评价》（GB/T 24421.4 –2009）。

一、实施的原则

除了满足标准实施基本原则之外，服务业组织实施标准还应遵循系统性原则、有效性原则和持续性原则。

（一）系统性原则

服务业组织标准实施应坚持系统性原则，统筹兼顾，有计划、有步骤地进行。系统性原则即整体性原则，要求把标准的实施视为一个系统，以系统整体目标的实现为准绳，一方面协调标准体系各子体系、标准体系内标准的相互关系；另一方面协调标准实施部门和人员在标准实施过程中的相互关系，保证标准实施环节所涉及的各相关要素协调、平衡。

（二）有效性原则

服务业组织标准实施应坚持有效性原则，即在标准实施过程中应采取有效措施保证标准的有效实施，从而实现提升服务业组织服务水平、引领行业健康发展的根本目标。标准能否有效实施取决于诸多影响和因素。首先，标准体系和体系内标准内容的科学适用是第一要素；其次，组织内部人员的标准化意识和对标准的熟悉掌握程度也是一个重要方面，应采取宣传、培训和考核等多种措施保证相关人员对标准的熟练掌握；最后，标准实施过程中应因地制宜，实事求是，如对于一项规定共性问题的标准，由于不同组织和部门的人员、技术状况和相关条件有差异。因此，要在标准的贯彻执行时，因地制宜地考虑实施过程中的各个环节，合理配置资源，保证标准的贯彻执行。当标准中给出不同等级要求时，也应根据服务业组织的实际条件，确定要实施的等级。

（三）持续性原则

服务业组织标准实施应坚持持续性原则，即标准化实施和标准化工作不是阶段性的，而应当成为一种常态化工作，融入日常工作之中。通过标准体系的实施，定期或不定期地对发现的问题进行改进，不断提升标准体系的完备性和科学性，为组织的服务和管理提供持续技术支持。

二、实施的方法

标准实施工作往往涉及服务业组织服务、经营、管理活动的方方面面，涉及管理者、操作者等各类人员，是一项比较复杂的活动。如何提高标准实施的有效性，科学评价标准实施效果，是服务业组织开展标准化工作必须解决好的一个问题。应该根据标准特性的不同，选择不同的实施方法，并且在实施过程中认真做好测量和记录，以验证标准体系及其各项标准的适宜性、充分性和有效性，并以测量和记录为依据，对标准体系进行改进。《服务业组织标准化工作指南　第4部分：标准实施及评价》（GB/T 24421.4－2009）中第3章介绍了过程法、要素法和符合性评价方法3种基本实施方法。

（一）过程法

过程法是指根据事件发生的时间顺序一步步或分阶段地贯彻标准的要求。这里特别需要强调的是，采用过程法实施标准要注意实施过程中各个阶段的相互衔接，因为上一个阶段实施标准的好坏，可能直接影响下一阶段的实施，甚至当有一个环节没有很好地贯彻标准，将影响整个标准的实施效果。服务业组织的许多标准，如服务提供规范标准等，就适宜采用过程法进行实施。

（二）要素法

有些服务标准是按要素分别提出要求的，各要素之间虽有关联，但没有严格的时间上的关联性。如服务业组织制定的环境标准、设施设备标准等就属于这一类标准。这些标准的实施应按要素法进行，即使每个要素分别达到标准的要求，并注意要素之间的关联性。当然，在标准实施过程中，有时很难严格界定是采用“过程法”，还是采用“要素法”，常常两种方法同时使用，这要根据实际情况确定。

（三）评价法

标准实施时经常采用符合性评价方法，是用于评价标准实施的过程或结果是否符合标准要求的一种方法。

三、实施的程序

在《服务业组织标准化工作指南　第 4 部分：标准实施及评价》（GB/T 24421. 4－2009）中 3. 3 主要介绍了标准实施的一般程序要求，包括计划、准备、实施、改进、评价等步骤。

（一）计划

标准实施涉及服务业组织的方方面面，往往需要多部门、多方面人员的参与，是一项比较复杂的活动，因此，标准实施前应制订详细的工作计划或方案，周密部署，协调配合。在制定标准实施计划时，应着重考虑以下问题：

一是从总体上分析实施标准的有利因素和不利因素，确定实施的先后顺序和应采取的措施。除一些重要标准需要专门组织实施外，一般应尽可能结合或配合其他工作进行贯彻标准工作。

二是将实施标准分解成若干项具有可操作性的任务和要求，分配给各有关单位和具体人员，明确职责，规定完成时限以及相互配合的内容和要求。

三是根据实施标准的难易程度和涉及范围的大小，选择合适的实施方式，对难度较小且涉及范围较小的标准，可一次性铺开，全面贯彻；对涉及范围广、实施难度较大的标准，可先行试点，然后分期组织实施。

四是合理组织人力、物力资源，既保证实施标准工作的顺利进行，又不造成浪费。

（二）准备

1. 组织准备

服务业组织应建立相应的组织机构，统一组织标准实施工作。对重要标准或标准体系的实施，应建立由服务业组织决策层管理者牵头、各有关单位负责人参加的领导机构和相应的工作机构，配备必要的标准化工作人员，研究实施标准的具体措施，协调解决标准实施的有关问题；对单一的、较简单的标准的实施，也应设专人或部门负责标准实施工作。标准实施作为一项综合性的活动，必须建立一个组织领导和工作机构，协调解决标准实施过程中的有关问题。应根据服务业组织的管理模式和标准实施的范围、要求来确定如何建立组织机构，组织机构由谁牵头，有哪些部门和人员参加，以及相应的职责等。标准涉及面越宽、内容越复杂，组织机构的层次就越高，参加的部门和人员也就越多。服务业组织实施标准体系时，应建立最高管理者为首的组织机构，各部门负责人均应作为成员，共同组织和领导实施工作。组织机构的建立一般是非永久的，但重要标准的实施或标准体系的实施，最好建立一个相对稳定的组织机构。

2. 人员准备

服务业组织在实施标准前，应认真组织宣贯工作，使相关人员对实施标准的重要性有一个正确而全面的认识，掌握标准的有关内容，了解标准实施的关键点和难点，对内容较复杂或技术含量较高的标准，应专门进行专业培训。实施标准涉及的关键岗位，应配备具有相应资质和技能的工作人员。服务行业的许多服务活动都是由服务人员与顾客直接接触来完成的，服务质量的高低与服务人员的技能、素质直接相关。服务标准中也往往对服务人员的要求作出明确的规定。为了更好地实施标准，需要做好人员的准备，当然还需要进行相应的宣贯工作。一是人员资质和技能。许多服务岗位的工作人员需要相应资质和技能，标准中涉及的关键岗位，往往要求具有一定技能的人员才能完成实施任务，因此，人员准备是关键。对技术要求较高或国家有明确规定的，通常需要对人员进行专业培训，对人员要求不高的岗位，一般也要经过一定的培训。二是标准宣贯。标准宣贯是标准实施的重要环节。标准的实施过程中会遇到许多问题，这些问题的解决除依赖于技术因素外，还依赖于人们对标准的认知程度。标准宣贯首先可使相关人员对标准实施的重要性有一个正确而全面的认识。其次，可使标准的执行者充分理解标准的内容，掌握标准中的关键点和难点。为此，有时要专门组织标准宣贯培训班，请有关人员对标准进行系统的讲解。只有对标准有一个全面的把握，熟悉标准要求，且了解贯彻标准的重要意义，才能在服务、经营和管理等各项工作中自觉地、正确地贯彻标准。此外，在标准宣贯阶段，还要解决标准实施过程中的相互配合、相互衔接的问题。

3. 物资准备

服务业组织应配备相应的设施设备、服务用品、工具、资金及与实施标准相适应的环境条件。标准的实施，要有一定的物质条件作后盾。服务标准是对服务提供的规范，对服务的各个环节、最终质量作出明确的规定，并具有一定的先进性。为了达到标准要求，往往需要对现有设施设备进行技术改造，有时还需要购置相应的检测设备、服务用品、工具等。服务的环境条件是保证最终服务质量的重要因素，因而需要达到标准要求。

4. 技术准备

服务业组织实施一项新标准，当涉及服务技术的改进时，应进行相应的技术准备，必要时应进行技术攻关和技术改造。

技术准备是标准实施过程的关键活动。为了达到标准中规定的新要求，常常需要采用一些新技术，需要进行试验，甚至技术攻关。例如，某地方标准《洗衣业服务质量规范》中就洗衣灭菌消毒要求作出如下规定：经消毒并洗净的衣物，细菌菌落总数每平方厘米应不大于 200 个。针对这条要求，需要解决的技术问题，一是采用什么消毒方法；二是要解决如何检测的问题。如果这些技术问题不能很好解决，就无法全面实施标准。

（三）实施

在做好标准实施准备工作的基础上，计划组织标准的贯彻实施。这一阶段的中心任务，就是对照标准要求，开展各项活动。《服务业组织标准化工作指南　第 4 部分：标准实施及评价》（GB/T 24421. 4 – 2009）给出的 4 个方面的要求，应在标准实施过程中认真把握。对于标准中的强制性要求，一般都给出了限值，标准实施必须达到；而对于标准中的一些推荐性或可选择的要求，可根据实际情况灵活实施。服务行业的一些标准，有时不能给出严格的定量要求，需要在实施过程中加以把握。一般来讲，实施标准的程度越高，效果就越好。

服务业组织应按计划组织标准的实施，使标准规定的各项要求在服务过程的各个环节上加以实现，并满足以下要求：对服务活动涉及的设施设备、服务用品、工具及相应的环境条件等，应通过一定的方法确认其达到标准要求后，投入使用；对于服务人员，应通过考核确认其达到标准要求后，准予上岗。对服务标准规定的服务质量要求、服务提供要求等应转化为各个岗位的具体工作要求，加以实施。对于安全、环保等方面的标准要求，应落实到具体关键点上，并有相应的保证措施。对实施过程中遇到的各种问题应采取有效措施加以解决，以保证标准各项要求的贯彻落实。

（四）改进

服务业组织在实施标准的过程中，应认真做好各项记录，并将各环节形成的数据和有关情况及时反馈至标准实施的组织协调部门，以便及时调整和改进标准实施工作。当发现标准中存在不完善等问题时，应及时向标准批准发布部门反馈情况。

标准的实施必定会对服务、经验、管理等各个环节及最终结果产生一定的影响，出现新的变化，形成一系列数据。例如，实施服务环境标准时，可能需要对环境卫生、水质、空气、光亮度等方面的指标进行检查；实施设施设备标准时，要记录设备运行状况，验证功能是否满足要求，检查设施设备性能、安全环保等指标；实施服务提供规范标准时，要记录每个环节运转情况，监测完成时间、数量等方面指标。实施标准过程中形成的各项数据是改进标准实施工作和修订标准的重要依据。因此，应认真做好记录，并及时将记录信息反馈至有关部门。

（五）评价

服务业组织在实施标准的各个环节是否满足标准要求以及标准实施效果如何，需要进行综合评价。评价的目的是进一步改进标准实施工作。通常，对技术类标准的符合性，可使用适宜的仪器设备，按规定的方法进行试验验证。但是，鉴于服务行业采用的许多标准往往不能给出严格的定量指标，很难用单纯测量的方法进行全面的符合性评价，且标准实施效果在很大程度上体现在顾客的感受上，也不可能采用简单的测量方法进行评价。因此，需要制定适合服务业标准特点的实施评价方法。

第九章　政府公共服务标准化

【基本要求】 通过本章的学习，您应能够：

1. 了解政府公共服务标准化的理论基础；
2. 熟悉政府公共服务标准化建设的实践；
3. 掌握政府公共服务标准化建设的对策；
4. 熟悉养老机构服务标准体系建设路径。

【核心概念】 公共服务；建设对策；路径

近年来，随着国家对民生领域的不断重视，我国的公共服务事业也迎来了前所未有的发展机遇。“十二五”规划中明确提出“把覆盖城乡居民的基本公共服务体系逐步完善”，公共服务建设已经被国家放在一个越来越重要的位置。

第一节　政府公共服务标准化的理论基础

公共服务是社会主义市场经济条件下政府履行职能、发挥政府作用的核心问题。公共服务包括基本公共服务和非基本公共服务两部分。基本公共服务是指在特定的时空条件下，政府提供给公民的底线公共服务；非基本公共服务是指在特定的时空条件下，政府给特定的群体高层次的公共服务。基本公共服务和非基本公共服务是一个动态的过程，非基本公共服务可以随着社会经济的发展而转化成基本公共服务。《国民经济和社会发展第十一个五年规划纲要》界定了公共服务所包括的领域，即义务教育、公共卫生、社会保障、社会救助、促进就业、减少贫困、防灾减灾、公共安全、公共文化、环境保护、市政设施、公共交通、基础科学与前沿技术以及社会公益性技术研究、国防等。为了确保公共服务业以最佳秩序和最高效率运转，不断提高服务质量，进行公共服务标准化是实现公共服务目标的主要手段和途径。

一、公共服务标准化及其特征

（一）公共服务标准化的概念

公共服务标准化是在提供公共服务过程中使用标准化原则和对公共服务标准的设定和使用，从而达到能够使公共服务质量变得很具体、公共服务方法很合规、公共服务过程变得程序性，获得优质公共服务的过程。通过这一活动，能够实现在这些领域内政府公共服务提供社会效益的最大化。其开展的对象是那些在公共服务领域内存在各种待解决的问题并且具有重复性特点的事物。

政府的公共服务标准规定了政府公共服务应达成的目标，并确保其在一定范围内适用，也就是规定政府公共服务应满足的要求以确保其适用性的标准。首先，政府公共服务标准化的建设是一个制定公共服务标准并将其贯彻实施的活动过程，它是一个分阶段的、递进上升的运动过程。政府公共服务标准化的效果只有当标准在公共服务行业范围内得到实施之后才能表现出来，因此，对标准的贯彻和实施是公共服务标准化过程中一个重要的环节。其次，政府公共服务标准化是一个相对的概念。随着改革和建设的过程进行，公共服务的标准系统也需要经过不断的修正和调整，摒弃不合时宜的、不科学的，对于较完善的要进行保留并不断提升，也可根据客观的需要来增加新的标准等。每经过一次调整和修正，标准体系的结构就更趋于合理一点，公共服务能力就相应提升一步。标准化是要在一定程度内达到一个最佳状态，要充分考虑我国的现实情况，利用宝贵的公共资源创造出最佳的社会效益。

政府公共服务标准主要包括：公共服务术语符号标准，基础数据标准，服务资源配置规划标准，公共服务设施标准，公共服务人员标准，公共服务质量标准，公共服务安全、卫生标准，公共服务环境保护标准，财政预算与支出标准，公共服务绩效评价标准和公众满意度评价标准等。

标准化是政府提供公共服务、进行社会管理的方法，它为政府自身改革、政府管理社会提供了一种科学性、技术性的解决思路，为服务型政府建设提供了一种可操作性的手段。作为标准化的主要成果，标准已经成为政府处理政府与市场、国家与社会关系的重要规则，成为政府进行社会管理、维护经济社会秩序的重要规则。因而，形成了法律规则、经济规则、标准规则共同规范政府管理与社会秩序的多元化、多层次的社会治理模式。政府公共服务标准化是将标准化原则和方法运用到政府公共服务领域，通过对服务标准的制定和实施，以达到服务质量目标化、服务方法规范化、服务过程程序化，从而获得最佳服务秩序和社会效益的过程。政府基本公共服务标准化标志着一个新的理论诞生，标志着标准化从传统的工业标准化向服务标准化的拓展，标志着标准从纯粹技术规范向行为规范的转变。

（二）公共服务的标准化价值

政府基本公共服务是一种特定的政府行为，存在着政府行为公共性、民主性、公平性、集中性、普遍性、示范性等特征，决定了其存在着标准化的必要性和可能性。

政府基本公共服务作为一种国家对社会和公民生活的干预，基本公共服务提供的范围和深度反映了国家干预的广泛程度。确定合理的基本公共服务的范围、程度和方式，直接决定着政府基本公共服务是否发挥内在化市场负外部性的重要功能。政府基本公共服务的内在属性要求这种公共服务的产生和提供实现公平、公开、公正、均等、统一，而这些特征进一步强化了基本公共服务标准化的必要性。基本公共服务的稳定性和强制性来源于标准化的直接保障，政府基本公共服务的运行机制和内在属性决定了其标准化的必要性。

政府基本公共服务在于保障社会和公民的基本生活运行，其范围、程度和方式都比较明确，政府和公共部门的保障方式使得基本公共服务具有标准化的可能。政府基本公共服务由于具有统一性、均等性、稳定性、集中性的特点，使得在操作层面政府基本公共服务可以作为标准化范围、方式和程度的考察对象。无论是政府基本公共服务提供的主体，还是政府基本公共服务的面向对象，或者是政府基本公共服务的运行机制，其内在的属性和特征都决定了其存在着标准化的可能性。

总之，政府基本公共服务的标准化是当今世界公共管理和公共行政改革的趋势，作为建设社会主义政治文明的中国，更应当积极推进政府基本公共服务示范和改革的进程，使政府基本公共服务标准化在服务型政府的建设中发挥标志性作用。

（三）公共服务标准化的特征

1. 公共服务标准化的发展变化性

公共服务标准化不是一成不变的。政府进行公共服务标准化建设需要不断持续改进，要通过制定、颁布和实施等环节的不断循环，通过持续地调整和优化公共服务的标准，进而提高政府的公共服务水平和绩效。在标准化建设的过程中，标准随时会发生改变和变化，标准的制定过程在不断进行和完善，政府的这一改革过程需要进行多次的循环往复，使公共服务水平和标准化管理水平在这循环重复的过程中逐渐提高和完善。

2. 公共服务标准化的社会效益性

公共服务标准化最终的目的是追求最佳社会效益。制定和实施标准在服务改革过程中只是手段和途径，最终的效果和目的还是不断满足公众的公共需求，寻求最满意的社会效益，而不仅仅是为了方便管理和建立政绩。因此，政府进行公共服务标准化建设要在开始阶段就明确最终目标和首要任务，那就是取得最佳社会效益，满足公众公共需求。

3. 公共服务标准化的形式多样性

公共服务标准包含一系列定量指标，在可量化的范围之内要尽量制定和使用定量的标准和指标，以求得最科学、准确的效果；除此之外，公共服务领域绝大部分标准是没有办法量化的，这些标准的表现形式包括“在语言表述上的规范、在操作方法上的总结出的规律，以及规范的政府职责和意识等”。因此，政府公共服务标准是由定量的指标、定性的描述和规范化的表述结合起来组成的标准体系，加上各地区之间存在的差异性，决定了我国政府公共服务的标准会存在多样化的形式和内容，是一个由定量指标和定性描述综合表达的体系。

4. 公共服务标准的方向一致性

公共服务各领域间没有明确界限，使得各层级、各政府部门公共服务领域界限也不是很清楚，政府的公共服务标准需要将各种管理标准、服务标准、技术标准进行有机整合，实现公共服务提供流程的规范化，明确各部门职责并促进各部门有机衔接。把各种标准中的单独的标准和其余的标准进行比较，找到其中的共同点，建立起一个方向一致的政府公共服务标准化体系，改变边界不清楚的状况，最终达到各个实施主体的公共服务标准都是在同一个方向的指导下进行的。统一的标准有利于政府公共服务状况的监控和相互对比，并且可以为科学的绩效评估提供相关的依据，最终构建一个统一的公共服务标准化体系。

二、政府基本公共服务标准化

实现公共服务的标准化是政府创新型变革的一个组成，标准化建设通过使用各项标准及指标建立科学实用的指标体系，为考核政府管理和政府行为提供了标尺，以此来达到监督政府管理和政府行为的目的，同时使政府在公共服务领域的管理更加规范、高效、优质。

（一）政府基本公共服务标准化建设的重要意义

政府基本公共服务标准化是为实现社会公平与提升公共服务效能，将标准化原则和方法运用到政府基本公共服务领域，通过对服务标准的制定和实施，以达到服务要素配置均等化、服务质量目标化、服务方法规范化、服务提供程序化的过程。在这个过程中，政府需要实现公共服务的透明化和管理运作的规范化，从而建立一个完善的公共服务体系。

1. 政府创新社会管理的必要途径

公共服务标准化的思想，是在20世纪七八十年代在西方逐渐繁荣起来并被引入到西方公共服务领域的，政府在那一时期自身面临经济困境和政府变革的要求，因此，许多企业中使用的管理的思想和模式开始在西方政府提供公共服务中使用开来，这其中有关标准化管理的相关理念得到了最广泛的应用。政府开始摆脱传统的全能政府形象，应用一些现代企业管理方法，例如，全面质量管理、标杆管理和绩效管理等，其中标准化的企业管理方法被大量引入和广泛应用。西方政府收获了大量有用的关于实现公共服务标准化的理论和实际操作方面的感受，为我国政府实施这一建设做了非常有意义的前期的准备。

目前，我国进入经济社会全面转型时期，社会利益结构和利益主体都在发生快速变化，各种社会矛盾和社会问题也开始显现。基本公共服务标准化通过管理和操作标准化对政府部门和工作人员的行为进行规范，从而改变其通过命令和权力强力推行行政的模式，在提供基本公共服务过程中实现管理和运作透明化，不断扩大政府信息公开程度，建设真正的服务型政府。

目前，我国经济社会全面转型，要求政府必须创新行政管理模式，由“权力行政”转向“服务行政”，建设服务型政府，强化政府的服务和责任意识，将公共服务职能作为政府的基本职责，并探索不断满足公众公共需求的可行路径。公共服务标准化通过标准化的科学管理手段规范政府服务提供、服务管理和服务内部保障行为，从系统角度完善和优化政府公共服务职能的履行，提高政府行为的可预期性、稳定性和效率，建立一个不断满足公众需求持续改进的政府。可见，公共服务标准化是建设服务型政府的必然选择。

2. 完善公共服务体系的技术支撑

随着经济社会的发展和人民生活水平的不断提高以及公共需求的迅速增长，完善公共服务体系的要求越来越迫切。标准化为公共服务体系的完善提供了技术路径和方法。通过建立政府基本公共服务标准体系，强化对公共部门的约束引导，提高政府提供基本公共服务的效率和水平，也是推进基本公共服务均等化的重要保障机制。针对我国国情和公共服务型政府建设实践，建立一套科学的政府基本公共服务标准体系，有利于推动政府绩效水平的提高。

公共服务标准化建设坚实的理论基础和科学技术的共同支持。随着信息技术大量应用到政府的公共服务领域中来，政府工作在效率和公开度上更加高效和透明。政府本身如果能够掌握相关的信息技术，通过使用有关的工具，采集、整合和叙述政府要提供的服务是什么，公众需要的是什么，结合科学的方法进行归门别类，最后参照标准化的方法总结出为公众提供高效优质公共服务的最合适的模式，最终将标准化渗透到政府提供公共服务的模式中来。

标准不仅是衡量政府绩效的基础，也是提升政府服务水平与服务质量的有效手段。目前国内外对政府服务质量的要求和评价大都采用了一套量化、标准化的指标体系。随着经济社会全面转型，公众对基本公共服务日益增长的需求与政府有限的公共服务供给的矛盾日益突出，政府管理与公共服务模式的创新提上议事日程，而标准化作为政府科学管理的工具已为国内外的实践经验所证实。公共服务标准化建设中，政府部门通过流程的梳理和再造，提高本部门服务水平和效率；强化不同政府部门之间的有机联系和协同，实现公共服务在不同部门之间的无缝衔接。服务标准化的核心是服务质量及其持续改进，公共服务标准化建设可以使政府将其关注重点回归到公共服务的提供及其质量改善上，不断优化工作程序，提升服务水平。

3. 有利于政府绩效评估内容的定位

绩效评估是考核服务型政府履行公共服务职能的基本模式，需要建立一套科学、合理的评估指标体系作为评价的基础，而建立科学完备的绩效评估体系是全面准确考核政府工作的关键环节。基本公共服务均等化已成为新的施政重点和施政方向，开发和编制一套适用性强、结构合理、适合我国国情的具有中国特色的政府基本公共服务评价指标体系，科学合理的评判标准可以正确地评价公共服务均等化绩效，更好地稳固公共服务均等化成果，是目前我国政府工作的一项重要任务，将为政府公共服务实践提供可操作性的路径。

高效率和高水平的公共服务是建设服务型政府的必然要求。标准是衡量政府绩效的基础，是对政府公共服务职能的履行情况进行评价和比较的客观尺度。通过公共服务标准化建设，可以为各部门工作提供出一个定量的、可操作的评价依据，使得部门工作达到规范化、精细化，提高政府在提供公共服务过程中的工作标杆，提高政府行政效能。政府基本公共服务标准化完善了政府绩效的评价体系，改变了以经济指标评价为主的指标体系，形成了完整的评价指标体系和标准，它有利于全面科学地评价政府绩效，进行持续改进，不断提高公共服务质量和行政效能。

4. 优化了推进经济社会发展的环境

实践证明，在硬环境具备了一定基础之后，软环境往往成为促进一个地区经济发展的关键因素。只有集中代表政府形象的公共服务这个软环境建设好了，才能推动经济又好又快地发展。而标准化恰恰就在这个软环境建设过程中发挥了技术支撑的基础性作用，其统一、规范、协调和优化方法原理的应用正是不断提高公共服务质量和效率的工作突破点。改革开放以来，我国经济社会取得成果的背后也逐渐暴露出了社会中存在的各种问题和矛盾，这一现状实际上是由于政府滞后的改革与社会经济发展要求不相匹配而造成的。因此，公共服务标准化这一政府创新模式的建设，为我国实现这一建设创造了有利的政治环境。建立以规范权力运行为核心、以权力公开透明为重点、以考核考评为动力、以监督制约为保障的公共服务标准化体系，有利于进一步简化办事程序、规范服务行为、提高工作质量，切实达到方便服务对象、提高行政效能、提升政府形象、优化发展环境的目的。

5. 提升了政府的形象和公众满意度

良好的政府形象是提升政府公信力的法宝，有利于提升公众参与公共服务的积极性。政府形象的建设归根结底是要获得公众的满意和认可，高绩效政府是指在履行行政职责的过程中，在注重社会公平的基础上，能够积极回应公众要求，追求公众满意度，以相同或更少的资源获得公共产出的最大化。

标准化是建设高绩效政府必不可少的手段。标准化可以实现效益的最优化，并提高公众满意度，从而改善政府形象。公共服务标准化对政府行为进行明晰和固化，稳定公众预期，有利于缩小公众预期与政府行为的差距，不断满足公众公共需求，提升公众满意度。通过服务标准体系的建设，明确政府各个部门和政府工作人员的工作要求和流程，明确其提供的服务所要达到的质量要求，促进政府服务职能的透明和完善，建立一个以更好的效益满足人民公共需求的政府。

提高公众满意度是服务型政府“以人为本”的必然要求。公众满意是公共服务供给和生产的出发点与归宿，公众满意度是评判公共服务绩效的最终标准，是政府基本公共服务标准化要实现的主要目标之一。公众满意度是指公众对政府绩效（效果）的感知与他们的期望值相比较后形成的一种失望或愉快的感觉程度的大小。当政府绩效的感知效果达到或超过公众期望时，公众趋向于满意或比较满意，反之则感到一般、不满意或很不满意。公众期望的公共服务质量也应有一个合理限度，如果超出了政府的能力也是无法实现的。这就意味着政府提供公共服务的水平和质量应该有一个各方一致认同的标准，才能使公共服务向最优化发展，维护良好的秩序。标准化能使公众与政府服务之间找到契合点，实现均衡，防止公众期望过高或政府服务水平设定过低。

公众参与是提供高公共服务质量和效益的重要条件。政府通过与公民的合作构建有民众和市场机制参与，以政府为主体的多元化公共服务体制，有利于实现职能行使的最优化，有利于促进公共服务评价的科学化、民主化。标准化过程本身就是一个公众参与、协调一致的过程，是相关各方“合意”的结果，是公共选择的结果，为公众参与公共服务提供一个渠道。公众参与到公共服务及其标准化进程中可以提高公共政策与标准制定的科学性、民主性、有效性和合理性，以及提升标准化水平。政府基本公共服务标准化使政府展现出公开透明的形象，有利于公众参与到公共决策中，从而更好地约束和规范政府行为，更有效地监督政府行为。

公共服务标准化体系的建设不仅是为了解决和改善当前我国社会面临的公共需求与社会发展不平衡的矛盾，也是为了我国建设服务型政府的顺利开展和进行，通过对政府各项管理操作的合规化，制定公共服务具体实施时要达到的标准，进而在标准化的建设过程中达到或者基本实现我国公共服务的均等化，从而达到对社会所需的公平与正义的保留和维护。对政府的公共服务进行构建一个切实可行的标准体系，纳入到标准化体系中的要素对公共服务的供给要实现公平、公正，使政府尽可能的实现大家越来越多的公共需要，最终完成达到公共服务均等化的目标。

（二）政府基本公共服务标准化建设的理论基础

政府公共服务标准化的发展，强调公共服务主体将企业管理的一系列科学的方法引入到公共服务领域，通过公共服务标准化的建设来提升政府公共服务的品质。

1. 新公共服务理论的“以服务代替掌舵”

新公共服务学派强调以公民为中心，主张在公共管理改革过程中倡导民主参与式的政府管理模式，发挥社区与非政府组织在公共管理中的作用，发挥民主机制的作用。新公共服务理论的代表学者美国的丹哈特夫妇首次正式系统地提出该理论。该理论的基本原则是：第一，服务而不是掌舵。政府部门的角色定位应该是不断满足社会公众的公共需求和社会共同的利益，而不是控制和掌握社会发展的方向。第二，公共利益是公共服务的目的。政府部门首先要把实现公共利益、追求最佳社会效益作为行动和工作的主要目标，在组织行为过程中形成一种公共利益观念。第三，战略地思考，民主地行动。满足公共需要的政策与规划要从宏观的角度来考虑，运用战略高度的方法和理念来进行，同时不能忽略这一过程中民主的参与。第四，服务于公民。新公共服务理论强调政府提供公共服务和产品的对象是公民，要时刻以实现公共利益为目标。

我国经济社会全面转型要求政府必须创新行政管理模式，进行公共服务型政府的建设，必须要强化政府部门的责任意识和服务意识，从传统的“掌舵”转变为更适应时代的“服务”，从满足公众公共需求出发，将公共服务职能作为政府的基本职责。公共服务标准化建设是通过标准化的管理手段来科学规范政府进行公共服务提供、管理和保障等行为，不断优化和完善公共服务职能。公共服务标准化建设强调政府要将关注点放到为公众提供公共产品和服务上来，履行和完善公共服务职能，真正建立一个服务角色明确且重要的服务型政府。

2. 全面质量管理理论的“树立目标不断改进”

全面质量管理就是指组织通过树立“不断改进”理念，“密切关注任何一个与组织的产品和服务打交道的客户的需求，不时地对组织作业过程中的关键变量进行精确度量，保证产品的及时改善和服务质量的提高，改进组织各项工作的质量，进而使组织获得高绩效的过程。”全面质量管理是在传统的质量管理基础上，“强调以组织产品的质量为中心，倡导全体组织成员参与到提高组织的产品和服务的质量中来的一种新的管理方法，”其目的在于通过获得长期的高顾客满意度、组织成员和社会的利益，最终实现组织的高效绩。

从近年来全面质量管理健康、持续的推行效果来看，全面质量管理有利于凝聚企业的整体实力，提高企业的整体素质，增强企业的市场竞争力、增加企业的市场占有份额。对于目前政府公共服务标准化体系的建设，引入全面质量管理的理念将有利于标准化建设的深入推行，进而促进我国公共服务质量的提升和水平的改进。全面质量管理的科学理论能够促进政府部门行政管理和公共服务绩效水平的提高。随着公民意识的不断提高和信息技术的发展壮大，政府在提供公共服务的过程中要进一步进行信息公开，逐步实现管理和工作的透明化，这就要求政府要分析、梳理自身的工作流程，明确合理的政府行为规范和公共服务的标准，并做好信息的公开工作，通过公共服务标准化建设来进一步促进政府服务职能的透明和完善，建立一个高效、公众满意度高的政府。

3. 标杆管理理论的“参照目标寻找最佳方式”

任何组织或部门如果没有科学的标准来参照，就不可能实现规范精细的管理，如何建立有效的确定目标是组织成功的关键。标杆管理的理念即参照预期设定的可操作性强的目标，不断寻找和研究最佳的行为实践，并以此为基准来进行比较、分析和判断，从而不断改进组织绩效和行为。

二十世纪 80 年代标杆管理开始兴起于企业管理当中。标杆管理是一种有目标的学习过程，通过学习来组织重新思考和设计其发展模式。从本质上看，标杆管理是一种面向实践和过程、讲求循序渐进的管理方法。标杆管理的实践和标准化管理的共同点在于都是找出达成目标的最佳方式，并通过标准的形式贯彻到自身实践中去。目前我国对政府绩效管理缺乏系统性的研究和成熟的实践经验，引入标杆管理，提高标准并在实践中贯彻标准化操作，提高政府绩效，可以使政府发现自身问题，优化管理技术、提高管理标准水平。标杆管理之所以被各种组织及部门重视并且被广泛推行，这种标杆管理理念会让组织部门中形成一种持续学习的文化，使组织可以持续寻找整体最佳实践，给组织部门带来实际的效益。

我国政府在进行公共服务标准化建设的过程中，通过借鉴新公共服务理论中“服务”而非“掌舵”的思路，推动公共服务型政府的建设，转变政府部门提供公共服务的传统思维，促进公共服务水平的提升和标准化体系的建设；引入企业管理中的全面质量管理理论，通过对政府部门进行系统的全面质量管理，来持续改进政府部门行政管理和公共服务的效率和效能，促进公共管理水平的提升，推动公共服务标准化的顺利进行；在政府公共服务标准化中借鉴“以目标为中心”和“注重实践过程”的标杆管理理论，以制定和设计合理、可操作性强的目标来推进政府部门管理工作的高效率和高品质，同时也可以引用标杆管理中“找出达成目标的最佳方式”的思路来对公共服务标准化进行有步骤的发展和建设。

（三）政府基本公共服务标准化建设的研究现状

1. 国外基本公共服务标准化建设的研究现状

20 世纪下半叶，标准化思想开始引入到西方的公共服务领域。80 年代开始，信息网络技术发展，对政府的公共服务范围以及模式提出了新的改革要求，西方公共服务实践中开始应用到许多企业管理的模式，标准化管理的思想也开始在公共服务领域得到广泛的应用。

1981 年，美国里根政府最先提出在公共服务体制中引入标准化管理思想和管理技术。英国的《新公民宪章》为公共服务标准体系研究奠定了理论基础。各国在公共服务领域相关制度的建立和组织的构建方面为公共服务标准体系的发展提供思路和研究的范式。其中，最主要的形式是通过制定公共服务标准，推进公共服务质量的标准化。因此，在公共服务的提供过程中开始运用了全面质量管理、标杆管理、平衡计分卡等量化和指标化的管理方式。

为了有效改进公共服务质量，英国政府实施了许多政策文件，进行了一系列的管理工作。如英国的国防部、财政部、国税局等中央政府机构及众多地方政府都采用了 ISO 9000 质量管理模式，这些管理行为和管理工作是在制定和执行一个完整的公共服务标准化体系的过程。英国梅杰政府在 1991 年开展的公民宪章运动就是政府服务管理标准化的一种形式，《新公民宪章》以改进公共服务质量为目的，在一定程度上可以称为公共服务标准体系，这一文件也为国外公共服务标准体系研究奠定了基础。政府把服务的内容、标准、责任等向公众公布，接受公众的监督，实现提高服务水平和质量的目的。从 1991 到 1998 年间，英国陆续颁布了 48 部宪章，涵盖了公共服务各个领域，并设计了地方政府绩效指南、最有价值服务指南以及绩效评估框架，对推动政府改革有很大的影响，这为国外公共服务标准体系研究奠定了理论基础，世界许多国家和地区都仿照该宪章的结构对本国的公共服务项目和政府管理工作进行重新梳理和设计。

加拿大联邦近些年来实施均等化战略的最主要的经验为“均等化的核心参数是标准”。加拿大在 1994 年就制定了《公共部门组织实施 ISO 9000 质量管理体系指南》（CGSB 184. 1），用企业管理理念中专业的标准来进行公共管理，对公共服务领域的发展和改革有着重要作用。目前国际上多用人均指标对财政能力均等化和财政需求均等化进行衡量。而基本公共服务均等化则需要用实物指标和事物标准来进行测量。首先是确定基本公共服务的技术标准。通过客观因素评估，科学计算转移支付的数额，以此数额为基准，尽量减少和避免在转移支付过程中的随意性和盲目性。其次是建立公共服务的国家最低标准。由国家制定最低标准，有益于商品、服务和资本的自由流动，能够减少各行政区之间无益的支出竞争。

20 世纪 90 年代开始，流程再造理论已经逐渐为越来越多的公司运用到组织变革中，旨在促进组织绩效的提升。如今，流程再造思想已被逐步应用到了政府管理领域中，并伴随着“服务型”政府理念的推崇而日益受到重视，同时也为推进国外政府业务流程以及服务流程标准化管理的变革提供了一种新的视角和方法论。1993 年 3 月，美国克林顿政府成立了国家绩效评审委员会，在不断推进政府再造的过程中，提出了基础性改革措施，这其中就包括建立顾客服务标准。到1996年，美国联邦政府的各行政机构已建立了2000多个顾客服务标准，政府将标准化的管理方式与管理技术引入到联邦政府公共服务体制创新中，大大提高了政府管理与服务水平。

西方国家的公共服务标准化发展和改革中，其实践经验可以总结为以下几点：一是以公共服务财政定额标准作为公共服务均等化的基础和核心，通过财政均等，实现提供公共服务和公共产品的均等化；二是建立公共服务国家的最低标准；三是建立公共服务的技术标准。这些实践经验对我国公共服务标准化的发展有重要意义。

2. 国内基本公共服务标准化建设的研究现状

标准化是一项政策性和技术性都很强的基础性工作，我国对于标准化的相关研究发展起来时间较晚，目前的研究大都集中在一般性介绍，缺乏全面深入的研究，至于标准体系、实施机制以及具体的实施策略方面的研究就更加缺乏。标准化研究落后的深层次原因是标准化模式、运行机制、管理机制，标准化管理法律法规体系不完善，以及相应的基础研究不足。我国从20世纪70年代才从严格意义上开始系统地对标准化问题进行研究，这些研究主要是对已成型的实践经验进行归纳和总结，较少从公共服务标准化的理论基础进行深入研究。就标准化体系规划建设方面的研究来看，我国只有极少数的专家学者对该领域进行了初步研究，研究成果也比较早地反映在一项专门的国家标准《标准体系编制原则和要求》中，但这些学者的研究大都是从公共服务标准的具体编制技术技巧的角度进行的，很少涉及标准体系建设的一般规律性的概括和揭示等领域。到目前为止，我国对于公共服务的分类也没有统一的界定和规范，还没有形成较系统、完善的公共服务标准体系。

近年来，公共服务领域不少学者致力于推广质量管理的理念和方法，从而改进政府所提供的公共服务质量，例如，我国行政审批服务流程标准化、纳税征管服务标准化、海关服务标准化等。一些学者不仅对旅游业服务标准体系框架有较为详细、全面的论述，更针对其标准推广策略以及推广过程中的政府行为进行了论证。另外，物流服务标准化、电子政府技术标准化等领域都积累了不少成熟的理论和丰富的实践经验。

与此同时，一些国内的机构和学者也开始关注公共服务标准化的研究。虽然现有的研究成果较少，且尚无权威的理论体系，但这些研究结论仍具有丰富的借鉴意义。钟瑛（2011）曾在其《政府公共服务标准体系研究》一书中，认为政府公共服务作为服务的一种，其基本过程的构成与一般服务过程不存在本质上的差异，而且 ISO 9004 标准在附录 A 中指出，这个标准也可以适用于公共事业管理。钟瑛依据 ISO“质量环模型”理论，构建了政府公共服务环理论模型。黄恒学、张勇（2011）在《政府基本公共服务标准化研究》中认为服务流程标准一般包括：提供服务的方法和手段；提供服务的流程、工作内容、操作规范和输入、输出要求；服务的沟通与确认要求；服务管理要求。

实践证明，运用标准化简化、统一等原理对公共服务流程进行再造，是提升政府绩效的有效途径。徐婷（2012）在《我国政府公共服务标准化研究》中，提出了政府部门可通过引入 ISO 9000 标准，建立质量管理体系，以此来规范政府行政行为以及深化考核机制，最终达到改进公共管理体制和推动政府公共服务标准化建设。徐婷在研究中以南京市江宁区财政局的案例为佐证，论证了 ISO 9000 管理标准对推进公共服务标准化和规范政府行为的重要作用。

在我国的一些地方政府的公共服务中，特别是在人力资源和社会保障领域，也逐步将标准化的技术和方法引入进来，并在实践的过程中取得了积极的效果和影响。特别是在公共服务的机构名称、服务场所、设备配置、人员配备等方面提出了明确的规范化、标准化要求。与此同时，在人力资源和社会保障领域，我国还相继成立了一些标准化的组织及研究机构，以此来保障我国公共服务标准化的建设和长远发展。

伴随着地方公共服务标准化领域实践的推进，一些相关国家标准、行业标准以及地方标准也相应颁布实施。据统计，在人力资源和社会保障领域所颁布的涉及人力资源服务、职业能力建设、社会保险、劳动定员定额以及信息化建设等内容的国家标准共计 17 项、行业标准共计 268 项，如《人才服务规范》（DB11/T494）标准和《人才服务机构等级划分与评定》（DB11/T 495 －2007）标准等。人力资源和社会保障领域公共服务标准化的积极探索与实践，也推动了公共就业服务领域标准化的发展步伐。在公共就业服务标准化的实践领域，我国一些地方率先取得了一定的成效与经验。2006 年《鞍山市就业工作规范化管理体系》从标准体系、服务规范、平台建设、研发和创新领域实施“五个一”工程，全面推进就业工作规范化管理。2007 年《苏州市完善公共就业服务功能实施方案》从就业服务内容、方式和手段角度入手进行星级评定，打造独特的服务项目和品牌，实现各项就业服务的有机衔接，努力开展文明服务、公开服务、承诺服务、配套服务、标准化服务、个性化服务等特色公共就业服务。2009 年《湖南省公共就业服务体系建设标准与规范》依照各级行政主体的功能不同，从公共就业服务窗口基础设施、服务标准以及考核、奖惩制度角度实施公共就业服务标准化管理。2012 年《青岛市公共就业人才服务标准化建设评估制度》从品牌创建、模式创新、制度完善、流程再造、平台建设、信息网络、活动助推等方面实施公共就业人才服务标准化建设与规范化管理。2012 年《四川省公共就业服务和管理指南》完善健全微笑服务、规范服务、AB 角工作、首问负责、限时办结、一次性告知、服务承诺 7 项制度及失业管理服务、就业服务、就业援助服务、创业扶持服务、技能培训服务 5 项标准，以此来规范全省各级公共就业服务工作，旨在为公众提供更为规范、精细和周到的服务。

第二节　政府公共服务标准化建设的实践

公民公共需求和公共意识的日益增长，要求政府管理由传统公共服务模式向现代公共服务模式转化，建立公共服务型政府，通过建立完善的公共服务体系，实现公共服务的透明化和管理运作的规范化。公共服务标准化建设正是政府实现这种公共服务模式转变的必要助力。

一、政府公共服务标准化建设的推动因素

要减少政府公共服务标准化建设进程的障碍，就需要标准化相关主体在不同方面的相互协作，相互沟通。政府要站在宏观的角度，把握、控制和创造有利于标准化建设的利好条件和稳定的建设环境，修订和完善相关法律法规，大力宣传促进公共服务标准化工作的开展、提供优质的政策性的方向性的引导服务，加快建立和实施公共服务标准战略，推动公共服务标准的制定；逐步建立政府部门、第三部门和公共服务组织协同推进的公

共服务标准化机制；第三部门要保障各类所需的精英、有关信息的收集等服务；公共服务组织要强化组织间的关于标准化的各种讨论与协作，创建有效的有弹性的创新机制，促进公共服务标准的制定和实施。

（一）内部推动因素分析

1. 政府部门的推动

政府在公共服务标准化建设过程中，承担着把握系统发展方向和制定具体系统内容的重要角色，是实现公共服务标准化的重要保障主体。政府在促进公共服务标准化系统不断发展的过程中，起到了为其提供动力的作用，主要体现在以下几方面：第一，公共服务标准的出台和发布，使得相关领域的法律法规得到了进一步的补充和完善。政府必须对科技发展水平和公共服务保持时刻的关注，密切注意社会公众对这两者的评价，并不断提高公众对两者所提出的合理要求的满足，并随着实际情况将相关法律法规指定要使用的公共服务标准的相关条款进行更新。第二，公共服务标准的确立和完善有利于政府目标的更好更快实现。政府工作的主要目的是努力提高社会大众的各项福利待遇水平，而较高的公共服务标准能使社会大众在享受各项社会福利时差异性变得较小，也能使更多的人享受到这些惠民政策，所以为社会福利水平的提高奠定了基础。第三，政府代表着社会全体大众，是替他们行使权力的主体。随着市场经济的发展，使得公共服务在组织提供和参与公共服务标准化工作中，实施起来成功的可能性不断增大，政府必须采取一定的手段，例如进行旧的法律法规的修订、新的法律法规的颁布、出台一些指导性的意见等手段，来对公共服务组织起来进行的有关标准化的工作起到影响和调节的目的。可见，政府起着推动公共服务标准化良性发展的作用，也是不断促使其前进的动力。

2. 第三部门的推动

在公共服务标准化过程中，第三部门通常是与公共服务领域有关系的一些组织机构，例如有关的行业协会、标准化组织和实施标准化的一些中间部门等。第三部门成为公共服务不同以往的提供者，它使公共服务标准在提供主体上变得多元化。

第三部门加入到公共服务标准化的工作中来，首先可以充分反映出公众对于目前公共服务提供和公共服务标准的需求，有效减少政府的负担，使政府工作的重点转移到对宏观的把握和制定战略性的政策，由从前的实行部门分割化管理变为现在的实行行业自我管理。第三部门能够通过加大对公共服务标准化取得的成果效益的宣传力度，来推动公共服务标准化的建设和发展。政府应大力扶持公共服务领域内相关的行业协会，使政府不再是唯一的服务提供主体，转变眼下公共服务领域行业协会所发挥的仅仅是代替政府发言的现状，不断激发行业协会在宣传和实施公共服务标准的参与热情，推动其在公共服务标准的建设过程中能准确、有效率地掌握和传达大众的需求。

3. 公共服务组织的推动

随着社会经济的发展，要求政府实现公共服务供给的多元化。公共服务组织进行标准化活动前进的力量主要来自于它本身的在公共服务提供的效果、提供所需的花费以及经济性的考虑，把全社会的公共服务组织和广大群众调动起来，鼓励引导并且使他们积极参与和投身到公共服务标准化工作中来。一是出台相关法律法规文件作为支撑，例如在全国专业标准化技术委员会中加大相关公共服务组织成员的比重，尽可能地调整出合适的成员比例，调动公共服务组织的主动性和积极性；二是在经济方面较为充裕的和在标准化工作较有兴趣的公共服务组织，可以承担起公共服务标准最初的起草任务；三是在行业中有一定地位并在科学研究方面有经验实力较强的公共服务组织，可以安排其在公共服务领域的标委会秘书处工作；四是在制定具有全局性和能达到大范围影响的公共服务标准时，需要广泛地向相关的公共服务组织询问有关已经起草的标准化草案的看法和建议。

4. 社会大众的推动

在现代社会中，社会大众所享受的公共服务来自社会中公共领域内的消费市场。在公共服务标准化体系中，社会大众对于推动公共服务标准化不断向前发展起着很重要的作用。公共服务标准必须能够反映出是否符合社会大众的需求，它的动力作用主要表现为：一是社会大众自愿接受和买来那些他们所需要的服务，也就是说符合市场中公共领域内大众所要消费的公共服务；二是社会大众能够把第三部门也当作一种依靠，如相关协会、标准化组织等，将他们对公共服务方面的要求提供到相应的公共服务标准化活动中。社会大众的积极参与使得政府能够顺利将其行动变得合法化，同时更加科学化。一个真正有效率和效能的公共服务改革项目不能够使服务对象被动接受，而是要使服务对象主动、积极地参与进来。公民参与过程中要遵守行为标准，公民的参与不仅能够提升标准化的水平，更能够促进标准化的持续改进。政府通过与公民的合作构建由民众和市场机制参与、以政府为主体的多元化公共服务体制，有利于实现优化职能的行使，促进公共服务评价的科学化、民主化。

（二）外部推动因素分析

1. 经济发展战略化的推动

我国公共服务标准化建设的目标是促进公共服务的发展和公共服务体系的不断完善，通过建立和实施公共服务标准来对政府的公共服务职能进行强化，推动经济的持续、健康发展，保障社会发展的有序进行，提高公共服务的水准和品质。当前发展阶段，我国社会经济的发展和国家战略的实行对于公共服务标准化的建设必然产生全面的可行的拉力。

2. 公共服务市场化的推动

对于基本公共服务领域，一般是由政府来提供公共服务和公共产品。在非基本公共服务领域，随着公共服务向市场化的转型和着手实施，不但原本的公共服务组织参与其中，一些第三部门组织也越来越多地加入到公共服务生产者的行列中来，从而形成了公共服务提供质量方面的竞争，其中包括各级地方政府之间、公共服务供给者之间的竞争，而对公共服务设定一定的标准是促使公共服务供给者有效竞争的很有效的办法，有效的竞争机制同时也为主要的公共服务组织和第三部门参与公共服务标准的供给提供了动力和基础。

3. 公共服务均等化的推动

政府公共服务标准化建设为实现公共服务均等化提供了一条有效的途径，公共服务均等化是我国政府进行公共服务标准化建设的主要目标之一，二者是路径与目的的关系。公共服务标准化是公共服务均等化的基石，因为通过对各类公共服务的基础标准、提供方资质标准、提供的质量标准、实施环境标准、安全卫生标准等的确立，才能使政府各个职能部门之间有很清楚的设计规划，形成科学的如何进行建设的标准和实施这一建设在投入方面的标准。政府进行公共服务标准建设的目的，是通过制定和设计公共服务的各项标准，来全面提升公共服务水平和能力，进而达到均等化的目的。

政府中各个职能部门应该在所负责的范围内，持续地加快公共服务走向市场化和公共服务实现均等化的进程，并对这一进程进行更规范的管理，通过建立相关完善的政策法规，使公共服务标准化工作能够成为公共服务市场化和公共服务均等化等目标实现的重要途径，从而使公共服务市场化和均等化工作能够反馈到公共服务标准化进程中来，进一步促进它向更好的方向发展。

二、政府公共服务标准化建设的实践价值

政府部门在进行标准化建设过程当中积累的各种经验教训和问题总结，使理论界的研究更加丰富和充实。公共服务标准化建设不仅能够使政府提供公共服务的行为更加规范有序，能使政府提供公共服务时付出较低的成本，而且把政府的社会效能达到最大程度的实现，使得政府在提供公共服务时没有因为资源的差异而提供不均衡的服务，最终实现公共服务均等化的目标。

西方发达国家公共服务标准化在20世纪中后期逐渐发展起来，到20世纪80年代，在公共教育、医疗卫生、社会保障、基础设施、环境保护等领域已经得到普遍应用，取得明显的效果，并在实践中不断发展。通过标准化的方式来促进公共事业的发展，已经成为发达国家开展公共服务工作、提高政府行政能力的有效手段。2010年，国际标准化组织（ISO）在《2011－2015年战略规划》中，提出在标准制定中支持公共权力机构的需求，将提高支持公共政策的标准价值作为实现“全球愿景的十个关键目标”之一。近些年，随着我国公共服务事业的发展，公共服务标准化工作得到了国家和地方标准化主管部门的重视，也取得了一些进展。在国家层面上，2009年国家出台了《服务业组织标准化工作指南》（GB/T 22421－2009）系列标准，对公共服务的标准化进行了规范，充分发挥了标准化对公共服务组织的支撑作用。2010年国家编制了《公共服务标准化工作指南》（项目编号：20080392－T－469），并于2010年10月开始征求意见。此外，《行政服务标准化工作指南》《行政服务中心运行规范》等6项涉及公共服务领域的国家标准已正式立项。一些地区也在公共服务领域进行了标准化的尝试，并取得了一些经验。

从功能结构角度来划分，政府公共服务标准体系可以分为基础性标

准、支持性标准、核心性标准和主体性标准4类；从适用范围角度来分析，政府公共服务标准化体系包含国家标准、地方标准、企业标准和机构标准4类；从标准的文件形式角度来划分，可以分为标准、指南、工作文件和工作办法等形式。从公共服务标准的功能结构和应用范围等角度来构建的一个政府公共服务标准的体系框架，其立足点主要是政府在进行公共服务提供的过程和流程，通过对提供公共服务的各环节和项目进行相关标准的制定和设计，来完善各个流程过程中的管理行为和管理工作，通过对管理流程的标准化建设来进行整个公共服务标准化体系的推动。

（一）政府公共服务主要领域标准化建设

政府实施公共服务标准化建设，必须明确标准化建设的主要领域，划定应用范围。政府部门需要根据实际情况，积极研究和制定以满足民众需求为目标的基本公共服务领域的相关标准，并严格按照制定的公共服务标准来实施。基本公共服务的标准化建设，把政府关注和聚集的焦点拉回到了有效提供公共服务和提高公共服务质量等方面。政府对基本公共服务标准的不断调整和修正，能够增加社会公众对于政府部门的好感度和满意度，政府所提供的公共服务力度和效能上升，从而弱化了社会上各种敏感问题和尖锐矛盾，使社会和谐发展。

（二）政府公共服务行政管理标准化建设

政府在为公众提供公共服务和产品时，要明确在这一过程中应承担的义务和责任，并且为推动标准化建设目标的实现应在执行阶段大力改进和提升政府在公共服务提供方面的能力和水平，以达到在公共服务标准化建设过程中的制度保障作用。政府公共服务管理体制的标准化是指对政府在公共服务的提供过程中所运用到的工作流程、方法、行为职责等方面进行一致性规定，让他们有序且规范地进行。政府把企业管理中的标准化管理理念用到自身的管理实践中，对提供公共服务的过程中的内容进行科学的总结，进而推出相关工作标准和行为规范，对公共服务的提供和完善提出更有建设性的指导，政府给工作中出现的大量重复性的公共服务提出标准，对它们的管理和操作实现了规范化，这样政府整个公共服务的过程就全部在制度化和规范化的范围内。政府公共服务标准化可以重新确定政府内部各机构在提供公共服务过程中的职能和岗位职责，明确政府工作的具体标准，使得各机构、各部门的工作更加清晰，工作标准更加明确，一些具有重复性的常态性工作，都落实到具体的机构和人员，有效地减少相互扯皮和工作脱节的现象，排除政府各部门在公共服务过程中的无序和混乱，推动服务型政府建设中公共服务的规范化。政府公共服务标准体系的建立，能够节约很多政府资源，也能帮助政府提供高效的公共服务和改善政府部门日常工作，取得卓有成效的业绩。

（三）政府公共服务绩效管理标准化建设

公共服务提供的结果是整个公共服务过程中最重要的一环，直接反映出我国政府提供公共服务的水平和层次。作为考核评估政府公共服务能力的绩效管理体制不可忽视，公共服务的绩效管理体制从衡量公共服务效能的角度来考量和评价政府提供公共服务的程度和质量，为我国政府进行公共服务标准化的建设提供了重要的结果保障。我国政府部门在绩效考核过程中更多地重视经济发展指标，忽视了公共服务这个最基本也最重要的指标，造成政府提供的公共服务与公众所需要的服务不匹配，导致一些不达标的结果和不规范的行为难以被及时发现并改正。因此，在建设服务型政府的过程中，对于政府部门及其工作人员实行绩效管理是公共服务标准化建设的重要环节，利用有限的资源取得最大化的社会效益，提供更多的公共产品和更优质的公共服务。把标准化操作的流程推广到绩效管理的实际应用中，通过制定出有关公共服务的标准，用它来考察政府公共服务实际所达到的效果，可以得出一个比较合理的结论，这个结论可以指导各部门工作达到标准化、精细化的目标，不仅提高了政府的绩效水平，也更加提升了政府公共服务水平。

我国政府进行公共服务标准化的建设，可以从公共服务实现过程的不同阶段来确定基本的应用领域，从基本公共服务领域、公共服务行政管理体制和绩效管理体制 3 个方面来论述我国政府进行公共服务标准化的过程。

公共服务标准化建设的第一个应用领域是以实现过程的“界定范围”阶段为出发点来提出的。要进行公共服务标准化的建设，必须明确标准化建设涉及的领域和方面，而基本公共服务领域的标准化建设，即要求政府在关系到公民基本权利的领域提供必须满足公众的基本需要的公共服务，作为公共服务标准化建设当中最重要以及最基本的一个应用领域，基本公共服务领域成为政府进行公共服务标准化建设时首要考虑和侧重的一个方面。

公共服务标准化建设的第二个应用领域是以实现过程的“有力执行”阶段为出发点来提出的。公共服务的行政管理体制是政府公共政策的执行过程，是政府提供公共服务时自身能力和水平进行提升和增强的一个过程，是公共服务标准化建设体系中不可缺少的一环。对公共服务的行政管理体制进行标准化的建设，有利于推动公共服务提供的有序进行，保证公共服务提供的质量与及时度。因此，公共服务的行政管理体制是进行公共服务标准化建设中重要的一个领域。

公共服务标准化建设的第三个应用领域是以实现过程的“结果评估”阶段为出发点来提出的。政府部门在明确基本公共服务领域作为标准化建设的重要应用领域之后，通过提升政府行政管理体制的科学性和有效性，保质保量地提供满足公众需求的公共服务和产品，这一提供的程度及质量需要通过有效的绩效评估体制来进行评价和考核。因此，公共服务的绩效管理制度也应成为公共服务标准化建设中一个必不可少的领域和环节。

总之，政府进行公共服务标准化的建设，可以从公共服务标准化实现过程的 3 个阶段来提出相应的范围领域，分别是界定环节提出的基本公共服务领域的标准化、执行环节提出的公共服务行政管理体制的标准化、评估环节提出的公共服务绩效管理体制的标准化。

三、政府公共服务标准化建设的问题分析

我国政府不断完善公共服务职能，加大公共服务投入，在公共服务体系建设方面取得了长足进展，但同时也还存在着许多突出的矛盾和问题。公共服务标准化建设作为我国公共服务体系建设的重要途径，是实现公共服务模式成功转型的一种全新的政府改革路径，因此在对我国政府公共服务标准化建设进行研究时，要深入、全面地分析目前该体系存在的问题和不足，并提出解决问题的对策。

（一）政府基本公共服务领域尚需拓展

1. 服务供给不均衡

目前我国的公共服务供给在不同地域、不同群体之间存在着明显的不均衡状况，没有形成一个全国统一的、完善的基本公共服务标准体系，现行的标准很多比较模糊，造成政府部门仅着眼于现有工作流程和公共服务状况的梳理，不去关注有效标准的制定和推行，致使很多地区的基本公共

服务标准跟不上社会发展，低于公众对于基本公共服务的需求，公共服务长期处于不均衡状态。

由于我国公共服务领域中现行标准的界定方面比较模糊，再加上受到不同地域和群体的影响，公共服务的标准难以明确、统一，很多地区的公共服务标准尤其是基本公共服务标准的发展情况，难以满足公共服务体系发展的要求和公众的公共需求。不同地区、不同群体都有自身的公共服务供给状况，在标准确定的过程中要重视和衡量不同的群体和不同地域的公共需求，因此，很难通过一个或一系列标准来满足各个地区、各种群体的公共诉求。

2. 管理体制不健全

我国政府部门缺乏一套行之有效的标准化管理体制，政府部门权力行政的传统思维模式根深蒂固，在公共服务当中仍然摆脱不了“官本位”的思想，将自己定位为“管理者”的角色，服务的意识相当淡漠，因此在开展公共服务标准化工作中，难以做到以公共利益为出发点，政策制定和执行在一定程度上具有随意性，管理和服务工作的透明度较差，其模式和方法得不到公众的了解和认同。

3. 保障措施不充分

长期以来，我国的政府部门并未把标准化当作一项科学研究工作，而仅仅看作是文件或规定的编写，对公共服务标准化工作的定位不够准确，因此造成在政策、人才和经费等方面的保障均有所不足。公共服务标准化对人才的素质要求很高，除了要掌握标准化方面的知识外，还需要有相应领域的专业技术知识，了解该领域的发展战略以及国家的相关政策等，但我国目前十分缺乏此类的专业化复合型人才，而且政府提供的经费也无法支持现有的标准化工作人员进行深入的研究。

近年来，我国财政支出中对于基本公共服务领域的投入在不断增加，但增幅较小，财政收入中基本公共服务支出所占的比例相对于发达国家及部分发展中国家而言，依然处于较低水平。我国对于基本公共服务领域的投入水平迫切地需要提高，以此来推动基本公共服务的发展和公共服务领域的不断进步。财政对于基本公共服务投入不足，导致公共服务领域没有足够的资金保障来发展我国的基本公共服务，目前亟待制定和出台公共服务的相关标准来规范和增强政府部门，对于公共服务相关领域的财政投入以及其他公共资源的投入，以标准化的途径来达到公共服务提供水平的上升和公共服务均等化的最终目标。

4. 服务体系不完善

我国基本公共服务体系中，包括教育、医疗、住房、社会保障等子体系。目前我国基本公共服务的体系虽然已经初步形成，但是公共服务体系的内容、结构不全，保障水平不高，依然需要进一步的理论研究和实践操作，不断充实公共服务体系的内容，完善公共服务体系的内外部结构，进一步提高公共服务保障水平；公共住房保障体系建设刚刚起步，政府部门及社会公众对于公共住房保障体系的认识尚未统一，仍需要进一步的宣传和引导，来推动各界对该体系的认同和支持，促进公共服务保障这一子系统的有序发展；养老保险仍然不能有效满足改善和保障民生需要，养老保险体系需要政府部门及理论界在各阶段高度重视和关注，积极投入人力物力去研究和发展，保证我国养老保险体系的顺利建设。

（二）政府公共服务行政管理尚需完善

1. 政府公共服务水平和效能有待提高

目前，我国政府的管理现状与服务型政府的目标相差甚远，政府服务过程中“重管理，轻服务”的现象十分严重，服务过程的每个环节的服务质量都不同程度地存在一定的问题。这些问题主要表现在政府对于公共服务的提供方面效率低下，对于公共服务改进的滞后性和非连续性，以及公共服务水平较低等方面。随着我国服务型政府目标的提出，客观上需要从以政府为中心的办事流程转变为以公众为中心的办事流程，由职能导向型向流程导向型转变，对于办事流程不断向简捷化和人性化发展。目前，大多数政府部门和机构仍然缺乏规范的服务流程和相应的责任机制，这不仅造成了公共服务的资源浪费，而且使得公共服务效率低下，公众满意程度较低。一些政府部门虽然已经构建了明确简捷的服务流程，建立了相应的责任机制，但缺乏强有力的执行和监管。尽管有些地方政府出台了关于行政服务的管理办法，将行政服务机构的功能界定为组织、协调、指导、监督各部门的行政审批行为，但并未明确界定行政服务机构与政府、窗口部门及监察部门之间权力与责任的边界。

2. 政府公共服务的监管体系尚未健全

我国政府公共服务部门的相关监管机制和体系还没有完善和健全。监管规则不完善，监管规则的执行机制和监管治理机制不健全，很多方面都存在地域、部门等方面的歧视和不公平对待。要实现行之有效的监管功能，不仅要注重各种制度工具的制定、实施以及这些制度工具之间的协调配合，还要关注部门管理的透明程度、政府行为的可问责性、政府管理的效率等。在政府对公共服务监督管理的过程中，政府部门仍然发挥着主导作用，在公共服务监管中占有重要地位，而各种行业协会、社会组织、消费者保护群体等的认识还没有真正提高，参与的积极性也没有得到有效地调动。

3. 公众参与政府公共服务的程度不高

我国公共服务标准化建设是一项系统、非常复杂的政府改革项目，这一标准化建设工程需要政府部门相关领导的重视和推动，同时更需要政府部门及其工作人员的认可和支持。因为标准化建设不仅涉及政府内部的权责调整，也直接影响着社会利益的实现和公共需求的满足。目前，我国对于公共服务标准化体系的构建方面还缺乏一定的认识和关注，对这一领域还没有比较清晰的认识。这在很大程度上阻碍了公共服务标准化体系的建设，最终影响最佳社会效益的实现和公众迫切的公共需求的满足，使得公共服务均等化的目标难以实现。

（三）政府公共服务绩效管理尚需规范

1. 公共服务的绩效评估主体较为单一

我国政府绩效评估与考核大多数是政府内部考评，绩效考核缺乏民众的参与，即使在政府内部，大多也是上级对下级的评估，部门的自我评估较少。由于信息不对称等，不仅无法进行公众参与的政府绩效考评，而且各个部门出于对自己利益的考虑，无论是收集材料还是处理分析都在一定程度上存在“暗箱操作”的现象，从而直接影响了整个结果的客观性和准确性。特别是政府绩效考评中缺乏第三方评估，这一评估模式多由该领域的专家和学者组成，且这些成员大都掌握专业知识，信息面较广，又与被评价者没有利益冲突，因此更能客观公正地作出评价。

2. 政府绩效评估的规范化程度不充足

我国政府绩效评估存在的最突出问题是规范化程度明显不同。政府绩效评估多处于自发、半自发状态，没有相应的制度和法律做保障，评估的内容设计和评估构建等几乎都是基于政府本身需要而定，没有客观的衡量标准，更没有形成制度化。一是缺乏统一规划和指导，绩效评估分散在目标责任制、社会服务承诺制等多种管理机制中，评估内容和侧重点差别很大，评估方法不一致，评估程序存在很大随意性，因而结果很难做到客观公正，有的甚至完全流于形式。在这些问题当中，缺乏制度化的评估标准，是政府绩效评估的主要障碍。二是政府绩效评估往往是一个短期行为，缺乏对政府绩效的持续性测定。有的是为了应付上级或政治诉求，没有科学、战略性的规划，组织者难以从绩效管理的宗旨角度得到全面的反馈，这就导致了管理者很难把工作重点放在政府绩效的持续改进上。

3. 公共服务的绩效考核体系不够科学

当前我国政府部门的绩效考核评价过于注重经济指标，而忽略了政府提供公共服务和产品的质量和效率，缺乏相应的评价指标体系。这种传统的考评方式，影响了政府绩效考核的科学性和合理性，也不利于政府部门改进公共服务质量、提升公共服务水平。由于全国不同地方在地理环境以及经济、社会等诸多方面存在较大差异，不同的地方在发展战略方面有所区别，不应该要求所有的地方都去追求相同的发展模式。由于现行的政府绩效评估思路是用完全相同的指标体系去对地方政府的绩效进行评估，这种“一刀切”式的绩效考核，实际上无法反映各地政府付出的实际努力和真实绩效，也使那些基础薄弱的地方政府失去努力的动力。

（四）政府公共服务标准化发展不科学

通过对政府标准化实践的梳理，对现行有效与规划制定的各类标准的收集整理，发现国内公共服务标准化工作存在一些问题。

1. 缺乏系统的理论指导

由于实践样本不够充足，目前尚没有形成系统完善的公共服务标准化理论体系，影响了国内公共服务标准化的发展方向和在全国的推广。标准化停留在点和个别领域，系统化程度不高，具体规划之间衔接不好。

2. 标准体系建设不科学

标准类别与分布不平衡。现行有效相关标准多数为地方标准，国家标准和行业标准较少；直接规定公共服务要求的标准数量较少，对公共服务起支撑作用的基础、通用、技术标准占大多数。技术水平高的领域，标准化水平较高，标准数目多，标准规范的领域较全。服务标准化的新兴领域如社区服务、行政服务、教育、社会保障、文化体育等，标准数量少，水平较低，多数事项缺少具体标准。

3. 缺乏实物标准的参照

多数标准仅考虑货币数额，缺乏实物标准。公共服务的货币标准有助于计量的统一，但是各地由于物价水平、生活水平不同，同样的货币标准产生了不少的问题。以我国的社会福利为例，我国目前在该领域实施的标准是货币标准，因各地居民收入、生活成本存在巨大差异，货币标准不足以实现均等化目标。如果仅仅采用货币标准，很难实现公共服务的标准化与均等性。其他基本公共服务，如教育、医疗卫生也存在类似的问题。

4. 标准统一性尚未实现

标准的规定比较模糊。由于我国基本公共服务标准制定的实际困难，过多强调了区域的差异，而忽视了标准的统一性，有些标准指标规定采用模糊的语言。例如，社会养老的设施标准，民政部“十一五”规划要求全国百名老人平均拥有床位是 1.2 张。“十一五”期间，国内其他省市中，广州是 2 张，青岛是 1.85 张，温州是 2.7 张，上海是 1.86 张。又如，对于城乡最低生活保障户，国家规定：各地民政部门在实施生活救助，发放救助金时，根据其家庭实际困难和子女就学情况，适当提高救助水平。这样的表述弹性很大，没有统一的执行标准。

5. 标准指标存在滞后性

我国公共服务标准制定还处于起步阶段，由于制定发布周期一般都需要二三年的时间，适应不了形势变化和经济社会发展的需要。

总体来看，我国还没有针对基本公共服务均等化目标来建立一套相应的供给标准，没有设定与这些标准相对应的客观因素评估法来核定地方财政平衡能力。

四、政府公共服务标准化建设的主要对策

公共服务标准的制定和实施是一个科学系统的、严谨的动态过程。在整个过程中，各级政府必须时刻以为人民服务、为社会谋利、为百姓造福为第一目标和第一追求，通过试点开展先行先试工作，为今后的推广积累充足的经验和翔实的第一手资料，并在此基础上，逐步扩大试点，充分调

动人民群众的积极性，让他们也能参与到公共服务标准化建设中，努力在社会公众层面、各级政府层面、专家学者层面达成普遍的社会共识，逐渐形成科学合理有序的理论系统，为今后公共服务标准化建设的良好发展趋势奠定坚实的基础。

（一）建立公共服务统一标准

公共服务标准化建设以满足公众日益增长的公共需求、追求最佳社会效益为目标，以实现基本公共服务均等化为定位，符合党中央提出的社会管理创新和社会治理的任务目标，应加大力度进行研究推广。在部分区域乃至全国范围内推广公共服务标准化建设，有利于实现基本公共服务均等化的目标。通过国家和地方相互结合的方式，有利于各种社会资源的自由流动，减少各地区之间的盲目支出竞争。

在基本公共服务领域内，通过推行公共服务标准化建设，能够明确基本公共服务的范围和领域，确定在一定时间段内基本公共服务所应该达到的目标，通过有效实施进一步促进基本公共服务的均等化。对于基本公共服务范围和标准的确定，必须经过科学的研究论证，必须符合公众的需求和我国目前经济社会发展的现状，符合最广泛的社会共识。标准的制定还需要统筹考虑不同地域、不同群体的公共服务供给情况，在制定全国统一的公共服务标准时不能损害公民的基本权利。在推进公共服务标准化建设的进程中，各级政府必须确定基本公共服务标准在不同时期和阶段需要实现的规划和目标，确保基本公共服务标准从虚转为实，保持基本公共服务供给的连续性。

1. 制定涵盖基本公共服务领域的标准以推进公共服务均等化

我国政府应依据当前各项公共服务供给的情况，针对教育、医疗、基本生活保障等基本公共服务领域，制定和出台统一的基本公共服务标准，各级政府在这些标准的规范下进行决策和行为，管理过程和行为都必须以此标准参照实施。制定的公共服务标准不仅要具有全面性和科学性，改变传统公共服务模式中政府指标片面、单一的问题，更要与经济社会的发展水平和各级政府的供给能力相适应，增强标准的可操作性。对于实施基本公共服务标准来说，除了具有一个明确可行的目标之外，还应当有详细的操作步骤，并且建立与之相适应的法律法规政策和技术支持平台，以此保障基本公共服务的公平、有序进行。

在全国范围内推广公共服务标准化建设，制定教育、医疗、社会保障等公共服务的最低提供标准，作为强制性标准推广，缩小基本公共服务在不同地域、不同群体之间的差距。对于基本公共服务标准的确定，要经过科学、合理的可行性研究和论证，必须符合我国经济社会发展的现状，符合最广泛的社会共识。同时，在推进公共服务标准化建设的进程中，各级政府必须确定基本公共服务在不同时期和阶段需要实现的目标，保持连续性，使公共服务标准能够跟得上社会发展形势，切实起到实际的作用。制定和出台统一的公共服务标准，可以从基本公共服务领域所涵盖的内容和方面来划分，包括公共教育、医疗卫生、社会保障、公共安全和公共环境几个方面，公共服务标准化的建设可以从这几个方面入手，分别进行具体标准的制定并最终归纳汇总，将各项标准构建成一个结构科学、联系紧密的有机体系。

从基本公共服务领域中的几项重要服务来进行标准化的建设，能够有针对性、有重点地对这些领域的公共服务水平进行提升，促进这些重点领域公共服务的发展和完善，不断满足公众最基本、最迫切的公共需求，最终达到一个最佳的社会效益。

从基本公共服务提供的流程及运作角度来制定和出台统一的公共服务标准，可以从公共资源配置、机构与设施、工作人员、预算和支出、公共服务流程和品质标准几方面来建设。通过对公共服务提供流程中的各环节的各项工作和运作行为来进行标准的制定，能够有效规范流程中各项具体工作和行为，切实提高公共服务提供的效率和效能，保证较高的公共服务水平和品质。

2. 制定各类公共服务的设施标准和财力标准以保障财政投入

国民经济和社会发展规划应在促进基本公共均等化的过程中发挥积极作用。公共服务的设施标准是公共服务标准化建设过程中各类物质保障和设施保障，在相应的公共服务领域中要制定相应的设施标准，用看得见、摸得着的物质标准来提高公共服务的水平；公共服务的财力标准，即各类公共服务建设中需要投入的财政资源的标准，只有在雄厚财力的基础上，公共服务的发展和体系的建设才能顺利开展。相关部门制定规划必须统筹考虑，要建立健全支撑这些标准的数据采集、转移支付、支出责任等相关配套系统，并以法律法规或者规章制度的形式加以确定。

3. 建立基本公共服务的技术标准和国家最低标准以提供支撑

现在世界上许多国家在实施公共服务的均等化战略时，通过客观因素评估，科学计算转移支付的数额，以此数额为基准，尽量减少和避免在转移支付过程中的随意性和盲目性，达到降低人为因素影响和干扰的目的。一是采用对客观因素进行评估的方法，确定地方财政平衡能力，并在此基础上实行程序严格、方式灵活、补助多样的方法，一般情况下，客观因素评估内容包括国土面积、人口数量、国民生产总值和社会发展水平等要素，并按照这些要素进行计算得出地方财政支出水平；二是根据地税收的相关数据，计算地方的“理论收入”；三是通过计算地方财政支出水平和地方“理论收入”之间的差额，得出需要转移支付的数额。采用这种方式，有利于减少中央政府与地方政府间的价格差价，同时能够调动各级地方政府的积极性。因此，在制定和出台全国统一的基本公共服务标准的同时，要对上述标准的实施和标准化体系的建设提供技术方面的支撑，从技术层面保证所制定和执行的公共服务标准科学、合理、有操作性，保障标准的顺利实现。

目前，许多国家开始探索制定公共服务的国家最低标准，包括服务质量、服务对象、服务需求等。由国家制定统一的公共服务最低标准和公共服务均等化的目标，由地方政府参照国家最低标准和均等化目标来提供公共服务，这一过程有益于商品、服务和资本的自由流动，有利于地方政府进行公共资源有效配置。

（二）引入全面质量管理方法

在建立公共服务标准化体系过程中，要厘清各级政府各个部门的职能，对政府公共服务流程进行梳理，从而明确政府各部门应负责的基本公共服务项目、服务流程、服务质量等。还要建立与之相适应的公共服务考核与评估体系，以便公众对政府行为进行监督和评价，通过标准化的手段来规范政府的行政行为。

政府通过公共服务标准化的建设，能够梳理清楚各部门之间的工作范围和权责界限，规范管理工作的具体流程，实现行政管理行为和公共服务行为的标准化，增加政府工作的透明度，增强政府的运转效率。要实现公共服务标准化，首先要对政府公共服务流程进行梳理，明确各项工作的规范化标准，增强行为的可操作性；其次要通过规范化标准理顺各部门之间的关系，增强各部门间的协同合作能力，减少部门之间因职责不清而引起的相互推诿扯皮现象。政府部门可以考虑引入 ISO9000 标准，通过全面质量管理的理念对政府部门提供的公共服务进行质量管理体系建设。ISO9000 标准是概括、总结、提炼世界各国质量管理理论和实践经验而形成的，吸收了现代管理的科学原理，包含了从质量术语、质量管理要求到业绩改进指南及支持性技术标准等一整套标准，是一套非常科学的质量管理标准，主要由质量管理和质量保证术语、质量管理和质量标准选用和实施指南、质量保证标准、质量管理标准 4 部分构成。ISO9000 标准作为国际先进的管理体系，在引入政府部门改进公共管理体制、推动政府公共服务标准化建设的过程中，应该很好地将质量管理体系与公共管理及公共服务理论相结合，将标准的方法和思想融入到政府的管理体制当中，才能取得较好的效果。政府部门引入 ISO9000 标准建立质量管理体系能够克服随意行政，进一步规范行政行为，有利于进一步深化考评管理，理顺考核机制，树立良好的政府形象，建立一个真正高效、惠民的公共服务型政府。

1. 明确总体目标，优化管理工作流程

政府部门想要真正运用好 ISO9000 标准来提升自身公共服务管理水平和质量，必须使 ISO9000 标准很好地适应公共组织内部的体制和模式。既要制定出基本方针和质量目标并做到目标和方针明确、清晰，使工作人员能够充分把握，又要按照标准和质量目标的要求，对政府内部的职责和权限进行划分和细化，做到职责明确、岗位合理，还要根据制定的标准和目标做好贯彻实施工作。政府部门引入 ISO9000 标准实施贯彻工作，遵从现有的管理基础和管理文化，在现有的基础上实现政府部门综合管理能力的提升。为政府部门编制质量管理体系文件，通过优化工作流程和规范管理行为，系统改善政府部门公共管理体制。

2. 严格评审管理，规范服务监管体系

ISO9000 标准条款明确要求，要定期组织内审和管理评审，内审与管理评审一起成为推动 ISO9000 质量管理体系持续改进的两个最重要的手段。内审一般可以包括 3 个方面的内容，即体系审核、过程审核和产品审核，行政机关主要进行的是过程审核。通过定期组织内审，能够促进全员参与，使员工对工作更加重视，推动体系文件及时落实到位，各项记录清晰，活动开展有据可查，确保上级工作要求落实到位，促进工作目标的实现。通过过程监控，加强对流经部门或部门内部流转的各项工作过程的控制、监视和测量，主动及时地发现工作中的差错，将问题消灭在萌芽状态，减少因工作差错而造成的损失。针对所发现的不合格及其原因，制定纠正和预防措施，并进行跟踪，验证所采取措施的有效性，推动工作的持续改进。内审和管理评审的应用能够有效规范政府部门进行管理工作和公共服务的过程，保证公共服务的高品质、高效率。

3. 加大宣传力度，提高全员参与意识

政府机关工作人员是开展各项管理工作的基础，要实施贯彻全面质量管理，需要全体工作人员的积极参与，形成一种全员参与的良好氛围。因此，要对ISO9000标准及质量管理等相关体系内容进行广泛的宣传，通过宣传及培训让工作人员了解并把握这一体系的内容及精髓，充分调动员工的积极主动性，有效利用政府部门各种人力、物力及信息资源，提出符合要求和期望的公共管理及公共服务目标，推动政府公共管理体制的顺利改革。

ISO9000标准体系是以增强顾客的满意程度为目的，政府公共服务标准化的目的是满足公众的需求，提升自身的管理水平和公共服务能力，二者在管理目的上是一致的。ISO9000标准要求组织建立质量目标及方针，各项组织活动都要围绕这一目标及方针开展，并以此来考核组织各项活动的总体绩效。政府公共服务标准化采用目标和指标相结合的方法，对政府部门及其工作人员的行政管理能力和水平实施考核，最终实现政府公共服务和行政管理水平的不断提高，二者在管理理念上是一致的。ISO9000标准采取全面质量管理的系统方法，追求组织的持续改进和创新，实现组织的自我发展。政府的公共管理要求各级政府机关通过流程管理、系统监控和目标考核等方法来提升公共服务水平和公共管理能力，二者在管理方法上是一致的。政府部门引入ISO9000质量管理体系，不仅要建立一套完善、系统的质量管理体系，更重要的是制定质量目标后的实施工作，一方面通过执行质量管理体系文件，不断查找各项管理工作中的漏洞和不足并及时纠正，以此来提高工作的管理能力和效能；另一方面通过实践活动来检验标准体系基础上制定的质量管理体系文件是否完善和全面，使标准理论与日常工作紧密结合，互相促进。

（三）科学考核持续改进绩效

政府绩效管理的难点在于政府管理中存在许多难以量化的指标和一些主观因素的影响，因此，制定政府的公共服务标准中必然包含政府绩效标准这一重要组成部分。绩效标准为政府的管理体制改革和绩效管理提供了技术支持，它既是管理工具，又是检测和考核政府绩效的指标，能够指引政府行动通向正确的方向。绩效标准成为我国政府进行公共服务科学考核的有力工具。

1. 充分发挥绩效评估主体内外结合的优势

我国政府进行行政体制改革和公共服务标准化建设的一个主要目标是建立起一个与市场经济发展相适应的灵活、高效的政府管理体制，真正实现建设服务型政府的目标，对公共部门进行科学的绩效考核能够有效促进政府管理水平公共服务能力的提高。针对目前我国绩效评估主体单一的问题，应坚持“内”与“外”相结合的绩效考评方法，公共服务绩效考核的“内”是指负责考核的主体，即考核公共部门服务绩效的部门和人员；公共服务绩效考核的“外”则是指公共部门服务的管理对象和公众。一方面，坚持严格的内部考核，对制定的公共服务标准进行逐项分解，对各项标准达到的程度进行考察核实，并进行相应的考核结果的公布；另一方面，坚持必要的外部测评，即由公共部门管理相对人和受其影响的公众为其打分。然后将各评估主体的分数综合起来进行科学考核评价，这样比较客观公正，能够在一定程度上反映政府部门公共服务的真实绩效水平。这一过程其实也就是以科学的“外”打破主观化的“内”的一个过程。

2. 将公共服务提供程度纳入政府综合考评

通过进行公共服务标准化的建设，政府可以依法依规建立详细的服务标准，将提供公共服务的程度和效能纳入到政府的综合考评中，完善政府绩效考核评价体系，增强考核的针对性和可操作性。政府将公共服务标准的实现情况纳入考核评价体系，为各级政府提供服务、履行职能提供了标准，有利于政府节约资源、提速增效、改善服务质量。

公共服务标准化建设是一项长期而艰巨的任务，在进行标准体系本身的建设过程中，需要建立与之配套的绩效改进体系，并对体系中所涉及的绩效标准、指标以及整个绩效考评体系之间的操作和运转作出具体明确的规定，以更为规范、科学的绩效考评体系和考核评价流程来促进政府部门管理绩效的不断提高，同时推动公共服务得到持续不断的改善。在公共服务水平提高的同时，公众对于服务的标准和要求也日益增高。因此，公共服务标准化建设的最终目标就是转变政府传统的行政管理模式为以公共服务为重点的现代管理模式，不断满足公众日益增长的需求，为政府改进服务、促进职能转化提供稳定可靠的路径和可操作的方式方法。

3. 通过科学的指标体系完善绩效考评体系

通过公共服务标准化的建设，政府部门可以参考一套行之有效的指标体系来作为公共服务工作中的标杆，依据定量与定性相结合且可操作性较强的一个标准体系，推动部门工作更加规范和精细化，从而提高政府的行政效能。通过服务标准体系的建设，明确政府各个部门和政府工作人员的工作要求及流程，明确其提供的服务所要达到的质量要求，促进政府服务和管理的透明化，建立一个以最佳社会效益满足人民公共需求的政府。政府的公共服务标准化建设能够进一步改进和完善政府绩效评价体系，形成完整的评价体系和标准。这样不仅有利于科学、全面地进行政府行为评价，更能够持续改进公共服务质量，提升公共服务的品质。

建立和实行政府绩效管理标准，不仅仅只是对政府部门及其工作人员的管理行为进行科学考核，更重要的是通过绩效标准科学地考评，能够转变政府部门的管理观念，从传统的治理模式向新的服务模式转变。政府部门及人员要树立为民服务的理念，将为公众提供优质高效的公共服务作为政府管理中的重要部分。政府实行绩效管理标准，在很大程度上可以提高政府部门对于公共服务的重视和关注，将公共服务理念内化到每一个部门及工作人员当中，必定能够推动公共服务标准的建设和公共服务体系的发展。

当前，我国正处于经济社会高速发展、公众需求和公共意识不断增长的阶段，政府的管理模式迫切需要转型。政府部门必须摒弃传统的思维模式和管理方式，积极运用丰富的实践经验、先进的科学技术和有效的管理方法来进行公共管理，履行自己的职能。这就要求政府的管理方法和公共服务的提供应逐步转化为与现代经济社会发展相适应的新型公共服务模式，最终建立真正意义上的服务型政府。通过公共服务的标准化建设，政府可以利用先进的管理方法和技术来梳理、分析整理部门的工作和职责，减少管理的随意性，以一种标准化的方式来提升政府部门的管理水平和公共服务水准。在这一过程中，政府应积极改革现有的管理模式及公共服务模式，通过行之有效的措施和政策，逐步建立完善的公共服务体系。

对我国政府公共服务进行标准化建设，不仅能够以此为基础有效衡量政府绩效，也能够有效提升政府公共服务水平和改善服务质量。随着经济社会的发展，公众对于社会事务的参与程度不断提高，政府应当集中更多精力于服务公众和提升公众满意度上，因为这是公共服务供给和生产的出发点的最终归宿，也是评价公共服务绩效水平的重要标准。公共服务标准化建设正是政府实现这一改革目标的不竭动力。政府公共服务标准化建设是我国政府进行不断满足公众需求、追求最佳社会效益、实现公共服务均等化的正确方向和有效途径。

政府通过公共服务的标准化建设，对各项工作作出详细梳理和分析，并对其进行规范化的引导，推动政府的各项管理从之前的粗放的管理方法，走向一种集中的、不同以往的管理，提高政府工作中各种资源在使用上的效率，不断提高公众的满意程度。标准化也是政府绩效评估的基础，有助于形成科学的政府绩效评估体系。将各项民生服务业中倡导的标准化提高到政府管理与公共服务的层面，是执政者在思想上的一种革新。

第三节　养老机构服务标准体系建设

当前，我国老龄化速度正在逐步加快，老年人口基数大、增长快，照料和护理任务日益繁重。随着现代人生活节奏加快、工作压力加重，加上家庭规模逐步小型化，传统的居家养老已难以为继。同时，经济社会飞速发展，人民收入快速提高，养老观念不断转变，养老需求层次不断提升。公众养老需求日益增长与社会养老服务供给不足之间的矛盾日益突出，大力发展养老事业已势在必行。

一、养老机构服务标准体系的作用

服务标准化是指通过制定和实施服务标准，规定服务应满足的要求，以确保其适用性的规范性文件，运用标准化的原则和方法开展对服务对象的有效服务，从而达到服务质量目标化、服务方法规范化、服务过程程序化，最终使服务对象获得优质服务的活动。构建养老机构服务标准的主要功能在于推进养老机构标准化、规范化、专业化建设，以此为重要抓手，促进养老机构快速、健康和可持续发展。构建养老机构服务标准具有激励养老机构不断提高服务水平、促进养老事业持续健康发展、带动社区居家养老服务的拓展和培育新的经济增长点等现实意义。

（一）激励养老机构提高服务水平

通过构建养老机构服务标准，使养老机构在提供养老服务时有标杆参照。享受养老服务的老人能够对照标准对养老机构提供的服务进行衡量评价，及时、有效地维护自身合法权益不受损害，从而迫使养老机构不断提高服务水平。同时，通过构建养老机构服务标准，对养老机构的场地设施、服务内容、护理标准、管理制度、人员配置等软硬件条件提出明确的指导性、强制性规定，对养老机构的社会效用和效益有更加全面、系统、规范的要求，并辅之以配套的奖励措施和惩戒机制。这样，能够激励和引导养老机构将老年人服务满意度提升为目标，在改进硬件设施、创新服务模式、健全管理制度、完善工作流程、提高人员素质上不断下功夫，主动提高管理服务水平。

（二）促进养老事业持续健康发展

当前我国人口老龄化不断加快，刺激养老服务需求急剧膨胀，越来越多的民间资本，甚至是国外资本都渴望进入养老服务这一巨大市场。但由于以往缺乏养老服务标准规范，导致养老服务产品总体质量不高，同时也给部分养老机构违规操作提供了可能，导致养老服务机构良莠不齐，普遍存在不正当竞争现象，严重制约了养老事业发展。通过构建养老机构服务标准，促进养老机构标准化建设，可以提高服务要求和服务评价的统一、规范，有利于进一步强化政府监管和社会监督。促进养老服务机构合法设置、合规运行，保障养老服务市场健康有序，从而吸引更多的社会资源投入到养老事业，形成政府办养老机构、社会办养老机构各司其职、相互补充、统一规范、竞争有序的养老服务供给体系。同时，通过构建养老机构服务标准，有利于对整个养老服务行业的统筹规划、合理布局、整合资源，带动社区居家养老服务的拓展，保障养老事业持续健康发展。

（三）有利于培育新的经济增长点

通过构建养老机构服务标准，可以加快养老服务的专业化建设，逐步打造个性化、多元化、体验型的服务产品和项目，锻造养老机构的服务品牌，引导、激发和提升社会性养老服务需求，从而进一步扩大内需。同时，通过专业化养老机构的不断发展，提供更多的就业岗位。《社会养老服务体系建设规划（2011—2015 年）》要求：到 2015 年，老年人护理服务和生活照料潜在市场规模将超过 4 500 亿元，养老服务就业岗位将超过 500 万个。另外，专业化养老服务更利于延伸和提升产业链，发挥养老服务作为“夕阳事业，朝阳产业”的辐射带动作用，培育和激发与之相关联的护理服务、卫生保健、安全保护、交通旅游、心理咨询、休闲娱乐、教育文化等产业的市场需求。

二、养老机构运营发展存在的问题

养老机构的现状与严峻的老龄化趋势不相适应，养老机构在服务过程中主要存在以下问题：

（一）养老机构服务内容较为单一

目前，多数养老机构主要是满足老年人低层次的需要，养老服务机构仅仅提供饮食、住宿、就医等基本生活方面的服务，服务项目以技术含量低的日常生活照料等低层次服务为主，没有充分考虑老年人的生理和心理特征。还有一些养老机构服务不能以老人为本，而是以机构自身管理运作为中心，管理多于服务。

（二）养老机构服务人员层次偏低

养老服务人员队伍呈现出“三低”“两高”特征，“三低”指持证率低、文化程度低、技能水平低，“两高”指年龄偏高、流失率高。从事养老护理服务的员工大多年龄在 45 岁以上，以女性为主，由于编制、保障、待遇、工作强度、社会认可度等原因，经正规专业培养，具备老年护理与服务管理专业知识的年轻人很少愿意选择养老机构，高素质人才严重匮乏。

（三）养老机构缺乏相应管理标准

为了鼓励养老机构提升护理服务水平，北京市出台了一系列养老服务机构的地方标准，上海市也出台了一系列有关养老服务需求评估标准化、护理标准化以及养老机构质量管理标准化的政策措施，标准细化程度堪称全国之首。但更多地方尚未制定符合实际的养老机构管理标准，各养老机构更是没有具体的管理标准。

三、养老机构服务标准体系的构建

（一）养老机构服务的主要内容

养老机构服务内容的确定，是服务标准构建的前提。通过对养老机构服务现状的调研，综合经济发展阶段，确定养老机构的服务内容，主要包括生活照料服务、老年护理服务、医疗保健服务、休闲娱乐服务、心理护理服务等具体服务内容以及为提供服务所需的软硬件，包括设施设备、人员资质、管理制度等。养老机构的服务内容可以用表 9－1 所示。

表 9－1　养老机构的服务内容

一级服务内容	二级服务内容	三级服务内容
具体服务内容	生活照料服务	（1）个人清洁卫生（2）着装（3）修饰（4）饮食（5）如厕（6）口腔清洁（7）皮肤清洁护理（8）压疮预防（9）便溺护理（10）居室和环境清洁
	老年护理服务	（1）老年人健康管理（2）基础护理（3）老年专科疾病护理（4）老年康复指导（5）协助老年人医疗活动（6）院内感染控制
	医疗保健服务	（1）健康管理（2）社区保健（3）健康咨询（4）康复指导（5）预防保健
	休闲娱乐服务	（1）提供各种休闲娱乐活动机会（2）安排讲座（3）开办老年学校
	心理护理服务	（1）访视和访谈（2）心理危机处理（3）心理咨询（4）社会交往
提供服务所需的软硬件	设备设施	（1）基础设施（2）服务设施（3）接待设施（4）无障碍设施
	人员资质	（1）服务人员的知识和技能（2）服务人员资格证书
	管理制度	（1）服务流程和程序（2）服务技术操作规范（3）服务项目说明（4）检查程序和要求（5）服务文件和记录保留

（二）养老机构服务的定性标准

服务标准是指为达到某项服务工作要求所制定的描述性标准。根据所确立的养老机构的服务内容制定，如表 9－2 的定性标准。

表 9－2　养老机构服务的定性标准

一级服务内容	二级服务内容	三级服务内容
具体服务内容	生活照料服务	依据养老机构老年人健康评估服务规范，通过评估确定老年人状况，以鼓励自我护理为主的原则，制订个人生活照料计划，按需服务。为老人提供饮食、起居、清洁和卫生照护等连续性照顾，确保老人日常生活整洁、安全、舒适
	老年护理服务	提供老年护理服务，满足入住机构的老人健康和医疗照护需求。老年护理服务应根据养老服务机构的性质、入住老人整体评估结果，对其进行分类管理，根据老人健康问题，开展护理服务，采取护理措施，实现护理目标
	医疗保健服务	为老人建立健康档案，提供老年专科医疗保健，维持或改善老年人身心状态，减轻病痛；做好老人常见病、多发病、慢性非传染性疾病的诊断、治疗、预防和院前急救工作和转院工作；传播老年期健康知识、矫正不良健康行为等；老年病的预防、康复，老年期的营养、心理卫生和社会活动等
	休闲娱乐服务	有必要的设施设备、场地和相关人员；服务项目符合老人的生理、心理特点，可根据老人具体情况制订个性化方案；所有休闲娱乐活动有计划、有组织，有紧急状况处理预案、过程和结果记录
	心理护理服务	对服务的老人定期进行评估，及时如实记录，有计划，有措施，有效果评价；制定心理（精神）支持服务危机处理程序和预案，通过评估，及时发现服务对象心理问题，有处理措施并有记录；保护老人的隐私权
提供服务所需的软硬件	设施设备	配备齐全，并进行定期维护，确保其处于完好状态，满足提供服务要求服务所需人员资质
	人员资质	所有提供服务的人员均应按行业要求持证上岗，并掌握相应的知识和技能。各类专业技术人员应建立专业技术档案，定期参加继续教育
	管理制度	制定管理制度，制度应符合国家法律法规要求，形成岗位职责明确、操作性强、要求明确的管理体系

（三）养老机构服务的定量标准

养老机构服务定量标准的制定有利于对养老机构的服务质量进行评价，进而提高服务水平。通过调查研究，可以按养老机构三级服务内容分别确立其服务标准，每一项服务标准根据其重要程度确定其权重，权重通过访谈养老机构管理人员、被服务人员以及专家后确定，进而计算出养老机构服务标准的实现程度，并按该标准的实现程度来评价养老机构的等级。

养老机构应对服务标准运行的有效性和效率进行评价。同时，养老机构可在自我评价的基础上，自愿申请第三方养老机构星级评定机构进行评价和确认。主要是通过评价人员的观察、提问、听取对方陈述、检查、比对、验证、访问等具体方法获取客观证据的方式进行。

四、构建养老机构服务标准的对策

（一）加快研究养老机构服务标准

养老机构服务标准涉及经济社会发展阶段、群众需求层次、社会承担能力、要素资源现状等诸多因素，养老机构服务标准的制定必须要统筹兼顾，并需要有一个不断探索完善的过程，才能具有较强的科学性、合理性和可操作性，实现真正落地。在研究过程中，对养老机构中的日常管理中的一些共性的、普遍性的需要规范的统一的事项和管理，进行调研和归纳总结，制定养老服务规范类标准。一是全面摸清行业底数。包括行业规模、硬件设施、经费保障、从业人员、服务产品、存在问题等情况。二是全面梳理相关政策。包括涉及养老机构服务标准的有关法规和政策，进行整合归类，理清政策脉络。三是学习借鉴现有经验。深入调研国内先进城市有关养老机构服务标准的一系列政策举措，结合实际，筛选切实可行的对策措施。四是认真开展研究论证。组织社科部门、高校、养老机构等行业专家研究制定养老机构服务标准，并邀请相关管理部门及行业专家进行咨询和论证。

（二）抓紧制定养老机构服务标准

为了加大养老机构服务标准的执行力度，亟须提高养老机构服务标准的权威性和强制力。目前，国家在养老服务领域已经发布了《老年人建筑设计规范》《老年人居住建筑设计标准》《养老机构安全管理》《养老机构基本规范》《养老护理员国家职业技能标准》等支架性的设施、质量和职业标准。养老机构服务标准制定需要系统全面，建立以国家标准与行业标准为主体、地方标准为补充的标准化管理体系，涵盖养老机构可能涉及的所有硬件建设和软件服务。

养老服务机构标准构建是一个动态的过程，是一项长期、系统的工程，服务标准的有效性、可行性取决于指标的阶段性及现实契合度，必须紧密结合经济社会发展水平、居民需求层次、要素支撑能力，建立动态调整机制。

就发布方式而言，也是一个循序渐进的过程，宜先出台试行办法，再形成规范性文件，条件成熟时颁布地方性法规，逐步提高权威性和强制性。在实施步骤上，公办养老机构可以率先制定和实施养老服务标准化试点，以试点示范带动养老服务业标准的逐步推广实施。将机构服务试点经验进行总结，在《服务业组织标准化工作指南》（GB/T 24421）系列国家标准的基础上，根据各类养老机构的服务特点，研究制定《养老机构服务标准体系建设指南》系列标准，使其更具有适用性和针对性，用以有效指导养老服务机构的标准化建设工作。

（三）强力推行养老机构服务标准

养老机构服务标准要想真正实施和推广，关键在于养老机构的积极性和主动性能否得到激发。因此，需要加大监管力度，奖优罚劣并举，完善激励措施。对于符合服务标准要求建设或运行的养老机构，在土地、资金、人才等方面提供一系列优惠政策。

一是重视宣传教育。要充分利用广播、电视、报纸、网络等媒体大力宣传养老服务业标准化工作，普及养老服务业标准化知识，增强服务者、经营者、管理者和消费者的标准化意识，形成人人关心养老服务业标准化工作的良好氛围。标准的拟定需要各岗位人员的共同参与，并在参与中培养和提高标准意识，在实际服务中予以有效落实，遵循“自下而上，自上而下”的畅通机制。

二是完善激励引导。通过养老标准化评价机制，对养老机构进行星级划分与评定，并视星级高低给予不同额度的经费奖励；对新建和扩建符合服务标准的社会办养老机构增加床位，由市财政给予建设补贴；对符合条件的养老机构减免用地、税收、各种行政和事业性收费，以及减免电力、水务、电信等部门营运性收费；将养老机构建设纳入城乡公共设施建设规划，优先安排用地计划指标；鼓励养老机构在岗人员参加培训和技能鉴定取得职业资格证书，持证上岗的，可按规定享受相关扶持政策。

三是打造服务品牌。要围绕管理中的人、事、物、财，创新服务意识，提升服务质量，力求以管理中所涵及的人才、服务、资产、利润的各个方面为主线，建立无缝覆盖的服务和管理标准体系。在创建服务标准体系的同时，不断探索新的服务机制，创新服务意识，逐步建立符合实际的自有服务标准化支撑体系，并形成一系列服务标准，提升服务质量，打造服务标准化品牌，形成辐射带动效应。

（四）构建养老机构服务标准体系

单一的标准是对组织管理中“点”的规范，对某一项操作、某一项管理、某一项工作形成的规范要求。服务标准体系即管理中“面”的规范，将每一个标准，按照体系构架起来，成为一个系统资源，全面覆盖经营和管理、服务的每一个方面，并相互关联，使管理成为有机的联合体。通过对服务标准的制定和实施，以及对标准化原则和方法的运用，以达到服务质量目标化、服务方法规范化、服务过程程序化，从而获得优质服务的过程，突出“以人为本，服务为先”，在养老服务标准化试点建设中力求把养老服务中的每个环节通过标准进行规范，并形成养老服务标准体系。

通过推行养老服务标准化，尽可能减少服务质量信息在供求双方的不对称。帮助提供给消费者可预期的服务质量和安全感，以便消费者在推行前就能够对服务项目和服务质量有相当的预期。

养老服务标准体系用标准来约束和规范养老服务组织的整体运营情况，指导养老服务组织的每一项运作都符合既定的标准和系统要求。建立服务标准体系可以规范的服务行为，增强组织对标准的认识，让服务工作有一套完善的标准可以操作，从而规避经验式管理和人传人式管理的种种不足和人力风险，提升服务质量，并为消费纠纷提供评判依据。此外，运行服务标准体系可以加速组织的职业化进程，使组织对服务的感性认识与衡量上升到理性测量与量化的考核。运行服务标准体系的最终目的是实现无缝隙覆盖，组织管理人员可以从事务性工作中解脱出来，同时将更多的精力和时间放在理性思考和谋划组织的长期发展规划上，逐步实现组织与国际接轨，提高组织的市场竞争力，维护消费者和经营者的合法权益。

服务标准体系将成为管理人员的“管理手册”，员工考核的“考核准则”，员工服务的“作业指导书”，培训员工的“教科书”，顾客接受服务的“说明书”。通过标准化工作的推行，使各项工作逐步形成“处处有流程、事事有标准、物物有人管、岗岗有考核、日日有坚持、时时有创新”的工作机制。

第四节　主要养老服务标准解读

养老服务的主要标准包括老年人社会福利机构基本规范、养老服务机构服务质量规范等。

一、老年人社会福利机构基本规范

为了加强老年人社会福利机构的规范化管理，维护老年人权益，促进老年人社会福利事业健康发展，老年人社会福利机构更好地坚持“以科学的知识和技能维护老年人基本权益，帮助老年人适应社会，促进老年人自身发展”的宗旨，民政部于2001年制定了《老年人社会福利机构基本规范（Standards of Social Welfare Institutionfor the Elderly)》（MZ008－2001），在老年人社会福利机构的服务、管理、设施设备等方面作出了规定。该规范适用于各类、各种所有制形式的为老年人提供养护、康复、托管等服务的社会福利服务机构，明确了相关养老机构的术语定义：老年社会福利院(Social Welfare Institution for the Aged）是由国家出资举办、管理的综合接待“三无”老人、自理老人（日常生活行为完全自理，不依赖他人护理的老年人）、介助老人（日常生活行为依赖扶手、拐杖、轮椅和升降等设施帮助的老年人）、介护老人（日常生活行为依赖他人护理的老年人）安度晚年而设置的社会养老服务机构，设有生活起居、文化娱乐、康复训练、医疗保健等多项服务设施。养老院或老人院（Homes for the Aged）是专为接待自理老人或综合接待自理老人、介助老人、介护老人安度晚年而设置的社会养老服务机构，设有生活起居、文化娱乐、康复训练、医疗保健等多项服务设施。老年公寓（Hostels for the Elderly）是专供老年人集中居住，符合老年体能心态特征的公寓式老年住宅，具备餐饮、清洁卫生、文化娱乐、医疗保健等多项服务设施。护老院（Homes for the Device－aided

Elderly）是专为接待介助老人安度晚年而设置的社会养老服务机构，设有生活起居、文化娱乐、康复训练、医疗保健等多项服务设施。护养院（Nursing Homes）是专为接待介护老人安度晚年而设置的社会养老服务机构，设有起居生活、文化娱乐、康复训练、医疗保健等多项服务设施。敬老院（Homes for the Elderly in the Rural Areas）是在农村乡（镇）、村设置的供养“三无”（无法定扶养义务人，或者虽有法定抚养义务人，但是抚养义务人无扶养能力的；无劳动能力的；无生活来源的）“五保”（吃、穿、住、医、葬）老人和接待社会上的老年人安度晚年的社会养老服务机构，设有生活起居、文化娱乐、康复训练、医疗保健等多项服务设施。托老所（Nursery for the Elderly）是为短期接待老年人托管服务的社区养老服务场所，设有生活起居、文化娱乐、康复训练、医疗保健等多项服务设施，分为日托、全托、临时托等。老年人服务中心（Center of Service for the Elderly）是为老年人提供各种综合性服务的社区服务场所，设有文化娱乐、康复训练、医疗保健等多项或单项服务设施和上门服务项目。

（一）服务

1. 膳食

由主管部门颁发卫生许可证的专门为老人服务的食堂，配备厨师和炊事员。厨师和炊事员持证上岗，严格执行食品卫生法规，严防食物中毒。注意营养、合理配餐，每周有食谱，根据老人的需要或医嘱制作普食、软食、流食及其他特殊饮食。为有需要的自理老人、介助老人和所有介护老人送饭到居室，根据需要喂水喂饭，清洗消毒餐具。每月召开1次膳食管理委员会，征求智力正常的老人及其他老人家属的意见，满意率达到80%以上。照顾不同老年人的饮食习惯，尊重少数民族的饮食习俗。

2. 护理

（1）自理老人。每天清扫房间1次，室内应无蝇、无蚊、无鼠、无蟑螂、无臭虫。提供干净、得体的服装并定期换洗，冬、春、秋季每周1次，夏季经常换洗。保持室内空气新鲜，无异味。协助老人整理床铺。每周换洗一次被罩、床单、枕巾（必要时随时换洗）。夏季每周洗澡2次，其他季节每周1次。督促老人洗头、理发、修剪指甲。服务人员24小时值班，实行程序化个案护理。视情况调整护理方案。

（2）介助老人。每天清扫房间1次，室内应无蝇、无蚊、无鼠、无蟑螂、无臭虫。保持室内空气新鲜，无异味。提供干净、得体的服装并定期换洗，冬、春、秋季每周1次，夏季经常换洗。协助老人整理床铺。每周换洗1次被罩、床单、枕巾（必要时随时换洗）。夏季每周洗澡2次，其他季节每周1次。协助老人洗头、修剪指甲。定期上门理发，保持老人仪表端正。毛巾、洗脸盆应经常清洗，便器每周消毒1次。搀扶老人上厕所排便。Ⅰ°褥疮发生率低于5%，Ⅱ°褥疮发生率为零，入院前发生严重低蛋白血症、全身高度浮肿、癌症晚期、恶液质等患者除外。对因病情不能翻身而患褥疮的情况应有详细记录，并尽可能提供防护措施。服务人员24小时值班，实行程序化个案护理。视情况调整护理方案。

（3）介护老人。每天清扫房间1次，室内应无蝇、无蚊、无老鼠、无蟑螂、无臭虫。保持室内空气新鲜，无异味。提供干净、得体的服装并定期换洗，冬、春、秋季每周1次，夏季经常换洗。整理床铺。每周换洗1次被罩、床单、枕巾（必要时随时换洗）。帮助老人起床穿衣、睡前脱衣。全身洗澡，每周2次。定期修剪指甲、洗头。口腔护理清洁无异味。定期上门理发，保持老人仪表端正。毛巾、洗脸盆应经常清洗，便器每周消毒1次。送饭到居室，喂水喂饭。帮助老人排便。为行走不便的老人配备临时使用的拐杖、轮椅车和其他辅助器具。Ⅰ°褥疮发生率低于5%，Ⅱ°褥疮发生率为零，入院前发生严重低蛋白血症、全身高度浮肿、癌症晚期、恶液质等患者除外。对因病情不能翻身而患褥疮的情况应有详细记录，并尽可能提供防护措施。早晨起床后帮助老人洗漱，晚上帮助老人洗脚。视天气情况，每天带老人到户外活动1小时。服务人员24小时值班，实行程序化个案护理。视情况调整护理方案。帮助老人办理到异地的车船票。特别保护女性智残和患有精神病的老人的人身权益不受侵犯。对患有传染病的老人要及时采取特殊保护措施，并对其隔离、治疗，以既不影响他人又尊重病患老人为原则。

（4）康复护理。卫生保健人员定期查房巡诊，每天1次。为老人定期检查身体，每年1次。医护人员定期、定时护理。组织智力健全和部分健全的老人每月进行1次健康教育和自我保健、自我护理知识的学习，常见病、多发病的自我防治以及老年营养学的学习。医护人员确保各项治疗措施的落实，确保每周开展两种以上康复活动。定期或不定期地做好休养区和院内公共场所的消毒灭菌工作。制订年度康复计划，每周组织老年人开展3次康复活动。

（5）心理护理。为有劳动能力的老人自愿参加公益活动提供中介服务或给予劳动的机会。组织健康老人每季度参加1次公益活动。每周根据老人身体健康情况、兴趣爱好、文化程度，开展1次有益于身心健康的各种文娱、体育活动，丰富老年人的文化生活。与老人每天交谈15分钟以上，并作好谈话周记。及时掌握每个老人的情绪变化，对普遍性问题和极端的个人问题集体研究解决，保持老人的自信状态。经常组织老人进行必要的情感交流和社会交往。不定期开展为老人送温暖、送欢乐活动，消除老人的心理障碍。帮助老人建立新的社会联系，努力营造和睦的大家庭色彩，基本满足老人情感交流和社会交往的需要。根据老年人的特长、身体健康状况、社会参与意愿，不定时地组织老年人参与社会活动，为社会发展贡献余热。制订有针对性的“入住适应计划”，帮助新入住老人顺利度过入住初期。

（二）管理

1. 机构证书和名称

提供《社会福利机构设置批准证书》和法人资格证书，并悬挂在醒目的地方。老年人社会福利机构的名称，必须根据收养对象的健康状况和机构的业务性质，标明养老院、老年公寓、护老院、护养院、敬老院、托老所或老年人服务中心等。由国家和集体举办的，应冠以所在地省（自治区、直辖市）、市（地、州）、县（县级市、市辖区）、乡（镇）行政区划名称，但不再另起字号；由社会组织和个人兴办的应执行《民办非企业单位名称管理暂行规定》。

2. 人力资源配置

城镇地区和有条件的农村地区，老年人社会福利机构主要领导应具备相关专业大专以上学历，遵守国家的法律法规，熟练掌握所从事工作的基本知识和专业技能。城镇地区和有条件的农村地区，老年人社会福利机构应有1名大专学历以上、社会工作类专业毕业的专职的社会工作人员和专职康复人员。为介护老人服务的机构有1名医生和相应数量的护士。护理人员及其他人员的数量以能满足服务对象需要并能提供本规范所规定的服务项目为原则。主要领导应接受社会工作类专业知识的培训。各专业工作人员应具有相关部门颁发的职业资格证书或国家承认的相关专业大专以上学历。无专业技术职务的护理人员应接受岗前培训，经省级以上主管机关培训考核后持证上岗。

3. 制度建设

按照有关规定和要求制定的适合实际工作需要的规章制度。与入院老年人或其亲属、单位签订的具有法律效力的入院协议书。简单介绍本机构最新情况的书面图文资料，说明服务宗旨、目标、对象、项目、收费及服务使用者申请加入和退出服务的办法与发表意见的途径、本机构处理所提意见和投诉的承诺等。这类资料应满足服务对象使用。可供相关人员查阅和向有关部门汇报的长中短期工作计划、定期统计资料、年度总结和评估报告。建立入院老人档案，包括入院协议书、申请书、健康检查资料、身份证、户口簿复印件、老人照片及记录后事处理联系人等与老人有关的资料并长期保存。全部工作人员、管理机构和决策机构的职责说明、工作流程及组织结构图。工作人员工作细则和选聘、培训、考核、任免、奖惩等的相关管理制度。严格执行有关外事、财务、人事、捐赠等方面规定。各部门、各层级应签订预防事故的责任书，确保安全，做到全年无重大责任事故。护理人员确保各项治疗、护理、康复措施的落实，严禁发生事故。服务项目的收费按照当地物价部门和民政部门的规定执行，收费项目既要逐项分计，又要适当合计。收费标准应当公开和便于查阅。工作人员和入院老人花名册。入院老人的个人资料除供有需要知情的人员查阅外应予以保密。

严防智残和患有精神病的老人走失。为智残和患有精神病的老人佩戴写有姓名和联系方式的卡片，或采取其他有效措施，以便老人走失后的查找工作。对患有精神病且病情不稳定的老人有约束保护措施和处理突发事件的措施。长期住院的“三无”老人的个人财产应予以登记，并办理有关代保管服务的手续。

（三）设施设备

老人居室的单人间使用面积不小于10平方米；双人间使用面积不小于14平方米；三人间使用面积不小于18平方米；合居型居室每张床位的使用面积不小于5平方米。根据老人实际需要，居室应配设单人床、床头柜、桌椅、衣柜、衣架、毛巾架、毯子、褥子、被子、床单、被罩、枕芯、枕套、枕巾、时钟、梳妆镜、洗脸盆、暖水瓶、痰盂、废纸桶、床头牌等，介助、介护老人的床头应安装呼叫铃。室内家具、各种设备应无尖角突出部分。

饭厅应配设餐桌、座椅、时钟、公告栏、废纸桶、窗帘、消毒柜、洗漱池、防蝇设备等。

洗手间及浴室应配备安装在墙上的尿池、坐便器、卫生纸、卫生纸专用夹、废纸桶、淋浴器、坐浴盆或浴池、防滑的浴池垫和淋浴垫、浴室温度计、抽气扇等。

必备的洗衣设备，应有洗衣机、熨斗等。

建有老人活动室。有供其阅读、写字、绘画、娱乐的场所。该场所应提供图书、报刊、电视机和棋牌。有配置适合老人使用的健身、康复器械和设备的康复室和健身场所。

有接待来访的场所。接待室配备桌椅、纸笔及相关介绍材料。

室外活动场所不得少于150平方米，绿化面积达到60%。

公共区域应设有明显标志，方便识别。有一部可供老人使用的电话。

根据老人健康情况，必须准备足够的医疗设备和物资，应有急救药箱和轮椅车等。不设医务室的老年人社会福利机构应与专业医院签订合同。合同医院必须具备处理老年人社会福利机构内各种突发性疾病和其他紧急情况的能力，并能够承担老年人常见病、多发病的日常诊疗任务。

及时解决消防、照明、报警、取暖、通信、降温、排污等设施和生活设备出现的问题，严格执行相关规定，保证其随时处于正常状态。保证水、电供应，冬季室温不低于16℃，夏季不超过28℃。

生活环境安静、清洁、优美，居室物品放置有序，顶棚、墙面、地面、桌面、镜面、窗户、窗台洁净。

二、养老服务机构服务质量规范

北京市发布的《养老服务机构服务质量规范（Elderly service institutions as quality standards)》（DB11/T 148－2008）规定了养老服务机构服务的基本要求，服务内容与质量控制、养老服务合同评审和评价与改进，适用于各类养老服务机构。

（一）基本要求

1. 设施设备

应符合 JGJ122 的规定，对设施设备进行维护，确保其处于完好状态，满足提供服务要求。

2. 人员资质

所有提供服务的人员均应按行业要求持证上岗，并掌握相应的知识和技能。各类专业技术人员应建立专业技术档案，定期参加继续教育。提供个人生活照料服务、居家生活照料服务、购物服务、安全保护服务、协助医疗护理服务；送餐服务人员，应由养老护理员担任。提供老年护理服务的人员，应由护士或养老护理员担任。养老护理员应在护士指导下担任老年护理服务中的基础护理工作。提供心理、精神支持服务的人员，应由社会工作者、医护人员或高级养老护理员担任。提供休闲娱乐服务的人员，应由社会工作者、职业治疗师、康复护士、养老护理员担任。提供医疗保健服务的人员，应由医师担任。提供膳食服务的人员，应由持有健康证的营养师、厨师和其他服务人员担任。提供陪同就医服务的人员，应由社会工作者、养老护理员或受过培训的志愿者担任。提供咨询服务人员，应由社会工作者及其他专业人员担任。提供教育服务，应由义工或聘请各类专业人员担任。提供委托服务，应由社会工作者、义工、养老护理员或指定专人担任。提供安宁服务的人员，应由医师、护士、社会工作者、养老护理员和受过培训的义工担任。

3. 管理

应制定服务流程或程序、制度和人员职责。所有服务项目均应制定服务流程或程序，流程应简捷、明了、完整，各环节衔接紧密。制度应符合国家法律法规要求，形成体系，职责明确。

应制定服务技术操作规范，并按规范要求提供服务。规范应包括但不限于：操作步骤、关键控制点及要求、必要的设施设备、时限或频次、记录要求、安全保障措施要求。

应用文字或图表向老人及相关第三方说明服务范围、内容、时间、地点、人员、收费标准、须知。说明应精练、清晰、准确。

应制定检查程序和要求。检查程序应包括但不限于：组织者、检查时间、依据、内容、方式、结果的表述与处理。

应保留提供服务文件和记录。记录应及时、准确、真实、完整，责任人签章应完整。

（二）服务内容与质量控制

应根据本机构的人员情况、设施设备和服务对象的不同，选择提供的服务项目。

1. 服务内容

（1）个人生活照料服务。提供个人生活照料服务为入住的老人提供持续性照顾，以确保老人享有舒适、清洁、安全的日常生活。服务范围包括老人个人清洁卫生、穿衣、修饰、饮食、如厕、口腔清洁、皮肤清洁护理、压疮预防、便溺护理。个人清洁卫生包括：洗脸、洗手、洗头（包括床上洗头）、洗脚、按摩、拍背、协助整理个人物品、清洁平整床铺、更换床单位。穿衣包括：协助穿衣、帮助扣扣子、更换衣物、整理衣物。修饰包括：梳头、化妆、协助化妆、剪指甲、修面。饮食起居包括：协助用膳、饮水或喂饭、鼻管喂食。如厕包括：定时提醒如厕、使用便盆、尿壶，协助如厕排便、排尿。口腔清洁包括：刷牙、漱口、协助清洁口腔、假牙的处理。皮肤清洁护理包括：清洗会阴，擦洗胸背部、腿部，沐浴（包括人工和使用工具协助洗澡）。压疮预防包括：保持床单位的干燥，定时更换卧位、翻身，减轻皮肤受压状况，清洁皮肤、会阴部，清洁平整床铺，更换床单位。便溺护理包括：协助大小便失禁、尿潴留或便秘、腹泻的老人排便、排尿，实施人工排便、清洗、更换尿布。

（2）老年护理服务。提供老年护理服务满足入住机构的老人健康和医疗照护需求。老年护理服务管理应根据养老服务机构的性质、入住老人整体评估结果，对其实行分类管理，根据老人健康问题，开展护理服务，采取护理措施，实现护理目标。服务范围包括：老年社区护理、基础护理、老年专科疾病护理、老年心理护理、老年康复指导、老年期健康教育、健康咨询、护理技术操作、院内感染控制等工作。老年社区护理包括：老人健康管理、老年健康生活方式指导、老人自我防护、老人慢性病的防治。基础护理包括：老年人的清洁护理、饮食护理、排泄护理。老年专科护理包括：老年专科疾病护理及技术操作。老年心理护理包括：老人心理卫生教育、老人心理问题评估、实施老年心理护理干预措施。老年康复指导包括：传授老年期自我护理技术、老年病并发症康复预防和指导如何使用康复治疗技术。老年期健康教育包括：传播老年期健康知识、矫正不良健康行为。健康咨询包括：老年病的预防、康复，老年期的营养、心理卫生和社会活动等咨询服务。院内感染控制包括：采取预防性措施、监测及控制传染病的暴发流行。护理技术操作包括：基础护理技术操作、老年专科护理技术操作、急救技术操作。

（3）心理（精神）支持服务。提供心理（精神）支持服务应满足老年期特殊心理需求。服务范围包括访视、访谈、危机处理、咨询活动和社会交往。

（4）安全保护服务。提供安全保护服务以预防为主，采取适当的安全措施。服务范围包括：提供安全设施、使用约束物品、改善老人生活环境、采取预防措施。提供安全设施包括：提供床挡、防护垫、安全标识、安全扶手、紧急呼救系统。使用约束物品包括：使用约束带、约束衣、约束手套。采取安全预防措施包括：评估老人不安全的因素，制订意外灾害、常见意外的预防方案，定期检查安全程序落实情况。

（5）环境卫生服务。提供环境卫生服务，为老人营造舒适、清洁、安全的养老环境。服务范围包括老人居室、公共区域的清洁卫生。

（6）休闲娱乐服务。提供休闲娱乐服务应满足老人休闲娱乐需求。服务范围包括开展各种休闲娱乐活动，如棋、牌、器械、体育运动、书法、绘画、唱歌、戏曲、趣味活动，参观游览。

（7）协助医疗护理服务。提供协助医疗护理服务，协助医师、护士完成简单的医疗护理照顾服务。服务范围包括：观察老人日常生活情况变化；协助老人服药、协助生活不能自理的老人进行肢体活动；搬运；协助老人使用助行器具；完成标本的收集送检；协助进行并发症的预防；完成物品的清洁、消毒，协助做好院内感染的预防工作。观察老人的日常生活情况变化包括：观察老人生命体征、常见老年疾病症状变化，一般心理反应和社会家庭变化情况。协助老人服药应在医护人员指导下，协助生活不能自理的老人正确服用药品。协助生活不能自理的老人进行肢体活动包括：协助老人采取适当舒适的体位、协助进行肢体被动运动。协助老人使用助行器具包括：协助老人使用拐杖、步行器、支架、轮椅。标本的收集送检包括：协助采集、留取标本和送检标本。搬运包括：协助老人转移至床头、床边，协助下床，协助坐轮椅，利用移位板，徒手搬运、器具搬运。协助进行并发症的预防包括：协助预防各系统的并发症。协助做好院内感染的预防工作包括：老人个人物品和环境的清洁、消毒及污物的处理。

（8）医疗保健服务。医疗保健服务应满足入住老人基本医疗需求。服务范围包括：为入住的老人提供健康管理、社区保健、健康咨询、康复指导、预防保健工作。健康管理包括：为老人建立健康档案，提供老年专科医疗保健，维持或改善老年人身心状态，减轻病痛，做好老人常见病、多发病、慢性非传染性疾病的诊断、治疗、预防和院前急救工作和转院工作，为临终老人提供医疗服务。

（9）居家生活照料服务。居家生活照料服务应使老人能在居住的环境中得到健康照料，帮助老人和家庭提高自我照顾的能力。服务范围包括：指导家务的管理，协助维持家庭生活，帮助老人进行日常生活照料。

（10）膳食服务。提供膳食服务应根据营养学、卫生学要求，老人生活、地域特点、民族、宗教习惯制定菜谱，为老人提供营养丰富、全面合理的均衡饮食。服务范围包括：食物的采购、处理、储存、烹饪、供应过程，以及提供适宜的就餐环境和为老人提供膳食及食品的卫生监控管理。

（11）洗衣服务。洗衣服务应满足老人清洁衣物的需求。服务范围包括：提供送洗及送回服务的过程。

（12）陪同就医服务。陪同就医服务应协助相关第三方满足老人基本医疗需求。服务范围是协助相关第三方陪同老人到指定的医疗机构就医。

（13）咨询服务。提供咨询服务应帮助老人解答问题，获取各种信息。服务范围包括：开展法律、心理、医疗、护理、康复、教育、服务信息方面咨询。

（14）通信服务。通信服务应满足老人与家人和社会保持紧密的联系。服务范围包括：为老人提供通信便利，用不同的通信手段协助联系相关第三方。

（15）送餐服务。送餐服务应满足老人将饮食送到居室的服务需求。服务范围包括使用必要的保温、保鲜设备及交通工具及时、准确、安全地将餐饮送到老人居室。

（16）教育服务。教育服务应满足老人学习新知识、掌握新技能、社会交往的需求。服务范围包括：开展各类知识讲座（健康知识、时事教育、绘画技巧、音乐常识、照相技术、运动知识、电脑知识），举办各种老年学校。

（17）购物服务。购物服务应满足老人购物需求。服务范围包括为老人代购物品或陪同购物。

（18）委托服务。委托服务应接受委托，满足老人书写文书或领取物品、交纳费用等需求。服务范围包括：接受老人委托，代读、代写书信，帮助处理老人的各种文件，代领、代缴各种物品和费用。

（19）交通服务。交通服务应满足老人出行的交通需求。服务范围包括：使用交通工具接送老人。

（20）安宁服务。安宁服务应满足临终老人的生理及心理需求，减少痛苦。服务范围包括：为临终的老人提供相应服务，减少老人痛苦，为家属提供精神支持。

2. 质量控制

（1）个人生活照料服务。依据DB11/T 305，通过评估制订个人生活照料计划，按需服务。对老人做到：四无（无压疮、无坠床、无烫伤、无跌伤），五关心（关心老人的饮食、卫生、安全、睡眠、排泄），六洁（皮肤、口腔、头发、手足、指/趾甲、会阴部清洁），七知道（知道每位老人的姓名、个人生活照料的重点、个人爱好、所患疾病情况、家庭情况、使用药品治疗情况、精神心理情况）。老人居室做到室内清洁、整齐，空气新鲜、无异味。提供服务完成率100%，Ⅱ°压疮发生率为零，老人和家属满意率≥80%。应做到每日自查、每周重点检查、每月进行效果评估。

（2）老年护理服务。应根据需求配置必要的护理设备。依据DB11/T 305对老人进行评估，根据评估结果对老人实施分类管理，按需服务。护士对老人异常生命体征、病情变化、特殊心理变化、重要的社会家庭变化、服务范围调整的记录应根据服务对象特点，客观如实记录。记录时间应当具体到分钟。应正确执行医嘱，对各种治疗严格执行查对制度和无菌技术要求。开展健康教育指导和慢性病管理应有计划、有措施、有记录。应达到8项护理服务基础质量目标：落实护理措施100%、基础护理合格率≥90%、Ⅱ°压疮发生率为零、院内感染发生率≤15%、常规物品消毒合格率100%、记录合格率≥90%、护士技术操作合格率≥90%、严重护理缺陷为零。护士应检查指导养老护理员工作，每周检查并记录。

（3）心理（精神）支持服务。有提供心理/精神支持服务的场地和设备。应对需要心理、精神支持服务的老人定期进行评估，有记录，有防范措施。应制定心理（精神）支持服务危机处理程序，通过评估，及时发现心理问题，有处理措施并有记录。应注意保护老人的隐私权。提供服务完成率 100%。

（4）安全保护服务。应依据 JGJ 122 的规定，提供安全保护服务设施、设备。依据 DB11/T 305 的规定，经评估后为老人提供安全保护服务。应在防止老人自伤、伤害他人、跌倒、坠床、自行除去尿袋或鼻饲管、尿布、衣服等以及其他危险因素时使用约束物品。使用约束物品前应得到医师、护士和相关第三方的书面认可。应确保服务及时、准确、有效和无医源性损伤。

（5）环境卫生服务。有提供环境卫生服务的设备。应做到：无积存垃圾、无卫生死角、无纸屑、无灰尘、物品摆放整齐。环境安静、安全、清洁，绿化面积达到 40%。公共区域有明显标志，方便识别。

（6）休闲娱乐服务。有必要的设施设备和场地。提供的服务项目应符合老人的生理、心理特点。提供服务完成率 100%，老人满意率≥80%。

（7）协助医疗护理服务。有必要的服务设备（助行器、轮椅、平车、大小便器、标本收集器皿、其他辅助器具）。协助老人服药应注意药品正确、剂量准确、给药时间准确、给药途径正确，不应擅自给老人服用任何药品。院内感染的预防工作应符合《消毒技术规范》《医院消毒卫生标准》《养老服务机构院内感染控制规范》（DB11/T 149）的规定。应做到及时，准确，技术操作合格率≥85%，提供服务完成率 100%，老人满意率≥80%。

（8）医疗保健服务。应由取得执业许可证的内设医疗机构或委托其他医疗机构开展。配置医疗设备应符合医疗机构执业许可范围。通过评估为老人提供服务，服务前应得到老人或相关第三方确认，并定期与老人或相关第三方沟通。及时完成本机构内老人慢性病、常见病的管理和院前抢救。每年至少为入住老人体检 1 次，体检项目应符合《养老服务机构医务室服务质量控制规范》（DB11/T 220）的规定，并有记录。应在老人入住后 48 小时内为其建立健康档案，并定期记录。记录应及时准确，签章完整，合格率≥80%。根据老人情况定时巡视并有记录，及时处理老人的健康问题，落实率≥90%。药品的安全使用、验收、储存等管理工作由药剂师或医师负责，并符合《医院药剂管理办法》第四、五、六章的规定。医疗用物定人保管、定时核对消毒、定点放置、定量供应。毒麻药品贵重仪器专人管理，定期检查；药品做到内用药和外用药分类放置、标签清楚、账卡物相符、定时清点登记，处方合格率≥90%。健康档案保留30年，处方保留15年。老人满意率≥80%。

（9）居家生活照料服务。根据老人居家服务需求，制订服务计划，按计划提供服务。提供服务完成率100%，老人满意率≥80%。

（10）膳食服务。从业人员应每半年体检1次，有记录，按GB14934－1994中7.6个人卫生与健康要求的规定，注意个人卫生。传染病人不应从事膳食工作。设备数量应满足老人基本生活需求（冰箱、冰柜、保温设备、消毒设备、必要的炊事用具和餐桌椅）。服务应符合《北京市养老服务机构管理办法》第三章规定。应搞好食品储存、运输、加工、制作的环节管理，做到“三不”（采购员不买腐烂变质的原料、库房保管员不收腐烂变质的原料、厨师不用腐烂变质的原料加工成品）“四隔离”（成品食物存放实行生与熟隔离，成品与半成品隔离，食品与杂物、药品隔离，食品与天然冰隔离）“四过关”（餐具保持清洁、定期消毒，做到一洗、二刷、三冲、四消毒）“五无”（提供的食品应做到无毒、无致病菌、无寄生虫、无腐败变质、无杂质）。保持食堂内外环境卫生整洁，做到“四定”（定人、定物、定时间、定质量），划片分工包干负责，消灭苍蝇、老鼠、蟑螂和其他害虫及滋生条件。食物中毒率为零，老人满意率≥80%。

（11）洗衣服务。应配备必要的设施设备（洗衣机等）和场地。衣物的分类、清洗、消毒、洗涤、运输过程应符合《消毒技术规范》第三部分规定。老人衣物应标识清楚，做到清洁、折叠整齐，准确无误送还老人。衣物清洗按DB11/T 149执行提供服务完成率100%，老人满意率≥80%。可采取协议外包形式提供服务。

（12）陪同就医服务。应根据老人疾病情况，制定应急措施。提供服务完成率100%，老人满意率≥80%。

（13）咨询服务。有必要的设施设备和场地。提供服务完成率100%，老人满意率≥80%。

（14）通信服务。应有必要的通信设备（至少有1部供老人使用的电话）。老人通信交往困难的，养老服务机构应指定专人协助。定期检查通信设备，通信设施当日修复率≥90%，老人满意率≥80%。

（15）送餐服务。有必要的保温、保鲜设备及交通工具。提供服务完成率100%，老人满意率≥80%。

（16）教育服务。有必要的设施设备（教材、教学设备）和场地。按照老人需要制订服务计划并实施，服务完成率100%，老人满意率≥80%。举办老年学校应经过相关主管部门批准，有教学安排、教师名单、学员花名册、教学和评估教学的记录。

（17）购物服务。应按照约定购物，准确记录购买的品种、数量，当面清点钱物，并核实、签字。陪同购物时应注意老人安全，防止意外发生。提供服务完成率100%，老人满意率≥80%。

（18）委托服务。保护老人隐私，不向他人谈论老人私人信息。受老人委托代领、代缴各种物品和费用时，准确记录物品种类、数量，当面清点钱物，并核实、签字。提供服务完成率100%，服务对象满意率≥80%。

（19）交通服务。可自备车辆完成，服务快捷、方便、安全。提供服务完成率100%，车辆完好率≥90%。

（20）安宁服务。应具备相应环境，有必要的设施设备。提供服务完成率100%，相关第三方满意率≥80%。

（三）养老服务合同评审

依法建立合同评审程序。养老服务合同评审应明确老人和相关第三方的服务要求及应履行的义务，确定养老服务机构提供服务的能力和老人及相关第三方履行义务的能力，确保合同的可执行性。养老服务合同评审范围应包括：服务要求的确定、与服务相关要求的评审过程、有效的沟通和合同的变更。服务要求的确定包括：为入住老人要求提供服务项目的确定、与提供的服务有关的法律法规要求的确定、老人和相关第三方应履行义务的确定。与服务有关的要求的评审过程包括：养老服务机构应建立内部审核程序，评审与所提供服务相关的要求。

评审应在养老服务机构向老人作出提供服务的承诺之前进行。并应确保：服务要求得到规定；与以前表述不一致的合同的要求予以解决；对老人的要求进行确认；养老服务机构有能力满足规定的要求；评审结果及评审后所引起措施的记录应予保存；若老人提供的要求没有形成文件，养老机构在接受老人要求前应进行有效的沟通；包括要明确规定一定的沟通时间，以便老人或相关第三方对服务信息、合同的处理（包括对其修改部分）提出意见和建议。

合同的变更包括：对合同内容、服务要求的变更。任何合同的变更应经过双方协商解决。变更后的合同按合同评审程序重新进行评审或会审。

订立服务合同双方应当具有相应的民事权利能力和民事行为能力。当事人依法可以委托代理人订立合同。

服务合同应当载明下列主要内容：养老服务机构、入住老人或相关第三方的姓名（名称）和地址；服务内容及质量标准；服务收费标准及费用支付时间；服务期限和地点；养老服务机构、入住老人和相关第三方的权利和义务；合同变更、解除与终止的条件；违约责任；约定的其他事项。

变更后的合同经审批后，养老服务机构应由经办部门或专人负责跟踪，确保相关文件得到及时修改，及时传达到有关部门，确保相关人员知道已变更的要求，保证合同顺利履行；当发现不能确保履行合同或超越合同规定的范围时，应立即与老人、相关第三方联系协商解决。

所有的合同评审、会审及修改记录均按合同评审程序，要求做到清晰、易于识别和检索。

（四）评价与改进

1. 自我评价

养老服务机构应对制定的标准运行的有效性和效率进行评价。对评价效果、问题、不合格项产生的根源进行分析研究，制定纠正和预防措施。

（1）评价的原则。评价活动遵照客观、独立、公正、效率的原则。

（2）评价的依据。评价活动遵照法律、法规以及相关的国家、行业和地方标准以及本机构的经营宗旨、目标。

（3）评价方法。一般采用整体评价的方法，由评价小组对管理的全过程进行整体评价。具体方法主要是通过评价人员的观察、提问、听对方陈述、检查、比对、验证等获取客观证据的方式进行。

（4）评价程序。评价活动按制订评价计划、成立评价小组、评价准备、评价实施、编写评价报告和不合格报告、评价结果处置的程序进行。

2. 社会确认

养老服务机构通过实施自我评价后，可自愿申请社会确认，社会确认依据《养老服务机构老年人健康评估服务规范》（DB11/T 305）执行。

3. 持续改进

应按照 PDCA 管理模式进行，即“策划—实施—检查—改进”周而复始的顺序运作。应根据评价结果，对不符合标准要求的项目制定纠正和预防措施，并跟踪实施和改进。

（1）日常改进。在服务过程中随时收集有关不合格信息，确定信息来源，分析不合格原因，制定纠正措施，对过程或管理机构进行调整，避免不合格情况再发生。日常改进使用的信息包括：国家方针、政策，老人及家属的反馈意见，测量、检验、试验报告，各种记录、报表中反映的数据，社会反映、调查，员工的建议等。应组织人员对数据进行分析，确定现有问题和潜在问题的根源，提出处理方案。根据数据分析和验证结果制定纠正和预防措施。通过实施纠正措施，对服务管理过程进行改进或调整，直至达到预期的效果。养老服务机构应积极组织有关人员参加纠正措施的实施过程，提高员工的持续改进意识。

（2）评价后的改进。根据定期或不定期的自我评价或社会确认结果，应组织员工对不合格项进行分析和试验，提出改进和预防措施并实施。

第三篇

养老管理标准化

第十章　管理标准化基础知识

【基本要求】通过本章的学习，您应能够：

1. 掌握管理标准的编制技术；

2. 熟悉工作标准的编制技术；

3. 熟悉管理标准体系的发展。

【核心概念】管理标准化；编制；发展

第一节　管理标准的编制技术

管理标准是管理机构为行使其管理职能而制定的具有特定管理功能的标准，是关于某项管理工作的业务内容、职责范围、程序和方法的统一规定。在组织的业务活动中，有许多管理工作都是重复进行的，诸如规划的编制、文件的制定和修改、过程产品的管理，等等，所有这些都是制定管理标准的对象。制定管理标准就是运用标准化的原理，对在管理实践中所出现的各种具有重复性特征的管理活动，进行科学的总结，形成规范，用于指导人们更有效地从事管理活动。

管理标准具有二重属性，既具有与生产力、社会化大生产相联系的自然属性，又具有与生产关系、社会制度相联系的社会属性。管理标准的自然属性，就是要求在制定和贯彻管理标准的活动中，应当充分反映生产发展的自然规律和各种技术要求。管理标准的社会属性，就是要求在制定管理标准中要充分反映不同社会的生产关系和客观经济规律的要求；要符合不同社会制度的经济利益。不论制定什么管理标准，都应当反映社会主义市场经济规律的要求，要有利于促进社会主义市场经济发展和正确处理劳动者之间的关系，充分调动员工的劳动积极性。

一、管理标准的主要种类

管理标准不仅数量多，而且不同的管理标准有着不同的管理内容和特点。为了研究和正确地制定管理标准，就要对管理标准进行科学的分类。

（一）管理标准的一般分类

根据不同的目的和用途，管理标准可以划分为不同的类别。在实际工作中通常按照标准所起的作用不同，将管理标准分为管理基础标准、技术管理标准、经济管理标准、生产经营管理标准和工作标准。

1. 管理基础标准

管理基础标准是对管理标准化的共性因素所制定的标准，对制定各种管理标准具有普遍的指导作用。例如术语、符号标准，代码、编码标准，管理通则（通用管理程序和管理方法标准），图表账卡文件格式标准等。

2. 技术管理标准

技术管理标准是为了保证各项技术工作更有效地进行，建立正常的技术工作秩序所制定的管理标准。例如图样、技术文件、标准资料、情报档案的管理标准，为进行科研、产品开发、设计、工艺、技术改造和搞好设备的维修工作等而制定的管理标准，为合理利用原材料、能源所做的技术规定和计算等管理标准，质量管理标准等。

3. 经济管理标准

经济管理标准是为了合理安排各种经济关系，对各项经济活动进行计划、调节、监督和控制，保证各项经济活动顺利发展，促进经济效益不断提高而制定的管理标准。例如经济决策和经济计划标准，各种资源消耗和利用标准，劳动人事、工资、奖励、津贴和劳保福利标准，利润留成和分配标准，经济核算、经济活动分析和经济效果评价标准等。

4. 生产经营管理标准

生产经营管理标准是为了正确地进行经营决策，合理地组织生产经营活动所制定的标准。例如市场调查和市场预测标准，生产作业计划标准，生产调度和过程产品管理标准，物资订货、采购与验收保管标准，劳动组织和定员标准，产品销售和售后服务标准等。

5. 工作标准

工作标准同管理业务标准相辅相成，是对每个具体的工作岗位作出的规定，从而形成一个完整的管理网络。因此，工作标准包括生产岗位的作业标准和管理岗位的管理工作标准。

（二）管理体系标准的分类

根据 ISO 指南 72：2001《管理体系标准的论证和制定》中的规定，管理体系标准分为 3 类。

A 类管理体系要求标准。向市场提供有关组织的管理体系的相关规范，以证明组织的管理体系是否符合内部和外部要求（如通过内部和外部各方予以评定）的标准。例如管理体系要求标准（规范）、专业管理体系要求标准。

B 类管理体系指导标准。通过对管理体系要求标准各要素提供附加指导或提供非同于管理体系要求标准的独立指导，以帮助组织实施和完善管理体系的标准。例如关于使用管理体系要求标准的指导、关于建立管理体系的指导、关于改进和完善管理体系的指导、专业管理体系指导标准。

C 类管理体系相关标准。就管理体系的特定部分提供详细信息或就管理体系的相关支持技术提供指导的标准。例如管理体系术语标准，评审、文件提供、培训、监督、测量绩效评价标准，标记和生命周期评定标准。

二、管理标准的主要功能

（一）有利于建立协调高效的管理秩序

无论是一个国家还是一个企业，管理的对象均可视为一个系统。对系统进行管理的实质，就是按照各自的愿景和使命建立系统的一定秩序，使系统能高效地发挥其功能的活动。管理标准就是建立系统秩序的标准，通过制定和实施各类管理标准，使各种管理系统的要素之间形成有机联系，相关系统之间相互协调、密切合作，基层系统保证上层系统，子系统的目标保证系统的总体功能的发挥和总体目标的实现。企业只有建立起良好的管理秩序，才能成为高效率和高效益的经济实体。

（二）有利于管理实践的科学持续发展

管理科学化的过程，就是不断认识本组织的特点、不断总结管理经验的过程，实质上就是要使管理活动逐步走向有序化、标准化。这个过程是渐进的，是经验的不断积累和不断深化的过程。管理标准就是这种积累的一种方式，一种有效的途径。一方面，通过不断地总结管理经验，制定管理标准，使这些成功的经验得以推广，然后再根据管理活动中出现的新经验，通过修订标准再总结、再提高。另一方面，可以用这些标准去培养新的人员，从而使这些成功的管理经验普遍推广并持续改进。

（三）有利于实现现代企业科学化管理

科学的管理方法、管理原则、管理形式，不论其多么完备或被管理实践证明是如何正确，也不会被企业全体员工自觉接受。因为这些管理方法、原则和形式本身并不具备约束力和强制力，人们可以采用，也可以不采用。而这些方法、原则和形式一旦被制定成管理标准，并经有关部门批准发布和被企业采用，对企业全体员工就具有一定的约束力，所有员工必须严格地贯彻执行。有了管理标准就可以使人们养成依法行事的习惯，员工遇到同类管理事务则可按照标准执行，不需要再请示领导，只有在偶尔出现新问题时才去请示。这样就可以把企业领导从日常琐碎的管理事务中解放出来，使其集中精力考虑一些关系企业长远发展的重大战略问题。建立健全管理标准，是实行按“例外管理原则”（企业的高级管理人员把一般的日常事务授权给下级管理人员去处理，而自己只保留对例外事项，如有关企业重大政策和重要人事任免等的决策和监督权）管理的前提条件。

三、管理标准的主要内容

不同的管理标准属于不同的管理系统，是针对不同的管理工作和为了满足不同的管理要求而制定的，因此，每个管理标准都有其特定的内容。但是，作为一项综合性管理标准的内容，主要由下列 4 个方面的要素构成。

（一）管理业务

管理业务即管理活动中重复出现的业务，又称为任务、职责、权限，如计划编制、统计分析、物资采购、资源配置等。不同种类的管理标准，有着不同的管理业务内容，即使属于同一类的管理标准，由于管理层次不同，管理的业务内容也有所不同。各类、各级管理标准的业务内容，都要根据该项业务的管理目标，从本部门实际出发，正确地确定该项管理业务的任务、职责和权限，这是制定管理标准的核心。

（二）管理程序

管理程序是指从事某项管理工作的具体行动步骤，其作用是把某项管理工作在空间上的分布和时间上的次序加以明确和固定。管理程序可以通过文字内容、流程图、表格以及上述形式的组合，或企业所需要的任何其他适宜的方式作出规定。

（三）管理方法

管理要实现其特定目标，必须有一定的科学方法。管理方法就是完成管理业务、行使管理职能所运用的方法。

（四）管理成果

管理成果的评价、考核是组成管理标准的一个要素，同时也是管理标准与管理制度的重要区别之一。因此，对大部分管理标准来说，都应包括对贯彻执行该标准所取得的管理成果进程评价和考核，而且尽量使考核指标量化，具有可测量性，从而使管理标准从制定到贯彻形成一个闭环管理。

四、管理标准的编写要求

管理标准应先进合理，能使劳动者、劳动工具和劳动对象实现最佳结合，起到合理组织生产力的作用；管理标准应能调节生产关系，调动劳动者积极性；管理标准应以现代经营思想为指导，树立牢固的市场观念；管理标准应实现管理的整体优化；制定管理标准应从实际出发，讲求实效；企业管理标准应能有助于相关技术标准的实施；企业管理标准的编写格式可以由企业自行规定，也可以参照《标准化工作导则　第1部分：标准的结构和编写》（GB/T 1.1－2009）的规定总的原则，力求简单、方便、实用，防止不必要的烦琐；企业管理标准应使用统一的编号方法，并应与技术标准、工作标准相区别。

第二节　工作标准的编制技术

为实现整个工作过程的协调，提高工作效率，对每个岗位的工作制定的标准称之为工作标准。这里所指的“工作”，不仅包括生产过程中的各项活动，而且包括为生产过程服务，对生产过程进行管理的其他各项活动，其范围不仅包括企业，还包括服务业，甚至政府机关的工作。因此，就其属性来说，工作标准是管理标准的一种类型，它同管理标准相辅相成，在执行时相互渗透、互相补充。管理业务标准是针对某一部门或某一管理环节，它协调和统一整个部门的管理活动。而工作标准则对每个具体的工作（或操作）岗位作出规定，从而形成一个完整的管理网络。工作标准是按岗位制定的，岗位大体上分为生产岗位和管理岗位，针对前者所制定的标准又称作业标准，针对后者所制定的标准可称之为管理工作标准。一般来说，工厂里的岗位分工越细，标准的划分也应细些，以便通过标准对各工作岗位的要求作出明确的规定。

一、工作标准的主要功能

工作标准的对象是人所从事的工作。任何一个企业的生产活动，都是利用一定的“资源”（包括机器设备、能源、信息、工作环境等），通过“人”的劳动（脑力的和体力的）把“原材料”加工成产品的活动。这三要素的有机结合便是推动社会进步的生产力。企业的经济效益、社会财富的增加、扩大再生产的实现、经济的发展以及社会的进步都同这三要素的合理组合和利用直接相关。

一般来说，一项活动按同一程序重复多次就可能形成习惯。如果通过分析研究，设计出最科学、合理的工作程序和作业方法，将其制定为标准，用以约束同一工种的所有工人遵照执行，不仅可以加速个人习惯的形成，而且是形成群体习惯的最有效的方法。作业标准化的过程是形成群体习惯和群体行为准则的过程，是人的素质升华的过程。它不仅能有效地消除不必要的、不合理的作业程序和作业动作，而且能促使工人克服已经形成的不合理的习惯和操作上的缺点，防止个体差别和非固定性不必要的扩大，增进人的作业的可靠性。每个作业者的动作形成习惯，进而达到熟练之后，其动作既能做到迅速、准确，又会感到轻松、协调，一旦达到能同机器体系的运动规律相适应的程度并具有应变能力，人在生产系统中的能动作用便可得到最充分的发挥，由这三要素组成的生产系统便可处于最佳运行状态，创造出较高的生产效率和综合效益。

二、工作标准的主要内容

（一）岗位目标

企业是以管理目标为核心形成的多层次的管理系统。企业的方针目标，通过制定各部门各分系统的管理标准，尤其是通过制定各工作岗位的工作标准，才能最后落到实处。在确定每个岗位的工作目标（工作任务）时，一定要从整个企业的目标管理系统出发，根据该工作岗位在系统中所处的地位、所起的作用以及整个系统对它的要求来考虑和确定岗位目标。就整个企业来说，确定岗位目标的过程，实际上是企业目标系统的分解过程，较为科学地确定岗位目标，是制定好工作标准的首要环节。

（二）工作要求

任何一个工作岗位上的工作，只要具有重复的特征，就可通过总结经验或试验，优选出较为理想的工作程序和工作方法，以达到提高效率、减少差错的目的。将这些程序和方法纳入标准之后，既能提高个人的操作水平，又能使该岗位的所有工作人员的操作达到统一的要求。

（三）业务分工

现代企业以精细分工为特征，岗位是劳动分工的产物。任何岗位都不能孤立发挥作用，而要依赖其他岗位的协作。这种相互分工、相互联系、相互协作配合的关系处理得越好，系统的效率越高。这里还包括信息传递方面的要求，都可在工作程序的优化过程中同时解决。

（四）职责权限

每个工作岗位都有与其承担的任务相应的职责和权限，这是行使其业务职能的必要前提。在制定工作标准时要注意恰当划分各岗位的职责与权限，明确与相关联的岗位的分工、协调配合以及该岗位必须具备的资源等要求。

（五）质量要求

对岗位的工作必须规定明确的质量要求，有时还包括数量和时间方面的要求，尽量做到可测量、可考核。凡能规定定额的岗位，均应制定定额（时间消耗、物资消耗等），以便于考核以及贯彻按劳分配原则。

（六）技能要求

岗位的任务是靠该岗位的工作人员去完成的，工作人员的能力（操作水平、文化水平、管理知识等）对能否完成岗位任务起决定性作用。因此，对岗位人员的技能要求也应形成工作标准。

三、制定工作标准的原则

制定工作标准除了遵守企业标准化工作的有关规定之外，还应考虑下列原则要求：

使每个岗位的职责、任务服从企业总目标，通过制定工作标准形成全员的目标管理系统。这就要求各岗位在制定本岗位工作标准时要从大局出发，坚持局部服从整体、小局服从大局的原则。

岗位之间互相衔接、互相保证，形成有机联系，保证整个管理系统工作协调。

操作者应亲自参加制定标准，对标准进行讨论、发表意见。为了提高工作水平，制定标准时应以熟练操作者的经验为基础。

应针对所制定的工作标准组织相关人员进行培训，可以由熟练工进行操作表演，组织新工人上岗培训，也可纳入工人技术登记考核内容。

工作系统中存在较多的随机因素，工作标准化过程中要特别注意防止标准约束人的主动精神和创造性的负面作用，并注意持续改进。

第十一章　管理标准体系的建立

【**基本要求**】通过本章的学习，您应能够：

1. 熟悉标准化与质量管理；
2. 掌握质量管理体系标准；
3. 熟悉质量管理体系评价；
4. 熟悉环境管理体系标准。

【**核心概念**】质量；质量管理；评价

第一节　质量管理与标准化

从古至今，人类的任何实际活动都要按照一定的章法运行才能奏效。从现代来看，“规矩”就是标准，“方圆”就是质量。标准是基础，是提高产品（或服务）质量的依据，而质量是社会物质财富的重要内容，是社会进步和生产力发展的一个标志，是社会文明的表现。提高质量可以增强国家经济实力和满足人民物质文化生活不断提高的需要。质量是企业的生命，以质量求生存，以品种求发展，是现代企业经营管理的正确道路。保证和提高质量是改善企业经营管理、降低成本和提高经济效益、增强企业竞争能力的重要途径，是企业参加国际商品市场交换和竞争、开辟世界市场、发展外向型经济和对外贸易的重要保证。

一、质量的定义与标准化

（一）质量的定义与特性

1. 质量的定义

ISO9000：2005 标准对质量的定义是“一组固有特性满足要求的程度”，同时以“注”的形式做了进一步的解释：

注1：术语“质量”可使用形容词如差、好或优秀来修饰。

注2：“固有的”（其反义是赋予的）就是指某事或某物中本来就有的，尤其是那种永久的特性。

在理解质量的定义时，应注意以下两个要点：

（1）固有特性。特性是指可区分的特征，包括物质特性（机械、电气、化学、生物特性）、感官特性（嗅觉、触觉、味觉、视觉等感觉控制的特性）、行为特性（礼貌、诚实、正直）、时间特性（准时性、可靠性、可用性）、人体工效特性（语言、生理特性、人身安全特性）、功能特性（飞机的航程、手表显示时间的准确性）等。特性可以是“固有的”，也可以是“赋予的”。固有特征是通过产品、过程或体系设计和开发及其后的实现过程形成的属性，如长方体的长、宽、高，机器的生产率等。赋予特性不是某事物本来就有的，而是完成产品后因不同的要求而对产品增加的特性，如产品的价格等。

（2）要求。要求指明示的（如明确规定的）、通常隐含的（如组织的惯例、一般习惯）或必须履行的（如法律法规、行业规则）需要和期望。只有全面满足这些要求才能评定为好的质量。顾客和其他相关方对产品、体系或过程的质量要求是动态的、发展的和相对的，是随着时间、地点、环境的变化而变化的。所以应定期对质量进行评审，按照变化的需要和期望，相应地改进产品体系或过程的质量，才能确保持续地满足顾客和其他相关方的要求。

2. 质量的特性

ISO9000：2005 标准对质量特性的定义是：“产品、过程或体系与要求有关的固有特性”。质量概念的关键是“满足要求”，这些要求必须转化为有指标的特性，作为评价、检验和考核的依据。

（1）产品质量特性。由于顾客的需求是多种多样的，所以反映产品质量的特性也是多种多样的。对硬件产品来说，它一般包括性能、可靠性、维修性、安全性、经济性以及时间性等。

性能是指根据产品使用目的所提出的各项功能的要求，包括使用性能、特殊性能、效率等。可信性是指描述可用性及其影响因素（包括可靠性、维修性和维修保障等）的一个集合性术语。因此，它常用产品的可用性、可靠性、维修性和维修保障性来表示。这些性能都是与时间有关的。

如可靠性，即指产品在规定时间内和规定条件下，完成规定功能的能力。安全性是指产品在流通、使用过程中保证安全的程度，一般要求极其严格，视为关键特性而需要绝对保障。环境要求是指产品在使用过程中是否产生公害、污染环境、影响人的身心健康等。经济性即产品寿命周期的总费用，包括生产、销售过程的费用和使用过程的费用等。

（2）服务质量特性。服务产品具有内在的特性。有些服务质量特性是顾客可以直接观察或感觉到的，如服务等待时间的长短、服务设施的完好程度、火车的正点率等。一般来说，服务特性可以分为服务的时间性、功能性、安全性、经济性、舒适性和文明性6种类型。不同的服务对各种质量特性要求的侧重点会有所不同。

（二）标准中的质量要求

作为生产、工作、服务等各项活动的准则和依据的标准，需要明确提出一些应该达到，并能够运用一定方法进行检验的质量要求，这些质量要求构成了标准的核心。

1. 质量要求的内容

不同类型的标准有着不同的质量要求内容，而其中每一个具体的标准的质量要求也是各异的，表11－1列举了产品标准中质量要求的示例。

表11－1　产品标准中质量要求

质量特性	质量特性要求	示例
性能	使用性能要求	功率、效率、速度、灵敏度
	外观和感官性能要求	颜色、手感、听觉、视觉
	理化性能要求	化学成分、强度、电容、电感
可信性	可靠性要求	平均寿命、可靠度、失效率
	维修性要求	维修度、平均维修间隔时间、年均保养时间
安全性	安全要求	防爆、防火、防辐射
	卫生要求	药品、食品有害成分限制
	环境保护要求	噪声等污染限制
适应性	环境条件要求	温度、湿度、气压、震动、辐射
	稳定性要求	抗震、抗老化、对气候等的反应
经济性	能耗要求	耗电、耗油
时间性	时间要求	交货期、等待时间

2. 质量要求的制定

（1）以系统最佳为目标。标准中的各项质量要求可以看作一个系统，这个系统的目的或特定功能是由许多目标或指标形成的。因此，不能只从某一质量要求出发，要着重从系统的整体性对标准中的质量要求进行优化组合，选出最佳的方案。

（2）尽可能具体和量化。标准中的质量要求也就是规定的质量特性和特征，它们有的直接反映用户的要求，有的间接反映用户的要求。无论是直接反映用户要求的“真正质量特性”，还是间接反映用户要求的“代用质量特性”，它们在标准中的指标都需要以量化结果加以表示，形成质量特性值。

（3）可测试和便于检验。标准中经过量化的质量要求，常常体现为一些计量或计数的质量特性值：这些质量特性值应该能够用检测手段和符合要求的检测技术和方法来完成试验和检验工作；这些质量特性值检测所应用的手段、技术和方法在经济上是合理的。在选择质量特性和确定质量特性值过程中，应同时制定质量特性值的检测方法和规则，并做到检测方便、费用少。

二、质量管理的主要内涵

（一）质量管理的基本概念

质量管理是指“在质量方面指挥和控制组织的协调的活动”。在质量方面的指挥和控制活动，通常包括制定质量方针和质量目标及质量策划、质量控制、质量保证和质量改进。

质量管理是通过建立质量方针和质量目标，并为实现规定的质量目标进行质量策划，实施质量控制和质量保证，开展质量改进等活动予以实现的。

组织在整个生产和经营过程中，需要对诸如质量、计划、劳动、人事、设备、财务和环境等各个方面进行有序的管理。由于组织的基本任务是向市场提供符合顾客和其他相关方要求的产品，围绕着产品质量形成的全过程实施质量管理是组织的各项管理的主线。

质量管理涉及组织的各个方面，是否有效地实施质量管理关系到组织的兴衰。组织的最高管理者应正式发布本组织的质量方针，在确立质量目标的基础上，按照质量管理的基本原则，运用管理的系统方法来建立质量管理体系，为实现质量方针和质量目标配备必要的人力和物质资源，开展各项相关的质量活动，这也是各级管理者的职责。所以，组织应采取激励措施激发全体员工积极参与，充分发挥他们的才干和工作热情，打造人人争做贡献的工作环境，确保质量策划、质量控制、质量保证和质量改进活动顺利地进行。

（二）全面质量管理的内涵

质量管理并不等同于全面质量管理。全面质量管理（Total Quality Management，简称 TQM）的概念最早见于 1961 年美国通用电气公司质量经理阿曼德·菲根堡姆（Armand Vallin Feigenbaum）发表的《全面质量管理》一书，他指出："全面质量管理是为了能够在最经济的水平上并考虑到充分满足用户需求的条件下进行市场研究、设计、生产和服务，把企业各部门的研制质量、维持质量和提高质量的活动构成一体的有效体系。"菲根堡姆首次提出了质量体系问题，提出质量管理的主要任务是建立质量管理体系。全面质量管理的含义可以这样来表述：以全面质量为中心，以全员参与为基础，目的在于通过让顾客满意和本组织所有者、员工、供方、合作伙伴或社会等相关方受益而达到长期成功的一种管理途径。

全面质量管理是对一个组织进行管理的途径，"全面质量"包括提高组织的产品的质量、缩短周期（如生产周期、物资储备周期）、降低生产成本等。全面质量管理的思想是通过对组织活动全过程的管理，追求组织的持久成功，也就是使顾客、本组织所有者、员工、供方、合作伙伴或社会等相关方持续满意和受益。

三、质量管理的标准作用

标准化与质量管理是人类活动的一种纪律约束，是人类社会发展、科技文明进步所不可背离的一项基本法则。它既是社会发展的产物，又是推动社会进步发展的科学手段。组织现代化生产、进行科学技术研究、实行科学管理、提高人们生活的质量、促进社会可持续发展，都离不开标准化与质量管理。在人类经济依次步入农业经济、工业经济、现代经济的蓬勃发展的过程中，标准化与质量管理为它们的快速发展并取得较高的效率，显示出卓著的功效。在今天，以知识为基本生产要素，以信息技术和信息产业为主导经济的知识经济运行过程中，标准化与质量管理仍然以其“获得最佳秩序和效益”为目的，成为促进知识经济健康、高效发展的科学手段。

（一）标准化为质量管理提供了依据和基础

标准是评价和衡量产品质量、工作质量的尺度，又是企业进行质量管理的依据，没有各类标准，就无从进行管理。因此，标准化是质量管理的基础。

制造产品必须有标准，抓产品质量必须首先抓好标准。产品质量是由产品标准规定的，工作质量是由工作标准规定的。在企业的各项标准中，产品标准是龙头，其他标准应根据产品标准的要求来制定。在技术和管理两类标准中，技术标准是核心和基础，管理标准必须在相应技术标准的基础上，与质量管理体系相对应，形成完整的标准体系。

（二）标准化与质量管理共同支撑人类生活

标准化决定着人们的生活质量，支撑着人们生活的一切。在人们的心目中，标准是一种“基准”，它被选定作为物体或行动进行比较的样本、判别事物的准则、测量质量的依据。在知识经济时代，人们已深深地坠入由各种标准化信息技术织成的网络中，如网上图书馆、网上影院、网上沙龙、网上购物、网上教育。上网将成为人们生活、学习、工作的重要方式。当今世界，人们期待着快速高效的通信，希望消费品和产品更便宜，更易于生产和更高质量，标准的制定和贯彻实施将会满足人们的需要，保护人们的利益。不论确保全球联通的电话网标准，还是确保医院救治生命的医疗设备的标准，或是帮助企业提供更好服务的质量管理和环境管理标准，这些国际标准、国家标准给人们的日常生活提供了实实在在的支撑。它们通过对安全、人身健康和环境保护的贡献，促进人们生活质量的提高。

（三）标准化与质量管理是信息产业的基础

人类进入知识经济时代的步伐越来越快，知识经济是以信息革命为前提，以信息产业为主导的经济，是建立在知识和信息的生产、分配和使用基础上的经济。在知识经济的产生、发展和整个运行中，信息技术广泛渗透在全球信息社会的各个领域，成为全球信息社会的基础设施。目前，各国最关注的“数字地球”“信息安全”“通信网络”“智能交通”等标准问题，它们主要是靠通信卫星采集数据，计算机处理数据标准化，即在信息采集、处理、使用过程中标准化的信息技术应用，达到信息资源共享。加强信息技术研究，提高信息技术水平，是推动全球信息社会前进、知识经济发展的重要问题。信息技术和信息产业标准化涵盖了最先进的技术、管理和可持续发展的社会效益及经济效益。信息技术水平的高低是由其基础要素标准化程度的高低所决定的，信息技术的竞争实为信息技术标准化与质量水平的竞争。

通过研究信息技术与信息产业标准化和质量管理，就可以深入到信息社会的各个领域，深入到知识经济的内部，从如何标准化、如何提高产品质量入手，探讨知识经济的运行规律，从而更好地把握各种发展时机，有针对、有目的地制定战略战术，促进社会和经济迅速、健康发展。

（四）标准化与质量管理是提高质量的保证

产品的质量标准就是对产品的质量作出具体的技术规定，也就是说，质量标准是产品质量必须达到的目标，离开了质量标准规定的目标进行生产，质量就无法保证。

在激烈竞争的市场环境中，仅仅以单个产品满足质量标准是远远不够的，需要更强有力的竞争武器。标准化不仅是保证和促进企业质量提高的重要技术基础工作，而且要贯穿于企业质量管理的全过程。ISO9000 族国际标准，为企业和企业产品（服务）取得质量体系认证、进入国际市场、参与实力竞争铺平了道路。

讲质量，首先要讲标准，如果按落后的标准组织生产，质量再好也是一个落后的产品。产品质量的竞争，实质上就是标准水平的竞争。因此，必须坚持高标准，严要求。质量是企业的生命，抓住了标准—质量这个根本，企业就能立于不败之地。

（五）标准化与质量管理是现代管理的基础

现代化的科学技术和现代化的管理是企业发展的两个轮子，缺一不可。现代化的管理是科学的管理，是依据生产技术发展规律和客观经济规律进行的管理。它要求管理机构高效化，管理工作计划化、程序化，管理技术和管理手段现代化。要实现这样的目的，其主要的措施是制定和贯彻实施一系列的管理标准和工作标准，为各项管理工作提供目标和依据，从而使管理工作有序化和高效率。国际标准化委员会制定的 ISO9000 质量管理体系标准、ISO14000 环境管理标准和 OHSAS18000 职业安全卫生管理标准，为各项管理工作提供了指南。这些管理标准的实施，为提高符合国际标准化要求的管理水平，如并行工程（CE）、同步工程（SE）、精益生产（LP）、供应链管理（SCM）、客户关系管理（CRM）、企业资源计划（ERP）等各项现代管理，提供了崭新的思想、方式和工具。这些管理标准的实施，是参与竞争取胜的基础。

第二节 质量管理体系标准

管理体系是指建立方针和目标并实现这些目标的体系，而体系是指相互关联或相互作用的一组要素。对各种管理体系（如质量管理体系、环境管理体系、职业健康安全管理体系、风险管理体系、社会责任管理体系等）规定要求及其实施、审核指南的一系列标准称为管理体系标准。目前国际上比较著名的管理体系标准有 ISO9000 质量管理体系标准和 ISO14000 环境管理体系标准。

随着各行业贯彻管理体系国际标准进程的加快，行业在服务质量、环境保护、健康安全等方面进行了积极的探索，积极实施国际标准体系认证（主要是 ISO9000 质量管理体系标准、ISO14000 环境管理体系标准和 OHSAS18000 职业健康安全管理体系标准），有效地加强了科学管理，促进行业的可持续发展。国际标准化组织（International Standardization Organization，简称 ISO）成立于 1947 年，目前有包括中国在内的 120 多个正式成员国。该组织的目的是在世界范围内促进标准化及有关工作的发展，以利于国际贸易的交流和服务，并发展在知识、科学、技术和经济活动中的合作，以促进产品和服务贸易的全球化。以 ISO9000 族为主体的国际标准体系的导入和实施，能确保服务机构的管理水准及员工的管理理念得到全面提高，各部门运作更加协同、有序和高效，对于服务质量的保证与提高将起到重要作用。服务机构引入 ISO9000 认证，有利于形成公共服务质量的机制保障。随着我国认证事业的发展，国内各行业普遍实施的管理体系认证和先进的管理方法也逐步进入管理行业，不仅为树立和落实科学发展观提供了科学的理论、先进的理念，而且提供了先进的方法、科学的工具。ISO9000 族质量管理体系标准是世界上第一套有关质量管理方面的标准，它不仅顺应了发展国际经济贸易与交流合作的需要，而且对规范市场行为、促进企业加强质量管理、提高产品质量、增强市场竞争能力产生了积极效果。

一、质量管理体系标准的内涵

（一）质量管理体系标准的产生与发展趋势

1. 管理体系标准的产生

随着社会的发展，人们对质量的要求越来越高，顾客越来越要求得到保证符合规范要求的产品或服务。但因产品日趋复杂，仅按技术规范进行验证已明显不足，如果规范本身有缺陷时，或者设计、生产和提供产品或服务的组织体系存在某些不足时，技术规范本身就不能保证产品质量始终满足顾客要求。因此，必须在生产过程中建立质量管理体系，以补充技术规范对产品或服务的要求，这就导致了质量管理体系标准的产生。许多国家为此制定了各种质量保证制度，以适应质量工作的要求和经济发展的需要。但由于各国经济制度及发展水平不同，而且所采用的质量术语也不同，各种质量保证制度很难在国际间被认可。质量管理经由检验质量管理阶段、统计质量管理阶段到全面质量管理阶段，积累了比较丰富的实践经验，形成了初步成熟的理论，步入标准化质量管理的时机逐渐成熟。1979年，国际标准化组织（ISO）成立了第176技术委员会（即ISO/TC176），负责制定质量管理和质量保证领域的国际标准及相关文件，其愿景是“通过在全世界范围内接受和使用ISO9000族标准，为提高组织的绩效提供有效的方法，增强组织和个人的信心，从世界各地得到任何期望的产品，以及将自己的产品顺利地销往世界各地，促进贸易、经济繁荣和发展”。为适应国际间贸易发展的需要，国际标准化组织（ISO）在总结各国质量保证制度经验的基础上，ISO/TC176于1986年发布了《质量管理和质量保证术语》（ISO8402）标准；1987年发布了ISO9000《质量管理和质量保证标准选择和使用指南》、ISO9001《质量体系设计、开发、生产、安装和服务的质量保证模式》、ISO9002《质量体系生产、安装和服务的质量保证模式》、ISO9003《质量体系最终检验和试验的质量保证模式》以及ISO9004《质量管理和质量体系要素指南》。这6项国际标准统称为1987版ISO9000系列国际标准。1990年，ISO/TC176开始对ISO9000系列标准进行修订，于

1994年发布了1994版ISO8402、ISO9000－1、ISO9001、ISO9002、ISO9003和ISO9004－16项国际标准，通称为1994版ISO9000系列标准，这些标准分别取代1987版6项ISO9000系列标准。随后，ISO9000族标准进一步扩充到包含27个标准和技术文件的标准家族。这套标准对规范质量管理活动、促进国际间的贸易发展起到积极的作用。

2. 管理体系标准的发展

随着国际贸易发展的需要和标准实施中出现的问题，特别是服务业在世界经济的比重所占的比例越来越大，ISO/TC176对1994版的ISO9000族标准进行了修订，并于2000年年底发布了2000版的ISO9000族标准。ISO/TC176年会2004年认可了有关修正ISO9001：2000的论证报告，并决定成立项目组（ISO/TC176/SC2/WG 18/TG 1.19），对ISO9001：2000进行有限修正。2008版的ISO9001标准经过工作组草案（WD）、委员会草案（CD）、国际标准草案（DIS）和最终国际标准草案（FDIS）阶段，已于2008年11月15日正式发布。ISO和国际认可论坛（IAF）根据世界上170个国家大约100万个通过ISO9001认证的组织的8年实践，认为ISO9001：2008标准更清晰、明确地表达ISO9001：2000的要求，并增强与ISO14001：2004的相容性。由于该标准吸收国际上先进的质量管理理念，采用PDCA循环的质量哲学思想，对于产品和服务的供需双方具有很强的实践性和指导性。

目前全球已有几十万家工厂企业、政府机构、服务组织及其他各类组织导入ISO9000并获得第三方认证。ISO9000质量管理体系标准是以顾客为关注焦点而组织建立的质量管理体系，它通过对影响质量的活动、过程及其产品（包括服务）控制，达到组织提高质量管理能力，确保持续改进、强化和预防不合格，增强顾客和相关方满意的目的。

管理体系认证之所以得到全球的认可，在于其高度概括、总结和提炼了世界各国质量管理理论和实践的精华，统一了质量管理的原理、方法和程序，其过程控制、预防为主、持续改进管理思想有利于实现管理的系统化、规范化、制度化。在行业实施管理体系认证，有助于实现全面发展，提高管理水平，实现规范化、标准化管理，帮助解决行业所面临的如何提升服务质量。引入先进的管理体系后，各项制度和服务流程得到了有效的整合，有利于实现管理系统化。建立认证体系后，按质量标准要求确定各部门及其工作人员的职责，制定文件化的工作程序和管理文件，杜绝了服务操作的随意性，克服了凭经验管理的不规范做法，解决了基础管理弱化、内部协调不畅等问题，使管理达到规范化、制度化要求。同时，在内部强化管理的基础上，通过第三方认证监督机制也大大强化了行业的系统化、规范化和制度化管理，使其达到顾客满意和满足相关方的需求，提高了管理水平，确保行业达到可持续发展。

3. 管理体系标准的展望

自 ISO 正式发布 ISO9000 质量管理体系标准和 ISO14000 环境管理体系标准以来，其他区域或行业标准化组织又先后发布了许多类似的管理体系标准并且依此对企业进行认证。如德国汽车工业协会（VDA）制定的应用于汽车工业的“VDA 质量管理体系标准”，欧洲医疗器械供应商质量体系标准（EN 46001）、安全认证分包方（SCC）程序、危害分析与关键控制点（HACCP）规范、《食品安全管理体系对食品链中各组织的要求》（ISO22000P、职业健康安全管理体系（OHSAS）标准、社会责任管理体系标准（SA 8000）、《风险管理原则与实施指南》（ISO31000：2009）。此外，还有《安全质量评定体系》（SQAS）、《信息技术管理体系标准》（BS7799）、《欧洲 ITSEC 准则》等，也是在 ISO9000 之后出现的管理体系标准。

繁衍出如此之多的管理体系标准，与国际标准化宗旨是不一致的。国际标准化组织 2005—2010 年发展战略的第一条就是制定协调一致的多领域全球相关的国际标准。从企业整体出发，如果能用一种认证涵盖多种形式的认证要求，使用一种标准建立一体化管理体系，无疑会大大降低企业生产成本，提高有效性和效率。因此，国际标准化组织多年来一直努力开拓一体化的工作。2003 年的 ISO 大会作出决议，要求 ISO 技术管理局会同 TC176 和 TC207 主席考虑未来管理体系标准的制定工作。技术管理局于 2007 年成立了管理体系标准联合技术协调组（ISO/TBM/TAG 13 – JTCG）制定了未来管理体系标准发展的共同愿景和高层结构，并识别和定义各类管理体系所涉及的共同术语。

（1）共同愿景的主要内容。通过促进识别“条款标题、条款标题的顺序、文本内容和术语”的共同方面，所有的 ISO 管理体系要求类标准将结合一致，并进一步提高现行管理体系标准之间的兼容性，仅当各自应用领域需要存在特定差异的情况下，方允许有所偏离。在未来的标准修订过程中使用这种方法的目的是提高现行管理体系对用户的价值。

（2）管理体系标准的结构。管理体系标准除了包括范围（scope）、规范性引用文件（normative references）、术语和定义（terms and definitions）外，还包括以下内容：

组织概述（context of the organization）。为满足组织和相关方需求所需考虑的方面，也可称之为组织环境。

领导（1eadership）。承诺、承诺的证明以及管理方法等。

策划（planning）。战略策划、管理体系策划等方面。

支持（support）。资源以及组织运作所需的其他方面。

运作（operations）。组织实现其目的的活动或过程。

绩效评价（performance evaluation）。测量和数据采集、分析和使用。

改进（improvement）。提高组织绩效的活动。

未来管理体系发展的共同愿景和高层结构不仅可用于指导现行管理体系标准的修订，也可用于指导新的管理体系标准的制定。

（二）质量管理标准体系的构成和主要内容

ISO9000 作为第一套管理性质的国际质量管理体系，是各国质量管理与标准化专家在先进的国际标准的基础上，对科学管理实践的总结和提高，逐渐形成的科学、权威的国际通用标准管理模式。

ISO9000 质量体系的思想就是要通过建立一个质量体系，来达到质量控制的目的，它强调质量控制不是一种可以由检验部门独立承担的活动，而是由所有的部门如营销、设计、工程、采购、生产、运输等部门共同参与实施的。ISO9000 国际质量体系标准最早是 1987 年 3 月颁布的，现在推行的是第三版即 2000 版的 ISO9000。

管理体系标准认证，一方面为认证组织提供了一套行之有效的发现问题、预防事故的防控管理体系，同时，它又是一个持续改进、不断优化的过程，是一种长期有效的约束机制、自我完善机制。通过引入标准认证，科学运用“持续改进”的原理，建立自我约束、自我监控、自我调节、自我完善的科学发展机制，及时发现并解决发展中存在的问题，从而保证社会全面、协调、可持续地发展。

ISO9000 标准是 ISO/TC176（国际标准化组织质量管理和质量保证技

术委员会）1994 年制定的国际标准。在 2000 版 ISO9000 族标准中，包括了 4 个核心标准：ISO9000、ISO9001、ISO9004 和 ISO19001。

《质量管理体系——基础和术语》（ISO9000：2000）是在《质量管理和质量保证—术语》（ISO8402：1994）和《质量管理和质量保证—第一部分：选择和使用指南标准》（ISO9000－1：1994）的基础上合并而成。它规定了 ISO9000 族标准中质量管理体系的术语共 10 类 80 个词条，表述了质量管理体系应遵循的八项管理原则和建立质量管理体系的 12 个基本原则。《质量管理体系——基础和术语》（ISO9000：2005）描述了质量管理体系的基础，并规定了质量管理体系术语，取代了《质量管理体系基础和术语》（ISO90002000），和 ISO 9000：2000 相比增加了合同、审核计划、审核范围 3 个新的术语，对某些原有的术语做了文字或编排位置上的调整。

《质量管理体系——要求》（ISO9001：2000）规定的质量管理体系要求不仅是产品的质量保证，还包括了使顾客满意。其结构采用符合管理逻辑的“过程模式”，形成质量管理体系各阶段的以顾客为核心的过程导向方式。《质量管理体系——要求》（ISO9001：2008）为各种类型、不同规模和提供不同产品的组织规定了质量管理体系的通用要求，以证实其具有稳定的提供满足顾客要求和适用的法律法规要求的产品的能力，并通过体系的有效应用，包括体系持续改进过程以及保证符合顾客要求和适用的法律法规要求，增加顾客满意。该标准是用于质量管理体系第三方认证的“要求”标准。

《质量管理体系——业绩改进指南》（ISO9004：2000）为组织提供了业绩改进的指南，包括持续改进过程，提高业绩，使组织的顾客及其他相关方满意。该标准提供了改进质量管理体系业绩的指南，是以质量管理八项原则为基础，使组织理解质量管理及其应用，从而改进组织的业绩。此标准取代了 1994 版的质量管理和质量体系要素的指南标准，标准还给出了质量改进中的自我评价方法，并以质量管理体系的有效性和效率为评价目标。

《质量管理体系和环境管理体系审核指南》（ISO19001）遵循“不同管理体系可以有共同管理和审核要求”的原则，为质量管理和环境管理审核的基本原则、审核方案的管理，环境管理和质量管理体系审核的实施以及对环境和质量管理体系审核员的资格要求提供了指南。它适用于所有的运行质量管理体系或环境质量体系的组织，指导其内审和外审的管理工作。《质量管理体系和环境管理体系审核指南》（ISO19001－2002）提供了质量管理体系和环境管理体系审核的基本原则、审核方案的管理、审核的实施以及审核员资格要求等，适用于需要实施质量和（或）环境管理体系内部和外部审核或需要管理审核方案的所有组织。此标准取代1994版的ISO 10011及ISO14010、ISO14011和ISO14012。

除此之外，还有其他标准，如：《测量管理体系测量过程和测量设备的要求》（ISO10012），该标准取代1994版的ISO10012－1和1997版的ISO10012－2；《质量管理顾客满意组织投诉处理指南》（ISO10002：2004）；《质量管理质量计划指南》（ISO10005：2005）；《质量管理体系项目质量管理指南》（ISO10006：2003）；《质量管理体系技术状态管理指南》（ISO10007：2003）；《质量管理体系文件指南》（ISO/TR10013：2001）；等等。

从上述情况可以看出，ISO9000族标准实质上是指导任一组织建立和运行其质量管理体系的一整套标准和文件。质量管理标准体系的构成和主要内容（见表11－2）。

表11－2　ISO9000族现行标准和文件

编号	名称	版次	发布日期
ISO9000：2005	质量管理体系基础和术语	第3版	2005－09－15
ISO9001：2008	质量管理体系要求	第4版	2008－11－15
ISO9004：2009	组织持续成功管理一种质量管理方法	第3版	2009－11－01
ISO10001：2007	质量管理顾客满意组织行为规范指南	第1版	2007－01－12
ISO10002：2004	质量管理顾客满意组织处理投诉指南	第1版	2004－07－01
ISO10003：2007	质量管理顾客满意组织外部争议解决指南	第1版	2007－01－12
ISO10005：2005	质量管理质量计划指南	第2版	2005－06－01
ISO10006：2003	质量管理项目质量管理指南	第2版	2003－06－15
ISO10007：2003	质量管理技术状态管理指南	第2版	2003－06－15
ISO10012：2003	质量管理体系测量过程和测量设备的要求	第2版	2003－04－14
ISO/TR 10013：2003	质量管理体系文件指南	第2版	2001－07－15

续表

编号	名称	版次	发布日期
ISO10014：2006	质量管理财务与经济效益实现指南	第1版	2001－07－01
ISO10015：1999	质量管理培训指南	第1版	1999－12－15
ISO/TR 10017：2003	ISO9001：2000统计技术指南	第2版	2003－05－15
ISO10019：2005	质量管理体系咨询师的选择及其服务使用指南	第1版	2005－01－05
ISO1901：2002	质量和（或）环境管理体系审核指南	第1版	2002－10－01
ISO小册子	质量管理原则及其应用指南	第1版	2000－11
ISO手册：2002	小型组织实施ISO9001：2000指南	第2版	2002－07
ISO小册子：2008	ISO9000族标准的选择和使用	第2版	2008－01

（三）质量管理体系标准的主要特点与作用

ISO9000族标准衡量的对象不仅是产品质量，更重要的是体系过程管理的质量。任何产品的质量问题都与过程的管理控制有关，ISO9000族标准从现代性和科学性方面强调动态循环的管理思想，强调以顾客为关注的焦点，强调领导者的作用和全面质量管理的思想，兼顾内部、外部双方的要求。

1. 适应性强

质量管理体系适用于各种组织的管理和运作，包括所有产品类别、不同规模和各种类型的组织，以及医疗器械、通信、网络、汽车等特殊行业对标准的要求。ISO9001:2000标准为企业申请认证的依据标准，在标准的适用范围中明确本标准是适用于各行各业，且不限制企业的规模大小。有效开展质量管理，必须设计、建立、实施和保持质量管理体系。目前国际上通过认证的企业涉及国民经济中的各行各业。组织的最高管理者对依据ISO9001国际标准设计、建立、实施和保持质量管理体系的决策负责，对建立合理的组织结构和提供适宜的资源负责；管理者代表和质量职能部门对形成文件的秩序的制定和实施、过程的建立和运行负直接责任。

质量管理体系易于使用、语言明确，易于翻译和理解。ISO9001：2008和ISO9004:2009两个标准结构相似，方便了组织的选择和使用。在

ISO9000：2005 标准的术语部分，将分散的术语和定义，用概念图的形式，分 10 个主题组，将有关概念之间的关系，用分析与构造的方法，按逻辑关系，将其前后连贯，以帮助使用者比较形象地理解各术语及其定义之间的相互作用和关系，并全面掌握它们的内涵。

为了防止将 ISO9000 族标准发展成为质量管理的百科全书，2008 版 ISO9000 族标准简化了其本身的文件结构，减少了强制性的“形成文件的程序”的要求，取消了应用指南标准，强化了标准的通用性和原则性，使用了过程导向的模式，替代了以产品（质量环）形成过程为主线的 20 个要素，以过程描述所有的产品，将过程方法用于质量管理，将顾客和其他相关方的需要作为组织的输入，再对顾客和其他相关方的满意程度进行监控，以评价顾客或其他相关方的要求是否得到满足。这种过程方法模式可以适用于各种组织的管理和运作。

2. 强调质量

质量管理体系的设计和建立，应结合组织的质量目标、产品类别、过程特点和实践经验。因此，不同组织的质量管理体系有不同的特点。

质量管理体系强调持续的顾客满意是推进质量管理体系的动力，以顾客为关注的焦点，并考虑到所有相关方的利益和需求，将顾客满意或不满意信息的监控作为评价质量管理体系业绩的一种重要手段。组织依存于顾客，组织应当理解顾客当前和未来的需求，直接以顾客满意为目标，满足顾客要求并争取超越顾客期望。顾客是组织存在的基础，组织应把满足顾客的需求和期望放在第一位，并将其转化成组织的质量要求，采取措施使其实现；同时还应测量顾客的满意度，处理好与顾客的关系，加强与顾客的沟通，通过采取改进措施，使顾客和其他相关方满意。同时，由于顾客的需求和期望是不断变化的，也是因人因地而异的，因此需要进行市场调查，分析市场变化以此来满足顾客当前和未来的需求并争取超越顾客的期望，以创造竞争优势。

质量管理体系能采用适当的预防措施，有一定的防止重要质量问题发生的能力。强调以预防为主，消除产品不合格或不合格潜在的原因，防止不合格的再发生，从而降低成本。质量管理体系重点是质量问题的预防，而不是依靠事后的检查。现代质量管理思想强调“从事后检验到事先预防，以预防为主”，ISO9000 标准的许多条款都是从预防角度来做的规定。

例如要求进行质量策划，包括制订质量计划、配备必要的设备和检测手段、确定和准备质量记录等。

ISO9000标准所规定的质量管理体系要求是通用性要求，适用于各种类型、不同规模和提供不同产品的组织。因此，质量管理体系的建立与实施一定要结合本组织及其产品的特点，重点放在如何结合实际、如何注重实施上来，重在过程、重在结果、重在有效性，既不要脱离现有的那些行之有效的管理方式而另搞一套，也不要不切实际地照抄他人的模式、死搬硬套、流于形式。尤其是在编制质量管理体系文件时，一定要依据质量策划的结果确定本组织对文件的需求。对确需的文件，则必须确保文件的价值性和适用性。

3. 强调管理

将相互关联的过程作为体系来看待、理解和管理，有助于组织提高实现目标的有效性和效率。质量管理的作用主要是能够使组织的工作结果符合要求，即实现预期的目标，但绝大多数结果都要经过复杂的过程才能得到。一个组织的体系是由大量错综复杂、互相关联的过程组成的网络构成的。最高管理者要成功地领导和运作一个组织，要求用系统的和透明的方式对过程网络实施系统管理，帮助组织提高实现目标的有效性和效率。管理的系统方法包括了确定顾客的需求和期望，建立组织的质量方针和目标，确定过程及过程的相互关系和作用，并明确职责和资源需求，确立过程有效性的测量方法并用以测量现行过程的有效性，寻找改进机会，确立改进方向，实施改进，监控改进效果，评价结果，评审改进措施和确定后续措施等。这种建立和实施质量管理体系的方法，既可用于建立新体系，也可用于改进现行的体系。这种方法不仅可提高过程能力及产品质量，还可为持续改进打好基础，最终导致顾客满意和使组织获得成功。

将活动和相关资源作为过程进行管理，可以更高效地得到期望的结果。组织为了有效地运作，必须识别并管理许多相互关联的过程。在建立质量管理体系或制定质量方针和目标时，应识别和确定所需要的过程，确定可预测的结果，识别并测量过程的输入和输出，识别过程与组织职能之间的接口和联系，明确规定管理过程的职责和权限，识别过程的内部和外部顾客。在设计过程时还应考虑过程的步骤、活动、流程、控制措施、投入资源、培训、方法、信息、材料和其他资源等。只有这样才能充分利用资源，缩短周期，以较低的成本实现预期的结果。

质量管理体系具有系统性，质量管理体系是相互关联和作用的组合体，包括：组织结构（合理的组织机构和明确的职责、权限及其协调的关系），程序（规定到位的形成文件的程序和作业指导书，是过程运行和进行活动的依据），过程（质量管理体系的有效实施，是通过其所需过程的有效运行来实现的），资源（必需、充分且适宜的资源包括人员、资金、设施。设备、料件、能源、技术和方法）。质量管理体系具有全面有效性，其运行应是全面有效的，既能满足组织内部质量管理的要求，又能满足组织与顾客的合同要求，还能满足第二方认定、第三方认证和注册的要求。

领导者应确保组织的目的与方向的一致，创造并保持良好的内部环境，可使员工充分参与实现组织目标的活动。最高管理者应建立体现组织总的质量宗旨和方向的质量方针和质量目标，应时刻关注组织经营的国内外环境，制定组织的发展战略，规划组织的蓝图。最高管理者通过其领导作用及所采取的各种措施可以创造一个员工充分参与的内部环境，质量管理体系只有在这样的环境下才能确保其有效运行。最高管理者应作出有关建立和实施质量管理体系并持续改进其有效性方面的承诺，并带头以增强顾客满意为目的，确保顾客要求得到确定并予以满足。最高管理者还应将质量方针、目标等落实到组织的各职能部门和相关层次，让全体员工理解和执行。为了实施质量方针和目标，组织的最高管理者应身体力行，建立、实施和保持一个有效的质量管理体系，确保提供充分的资源，识别影响质量的所有过程并管理这些过程，使顾客和相关方满意。为了使建立的质量管理体系保持其持续的适宜性、充分性和有效性，最高管理者应亲自主持对质量管理体系的评审，并确定持续改进和实现质量方针、目标的各项措施。质量管理体系重视高层领导的作用，强调领导是关键，质量管理的职责由最高管理者代表承担，其对质量方针和质量目标的制定并落实以及质量管理体系的建立、完善、实施和保持的决策负责。成功实施ISO9000标准，需要建立并有效运行质量管理和质量保证体系，企业高层领导应对企业的质量问题承担主要责任。

质量管理体系将质量管理与组织的管理过程联系起来，强调对各部门的职责权限进行明确的划分、计划和协调，从而使企业有效地、有秩序地开展各项活动，保证工作顺利进行。2008 版 ISO9000 族标准强调过程方法的应用，即系统识别和管理组织内所使用的过程，特别是这些过程之间的相互作用，将质量管理体系的方法作为管理过程的一种方法。

质量管理体系标准考虑了所有相关方利益的需求。每个组织都会有几种不同的相关方，除顾客外，组织的其他相关方包括组织的员工、所有者或投资者、供方或合作伙伴、社会等。针对所有相关方的需求实施并保持持续改进其业绩的质量管理体系，可使组织获得成功。全员参与是质量管理体系建立与实施的根本，因为只有全员充分参与，才能使他们的才干为组织带来收益，才能确保最高管理者所作出的各种承诺得以实现。组织应采取措施确保在整个组织内提高满足顾客要求的意识，确保使每一位员工认识到所在岗位的相关性和重要性以及如何为实现质量目标作出贡献。在质量管理活动中，不是只有最高管理者发挥作用，而是需要每一个员工都参与到这项活动中来。全体员工是每个组织的根本，人是生产力中最活跃的因素。所以应赋予各部门、各岗位人员应有的职责和权限，为全体员工制造一个良好的工作环境，激励他们的创造性和积极性，通过教育和培训，增长他们的才干和能力，发挥员工的革新和创新精神；共享知识和经验，积极寻求增长知识和经验的机遇，为员工的成长和发展创造良好的条件。质量管理体系强调员工的参与及培训，确保员工素质能够满足工作要求，并使每个员工具有较强的质量意识。

质量管理体系讲求经济性，“经济性－质量成本”被单独作为质量管理体系的一个要素，指出组织需要在经营上以最佳成本达到和保持所期望的质量。

4. 强调改进

质量管理体系具有动态性。最高管理者定期批准进行内部质量管理体系审核，定期进行管理评审，以改进质量管理体系；要支持质量职能部门（含车间）采用纠正措施和预防措施改进过程，从而完善体系。质量管理体系旨在最佳化，组织应综合考虑利益、成本和风险，通过质量管理体系持续有效运行使其最佳化。

强调对业绩的持续改进。持续改进是一种管理的理念，是组织的价值观和行为准则，是一种持续满足顾客要求、增加效益、追求持续提高过程有效性和效率的活动。持续改进的最终目的是提高组织的有效性和效率，它包括改善产品的特征和特性、提高过程有效性和效率。持续改进包括：

了解现状，建立目标，寻找、实施和评价解决办法，测量、验证和分析结果，纳入文件等活动。其实质也是一种 PDCA 的循环，从策划、计划开始，执行和检查效果，直至采取纠正和预防措施，将它纳入改进成果加以巩固。2008 版 ISO9000 族标准将持续改进作为质量管理体系的基础之一，强调 ISO9001 作为要求标准和 ISO9004 作为指南标准的协调一致性，有利于组织的持续改进。ISO9001：2000 标准旨在为评定组织满足顾客要求、法律法规要求和组织自身要求能力提供依据，它规定了使顾客满意所需的质量管理体系的基本要求。提高组织效率的最好方法是在使用 ISO9001 标准的同时，使用 ISO9004 标准中所给出的原则和方法，使组织通过不断的改进，提高整体效率，增强竞争力。

顾客的需求和期望在不断变化，以及市场的竞争、科技的发展等，这些都促使组织持续改进，持续改进是组织的永恒目标。持续改进的目的在于增加顾客和其他相关方满意的机会。组织应通过各种途径促进质量管理体系的持续改进。质量管理体系强调和突出“持续改进”，提高质量管理体系的有效性和效益，满足顾客不断变化的需求，达到顾客满意。ISO9000 标准十分强调企业必须建立和完善质量体系，它把对全过程控制的思想作为其基本思想。质量管理体系以文件的模式实现系统化、科学化的管理，克服人治的弊端，在最佳工作途径下达到内部法制化管理，减少管理被动引起的内耗。建立“计划→实施→评价→改善”的“PDCA”循环机制，实现组织的可持续发展。

总之，ISO9000 族标准吸收了全球范围内质量管理和质量体系认证实践的新进展和新成果，更好地满足了使用者的需要和期望，达到了历次修订的目的，即更科学、更合理、更适用和更通用。

二、质量管理体系标准的实施

（一）学习质量管理体系文件

1. 学习质量管理体系核心标准

应组织各级员工，尤其是各管理层认真学习 ISO9000 族质量管理体系 4 个核心标准，重点是学习质量管理体系的基本概念和基本术语、质量管理体系的基本要求，增强员工的意识、积极性和参与程度。

2. 学习质量管理体系相关文件

在质量管理体系文件正式发布或即将发布而未正式实施之前，认真学习质量管理体系文件对质量管理体系的真正建立和有效实施至关重要。组织宣传质量方针并促进质量目标的实现，各部门、各级人员都要通过学习，清楚地了解质量管理体系文件对本部门、本岗位的要求以及与其他部门、岗位的相互关系的要求，只有这样才能确保质量管理体系文件在整个组织内得以有效实施。

（二）策划质量管理体系活动

1. 确定质量管理目标

应根据组织的宗旨、发展方向，以及顾客的需求和期望，确定与组织的宗旨相适应的质量方针，对质量作出承诺，在质量方针提供的质量目标框架内规定组织的质量目标以及相关职能和层次上的质量目标。质量目标应是可测量的。

2. 质量管理体系策划

组织应依据质量方针、质量目标，应用过程方法对组织应建立的质量管理体系进行策划，并确保质量管理体系的策划满足质量目标要求。在质量管理体系策划的基础上，进一步对产品实现过程及其他过程进行策划，确保这些过程的策划满足所确定的产品质量目标和相应的要求。

3. 确定质量管理职责

组织应依据质量管理体系策划以及其他策划的结果，确定各部门、各过程及其他与质量工作有关人员应承担的相应职责，并赋予相应的权限并确保其职责和权限能得到沟通。最高管理者还应在管理层中指定一名管理者代表，代表最高管理者负责质量管理体系的建立和实施。

（三）发布质量管理体系文件

1. 编制质量管理体系文件

组织应依据质量管理体系策划以及其他策划的结果确定质量管理体系文件的框架和内容，在质量体系文件的框架里确定文件的层次、结构、类型、数量、详略程度，规定统一的文件格式，编制管理体系文件。

2. 发布质量管理体系文件

质量管理体系文件在正式发布前应认真听取多方面意见，并经授权人批准发布。质量手册必须经最高管理者签署发布。质量手册的正式发布实施即意味着质量手册所规定的质量管理体系正式开始实施和运行。

（四）实施质量管理体系标准

1. 质量管理体系标准的运行

质量管理体系运行主要反映在两个方面：一是组织所有质量活动都应依据质量策划的安排以及质量管理体系文件要求实施；二是组织所有质量活动都应提供证据，证实质量管理体系运行符合要求并有效实施和保持。

2. 质量管理体系的内部审核

组织在质量管理体系运行一段时间后，应组织内审员对质量管理体系进行内部审核，以确定质量管理体系是否符合策划的安排、ISO9000 标准要求，以及组织所确定的质量管理体系要求是否得到有效实施和保持。内部审核是组织自我评价、自我完善机制的一种重要手段，组织应每年按策划的时间间隔坚持实施内部审核。

3. 质量管理体系的管理评审

在内部审核的基础上，组织的最高管理者应就质量方针、质量目标，对质量管理体系进行系统的评审（管理评审），确保质量管理体系持续的适宜性、充分性和有效性（评审也可包括效率，但不是认证要求）。管理评审包括评价质量管理体系改进的机会和变更的需要，包括质量方针、目标变更的需要。管理评审与内部审核都是组织自我评价、自我完善机制的一种重要手段，组织应每年按策划的时间间隔坚持实施管理评审。

通过内部审核和管理评审，在确认质量管理体系运行符合要求且有效的基础上，组织可向质量管理体系认证机构提出认证的申请。

三、质量管理体系标准的评价

（一）适宜性

适宜性指质量管理体系与组织所处的客观情况的适宜过程。这种适宜过程应是动态的，即质量管理体系应具备随内部和外部环境的改变而做相应的调整或改进的能力，以实现规定的质量方针和质量目标。不同类型、不同规模、提供不同产品（或服务）的组织，具有各自不同的特点，质量管理体系应体现组织的特点，与组织内外部情况相适应，适合于组织的运动。组织所处的外部环境是不断变化的，如相关法律法规和产品标准的修订；质量管理体系要求的变更；顾客要求和期望的变化；供方情况的改变；市场行情的变化；环保、节能等社会要求的改变；科学技术的不断进步等。

组织的内部环境同样处在不断地变化之中：组织机构与职能的调整；高层领导人事变动；财务状况的变更；组织规模随人员、设施的增加不断壮大；改组、改制等带来的运营机制的变化；产品结构与类型的调整；采用新技术、新工艺、新设备引起的资源与手段的更新；组织的宗旨和自身要求的变化；生产经营、财务、职业的健康安全、环境等其他管理体系的变化等。

由于组织所处的内部环境是不断变化的，客观上要求质量管理体系的框架和内容也要发生相应的变化。这种变化可能导致质量方针、质量目标的变更，组织应及时调整或改进为实现质量方针和质量目标而构成的一组相互关联或相互作用的质量管理体系过程，使质量管理体系持续地与内部环境的变化相适应。

（二）充分性

充分性指质量管理体系对组织全部质量活动过程覆盖和控制的过程，即质量管理体系的要求、过程展开和受控是否全面，也可以理解为体系的完善程度。充分性要求组织的质量管理体系结构合理，过程满足质量管理的需要，程序完善，资源充足，具有充分满足顾客和市场不断变化的要求的能力。因此，组织在建立、运行和保持质量管理体系时，要考虑体系的结构和过程的合理性，评价其是否符合 ISO90001：2000 标准的要求、组织的需要和组织的能力，是否具有自我发现问题和解决问题的能力，以实现持续改进。

质量管理体系的充分性包括两个方面：一是组织是否识别了所有的质量管理体系过程，是否对已识别的质量管理体系过程进行了适当的表述，是否根据控制的需要对过程予以充分的展开。如果某一过程（特别是对质量管理体系有影响的过程）没有被识别，或者尽管识别了某一过程，但对如何确保过程的有效运行和控制没有给予适当的规定，或者对过程控制和管理职责作出规定，就会因过程不能得到有效控制而造成质量管理体系的不充分。二是组织在实施各种持续改进时，可能会发现质量管理体系存在诸多考虑的活动，或者结构不合理、删减标准条款不恰当、职责权限及接口规定不明确、资源配置不足、文件不能满足确保其过程有效策划与运行和控制的需要、所需的信息不够、采用的方法不当等，出现这些情况就是没有实现质量管理体系的充分性。

（三）有效性

有效性指组织对完成所策划的活动并达到策划结果的程度所进行的度量，即通过质量管理体系的运行，完成体系所需的过程或者活动而达到所设定的质量方针和质量目标的程度，包括与法律法规的符合程度、顾客满意程度等。为判定质量管理体系的有效性，组织可将有关的信息与设定的质量方针、质量目标进行对比，判断质量管理体系过程是否达到预定的目标。这些信息主要有：顾客的反馈（包括对顾客的满意、不满意程度的测量结果和顾客抱怨），过程的业绩（即过程实现直接增值或间接增值而达到预期结果的程度，包括顾客对员工服务态度满意程度的提升、生产效率的提高、市场占有率的增加、成本的降低等），产品的符合性（包括与过程要求、法律法规要求及组织要求的符合程度），审核的结果（包括内审和外审发现的产品、过程和体系的不符合等）。

总之，由于组织内部环境的变化，可能导致质量管理体系的不适宜；由于过程未识别或已识别的过程未充分展开，可能造成质量管理体系的不充分；由于质量方针和质量目标未能实现，会影响质量管理体系的有效性。适宜性、充分性和有效性是相互关联、不可分割的整体。有效性是组织建立质量管理体系的根本目的，适宜性、充分性是达到有效性的重要保证。组织的最高管理者应按策划的时间间隔，围绕适宜性、充分性和有效性对质量管理体系系统评审，根据评审结果及时作出改进决定并采取相应的措施，实现对质量管理体系、产品、过程和资源需求的持续改进。质量管理体系对环境的变化应具有持续的适宜性，在满足要求方面具有持续的充分性，从而确保实现质量管理方针和质量目标的持续有效性。

第三节　环境管理体系标准

环境管理体系（EMS，Environmental Management System）是一个组织内全面管理体系的组成部分，它包括为制定、实施、实现、评审和保持环境方针所需的组织机构、规划活动、机构职责、惯例、程序、过程和资源，还包括组织的环境方针、目标和指标等管理方面的内容。

一、环境管理体系标准的发展历史及现状

环境管理体系是一个组织有计划，而且协调动作的管理活动，其中有规范的动作程序、文件化的控制机制。它通过有明确职责、义务的组织结构来贯彻落实，目的在于防止对环境的不利影响。环境管理体系作为一项内部管理工具，旨在帮助组织实现自身设定的环境表现水平，并不断地改进环境行为，不断达到更新更佳的高度。

环境管理体系来源于环境审计和全面质量管理这两个独立的管理手段。迫于遵守环境义务费用的不断升级，北美和欧洲发达国家的公司不得不在 20 世纪 70 年代研制了环境审计这一管理手段以发现其环境问题。其初期目标是保证公司遵守环境法规，其工作范围随后扩展到相对容易出现环境问题的部位实行的最佳管理实践的监督。全面质量管理起初是用于减少和最终消除生产过程中导致不能达到生产规范要求的种种缺陷，以及提高生产效率等，但这一手段已经更多地用于环境问题上。

环境管理是与可持续发展分不开的。环境管理系列标准的出台是对可持续发展的主动响应，也是环境保护发展的必然结果。ISO 认识到自己的责任和机会，并为响应联合国实施可持续发展战略的号召，于 1993 年 6 月成立了 ISO/TC207 环境管理技术委员会，正式开展环境管理标准的制定工作，期望通过环境管理工具的标准化工作，规范企业和社会团体等组织的自愿环境管理活动，促进组织环境绩效的改进，支持全球的可持续发展和环境保护工作。ISO/TC207 从 1993 年开始制定的一系列环境管理国际标准（ISO14000），它包括了环境管理体系（EMS）、环境管理体系审核（EA）、环境标志（EL）、生命周期评价（LCA）、环境绩效评价（EPE）、术语和定义（T&D）等国际环境管理领域的研究与实践的焦点问题，向各国政府及各类组织提供统一、一致的环境管理体系，产品的国际标准和严格、规范的审核认证办法。1996 年 9 月 1 日，ISO 发布了《环境管理体系规范及使用指南》（ISO14001：1996）和《环境管理体系原则、体系和支持技术通用指南》（ISO14004：1996），随后又陆续发布了一系列环境管理标准。2004 年 11 月 15 日，ISO 对上述两个重要标准进行了修订，发布了

ISO14001：2004 和 ISO14004：2004，并规定了 18 个月的转换期。

二、环境管理体系标准的主要特点与作用

环境管理体系是企业或其他管理组织的管理体系的一部分，用来制定和实施其环境方针，并管理其环境要素，包括为制定、实施、实现、评审和保持环境方针所需要的组织机构、计划活动、职责、惯例、程序、过程和资源。环境管理体系标准主要特点和作用如下：

1. 自愿原则

ISO14000 系列标准的所有标准都不是强制的，允许组织自愿采用，就是排斥任何强迫和不必要的行政干预。这是 ISO14000 系列标准的一个明显特点，也是保证标准有效实施所必须坚持的原则。

2. 广泛适用性

ISO/TC207 技术委员会在制定 ISO14000 系列标准时考虑到标准应适用于任何类型与规模的组织，并适用于各种地理、文化和社会条件，既可用于认证注册，也可用于自我管理。对于 ISO14000 系列的核心标准 ISO14001 来说，凡具有下列愿望的任何组织均可实施该标准：

（1）实施、保持和改进环境管理体系。

（2）使自己确信能符合所申明的环境方针。

（3）向外界展示这种符合性。

（4）寻求外部组织对其环境管理体系的认证/注册。

（5）对符合本标准的情况进行自我鉴定和自我申明。

3. 灵活性

标准的灵活性或合理性是其适用性的基础。ISO14001 标准要求在其环境方针中作出遵守有关法律法规和持续改进的承诺，但并没有提出对组织环境绩效的绝对要求，不包含任何环境质量、污染治理技术与水平的内容，对环境管理体系文件的形式、复杂程度也没有硬性规定。因此，组织的技术水平和环境绩效水平可根据组织的自身状况确定。另一方面，实施环境管理体系标准能够帮助组织加强、优化管理机制，以改善组织及其对所有相关方的环境绩效。组织在经济条件许可的条件下，可采用最佳适用技术，并充分考虑采用该技术的成本和效益。

4. 全过程预防

ISO14000 系列标准突出地强调了环境保护的预防为主原则。环境管理体系要求制定环境方针，并要求组织的领导在方针中必须承诺污染预防，且把这个承诺在环境管理体系中加以具体化和落实，强调系统的全过程管理，加强组织生产现场的环境因素管理，建立严格的操作控制程序，以保证组织实现其环境方针和目标。生命周期评价和环境绩效评价则将产品的环境影响及企业的环境绩效评估也纳入环境管理中，可使在产品最初的设计阶段和组织各种活动的策划过程中，比较、评价其产品或活动的环境特性，为决策提供支持。强调以预防为主，强调从污染的源头开始治理，强调全过程的污染控制，体现了当前国际环境保护领域的发展趋势。

5. 持续改进

ISO14000 系列标准总的目的是支持环境保护和污染预防，协调它们与社会需求和经济发展的关系。就每个组织来说，无论是污染预防还是环境绩效的改善，都不可能一经实施这个标准就得到圆满的解决。一个组织建立了环境管理体系，并不能表明其环境绩效如何，而是表明这个组织决心通过实施这套标准，建立起能够不断改进的机制，通过坚持不懈的改进，实现自己的环境方针和目标、指标，最终达到改善环境绩效的目的。ISO 14001 标准从制定环境方针及目标指标、制订环境管理方案、实施运行、监视和测量，到规定纠正和预防措施、实施环境管理体系审核、进行管理评审，本身就体现了“PDCA”循环的持续改进机制。环境管理体系运行模式环境管理体系围绕环境方针的要求展开环境管理，管理的内容包括制定环境方针、实施并实现环境方针所要求的相关内容，对环境方针的实施情况与实现程度进行评审、并予以保持等。环境管理所涉及的管理要素包括组织结构、计划活动、职责、惯例、程序、过程和资源等。这些管理要素与企业生产管理、人事管理、财务管理相似，ISO14001 标准将它们系统化、结构化。环境管理体系模式遵循了传统的“PDCA”管理模式：规划（PLAN）、实施（DO）、检查（CHECK）和改进（ACTION），即规划出管理活动要达到的目的和遵循的原则；在实施阶段实现目标并在实施过程中体现以上工作原则；检查和发现问题，及时采取纠正措施，以保证实施与实现过程不会偏离原有目标与原则，实现过程与结果的改进提高。

三、环境管理体系标准的构成和主要内容

到2009年年底，由ISO/TC207及其下设的分技术委员会制定的ISO14000环境管理体系标准由21项标准构成：

《产品标准中涉及环境的内容》（ISO指南64：2008）；《环境管理术语》（ISO14050：2009）；《环境管理产品设计与开发中综合考虑环境因素》（ISO/TR 14062：2002）；《环境管理环境信息交流指南和示例》（ISO14063：2006）；《温室气体　第1部分组织层次上对温室气体排放和清除的量化与报告的规范及指南》（ISO14064－1：2006）；《温室气体　第2部分项目层次上对温室气体减排或清除增加的量化、监测和报告的规范及指南》（ISO14064－2：2006）；《温室气体　第3部分温室气体声明审定与核查的规范及指南》（ISO14064－3：2006）；《温室气体用于对温室气体审定和核查机构的资格认证或其他形式认可的要求》（ISO14065：2007）；《环境管理体系要求及使用指南》（ISO14001：2004）；《环境管理体系原则、体系与支持技术通用指南》（ISO14004：2004）；《环境管理现场和组织的环境评价》（ISO14015：2001）；《环境标志和声明通用原则》（ISO14020：2000）；《环境标志和声明自我环境声明（Ⅱ型环境标志）》（ISO14021：1999）；《环境标志和声明Ⅰ型环境标志原则和程序》（ISO14024：1999）；《环境标志和声明Ⅲ型环境声明原则和程序》（ISO/TR 14025：2006）；《环境管理环境表现评价指南》（ISO14031：1999）；《环境管理生命周期评价原则与框架》（ISO1－4040：2006）；《环境管理生命周期评价要求与指南》（ISO14044：2006）；《环境管理生命周期评价ISO 14042应用示例》（ISO/TR 14047：2003）；《环境管理生命周期评价数据文件格式》（ISO/TS 14048：2002）；《环境管理生命周期评价ISO14041应用示例》（ISO/TR 14049：2000）。

四、实施环境管理体系标准应遵循的原则

ISO14000环境管理体系标准不仅是创建绿色企业的有效工具，而且是一个国际通用的标准，可以通过标准的认证，对企业持续地开展环境管理工作及对企业的可持续发展起到有效的推动作用。ISO14000是一个适用于任何组织的有关环境管理的标准，把握环境效益、社会效益和企业效益，

应把握以下原则。

（一）服务的原则

一般情况，一个组织的经营管理服务于组织自身发展的需要，但是环境管理工作的根本目标是满足社会环境保护和持续发展的需要。在许多情况下，环境保护和企业发展是一对尖锐的矛盾，企业为了生存和发展会选择后者而不顾及环境保护。随着全球环境状况的恶化，保护环境、改善环境急不可待，公众的环境意识逐渐提高，政府的环境管理法律法规日趋严厉，因此，企业必须实施环境管理。

（二）领导的原则

企业的最高管理层的高度重视和强有力的领导是企业实施环境管理的保障，也是取得成功的关键。由于最高管理层是组织的决策层，决定和控制着组织的发展情况，同时为管理活动提供资金、人力等方面的保障，并在实施过程中起到协调和引导作用，所以领导的作用是重要的。在环境管理中，领导作用不能很好地发挥，有两个主要表现：一是领导不能很好地了解环境问题，无法在这方面作出决策判断，只是把这一工作交给某个部门去做，这样的工作往往会发生较大的偏离。二是领导不力，不能较好地协调各部门的管理，使环境管理工作障碍很大，往往中途失败。出现上述问题的原因是领导素质较低，不能胜任工作。

（三）参与的原则

环境管理是一项管理工作，但并不意味着管理工作只是管理层的事。员工参与管理若能很好地把握，对管理是很有帮助的。在企业环境管理中发现，管理者并不与员工有效沟通，只是对员工下命令，所以员工对命令的不理解甚至抵触，使命令得不到有效执行。当命令得不到有效执行时，管理者更愿意把它归结为员工素质低，造成这一问题不能解决。

（四）控制的原则

过程是指将输入转化为输出所使用资源的各项活动的系统。过程的目的是提高其价值。任何一项活动都可以作为一个过程来管理。过程管理能够极大地提高效率。

在一般的产品生产过程中，生产的结果是有形的产品，所以对结果的控制可以有两种情况：一种是直接对生产结果（即产品）的控制，一般采用的是检验的方法，把不合格品剔除；另一种情况是对生产过程进行控制，减少不合格品产生的可能性。第一种方式被广泛采用，可以有效控制产品质量，但企业的损失较大，因为次品要返工或报废，这是对资源的极大浪费。过程控制可以明显减少这类浪费并且保证质量。环境管理包括末端治理和过程控制。末端治理是指在生产过程的末端，针对产生的污染物开发并实施有效的治理技术。末端治理在环境管理发展过程中是一个重要的阶段，它有利于消除污染事件，也在一定程度上减缓了生产活动对环境污染和破坏趋势。但随着时间的推移、工业化进程的加速，末端治理的局限性也日益显露：首先，处理污染的设施投资大、运行费用高，使企业生产成本上升，经济效益下降；其次，末端治理往往不是彻底治理，而是污染物的转移，如烟气脱疏、除尘形成大量废渣，废水集中处理产生大量污泥等，所以不能根除污染；最后，末端治理未涉及资源的有效利用，不能制止自然资源的浪费。所以，要真正解决污染问题需要实施过程控制，减少污染的产生，从根本上解决环境问题。

（五）改进的原则

持续改进是一个组织积极寻找改进的机会，努力提高有效性和效率的重要手段。由于环境问题是一个不断发展、不断改进的问题，所以，环境管理的目标是持续改进，这也符合可持续发展的原则。

企业采取措施，提高环境绩效比较容易做，在环境得到改善后，保持现有的环境管理水平及环境管理绩效也能开展，但是，要提升管理绩效却比较难，原因在于管理者缺乏持续改进的意识。“改进”是指所满足的标准的不断提高，由于标准提高，如果企业通过努力仍能满足标准，那么，这时企业是在“改进”。企业要从长期发展以及环境保护要求出发实现“持续改进”。

第十二章　养老机构管理标准化

【基本要求】通过本章的学习，您应能够：

1. 了解养老管理标准体系的基本构成；
2. 熟悉养老工作标准体系的基本构成；
3. 掌握养老机构管理标准化建设路径；
4. 熟悉重点养老机构管理标准的内容。

【核心概念】养老管理标准体系；养老工作标准体系；养老机构管理标准化

为了积极应对全球老龄化，联合国发布的《2002 年老龄问题国际行动计划》中提出确保全世界所有人都能够有保障、有尊严地步入老年，并作为享有充分权利的公民参与其社会。“积极老龄化”是为了老年人提高生活质量，使健康、参与和保障的机会尽可能获得最佳机会的过程，让老人们按照自己的需求、愿望和能力去参与社会，当他们需要帮助时能获得充分的保护、保障和照料。积极老龄化这一全局性的变化呼唤创新的标准化思维，老年人希望得到更加人性化、标准化的养老服务。养老标准制定与实施将对提高养老机构服务质量和管理水平，推动老龄事业的规范化和现代化建设发挥重要作用。积极老龄化是养老机构管理标准化建设的依据和动力，养老机构管理标准化是积极老龄化的保障和支撑。探索建立健全养老服务机构管理标准化体系，关系到养老服务结构和服务质量的优化，关系到养老福利事业发展和养老产业的市场秩序的规范，关系到提高养老服务质量和幸福感的提高。养老机构标准化的内容包括服务质量、服务价格、质量保证、服务管理、服务监督、服务投诉的标准化。

第一节　养老管理标准体系的建立

管理标准体系（administrative standard system）是企业标准体系中的管理标准按其内在联系形成的科学的有机整体。养老管理标准体系是对与养老服务与经营管理有关的重复性的管理活动制定管理标准，并按其内在联系形成体系。

一、养老管理标准体系的基本构成

（一）养老管理标准体系的基本构成

养老管理标准体系包括养老服务机构所执行的国家标准、行业标准、地方标准和养老服务机构制定的管理标准。养老服务机构的管理标准体系可以是一个独立的体系，可以是多个管理标准体系组合形成，也可分成若干相互联系相互作用的子体系，但应避免重复和矛盾。

管理标准体系采用层次结构，同层次的技术标准与管理标准应确保相互协调。管理标准体系的结构形式见图 12－1，图中的管理内容、类别基本涵盖了一般养老服务机构的主要管理活动。

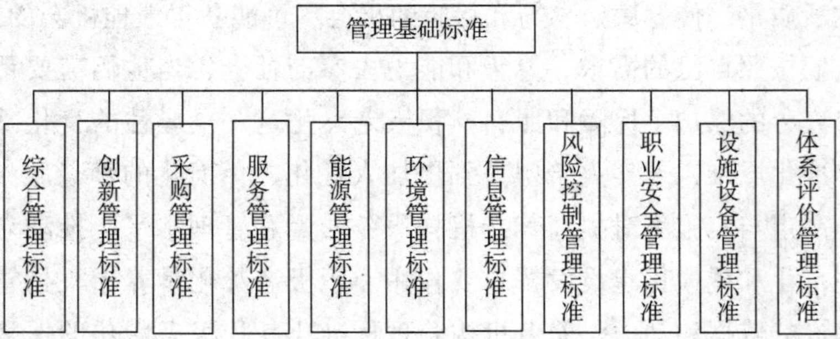

图 12－1　管理标准体系的结构形式

（二）养老管理标准体系的编写要求

管理标准体系的基本要求包括：管理标准体系应在企业标准体系表的框架下制定，管理标准体系表应符合 GB/T 13017；管理标准体系应贯彻国家、行业的管理基础标准；企业应充分吸收和运用国内外先进的管理理论和经验，结合实际，将其应用在管理标准体系的建立和实施中。

1. 名称

标准名称应简明、确切，反映管理活动的主题。标准名称除采用“管理标准”以外，也可以采用管理活动的主题与“程序”“控制”“办法”“制度”等的组合，例如，合同评定程序、采购控制、能源管理办法、财务管理制度等。

2. 职责

明确主管部门实施此项管理部门及他们的职责、权限。该管理活动涉及几个部门时，应规定主管部门、协作部门及其接口和相互关系，同时应明确该项标准贯彻、实施、检查、考核的部门及方法。

3. 管理活动的内容与方法

养老服务机构在制定管理标准时，首先确定管理内容和方法，包括：应详细规定该管理活动所涉及的全部内容和应达到的要求、采取的措施和方法；逐步列出开展此项活动的细节，明确输入、转换的各环节和输出的内容，其中包括人员、信息和环境方面应具备的条件，与其他活动接口的协调措施；明确每个服务过程中各项工作内容、定人、定点、定时、定量进行控制；内容复杂的管理标准，可根据管理活动的特点或类别分别列出若干章节，分别表述；管理要求要尽可能量化，不能量化的可使用比较的方式表述。

4. 报告和记录

养老服务机构管理活动所形成的报告、记录，其格式、签发、传递和保存应符合国家、行业、地方的要求，若无明确要求的，应制定具体要求。

二、养老管理标准体系的主要内容

管理标准（administrative standard）是对企业标准化领域中需要协调统一的管理事项所制定的标准。“管理事项”主要指在企业管理活动中，所涉及的经营管理、设计开发与创新管理、质量管理、设备与基础设施管理、人力资源管理、安全管理、职业健康管理、环境管理、信息管理等与技术标准相关联的重复性事物和概念。

（一）综合管理标准

1. 管理基础标准

管理基础标准是养老服务机构制定各项管理标准的基础，主要包括管理术语、服务标准化指南。

2. 综合管理标准

（1）方针目标管理。养老服务机构各项工作应在本机构方针指导下进行，方针和目标应与上级部门的方针和目标保持一致。在制定方针目标时应考虑：方针应在本机构内得到沟通和理解；目标应是可测量的，应通过检验以确定服务实现的程度；在相关职能和层次上展开目标时注意各部门之间配合及协调关系，确保方针目标的实现。

（2）合同管理。合同管理标准应包括合同管理的程序、内容和相关的要求。建立合同管理标准要求：规范合同格式，确认格式等效性；明确合同授权或委托权限；合同管理依据《中华人民共和国合同法》有关规定；合同评审应依据 DB11/T 148 中 4. 2 的规定。

（3）财务管理。应按国家法律法规和行业的要求，对财务活动和成本核算以及收支进行管理，并制定财务成本收支标准。管理者应支持和鼓励养老服务机构的业绩改进，开展具有创新性的财务管理方法。

（4）人力资源管理。应包括人员招聘、培训、业绩考核和聘用管理标准等。编制人力资源管理标准要求：执行国家和行业有关人力资源方面的职业要求；建立培训制度时，应考虑养老服务机构发展、人员综合素质要求以及养老服务机构文化现状的需要；建立评价与考核制度，详细规定组织形式、考核内容、频次和奖惩办法；强调养老服务理念更新，满足服务对象需求。

（二）创新管理标准

1. 主要内容

养老服务机构应对设计开发进行控制，对改革创新提出要求，并制定管理标准，包括设计开发输入输出及创新工作的要求，并进行评审、验证。

2. 编制要求

（1）设计开发输入输出的要求。设计开发输入应反映相关强制性标准、法律法规以及行业的要求、服务的安全性和舒适性的要求；设计开发输入应采集国际、国内同行业的相关信息；设计开发输出应注意服务提供过程的量化指标。

（2）评审、验证的要求。应对设计结果进行评审，验证设计要求，对收集的数据进行认定；确定服务设计是否满足需求，并留有记录。

（3）服务创新工作的要求。管理者应主动寻求对服务管理的有效性和效率持续改进；建立服务创新必要的工作程序并制定奖励办法。

（三）采购管理标准

养老服务机构对采购活动进行控制，并制定采购管理标准。内容应包括：在审批采购时，应加强对其准确性和完整性的审查；标准应规定在采购过程中选择合格的供方，要求供方提供其作为合格供方的证据（包括供方的资质、产品、程序、过程、设备、人员的概况），以及供方的产品安全认证；根据供方提供产品的能力，进行评价和选择；对评价结果记录予以保存；应建立并实施检查、验收，以确保采购的产品符合质量要求；不合格品的处置。

（四）服务管理标准

1. 主要内容

应对提供服务的人员、设施、资源、方法、程序和环境等因素及服务提供的全过程进行有效控制，制定服务管理标准。

2. 编制要求

制定服务规范，规定服务达到的水平和要求，包括：功能性、经济性、安全性、舒适性、时间性、文明性的要求等；制定服务提供规范，将服务提供过程按步骤划分成各个工作环节，规定每个工作环节中的内容。

应注意提供过程所要求的各项设备、设施、器材、人员等资源；编制服务程序，确定各类服务过程中的接口，不应留有空白或空缺。

制定质量控制规范，包括：识别并分析对服务质量有重要影响的关键过程，并加以控制；规定过程的评价方法及建立控制手段；对不合格项的管理应制定标准，包括不合格项的原因分析、识别、记录、评审和处置等控制办法，防止不合格项对养老服务机构造成损失；应制定纠正措施标准，以消除不合格项发生的原因，防止不合格项的再发生；制定预防措施标准，以消除潜在的不合格的原因，防止不合格的发生；制定预防措施；对预防措施进行监控，制定跟踪措施并评价；质量争议的处置。

服务满意度调查。服务管理标准应制定评价和改进程序，持续改进服务质量以满足顾客需求。

（五）能源管理标准

养老服务机构对能源的使用和消耗的全过程进行科学的计划、监督和调节，并建立能源管理标准。内容应包括：在满足顾客需要的前提下进行节能调整和改造；能源管理各种记录的保存和利用；能源的计量和能耗的分析；注意能源的合理使用，降低费用支出。

（六）环境管理标准

依据 GB/T 24001 的规定建立环境管理标准。内容应包括：依据 DB11/T 219 中 7. 3. 1. 2 和行业的要求，采取必要的管理措施；对可能对环境造成危害的废弃物处理应执行行业强制性措施；将环境保护纳入养老服务机构日常管理；提高员工环境保护的意识，发动员工积极参与环境保护工作。

（七）信息管理标准

应对信息的收集、分析、处理、存储与利用等方面制定信息管理标准。

信息管理标准应明确：信息收集渠道与方法；信息的筛选、分析和利用；明确信息的储存方式，根据需求和可能选择合适的信息技术，并与本机构发展相匹配，对文件进行有效管理。

文件管理应明确：使文件和资料易于查找，明确文件发放、回收、借阅、销毁的要求，重要文件应纳入受控状态；文件发布前应得到批准，以确保文件是否充分与适宜，必要时对文件进行评审与更新，并再次批准；文件的更改和修订状态得到识别，在使用处可获得适用文件的有效版本；文件保持清晰，易于识别，外来文件得到识别，并控制其分发；及时将失效文件和资料从所有发放和使用场所撤回，或采取其他措施，防止作废文件的非预期使用，如因任何原因需保留作废文件时，对这些文件应进行适当的标识。各种记录是养老服务机构为各种管理标准体系提供有效运行证据，应将记录纳入管理标准。

记录管理应明确：记录保持清晰，字迹清楚、标识明确，并可追溯相关活动，易于识别和检索；记录的标志、贮存、保护、检索、保存期限和处理应予以控制。

管理活动中形成的具有保存价值的信息，包括文字、图表、图样、数据、音像、电子信息等资料，均应纳入档案管理范围。及时收集、分析顾客满意和不满意的信息，并不断提高顾客满意度。

（八）风险控制管理标准

GB/T 28001 规定的管理手册、程序文件，是危机与风险控制管理标准的一种形式，可将其纳入养老服务机构管理标准体系。

管理过程应包括：养老服务机构提供服务的全过程中的院内感染控制、各种事故的防范、突发事件的处理、日常服务过程监控、安全管理、人员培训等方面的管理。

内容应包括：加强传染病的预防教育、院内感染控制培训、各类安全教育和各种技术操作培训；明确检查制度，规定院内感染控制环节、各种事故的防范、突发事件的处理、日常服务过程监控、安全管理、人员培训、设施设备、安全防护等方面的危机管理措施；编制各类危机与风险控制的工作预案和处理程序；通过风险评估、服务过程控制，采取预防和纠正措施并获得改进。

标准应明确处理程序，包括：识别潜在的或紧急情况，及时作出反应，预防和减少可能的危险和伤害；按照国家和行业规定进行事故分类；规定报告程序、时限和应急处理措施。

（九）职业安全管理标准

依据 GB/T 28001 制定职业安全管理标准，以消除和减少服务提供过程中产生的职业安全风险。

内容应包括：对高温和运动性损伤情况定期进行统计并对发生原因进行分析；发放劳动防护用具，采取预防和纠正措施；开展职业安全培训，提高员工职业安全防范技能；对职业禁忌病的诊断、调离、治疗。

（十）设施设备管理标准

养老服务机构应对设施设备的全过程进行管理，并制定管理标准。

管理过程包括设施设备的选择、购置、安装、调试、控制、维修、保养、改造和报废处理以及特种设备强检等全过程。

内容应包括：养老服务机构对内部或外部提供的支持性服务所涉及的

设施设备，应予以控制；设备购置管理应包括购置计划管理、申请审批程序、购置程序；设备验收安装管理包括设备开箱验收记录及有关图样、制造厂产品标准、合格证等保存、建档；维修保养管理，包括设施设备日常运行、检查、停用的管理；锅炉、压力容器、电梯等特种设备严格实行强检；计量器具应按检定周期定期检定；对设备使用者进行培训并建立设备技术档案；水、电、暖等依靠外部供给的，应签订外包合同建立良好的供方关系，确保正常运转。

（十一）体系评价管理标准

养老服务机构应制定体系评价标准。对其建立的养老服务标准体系及机构内配套服务提供体系运行的状况应定期进行评价，以利于查明各种管理体系的实施效果是否达到了规定的要求，及时发现存在的问题，采取纠正措施，保证相关的管理体系有效运行。

养老服务机构标准体系的评价工作，按照 GB/T 19273、DB11/T 303 进行。

体系评价标准要求机构最高管理者，就本机构的方针、目标、各管理体系的方针、目标以及机构各管理体系的适宜性、充分性、有效性和效率，进行管理评审。这种管理评审要求：明确管理评审由最高管理者主持；按计划的时间间隔进行，一般每年一次；管理评审的输入应包括：对方针、目标的评价，对体系的评价结果、顾客反馈信息、产品的符合性、预防和纠正措施的状况、以往管理评审的跟踪措施、改进建议等。

管理评审的输出应包括：各管理体系及其过程有效性的改进、与顾客要求有关的产品改进、资源需求等方面有关的任何决定和措施。

我国养老机构标准化体系建设可以用“健全制度、完善标准、注重细节、优化管理、规范服务、建设队伍”来概括。

第二节　养老工作标准体系的建立

工作标准体系是指企业标准体系中的工作标准按其内在联系形成的科学的有机整体。工作标准体系是企业标准体系的重要组成部分，是企业标准体系的子体系。

一、工作标准体系的构成

构成工作标准体系的工作标准一般包括岗位工作标准或岗位责任制和作业指导书。工作标准体系的结构形式见图 12－2 所示。工作标准体系的基本要求包括：企业对与生产、经营、管理有关的工作岗位应建立工作标准，并形成体系，以保证技术标准和管理标准的实施。工作标准体系应在企业标准体系的框架下制定，并与技术标准和管理标准协调一致。工作标准应使用本机构统一的标准编号方法，并应与技术标准、管理标准和其他标准或体系文件相区别。

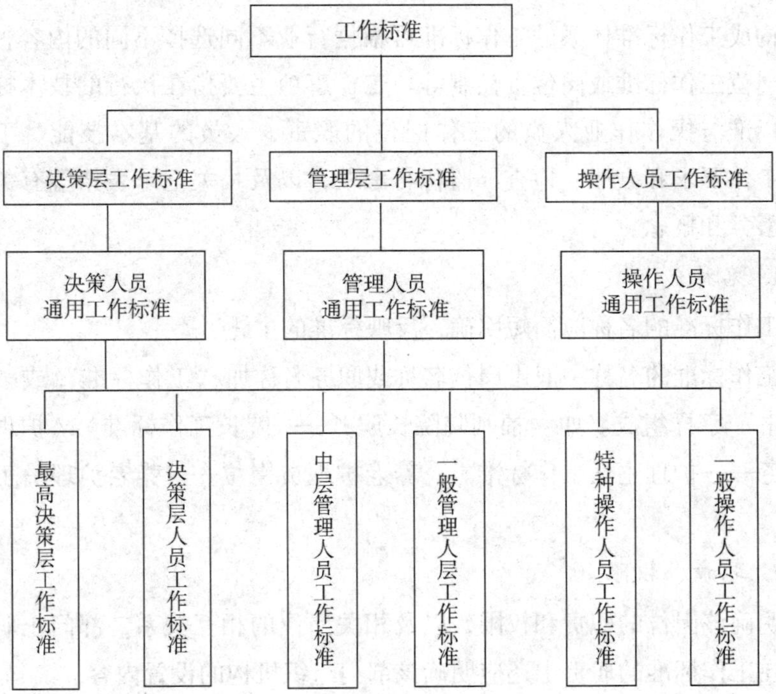

图 12－2　工作标准体系的结构形式

二、工作标准的编制要求

工作标准是对企业标准化领域中需要协调统一的工作事项所制定的标准，其目的是为保证技术标准和管理标准的有效实施。

（一）编写原则

制定本机构内各职务、各岗位的工作标准时应注意：

最高决策层和每个职务都应制定明确的职责和权限；一般管理人员工作标准应按岗位制定，其职责、权限体现在工作标准中；应制定员工通用的工作标准；对特殊工序过程的操作人员，可对特殊工种、特殊任务制定相应的具体工作标准；操作人员的职责权限应体现在具体的岗位工作标准中，应按工种制定；服务人员的工作标准应包括服务规范和服务提供达到的要求。

（二）主要内容

构成工作标准体系的工作标准可根据行业不同选择不同的内容，一般包括岗位工作标准或岗位责任制等。工作事项主要指在执行的技术标准和管理标准与操作作业人员的工作岗位的职责、人员的基本技能、工作内容、工作要求和方法、检查、监督与考核，以及相关记录表格等有关的重复性事务和概念。

1. 名称

工作标准的名称应简短明确，反映标准的主题。

工作标准的名称一般由岗位名称或职务名称加“工作标准”或“作业指导书”字样组成。如《福利院院长职务——院长工作标准》《护理部主任职务——护理主任工作标准》《养老护理员岗位——养老护理员工作标准》。

2. 职责、权限

明确该岗位的职责和权限，以及相关岗位的相互关系，部门正职管理人员在工作标准的职责中还应明确该部门组织机构的设置内容。

3. 岗位人员资格要求

明确岗位人员的基本资格要求，包括文化水平、操作技能、管理知识等。从事特殊作业的人员应有其技能的资格要求。

4. 工作内容与要求

明确该岗位在养老服务机构管理活动中所应承担的工作目标；最高决策者的工作内容，主要是确立本机构的方针目标，作出决策、提供资源、监督实施、评价体系、持续改进等；决策层人员的工作内容应由最高决策者确定；管理人员的工作内容应注意尽量避免交叉，明确接口，工作内容应由管理者确定，对管理人员应侧重于效率和服务的要求；对岗位的工作内容应偏重于质量要求，也包括数量和时间方面的要求，能够定量的要求尽可能量化；对特殊工序工作岗位，如焊接工、电梯工、电工、锅炉工等作业要求，应参照国家有关部门颁布的操作规程及规定制定；对每个岗位按顺序列出工作（作业）的细节，明确服务提供的各环节的内容，并与其他工作（作业）接口处相互协调。应明确服务过程中的各项要求，说明需要注意的情况，必要时附上工作程序或流程图。

5. 附录、记录及表格

必要时以附录形式补充说明，养老服务机构应编制必要的各种记录或表格。

第三节　养老机构管理标准化建设

养老机构标准化建设旨在建立健全养老机构的国家标准、行业标准或地方标准，按照老年人的自身情况和个人需求，让老年人享受到标准化的服务。

一、养老机构管理标准化存在的问题

我国民政标准化工作的开展，对我国民政事业发展起到了技术支撑作用。1999 年 5 月，建设部和民政部联合下发了强制性行业标准《老年人建筑设计规范》，就老年人建筑的环境设计、建筑设计、建筑设备与室内设施等作出了规定。2001 年 3 月，民政部发布了《老年人社会福利机构基本规范》行业标准，对各类、各种所有制形式的为老年人提供养护、康复、托管等服务的社会福利服务机构，提出了明确的要求。民政部多次提出把“加强管理标准化建设”作为推进工作的一项重要措施，要求各职能部门结合各自的工作领域制订管理标准项目计划和制订管理标准化实施方案。地方养老机构的标准化建设为国家级的养老服务行业的标准化管理体系建设奠定了基础。北京市先后出台了《养老服务机构服务质量标准》《养老服务机构服务质量星级划分与评定》等十余项地方标准，为建立国家级的社会福利服务行业的标准化管理体系提供了参考。

养老机构的管理服务标准与产品标准不同，它不仅仅是技术问题，还与社会经济、文化水平和社会发展息息相关，更体现了社会对老人群体的关怀。标准化建设与养老服务工作和民政事业发展的需求相比，还存在许多不相适应的地方，可以概括为5点：一是现有的部分养老机构规范缺乏前瞻性、规划性和配套性，没有建立起完整的养老服务标准体系；二是养老服务机构管理标准体系缺失、陈旧、滞后，内容科学性和可操作性欠佳；三是标准年龄较长，制定（修订）和复审不及时，没有建立起认证、认可、检测、合格评定等相结合的标准宣传、执行、实施以及评估体系；四是养老标准化研究机构不健全，标准化工作的财政投入不足等；五是养老机构标准化专业人才紧缺，人们对标准化建设缺乏足够的重视。

二、养老机构管理标准化建设的路径

养老机构管理标准化建设是一项系统工程，要推进这项重要工程前进，就需要立足国情，借鉴发达国家的先进经验，掌握标准化的原理和要求，结合中国养老机构管理的实践，以市场需求为基础，以完善制度为根本，以厘清职责为保障，以人才建设为支撑，提高中国养老机构管理标准化总体水平，促进养老事业的又好又快发展。

（一）以市场需求为基础

养老机构管理标准化建设要以市场需求为基础。发达国家的标准化管理体制、机构、运营方式虽各不相同，但都体现了标准制定以市场需求为基础，建立了遵循市场化原则的标准管理体制。养老机构管理的市场需求就是老年人的服务需求，我们要按照老年人的实际情况和需求特征作为制定标准的基础、实施标准的依据以及监督标准执行情况的准绳，以老年人的需求为导向，科学研判经济社会发展形势和标准化发展趋势，加强当前养老事业发展急需标准建设；着眼老龄事业长远发展，超前部署一批养老标准基础研究课题。

（二）以完善制度为根本

养老机构管理标准化建设要以完善制度为根本。把加强管理标准化的制度建设作为推进标准化工作的一项重要措施和重要杠杆，各职能部门结合各自的工作领域制订管理标准项目计划，重点围绕管理标准化内涵、项目类别、制定主体、评定主体、配套政策5个方面展开调研，并在此基础上制订管理标准化实施方案，完善标准基础研究到标准立项、从标准制定到标准执行的一体化工作机制的制度建设，为标准化工作更好更快发展提供有力保障。

（三）以厘清职责为保障

美国、德国、英国等发达国家都基本形成了政府监督、授权机构负责、专业机构起草、全社会征求意见的标准化工作运行机制。政府授权并委托标准化协会或标准化学会统一管理，协调标准化事务，在标准起草、审查、批准、发布、出版、发行以及信息服务方面有充分自主权。政府只负责全程监督和财务扶持。中国也正在积极借鉴国际通行的标准制定规则和程序，越来越重视调动各方面力量参与和支持标准化工作，充分发挥部标准化专家委员会在标准研究、决策、规划、立项、制定、管理、验收等环节中的专业咨询作用，进一步形成“政府主导、社会参与、专业支撑”的标准化工作格局。

（四）以人才建设为支撑

标准化工作是一项专业性工作，离不开专业力量的支撑。实施标准化的养老护理对提高养老护理人员的素质有着极其重要的意义。从 2010 年 8 月起，民政部使用部本级福利彩票公益金举办多期全国老年福利服务机构标准化建设培训班，通过人才建设使各地老年福利服务机构的管理人员和工作人员明确老年福利服务行业推进标准化的步骤和工作任务，了解和掌握老年福利服务机构标准化实施的具体内容和成功经验，为推动老年福利服务行业标准化建设的进程打好基础。

总之，加强养老机构管理标准化建设，是民政部门履行好“解决民生、落实民权、维护民利”核心职责的迫切需要，是一个亟待解决的命题，也是摆在我们面前的一个重大的战略任务，对构建社会主义和谐社会具有十分重要的意义。我们要抢抓机遇，发挥专业作用，坚持研究先行，创新体制机制，为实现养老工作与标准化工作之间的良性互动和协同发展进行不懈努力。

第四节 重点养老管理标准解读

养老管理标准主要包括养老机构基本规范、养老机构安全管理等。

一、养老机构基本规范

《养老机构基本规范（Basic standard for senior care organization）》（GB/T 29353－2012）于2012年12月31日发布，2013年5月1日实施。该标准规定了养老机构的基本要求、人员要求、管理要求、环境与设施设备要求和服务内容及要求，明确了养老机构（senior care organization）术语的定义是为老年人提供生活照料、膳食、康复、护理、医疗保健等综合性服务的各类组织。该标准适用于全日制养老机构的运行和管理，不适用于非全日制的社区日间照料或托老服务机构。

（一）基本要求

养老机构应具有独立法人的资质，具有相对独立、固定、专用的场所，建筑及设施的设计与设置应符合GB/T 50340－2003相关要求。

（二）人员要求

养老机构人力资源配置应满足养老服务的需要。机构管理者应具有高中及以上文化程度，具有五年以上的相关工作经验，并经行业培训合格，获得相关资质证书；专业技术人员应持有与其岗位相适应的专业资格证书；养老护理员应持有与岗位要求一致的职业资格证书；养老机构宜配备社会工作者、康复师、营养师等。

（三）管理要求

养老机构应制定老年人服务合同管理制度，明确相关内容；制定各类人员的聘用、培训和管理制度，建立各类人员职业健康制度、岗位资质审核制度、绩效考核制度；应建立管理组织架构，设置工作岗位，明确工作标准；应建立财务管理制度；应制定设施、设备及用品的购置、使用、维保、报废等管理制度；应建立外包服务质量管理和监督机制；应建立安全管理机制，制定相关应急预案；应建立老年人健康状况评估制度、入住档案和健康档案管理制度；应制定服务规范（明确服务内容及质量要求）、服务提供规范（明确提供服务的时间、地点、内容、环节、程序等）、服务质量控制规范（根据质量控制指标，明确不合格服务的预防措施，制定服务质量的评价及改进办法）。

（四）环境与设施设备要求

养老机构室外环境应符合GB/T 50340－2003第3章的要求，按GB/T

15565.2－2008中标志及其应用要求设置相应场所标识图案，无障碍设施符号应符合GB/T 10001.9－2008的要求；居室应符合GB/T 50340－2003中第4章的要求；室内灯光照度应柔和，居室及通道应设有夜灯及应急灯；室内宜配备房间空气温度调节设施；室内空气应符合GB/T 18883－2002的要求；室内噪音应符合GB 3096－2008中0类标准。

养老机构配套服务设施配置应符合GB/T 50340－2003中4.1.5的要求；公共区域应设置餐厅、卫生间、浴室、活动场所，并满足以下要求：餐厅布局合理，桌椅应完备、干净整洁；卫生间应设置坐式蹲位、残疾人蹲位，具有安全防护设施，通风良好、无异味；浴室应有安全防护措施，洗浴用水水温应可调节，温度适宜；活动场所应设置固定的健身设施、设备，应设置固定座椅，设施、设备应符合老年人的体能心态特征；室内活动场所应光线充足，配有文化娱乐用品；应设置公共洗涤场所，配备洗涤用具；应配备老年人常用的康复器具。居室和卫生间应配置紧急呼叫设备。

（五）服务内容及要求

在生活照料服务方面。生活照料服务至少应包括：穿衣（包括协助穿衣、更换衣物、整理衣物等），修饰（包括洗头、洗脸、理发、梳头、化妆、修剪指甲、剃须等），口腔清洁（包括刷牙、漱口、清洁口腔、装卸与清理假牙等），饮食照料（包括协助进食、饮水或喂饭、管饲等），排泄护理（包括定时提醒如厕、提供便器、协助排便与排尿，实施人工排便，清洗与更换尿布等），皮肤清洁护理（包括清洗会阴、擦洗身体、沐浴和使用护肤用品等），压疮预防（包括定时更换卧位、翻身，减轻皮肤受压状况，清洁皮肤及会阴部等）。生活照料应由养老护理人员承担。应配备生活照料服务必要的设施与设备。应根据老年人的具体需要提供相应的照料服务。

在膳食服务方面。膳食服务至少应包括食品的加工、配送，制作过程应安全、卫生，送餐应保温、密闭。膳食服务提供者应由持有健康证并经过专业培训合格的人员承担。应配备提供膳食服务必要的设施与设备。应根据老年人身体状况及需求、地域特点、民族、宗教习惯制定菜谱，提供均衡饮食。

在清洁卫生服务方面。清洁卫生服务应包括环境清洁、居室清洁、床单位清洁、设施设备清洁。应设置专职岗位并配备相应的清洁卫生人员。应配备必要的设施、设备与用具。环境清洁包括生活区和医疗区的环境分类管理、生活和医疗垃圾的分类处理。环境、居室、床单位、设施设备应整洁有序、及时清扫。采取服务外包的方式时，应对服务质量进行监控。

在洗涤服务方面。洗涤服务包括织物的收集、登记、分类、消毒、洗涤、干燥、整理和返还。应配备相应的洗涤服务人员。应配备必要的洗涤设施、设备与用具。洗涤物品应标识准确，当面验清。采取服务外包的方式时，应对服务质量进行监控。

在老年护理服务方面。老年护理服务应包括基础护理、健康管理、健康教育、心理护理、治疗护理、感染控制等。应由内设医疗机构提供或委托医疗机构提供。应由在内设医疗机构或委托医疗机构注册的护士承担。应配备必要的设施与设备。应遵医嘱，应执行医疗机构规定的护理常规和护理技术操作规范。应参照医疗文书书写规范进行记录。应参照对老年人能力等级评估的情况提供相应的护理服务。院内感染控制技术要求应符合《消毒技术规范》的规定。

在心理或精神支持服务方面。心理或精神支持服务至少应包括沟通、情绪疏导、心理咨询、危机干预等服务内容。应由心理咨询师、社会工作者、医护人员或经过心理学相关培训的养老护理员承担。心理咨询、危机干预宜由心理咨询师、社会工作者承担。应配备心理或精神支持服务必要的环境、设施与设备。应适时与老年人进行交流，掌握老年人心理或精神的变化。应制定心理咨询和危机干预工作程序。应保护老年人的隐私。

在文化娱乐服务方面。根据老年人身心状况需求，开展文艺、美术、棋牌、健身、游艺、观看影视、参观游览等活动。主要由养老护理员、社会工作者组织，邀请专业人士或相关志愿者给予指导。应配备文化娱乐服务必要的环境、设施与设备。开展活动时，机构应提供必要的安全防护措施。

在咨询服务方面。咨询服务包括信息提供和问询解答。应由各类相关服务人员承担。所提供的信息和解答应真实、准确、完整。应提供咨询服务必要的环境、设施与设备。

在安全保护服务方面。安全保护服务是通过医护人员的评估，为老年人采取适当的安全防护措施的活动。应由专业技术人员及养老护理员承担。应提供安全保护服务必要的设施、设备及用具，包括提供床挡、防护垫、安全标识、安全扶手、紧急呼救系统等。

当发生自我伤害或伤害他人的紧急情况，或经专业执业医师书面认可，并经相关第三方书面同意后，应对老年人进行身体约束或其他限制行为，并记录时间、身心状况以及原因。当发生自我伤害或伤害他人的紧急情况解除，或经专业执业医师书面认可，并经相关第三方书面同意后，应解除对老年人进行身体约束或其他限制行为并记录。

在医疗保健服务方面。医疗保健服务是为老年人提供预防、保健、康复、医疗等方面的活动。应由内设医疗机构或委托医疗机构提供。医疗保健包括常见病和多发病、慢性非传染性疾病的诊断、治疗、预防和院前急救工作，康复治疗和转院工作。应由执业医师或康复师承担，符合多点执业要求。应参照医疗机构设置要求配备设施与设备。应运用综合康复手段，为老年人提供维护身心功能的康复服务。应符合卫生行政主管部门有关诊疗科目及范围的规定。医疗行为应参照临床医疗诊疗常规。

二、养老机构安全管理

《养老机构安全管理（Safety management for senior care organization）》（MZ/T 032－2012）于2012年3月26日发布，2012年4月1日实施。该标准规定了养老机构的安全管理体系、设备设施安全、食品安全、消防安全、医疗护理安全、人身安全、财产安全、信息安全、突发事件应急管理和安全教育与培训的要求。该标准明确了“安全”术语的定义是“免除了不可接受的损害风险的状态”。“职业健康安全”术语的定义是“影响工作场所内员工、临时工作人员、合同方人员、访问者和其他人员健康和安全的条件和因素”。该标准适用于养老机构的安全管理。

（一）安全管理体系

1. 安全管理部门及职责

养老机构的安全责任人应是机构法定代表人或主要负责人。养老机构应依法建立安全管理部门，安全管理部门由安全责任人、安全管理人员、相关部门和具体实施安全工作的专（兼）职人员组成，逐级负责本机构的安全管理工作。

2. 安全管理人员要求及职责

（1）安全管理人员要求。养老机构应按照机构总人数及服务内容配置相适应的专（兼）职安全管理人员。安全管理相关工作人员应熟悉国家和地方安全管理相关的法律法规及技术规范，并取得相关部门认可的资格证书，持证上岗，具备必要的组织协调能力和突发事件应变处置能力。

（2）各级安全管理人员职责。安全责任人应全面负责本机构的安全工作，依法开展安全管理工作；建立安全管理部门和组织（含义务消防组织）；审查批准安全制度、组织制定并实施安全事故应急预案；定期研究、督导安全问题；及时、如实向上级主管部门报告安全事故。安全管理人员应负责本机构主管范围内的安全工作；负责制定安全管理制度和年度安全工作计划，组织实施日常安全管理工作；督促、落实隐患整改工作；定期向安全责任人报告安全工作情况，及时报告涉及安全的重大问题。

3. 安全管理制度

养老机构应遵守国家法律法规要求，建立健全各项安全管理制度。制度应包括但不限于：安全责任制度；安全教育制度；安全操作规范或规程；安全检查制度；事故处理与报告制度；突发事件应急预案；考核与奖惩制度。

安全管理制度应明确相关部门及人员的职责、权限、工作内容、工作流程及要求，应建立健全岗位操作规范。

4. 报告制度

发生意外或可能引发意外的过失行为后，应按要求逐级上报。报告程序应符合下列要求：发现设施、服务过程或服务对象存在安全隐患，工作人员应向安全管理人员报告，安全管理人员应及时组织力量采取积极的措施，消除隐患，并向上级报告；发生安全事故后，工作人员应立即向安全管理人员报告，并进行事故详细记录；安全管理人员应迅速向安全责任人报告；安全责任人应按照有关规定及时向上级主管部门和相关行政主管部门报告。发生重大疫情，应及时向机构属地疾病预防控制机构报告。

（二）设备设施安全要求

1. 消防安全

养老机构建筑在正式投入使用之前，应通过公安消防机关的消防验收。建筑防火设计应符合 GB 50016－2006 第 5、6、7、8、9、10、11 章的规定或 GB 50045－1995（2005 版）第3、4、5、6、7、8、9 章的规定。建筑内部装修设计及使用装修材料的燃烧性能等级，应符合 GB 50222－1995 第 3 章的规定。应按照 GB 50016－2006 第 8、9、11 章或 GB 50045－1995（2005 版）第 7、8、9 章的规定设置火灾自动报警系统、自动灭火系统或室内外消火栓系统及防排烟设施，并按照 GB 50140－2005 第 3、4、5、6、7 章的规定配置相应的灭火器材。任何单位、个人不应损坏、挪用或者擅自拆除、停用消防设施、器材，不应埋压、圈占、遮挡消火栓或者占用防火间距，不应占用、堵塞、封闭疏散通道、安全出口、消防车通道。人员密集场所的门窗不应设置影响逃生和灭火救援的障碍物。消防设施、器材应定期组织检验维修，并对消防设施每年至少进行一次全面检测，确保完好有效。养老机构设置的消防安全标志牌及其照明灯具等应符合 GB 15630－1995 第 8 章的规定，应定期检查与维修，至少半年检查一次，发现问题应及时修整、更换或重新设置。

2. 电气安全

养老机构应正确选用各类用电产品的规格型号、容量和保护方式（如过载保护等），不应擅自更改用电产品的结构、原有配置的电气线路以及保护装置的整定值和保护元件的规格等。

选择用电产品应确认其符合产品使用说明书规定的环境要求和使用条件，并根据产品使用说明书的描述，了解使用时可能出现的危险及需采取的预防措施。

电气线路、电气设备的安装应由专业人员实施，安装完成后，依法进行检测。用电产品的安装、使用及维修应符合 GB/T 13869－2008 第 6、7 章的规定。

3. 燃气安全

燃气安全的管理应符合 GB/T 50340－2003 第 5 章的要求，使用燃气的设备及场所应设可燃气体报警装置。

养老机构不应私自拆、移、改动燃气表、灶、管道等燃气设施，不应私自安装燃气热水器、取暖器和其他燃气器具。

养老机构选择使用的燃气灶、热水器和壁挂炉等燃气器具应经有资质的检验机构检验合格，并根据产品使用说明书了解产品使用时可能出现的危险及需采取的预防措施。

4. 特种设备安全

特种设备在投入使用前或者投入使用后30天内，养老机构应向特种设备安全监督管理部门登记，登记标志应置于或者附着于该特种设备的显著位置。

养老机构应对在用特种设备进行经常性日常维护保养，并定期自行检查，应至少每月进行1次自行检查，并作出记录。在自行检查和进行日常维护保养时发现异常情况的，应及时处理。电梯维护单位应至少每15天对养老机构在用电梯进行1次清洁、润滑、调整和检查，并作记录。

养老机构应指定机构对在用特种设备进行定期检验。在安全检验合格有效期届满前1个月应向特种设备检验检测机构提出定期检验要求。未经定期检验或者检验不合格的特种设备，不应继续使用。

5. 健身器材安全

健身器材的安全注意事项和警示标志应设置在活动区显著位置。

养老机构应定期对在用健身器材进行清洁、润滑、调整、检查维护，并作记录；发现情况异常，应及时处理。

6. 建筑安全

养老机构的选址及规划布局应符合 GB/T 50340 - 2003 和 GB 50437 的要求。

养老机构应有无障碍设计，无障碍设计应符合 JGJ 50 - 2001 第5、6、7章的内容要求。

养老机构应对本机构建筑设施进行定期维保。

7. 安全标志

养老机构应对存在较大危险因素的部位和有关设备、设施设置安全标志。安全标志牌的型号选用、设置高度、使用要求应符合 GB 2894 - 2008 第7、8、9章的规定，安全标志的颜色表征应符合 GB 2893 - 2008 第4章的要求，便于服务对象及社会公众识别。

养老机构应对安全标志牌至少每半年检查一次，如发现有破损、变形、褪色等不符合要求的应及时修整或更换。

养老机构中的消防安全标志应符合 GB 13495 - 1992 第3、4章的规定，消防安全标志的设置原则与设置要求应符合 GB 15630 - 1995 第5、6章的规定。

养老机构中的应急设备安全标志与设置应符合 GB 2894－2008 第 6 章中的规定。对在紧急情况下使用的通信设备（这种通信设备应设在每个呼叫点和电话机所在位置）应使用安全标志醒目地标示，对设备的背景区域应标记或照亮。

养老机构的安全出口、疏散走道和楼梯口应设置灯光疏散指示标志，疏散指示标志应设在安全门顶部或疏散走道及其转角处距地面高度 1 米以下的墙面上，且疏散指示标志的间距不应大于 20 米。同时在疏散走道的地面应设置蓄光型疏散导流标志，并保证疏散导流标志视觉连续。在走廊通道墙面明显处设置疏散路线示意图。

安全玻璃门、玻璃墙应有警示标志并设置在显著位置。

8. 监控设备

养老机构应设置监控设备，做到重点公共区域全覆盖。

设置监控系统的养老机构应有监控系统控制室，并应有专（兼）职人员 24 小时值班；值班人员要坚守岗位，做好运行和值班记录，执行交接班制度。控制室的入口处应设置明显标志。

9. 其他

养老机构应明确设备设施安全使用注意事项，并在显著位置公示。

（三）信息安全要求

养老机构应建立各类信息、档案资料保管制度。

应严守国家保密法和保密守则，不泄密，不外泄个人隐私。

信息应包括机构内部形成和采集的文字信息（包括老年人健康档案、管理工作档案等）、图片信息、影像信息等。收集的信息应符合真实性、准确性、全面性、时效性的原则。

应有专（兼）职人员负责信息管理，各类信息经过筛选和整理后，应当分类保存。重要的照片、影像等信息资料应采用适当的媒介保存。

养老机构的管理、服务活动应有效地利用相关信息，作为工作的参考依据。

（四）突发事件应急管理要求

1. 应急管理部门及其责任

应急处置责任人应由养老机构的安全责任人担任。

养老机构的安全管理部门负责组织、协调应急处置工作，担负信息汇总上传和综合协调的职责。

2. 应急预案

养老机构应制定应对自然灾害、事故灾难、公共卫生事件、社会安全事件等突发事件的应急预案，并结合本机构实际情况制定处置专项突发事件应急预案，宜包括火灾处理预案、食物中毒处置预案、传染病处置预案以及机构认为有必要制定的其他预案。

应急预案的内容应至少包括：指导思想；组织机构；职责分工；处置原则；预案等级；处置程序；工作要求。

养老机构内全体工作人员应掌握应急预案内容并履行应急预案规定的岗位职责。

应急预案应至少每半年进行一次演练。

各类应急预案应根据实际情况变化不断补充、完善。

3. 运行机制

（1）监测与预警。应建立统一的安全突发事件监测、预警制度，完善监测、预警机制，加强对监测工作的管理和监督，保证监测质量。养老机构的安全管理部门应对可能发生的突发事件进行分析，按照应急预案的程序及时研究应对措施，做好应急准备。

（2）报告。养老机构应建立健全突发事件报告制度。应按照突发事件报告的相关规定逐级报告。事件发生后，现场有关人员应立即报告安全管理人员或安全责任人，安全责任人接到报告后，应按照相关规定立即向上级主管部门及当地政府报告。特别重大或者重大突发事件发生后最迟不得超过 4 小时。应急处置过程中，要及时续报有关情况。对重大突发事件不应瞒报、迟报、谎报或者授意他人瞒报、谎报，不应阻止他人报告。

（3）信息发布。突发事件的信息发布应当及时、准确、客观、全面。

（4）应急处置。养老机构安全管理部门应及时对突发事件的有关信息进行筛选、整理、评估，由安全责任人按照《国家突发公共事件总体应急预案》的分类分级规定，依级启动预案。重大级别以下突发事件应急处置工作由本机构安全管理部门负责组织实施。超出本级应急处置能力时，要及时报请上级安全管理部门提供指导和支持。突发事件得到有效处置、事态平息后，经组织专家论证后，安全管理部门根据突发事件处置情况终止预案。

（5）评估与改进。应急处置结束后，养老机构安全管理部门对原应急预案进行评估和完善，修订后的预案应报主管部门备案。

（五）安全教育与培训要求

安全教育与培训内容至少应包括：安全工作涉及的法律法规和规章；本部门或岗位的安全管理制度和操作规范或规程；设备设施、工具和劳动防护用品的使用、维护和保养知识；安全事故的防范意识、应急措施和自救互救知识；应急预案的演练；法律法规规定的其他内容。

教育与培训的组织实施应符合下列要求：安全责任人负责对安全管理人员的教育和培训，使之全面掌握养老机构安全监测、控制、管理的理论、专业知识和技能，并能指导实际工作；安全管理人员应组织本机构工作人员的安全教育和培训，使之掌握安全知识和相关安全技能；应对老年人进行重点安全问题预防知识教育；可采取多种形式进行安全教育和培训；应对教育和培训效果进行检查和考核。

接受教育与培训的人员应包括：安全责任人、安全管理人员，每年应接受在岗安全教育与培训；新员工，上岗前应接受岗前安全教育与培训，并做好培训记录；换岗、离岗6个月以上的，以及采用新技术或者使用新设备的，均应接受岗前安全教育与培训。

养老机构应按照GB/T 28001－2001中的要求定期对工作人员进行职业病防范、工作防护的安全教育，对新员工或换岗人员进行上岗前职业健康安全教育。

此外，在食品安全方面，养老机构应遵守国家食品安全相关法律法规和食品安全标准的要求。建立健全食品安全管理制度，采取有效的管理措施，保证食品安全。在消防安全方面，养老机构应遵守国家消防安全相关法律法规要求，建立相应的消防安全管理制度。应按照《中华人民共和国消防法》的规定建立消防安全定期检查、自查自纠及第三方评估制度。对日常消防安全管理进行安全评价，并实施有效监控。在医疗护理安全方面，养老机构内设的医疗机构应遵守国家医疗安全相关法律法规要求，依照卫生部门的规定，建立相应的医疗护理安全管理制度，对护理照料、医疗等重点安全问题进行监控。养老机构内设的医疗机构应接受卫生部门定期的监督检查。在人身安全方面，养老机构应遵守国家相关法律法规要求，建立相应的人身安全管理制度。对故意伤害、走失、交通安全等重点安全问题进行监控。养老机构应对生活照料、日常管理、服务活动中涉及的有关人身安全问题进行安全评价，并实施有效监控和防范。在财产安全方面，养老机构应遵守国家相关法律法规要求，建立相应的财产安全管理制度。对偷窃等重点安全问题进行有效监控和防范。

第四篇

养老技术标准化

第十三章　技术标准化基础

【基本要求】 通过本章的学习，您应能够：

1. 了解技术标准的重点领域；
2. 熟悉技术标准的制定技术；
3. 掌握技术标准实施的任务。

【核心概念】 技术标准；制定；实施

第一节　技术标准的制定

技术标准是对标准化领域中需要协调统一的技术事项所做的统一规定。它类型繁多、数量庞大。我国国家标准目录中第1000号以前的标准主要是这类标准。由于技术标准同技术进步的关系极其密切，对国家经济发展和企业的竞争力都有最直接的影响，因此，加强技术标准的研究和制定，提高技术标准的适用水平，是标准化的核心任务。

一、技术标准的领域

一般来说，需要同时又适合用标准加以规范的技术事项，均可制定成为技术标准。

（一）基础标准

这是技术标准始终关注的重点领域。这类标准种类繁多，如名词、术语、图形、符号、编码、代号（码）、量和单位、优先数、公差与配合、螺纹、齿轮、标准长度、标准直径、标准电压、标准电流、字符集和信息码、程序设计语言、系统接口，等等。这类技术标准的特点是随着科技进步的步伐加快，老标准必须更新。例如，现行的（第一代）以几何学为基础的产品几何技术规范，包括尺寸公差、形状位置公差、表面粗糙度、测量仪器、测量器具等标准，由于不能适应计算机辅助设计（CAD）、计算机辅助制造（CAM）和计算机辅助质量管理（CAQ）的推广和应用，不利于现代制造业的发展，ISO 于 1996 年成立了一个专门技术委员会（ISO/TC213）负责制定新一代产品几何技术规范（GPS 标准），成为引领世界制造业前进方向的、基础性新型国际标准，是实现数字化制造和发展先进制造技术的关键。重大基础标准的更新常常引起大范围的技术改造和知识更新，这也是基础标准的特点。

（二）产品标准

产品是技术标准的又一个重点领域，为生产包括各种工业生产、农业生产以及信息产业和服务业提供的终端产品使用的原料、材料、辅助材料、工具、器具、配件、元器件、标准零部件、模块等大都是以产品的形式被独立制造和销售的，有的对国民经济建设的关系重大，如重大关键技术装备、精密仪器设备、重要交通工具、基础设施、基础材料、原料、关键零部件、标准模块等；有的对国防建设有重要意义；还有相当大的一部分与公众密切相关。因此，产品标准化的对象多而杂且难度很大。

随着客户（顾客）需求的日益个性化，以往按标准成批生产的机器设备等产品，现在也已不得不根据客户的要求按订单生产了。在市场竞争日益激烈的环境下，企业必须不断地推出新产品，并且使产品尽量多样化。有些产品创新的速度远远超过标准制定的速度。那些属于高科技的产品或网络经济产品，不仅创新速度快，而且占领市场也快，标准稍有怠慢就失去统一化的时机。

（三）方法标准

方法标准是以给出方法为特征的一类标准的总称。通常是以试验、检查、分析、抽样、统计、计算、测定、作业等活动的方法为对象制定的标准。它是为了提高工作效率、保证工作结果必要的准确一致性，对上述活动中的最佳方法所作的统一规定。

方法类标准是数量庞大、种类繁多的技术标准。它的存在方式可分为两种：一种是作为产品标准的组成部分，通常是在制定产品标准时与产品的技术要求同时拟定，而且要针对技术要求中所规定的质量特性设定与其对应的试验方法（检测方法）；另一种是单独的方法标准，如臭氧质量浓度的测定化学发光法、城市环境噪声测定法，等等。

由于方法标准解决了方法统一的问题，在现代生活中它的作用越来越重要。无论是国际标准还是国家标准，方法标准的绝对数和相对数都在增加。

（四）其他标准

就标准的内容和属性来说，安全、卫生、环保、能源标准的每一类都已经自成独立系统。

以保护人和物的安全为目的所制定的安全标准，涉及职业安全、特种设备安全、电气安全和消费品安全4个方面，内容包括安全色、安全标志、安全性能要求及试验方法等。

为保护人的健康，对食品、医药及其他方面的卫生要求所制定的卫生标准，涉及环境卫生、食品卫生、职业卫生、放射性卫生防护等。

为保护环境和有利于生态，对大气、水、土壤、噪声、振动等环境质量、污染源、检测方法及其他事项所制定的环境保护标准，涉及环境基础、环境方法、环境质量、污染物排放、环境保护仪器设备、环境标准样品等。

为合理开发和有效利用能源，以能源为对象所制定的能源标准，涉及能源的开发、生产、加工、转换、输送、分配、储存、使用和消耗，以及其中涉及的材料、设备、工艺、环境、安全等。

二、技术标准的研制

技术标准是为人们的技术活动制定共同遵守的准则。制定技术标准有大量组织协调工作，必须采取有效形式，把各方面专家组织起来，按照统一规定的工作程序和要求开展工作，才能保证和提高制定技术标准的质量和水平，加快制定速度。技术委员会作为在一定专业领域内从事标准工作的技术工作组织，它是一个以科技人员为主体组成的有权威的专家组织，通常包括生产、使用、经销、科研、教学和监督检验等方面具有较高理论水平和较丰富实践经验、熟悉和热心标准化工作的科技人员，其任务是组织本专业技术标准的起草、技术审查、宣贯、咨询等技术服务工作。企业制定技术标准的工作，除了成立技术委员会的方式外，通常是在企业技术负责人的统一领导下，由企业的标准化机构或标准化人员负责组织。基础性、综合性的技术标准，一般由标准化机构或标准化人员组织起草；专业性的技术标准，一般由专业机构或专业人员组织起草，最后都由企业技术负责人组织相关部门共同审查。

（一）公标准的研制

公标准是以公共资源制定的标准。由于这类标准对技术进步有强烈影响，对国民经济有重大意义，又与人民生活密切相关，其中的强制性标准又具有法规作用，所以这类标准的研制必须十分严谨，除严格遵守基本原则外，还必须满足如下要求：

1. 标准的公正性

公正性是公标准的灵魂，也是公标准威信之源。公正是指标准体现的是“最佳公共效益”（即相关方的共同效益），而不是仅仅追求某一方的效益。这是作为“公共资源”的标准必须恪守的基本出发点。一是人员构成问题，标准工作组的人员构成要合理，要能充分表达各相关方的要求。工作组的每个成员，既代表一个方面的利益充分表达要求和意见，又要有全局观念，尊重“最佳公共利益”，用自己的专业知识维护标准的科学性和适用性，而不把本单位、本部门的局部利益强加给工作组。二是考虑标准的协调问题，标准中相关要求的提出和参数值的确定，通常要提出几个备选方案，经过必要的技术经济论证，证明确实能取得“最佳公共效益”。

2. 标准的科学性

技术标准的科学性是其权威性的根源。因为标准是技术成果的积累，这种积累为技术创新提供了一个平台，可以通过平台提高创新的效率。标准又表现为对事物的固定和对活动的约束。在制定标准过程中对标准中的每一项规定都要做利弊分析，通过深入细致的调查研究，把最佳方案写到标准里。

3. 标准的前导性

当今的科技进步和市场竞争，极大地加快了技术创新、产品创新的速度，这时的标准必须具备前导作用，才能有效防止因统一过迟而造成的混乱。对技术的发展趋势有清醒的判断，不失时机地作出具有前瞻性的决策，使所定标准真正起到前导作用，既杜绝了混乱，又能引领技术健康发展。

4. 标准的适用性

产品标准的核心内容是技术要求，也就是用户和消费者对该产品使用要求的体现。体现得越是符合实际，标准便越适用，产品便越受欢迎。因此，适用的标准才是好标准。技术指标的高低要根据客观实际来确定，并不是指标越高越好。简单地用指标高低来判定标准水平的做法，会把制定标准工作引向单纯追求高指标脱离实际的轨道。即使是评价标准文本质量也不能简单化，否则会把标准引向形式主义的轨道。在标准研制过程中要使标准中的要求和规定做到宽严适度、繁简相宜。

（二）私标准的研制

私标准即企业标准，其目的同其市场竞争目的一样是为了获取最大经营利益。企业标准就是要在遵守国家法律、法规，履行社会责任的条件下，最大限度地获取利益。为了达到这样的目的甚至采取技术上和经济上的竞争策略打败对手，取得市场的优势地位。因而不可能要求私标准像公标准那样在各相关方利益之间取得平衡。企业制定标准，开展标准化活动的根本目的就是要它为市场竞争服务。技术标准在企业标准中不仅占主导地位而且对企业市场竞争有最直接的关系。所以私标准的研制是同企业命运攸关的一项基础工作，必须从本企业的实际情况和实际需要出发，扎扎实实去做。

1. 有利于提高企业的市场竞争力

对企业的市场竞争力有最直接影响的技术标准是产品标准，因为产品标准中所规定的要求事项是市场（顾客）要求的反映。这个反映对企业至关重要，它使企业的管理（特别是质量管理）有了明确的目标，企业上上下下都必须为实现这一目标而奋斗，企业方方面面的工作也都依此而展开，这个标准就成为连接企业与市场的桥梁，同时也是企业在市场竞争中取胜的武器。

产品标准制定得好，也就是标准中所做的规定确实能正确地反映市场（顾客）的需求，这时企业如能认真地按标准组织生产，当最终产品投放市场时，必能受到市场（顾客）的欢迎。关键在于标准的内在质量，在于标准是否起到了这个最关键的反映市场（顾客）需求的作用。因此，做好制标过程的调查研究，不仅要研究市场的现状和走势，还要认真了解每一个细分市场的顾客需求，以及竞争对手产品的特点和优点，真正做到知己知彼。

2. 有利于企业建立持久创新平台

企业要有持久的竞争力，就必须有持久的创新能力。这就要求企业具备随着市场的变化而及时应变的能力。在这方面，技术标准可以充分发挥其特有的功能。例如，在日常的技术活动中，尤其是产品设计过程中，将那些经常重复利用的要素（部件、组件、零件、结构要素等）加以优选和整理，建立相应的数据库，作为共享资源，为以后的设计所选用。这样既能提高产品开发效率，还会带来一系列节约。这类要素便可制定为企业标准，这类标准积累到一定程度，就能起到支持产品创新的平台作用。再如，当企业开发设计新产品时，不是开发一个孤立的产品，而是使之形成一个系列（成系列开发），这就不仅可以扩展市场实现范围经济，而且因系列产品内部通用化程度高，标准件、通用件比重大，有利于获得规模效益。由于系列产品可以根据市场的变化及时推出派生、变型产品，使企业具有应对市场的能力。这个产品系列便是一个产品创新的平台。如果企业按模块化原理开发设计新产品，企业就会逐渐积累功能模块，并且用模块组合产品。当企业的模块积累到一定程度（或专门生产模块的企业多到一定程度），企业就会用（或购买）模块快速开发新产品。这样不仅可以应对市场变化，而且可以实现大规模定制生产，即使是复杂的高科技产品也能满足用户的个性化需求，这是最能使企业保持其持久创新力的平台。企业标准化做到这一步，才能把它的作用充分地显示出来，才能真正成为企业的竞争武器。

3. 有利于整合资源发展网络经济

每一个企业都有属于自己的资源，凭借和充分利用这些资源是企业生存、发展的基本保证。除此之外，每个企业也都有可以利用的外部资源，能否充分利用这些外部资源，对企业的生存和发展具有同样重要的意义。所以，企业既有内部资源，又有外部资源，若能把它们整合到一起，企业就会如虎添翼。

开展综合标准化就是整合内外资源的极好方法。因为综合标准化是围绕企业的关键问题开展的标准化，如质量攻关、产品创新、技术改造、节能降耗等。这类问题常常牵涉到企业的方方面面，也就是说必须调动各方面的资源，乃至上下游企业的外部资源才能解决。综合标准化就是把企业内部、外部资源科学地组织（整合）起来，集中力量、集中时间、同心协力解决问题的标准化方法。

在特定的企业里，围绕某种产品组织生产多个零部件，不论其批量大小都是“局部经济”；而生产模块的企业可以制造面向世界市场的通用产品，它在特定模块上集中力量拓展世界市场网络，这就属于“网络经济”。“局部经济”的发展要求扩大设备规模，“网络经济”的发展要求扩大用户规模。“局部经济”注重内部资源，往往向“小而全”“大而全”的方向发展；模块化基础上的“网络经济”则善于利用外部资源（如全球采购）、充分发挥外部作用，企业可以在全球经济网络中整合资源，实现跨国经营，发展为跨国企业。

三、制定标准的程序

由于标准化是一项有组织的活动，任何一项技术标准都是许多人共同工作的结果。因此，为了保证所有参与标准制定工作的人员都能按科学规律行事，所有的技术标准都能在一个受控的生产流程中形成，无论是国际标准机构还是各个国家的标准化机构都规定了必须严格遵守的标准制定程序。我国已对国家标准的制定程序颁布了相关的规章，在制定标准时应予遵守。

（一）预备阶段

每项技术标准的制定，都是按一定的标准化工作计划进行的。由起草单位根据需要，对将要立项的新工作项目进行研究及必要论证，并在此基础上提出新工作项目建议，内容包括技术标准草案或大纲，拟起草的技术标准的名称和范围，制定的依据、目的、意义及主要工作内容，国内外相应技术标准及有关科技成就的简要说明，工作步骤及计划进度、分工，制定过程中可能出现的问题和解决措施，经费预算等。

（二）立项阶段

主管部门对起草单位提出的新工作项目建议进行审查、汇总、协调、确定，直至列入技术标准制订计划并下达。应评定技术标准的必要性，明确立项顺序。技术标准本身并不是最终目的，制定技术标准应有利于促进贸易的发展，并促使人们进一步关注安全、健康、环境、消费者权益保护、技术转让及其他主要问题。

（三）起草阶段

起草单位接到下达的计划项目后，要会同参加单位有关人员及时研究，成立工作组，确定项目负责人，制订具体实施计划，开始起草技术标准草案。

1. 收集资料

资料是起草技术标准的依据。是否充分掌握有关资料，直接影响技术标准的质量。信息占有量大，可以使起草工作少走弯路，节省人力、时间、财力和物力，提高工作效率，缩短起草周期。要围绕技术标准对象，收集国内外有关标准资料，包括同一或同类标准化对象的各种技术标准和有关科技文献、出版物，如专利情报和专利说明书、发明证书、样本和样机、产品目录、手册等。

2. 调查研究

进行广泛调查研究，是制定好技术标准的关键环节，可采取点面结合、重点与一般结合的方式。对一般问题，有针对性地列出调查题目，用函件进行面上的调查；对重点问题，要深入实际，选择重点单位，进行点上的调查。如制定产品标准时，要了解有关厂家的生产数量、产品质量、最大生产能力、生产条件、技术水平及生产中的关键问题等。要了解用户对产品质量的反映和对产品改进的建议，特别是从用户使用的产品记录中了解产品的实物质量、工作效率、可靠性、寿命、能源消耗、使用和维修记录、性能测试数据等可信的第一手资料。要对收集到的技术标准和有关科技文献、出版物中提供的大量技术情报和技术数据进行分析、对比，了解国内外有关科学技术发展的趋势和最新成就，在制定技术标准时作为参考和借鉴。

3. 试验验证

技术标准中的指标，必须以试验数据为依据。要收集试验资料，着重于原始数据；收集鉴定资料，着重于鉴定结果及结论；还可以收集有关企业相同对象的同类型原始技术资料和试验、检测数据作为参考。缺乏可靠的资料做依据时，必须根据对象的有关技术特性进行试验验证，使技术标准的指标建立在科学基础上。试验验证可以用专门的测试手段进行，也可以在生产现场进行观察和测试。测试数量的多少，以能正确反映实际生产水平，得出可靠数据和正确结论为准。每次试验验证结束后，都应写出有分析的试验验证报告，对需要验证的技术事项作出结论。

4. 起草征求意见稿

经收集资料、调查研究和试验验证后，起草工作就有了基础。要认真做好方案构思、内容选择、技术参数选择确定、采用国际标准可行性分析等工作。特别是选择确定技术参数时，要对各种要求和数据进行综合研究和协调。一般情况下，用对比分析法就可以进行简单整理；但对于大量的数据，尚需要用统计方法进行处理，找出数据间的统计规律，使指标科学化。然后根据标准化的对象和目的，按技术标准编写要求（见 GB/T 1.1、GB/T 1.2）起草技术标准草案征求意见稿。

5. 起草编制说明

编制说明是起草过程的真实记录，起着承前启后的重要作用。在技术标准的审定、实施和修订时，可通过编制说明了解起草过程中有关内容的取舍及其合理性等。编制说明的内容为：工作简讯，包括任务来源、协作单位、主要过程等；技术标准编制原则和确定技术内容的论据，包括试验、统计数据等，修订技术标准时还要增加新老技术标准水平的对比；主要试验（或验证）的分析、综述报告，技术经济认证，预期的经济效果；采用国际标准和国外先进标准的程序，与国际同类技术标准水平的对比情况，或与测试的国外样品、样机的有关数据对比情况；与现行法律、法规和相关技术标准的关系；重大分歧意见的处理经过和依据；实施技术标准的要求和措施建议，包括组织措施、技术措施、过渡办法等内容；其他应予说明的事项，如参考资料目录，主要内容解释等。

（四）征求意见阶段

征求意见稿应印发给与技术标准对象有关的主要生产、经销、使用、科研、检验等单位及大专院校广泛征求意见。还可以对一些主要问题组织专题讨论，直接听取意见。在征求意见过程中，起草工作组应随时掌握各方对征求意见稿的主要分歧意见，加强联系和协调。对于一时难以取得一致的意见，要及时进行调查、分析和研究，提出解决方案，作为进一步协调、统一的基础。在回复意见的日期截止后，起草工作组对反馈意见要认真收集整理、分析研究、归并取舍，完成意见汇总处理表，并根据汇总处理意见，对征求意见稿及编制说明进行修改，完成技术标准草案送审稿，报主管部门。若回复意见分歧巨大，需要对征求意见稿进行重大修改，则应再次进行征求意见。

（五）审查阶段

送审稿的审查由主管部门组织，分会审和函审两种形式，由具有代表性的主要生产、经销、使用、科研、检验等单位及大专院校代表参加。对技术、经济意义重大，涉及面广，分歧意见较多的技术标准，应组织会审。审查重点在于：送审稿是否符合或达到预定目的和要求，与有关法规或强制性标准的要求是否一致，与有关国际标准是否协调，贯彻技术标准的措施和建议，以及技术标准实施的过渡办法等。送审稿审查的实质是对技术标准内容的协调和优选过程，要认真听取各方面意见，充分进行民主讨论和协商，特别是对反对意见必须慎重对待，即使是个别意见，只要有一定论据，也不要轻易否定，使技术标准能充分反映各方面利益，获得最大范围的拥护。要在审查协商一致的基础上，由起草单位形成技术标准草案报批稿和审查会议纪要或函审结论。若送审稿审查没有被通过，则需要再次征求意见或修改送审稿后分发技术标准草案二审稿，并再次审查。

（六）批准阶段

报批稿由起草单位负责人审核后报有关主管部门。主管部门对技术标准草案报批稿及报批材料进行程序、技术审核，完成必要的协调和完善工作。报送报批稿应附的材料包括：编制说明，审查会议纪要或函审结论，意见汇总处理表，主要的试验研究报告，有关国际标准的原文及译文，贯彻技术标准的措施和建议。报批稿经主管部门复核后批准，经统一编号后发布。起草单位在技术标准发布后，应将制定过程中形成的有关资料按照标准档案管理规定的要求，报主管部门进行归档，并将批准发布的技术标准出版稿交指定的出版机构。

（七）出版阶段

技术标准出版稿统一由指定的出版机构负责印刷、出版和发行。在出版过程中，如发现内容有疑点或错误需更改时，必须经主管部门批准。在技术标准出版后，如发现个别技术内容有问题，需做少量修改或补充时，必须由起草单位提出修改通知单，报主管部门审查同意后发布实施。

除了上述一般程序，对于已有成熟技术标准草案的项目，制定技术标准可以采用快速程序。该程序特别适用于变化快的技术领域。申请列入快速程序的技术标准在预备阶段和立项阶段应严格协调和审查，审查通过后，方可列入项目计划。对等同或等效采用国际标准的技术标准制定（修订）项目可直接由立项阶段进入征求意见阶段，即省略了起草阶段，将该国际标准作为标准草案征求意见稿分发征求意见。对现有国家标准的修订项目或其他各级标准的转化项目可直接由立项阶段进入审查阶段，即省略了起草阶段和征求意见阶段，将该现有标准作为技术标准草案送审稿组织审查。

企业标准的制定程序通常由企业自行规定。在确保标准质量的前提下，程序可力求简化，以缩短标准的研制周期，充分发挥标准在市场竞争中的作用。

四、技术标准的编写

技术标准作为从事生产、建设及商品流通的一种共同依据，必须具有措辞准确、逻辑严密的特殊文风。不仅内容要体现符合政策、经济合理、技术先进等要求，而且表达形式也要力求准确、简明，做到内容和形式的统一。为此，国家颁布了相关标准，对标准文本的体例格式、章条编号、文字结构与表达方式等方面都作出规定和要求，编写公标准时应予遵守（见 GB/T 1.1 –2009）。

在编写相关内容时，要发挥创造性，不能生搬硬套。文体尽量简单、明了，通俗易懂，不产生歧义。表达方式上，根据不同的技术内容，灵活运用适当的表述形式，包括文字和图表等。

企业标准采用什么样的体例格式可以自行规定。关键是要从精简、效能、实用、方便等方面出发，该繁则繁、该简则简。企业在制定自己的标准时可参考相关国家标准规定，但不必全盘照搬。企业标准化是企业文化的一部分，要有自己的风格和创造。

技术标准中“技术要求”的内容是较为关键的部分，对产品标准来说尤为重要。根据经验要遵守目的性原则（根据制标目的，有针对性地选择列入标准的要求内容）、最大自由度原则（标准中的技术规定要给技术发展留有余地）、可验证性原则（标准中所做规定必须是能被验证的定量要求）、数值选择原则和避免与其他标准内容重复等原则。

技术标准中常常涉及安全方面的内容，这部分内容的编写应尽量包括可能消除危险或在消除不了时也能降低风险的重要要求。这些要求应当作为防护措施来表述，而且能验证。还应规定所采用的验证方法，可参见《标准化工作指南　第4部分：标准中涉及安全的内容》（GB/T 20000.4－2003）。

技术标准的许多对象都会对环境产生影响。制定这类技术标准时，必须对其可能产生的环境影响进行充分的调研，作出有针对性的规定或限制性要求，促进企业采取必要而又可能的措施，最大限度地节省资源、降低产品生命周期内对环境的不利影响。

第二节　技术标准的实施

技术标准的实施是指在社会生产实践中，为实现技术标准中规定的各项内容所采取的专门措施和进行的有关活动。在技术标准制定结束后，实施成为标准化工作的中心任务。

一、技术标准实施的意义

（一）实现技术标准的目的

任何一项技术标准发布后，仅停留在纸面上而不去实施，是不会自动产生任何作用的。在与技术标准有关的企业、事业单位中组织实施技术标准，就是要把科学技术和实践经验的综合成果运用到社会生产实践中去，转化为直接的生产力。因此，必须通过有组织、有计划、有措施地开展宣传贯彻技术标准的活动，使其在生产、建设和流通领域中得到全面有效的执行，使其中规定的各项要求真正得到落实，才能使制定技术标准的目的得以实现。

（二）检验技术标准的质量

技术标准制定的是否科学合理、是否圆满地实现其预定目的，只有在实践中才能得到验证。虽然技术标准要求以科学技术和实践经验的综合成果为基础，在制定过程中，又进行了广泛地征求意见及许多新的试验验证工作，但技术标准依据起草人对相关问题所积累的经验和认识，而任何人的经验和认识都可能有其局限性，尤其是在特定条件下进行的一些局部试点验证，很难保证反映全面情况。因此，技术标准实施时难免会出现许多在起草制定过程中未能考虑周全的问题。这些问题反映出来，有助于技术标准的进一步修改和完善，使其能更好地实现预定目的。

（三）促进技术标准的发展

技术标准的制定和实施，本质上是依据人们对技术事项的现有认识和经验，去指导今后的实践。随着生产建设的发展，科学技术的进步，在技术标准实施过程中，人们会发现现有技术标准中存在的问题，同时收集到解决这些问题的办法和建议，认识也会不断提高。到一定时期，就会对现有技术标准提出许多更新更高的要求。最后，在技术标准实施的基础上，废止旧的技术标准，制定新的技术标准，促进技术标准的水平不断从低级向高级发展。因此，技术标准的实施也是推动标准化不断向前发展的最重要的环节。

二、技术标准实施的任务

技术标准的实施是一项复杂细致的工作，大致包括宣贯、执行、监督等主要任务。

（一）技术标准的宣贯

宣贯是技术标准实施过程中的一项首要工作。任何一项技术标准制定完之后，负责制定该项技术标准的起草单位，都要根据技术标准的内容、范围及复杂程度，组织动员多方面的力量，制订计划，统筹安排，广泛进行宣贯。包括：通过提供技术标准文本和宣贯材料，使有关各方了解技术标准，并能正确地认识和理解其中规定的内容和各项要求，同时作好技术咨询工作，解答各方面提出的问题；通过对技术标准中各项重要内容及其实施意义的说明，宣传技术标准的重要性，使有关各方提高对实施技术标准意义的认识，取得各方的支持和理解；通过编写新旧技术标准内容对照表、更替注意事项和参考材料，说明实施中应注意的问题，以及有关实施的一些合理化建议等，使有关各方做好各种实施准备，保证技术标准的顺利实施。技术标准宣贯的主要形式，除了编写、提供各类宣贯资料外，一般还采用举办培训班、组织召开宣贯会等形式。

（二）技术标准的执行

根据技术标准的性质，技术标准的贯彻执行分为两种形式：

一是强制性标准的贯彻执行。《标准化法》规定，强制性标准必须执行，不得擅自更改或降低强制性标准所规定的各项要求。对于违反强制性标准的，要由法律、行政法规规定的行政主管部门依法处理。为了贯彻执行强制性标准，企业研制新产品、改进老产品，进行技术改造，从国外引进设备和技术时，必须充分考虑标准化要求，符合有关强制性标准中的各项规定。有关技术文件必须进行标准化审查。禁止生产、销售和进口不符合强制性标准的产品。一切工程建设的设计和施工，都必须按照强制性标准进行，不符合强制性标准的工程设计不得施工，不符合强制性标准的工程不得验收。为使强制性标准的贯彻执行最终落实到生产、建设、流通等领域的技术活动中去，还需要提供一定的物质技术条件。重大的物质技术条件，还应纳入各级技术措施计划。

二是推荐性标准的贯彻执行。推荐性标准是由有关各方自愿采用的标准，国家一般不强制要求执行，但可以采取多种措施，鼓励有关方面贯彻执行。在下列情况下则应严格执行推荐性标准：推荐性标准被法规、规章所引用时，便成为相关法规、规章的一部分，在该法规、规章约束范围内，成为必须贯彻执行的技术标准；推荐性标准被合同、协议所引用时，由于合同、协议受相关法律约束，推荐性标准一经引入合同、协议，便相应具有法律约束力，不贯彻执行有关规定，便要承担相应的法律责任；使用者声明其产品符合某项推荐性标准时，可以申请产品质量认证，合格者发给产品质量认证证书并允许产品使用合格标志，从而提高了产品在市场竞争中的质量信誉和社会知名度，这时不贯彻执行标准，便会受到查处。

（三）技术标准的监督

技术标准实施后，有关部门必须经常进行各种形式的监督检查，以保证技术标准得到认真贯彻执行，这是技术标准实施过程中的重要环节。《中华人民共和国标准化法》规定，由县级以上人民政府标准化行政主管部门负责，对技术标准贯彻执行情况进行监督、检查和处理。对产品是否符合技术标准，还可专门设置检验机构，或授权其他单位的检验机构，负责产品质量监督检验。检验机构提供的检验数据具有法律效力，也是判定产品是否符合技术标准的依据。监督检查形式主要是对产品质量进行的国家监督检查、地方监督检验、市场抽查和专项检查等。为了保证推荐性标准更广泛地采用，我国实行自愿性的产品质量认证制度，对国家制定了推荐性标准的产品进行认证，并对获得认证的产品和企业实行法定的监督检验。

三、技术标准实施的反馈

为了保证技术标准的适用性，在其实施一段时间后，必须根据科学技术的发展和经济建设的需要，对技术标准的内容及其规定的要求是否仍能适应当前的科学技术和生产先进性的要求进行审查。这种技术标准实施后进行的定期审查称为复审。一般对实施周期达 5 年的技术标准进行复审，企业标准的复审周期可以更短。技术标准的复审工作，由该项技术标准的主管部门组织有关单位进行。复审前，由负责复审的单位收集技术标准实施中所发现的问题和标准化对象的发展情况，分类整理后，作为复审的主要内容。技术标准的复审类似于技术标准的审查，也可以采用会审或函审两种方式进行。为了使复审工作具有连续性，一般要由参加过该项技术标准审查工作的单位或人员参加，对技术标准的复审结果，分别作出确认、修改、修订、废止处理。

（一）确认

技术标准的内容不需要修改，仍能适应当前生产、使用的需要，符合当前技术水平的，给予确认。确认继续有效的技术标准重版时，在标准封面上标明“××××年确认有效”的字样。

（二）修改

技术标准的内容大体不动，但需要对局部、个别内容做些修改，可通过技术勘误表或修改单完成。此时技术标准仍作为确认，重版时，可将技术勘误表或修改单上的内容纳入技术标准中。

（三）修订

技术标准的大部分内容需要修改时，应作为技术标准修订项目，提交一个新工作项目建议，列入技术标准工作计划。技术标准修订的主要工作程序，按制定技术标准程序要求进行。

（四）废止

技术标准的内容已不适应当前生产和使用的需要，或为新的技术标准所代替，已无存在必要时，应予废止。

在审查结束后，负责技术标准复审的单位应写出复审报告，内容包括：复审简讯，处理意见，复审结论和依据等，报主管部门作出决定。对于复审后确定为无存在必要的技术标准，经主管部门审核同意后发布，予以废止。

第十四章　养老技术标准化建设

【基本要求】通过本章的学习，您应能够：

1. 了解养老技术标准体系的层次结构；

2. 熟悉养老技术标准体系的主要标准。

【核心概念】技术标准；层次结构

第一节　养老技术标准体系结构

构成养老技术标准体系的标准包括养老服务机构所采用和贯彻的国家标准、行业标准、地方标准及本机构制定的技术标准。所有技术标准均应在标准化法律法规、各种相关政策和本机构制定的方针、目标等指导下形成有机整体。

一、养老技术标准体系的层次结构

养老服务机构编制技术标准体系时，可采用层次结构图表示，见图14-1。

二、养老技术标准体系的主要标准

（一）养老技术基础标准

技术基础标准是在一定范围内作为其他标准的基础并普遍适用，具有广泛指导意义的标准。养老服务机构技术基础标准是在养老服务机构范围内，作为本机构制定技术标准、管理标准、工作标准的基础。

1. 主要内容

（1）标准化工作导则。标准化工作导则是指导养老服务机构开展标准化工作的指导性文件。主要包括：标准的结构和编写规则，如 GB/T 1.1；标准编写规则，如 GB/T 20001；标准中规范性技术要素内容的确定方法，

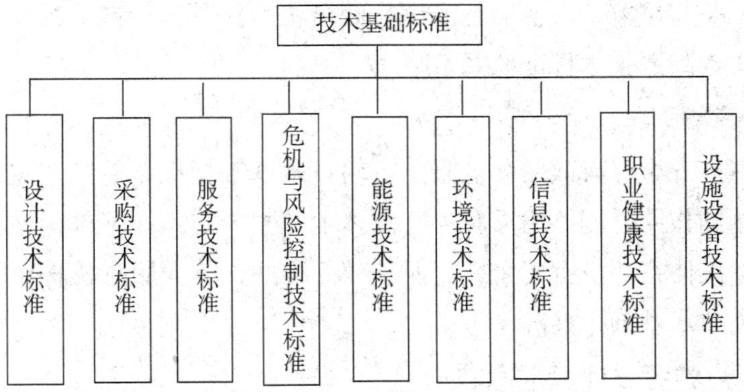

图 14-1　技术标准体系的结构形式

注 1：体系表中的各类技术标准均表示养老服务机构内服务提供涉及的该类技术标准的总和。

注 2：层次结构的技术标准体系第一层是技术基础标准，是指导养老服务机构服务标准和提供服务实现过程中技术标准制定的基础，它涵盖了养老服务机构的服务标准、服务实现过程中所有综合性的技术基础标准。

注 3：第二层的技术标准是服务提供过程中主要的技术标准。

如 GB/T 1.2 的有关规定；各类标准的通用编写规定，如 GB/T 1.1 的有关规定；当 GB/T 1.1 不能满足养老服务机构特殊需求时，可制定本机构标准编写规定；体系文件编号规则应符合 DB11/T 303 的要求。

（2）标准的主要内容。术语和定义标准按照 GB 15497 中 7.2.2 执行；量和单位标准按照 GB 15497 中 7.2.3 执行；数值和数据标准按照 GB 15497 中 7.2.4 执行；公共信息图形符号按照 GB/T 10001.1 相关要求执行。

2. 编写方法

（1）收集。养老服务机构应收集全国通用的综合性标准、行业通用标准、地方通用标准等有关技术标准。

（2）转化。养老服务机构对技术基础标准一般可直接引用，也可根据本机构需要，选择其中部分内容转化为本机构标准或规定，供机构内部使用。一是编入养老服务机构技术标准体系的方法；二是对于国家、行业的标准，可先将其编号和名称集中编入一个标准，然后再将标准文本编入技术标准体系，从而使国家标准、行业标准中的标准编入养老服务机构标准体系；三是将国家、行业的标准编号和名称直接写进标准体系中，然后再将标准文本编入技术标准体系。

3. 制定要求

应建立齐全、有效的养老服务机构技术基础标准，对制定技术标准有指导和制约作用。能够指导服务提供技术的国家或行业基础标准应纳入技术基础标准体系。没有国家或行业基础标准的，养老服务机构可自行制定服务提供技术基础标准。

（二）养老设计技术标准

养老设计技术标准是为保证和提高养老服务产品设计质量而制定的标准。

1. 主要内容

主要包括：设计符号、代号、术语标准；产品安全、环境和其他法规要求及国际惯例；专业设计规范；设计参数与数据标准；设计中用于评价服务过程的质量方法和规则；设计图样与文件的格式和编号标准；设计文件完整性要求。

2. 制定要求

主要包括：设计标准应满足适用的法律、法规和强制性标准的要求；服务设计标准应满足顾客的需求，服务的功能和特性要求；在设计标准中对重要质量特性应作出明确而适当的规定，保证服务实现得到有效的控制；明确服务规范、服务提供规范、服务质量控制规范的各项要求。

（三）养老采购技术标准

养老采购技术标准是指对养老服务机构提供服务过程中所需的外包服务、外购食品、生活用品、燃料、设施设备、医疗护理和康复用品等的质量要求制定的标准。

1. 主要内容

（1）采购要求。采购质量要求应规定采购物品适用的质量标准（如质量特性、品种、规格、等级），采购质量要求可以引用国家标准、行业标准、地方标准，也可以直接规定具体技术要求。

（2）验收规则。对外包服务、采购物资应规定验收规则，检查外包服务、采购物资的质量是否符合规定的质量要求及其购买条件。验收项目可根据需要与具备的技术条件，规定验收的检测项目、数量、频次等。

（3）验收方法。对验收的项目应规定相应的检验方法。

（4）注意事项。主要规定采购物资的保管和储存期限，以及对不合格采购物资隔离存放的规定，并有记录要求。

2. 制定要求

主要包括：采购标准应保证对外包服务、采购物资进行严格控制，防止不合格的服务和物资进入；确定验收规则时，应考虑其成本和对服务质量的影响；要规定对采购物资品种、规格的优化、压缩及选用原则。

（四）养老服务技术标准

养老服务技术标准是指对服务提供过程所涉及的技术事项而制定的标准。

1. 主要内容

主要包括：服务质量标准是指服务的提供以及对服务的检验、验收和仲裁检验的依据，是养老服务机构对顾客和社会的服务质量责任承诺；服务质量控制技术规范是对服务及服务提供发生的质量缺陷进行处置的技术规范。

2. 制定要求

主要包括：服务质量标准应是符合《中华人民共和国标准化法》要求的合法标准，服务质量标准可参照 DB11/T 148；服务质量标准内容应满足顾客的需求，顾客虽然没有明示，但服务质量标准内容也应满足规定的服务功能或已知的预期功能所必需的要求；应规定特定的服务和服务提供应达到的水平和要求，如结合服务项目的特点规定定量和定性质量指标要求，一般包括服务的功能性、经济性、安全性、舒适性、时间性和文明性的要求；服务质量控制技术规范应规定控制的内容、控制程序和方法；养老服务机构其他服务技术标准可参照 DB11/T 149、DB11/T 219、DB11/T 220 和民政部《老年人社会福利机构基本规范》等标准和规范的技术要求。

（五）养老能源技术标准

养老能源技术标准是指养老服务过程中对用能和节能所涉及的技术事项而制定的标准。

1. 主要内容

主要包括：能源产品标准，主要是煤、电、油、气体燃料、热力、水等产品质量标准；能源设备及其系统的经济运行标准，主要是能源的转换设备、供能输送设备、用能终端设备的耗能定额标准，以及设备经济运行规范等；省能材料标准，主要是载能、隔能材料及能量传导材料技术标准。

2. 制定要求

应贯彻国家、行业和地方节能法律、法规和能源标准。根据实际制定本机构能源技术标准，为节能管理提供技术依据。

（六）养老环境技术标准

养老环境技术标准是指养老服务过程中为保护环境和有利于生态平衡，对环境质量、监测方法及其他事项制定的标准。

1. 主要内容

涉及养老护理医疗废弃物、废气、生活垃圾等处理的技术标准。

2. 制定要求

国家和地方环境有关技术标准是强制性标准，应依法执行。

（七）养老信息技术标准

养老信息技术标准是指养老服务过程中对养老服务机构内各种信息的收集、储存、传递、利用等信息技术活动制定的技术标准。

1. 主要内容

包括养老服务机构内各种信息的收集、储存、传递、利用等信息技术活动。

2. 制定要求

信息技术标准应满足有关适用的法律、法规和标准的要求。将养老服务机构的全部标准文件和记录处于受控状态和便于应用。

（八）养老风险控制技术标准

养老风险控制技术标准是指养老服务过程中以保护生命和财产安全为目的而制定的技术标准。

1. 主要内容

涉及提供养老服务全过程中安全通用标准、院内感染控制、各种事故的防范、突发事件的处理、日常服务监控、设施设备安全标准等方面，安全通用标准，包括安全标志和报警信号标准、危险因素分类技术标准；院内感染控制标准，包括传染病的预防技术和院内感染控制技术标准；各种事故的防范规范，包括食物中毒、火灾、医疗事故等防范规范；突发事件分类技术标准，包括各种突发性疾病抢救标准和突发事件处理预案；养老服务安全保护技术标准；设施设备安全标准，包括电器、压力容器、锅炉、电梯等特种设备使用安全标准；无障碍基础设施标准和建筑基本规范。

2. 制定要求

应将国家和行业有关的安全基础标准、服务质量、安全保护技术和危机控制技术要求纳入危机与风险控制技术标准；需要顾客注意的危机与风险控制技术要求应纳入到本机构服务提供过程中、维修手册、标签及宣传材料；使用适宜的院内感染的监测方法、控制技术；根据实际制定相关预案和技术操作规程，为安全服务、危机控制、防范事故提供技术依据。

（九）养老职业安全技术标准

养老职业安全技术标准是指养老服务过程中为消除、限制和预防职业活动中的健康损害和安全危险及其有害因素而制定的标准。

1. 主要内容

主要包括：空气、噪声、温湿度限量标准等；有害物质浓度限量标准；感染控制标准等；劳动防护技术标准。

2. 制定要求

主要包括：相关法律、法规和其他法规技术要求；服务过程中涉及职业安全危险源的有害因素；对服务场所和操作现场的职业安全要求；职业安全要求的监测方法和评价方法；控制及防护措施等。

（十）养老设施设备技术标准

养老设施设备技术标准是指养老服务过程中根据相关标准要求对设施设备的技术条件及维修保养质量要求而制定的标准。

1. 主要内容

主要包括：设施设备的技术标准；维修保养规程；设备操作规程。

2. 制定要求

应贯彻国家、行业和地方法律、法规和标准。根据实际制定设施设备维修保养规程和操作规程，为安全运营提供技术依据。

第二节 重点养老技术标准解读

养老技术标准主要包括设计标准、建设标准和护理标准等。

一、老年人建筑设计规范

为适应我国社会人口结构老龄化，使建筑设计符合老年人体能心态特征对建筑物的安全、卫生、适用等基本要求，建设部、民政部于 1999 年 5 月 14 日发布了由哈尔滨建筑大学主持编制的《老年人建筑设计规范》（JGJ122），自 1999 年 10 月 1 日起施行。该规范在基地环境设计，出入口、过厅和过道、楼梯、坡道和电梯、居室、厨房、卫生间、阳台、门窗、室内装修等的建筑设计，建筑设备与室内设施等方面作出了规定，规范适用于城镇新建、扩建和改建的专供老年人使用的居住建筑及公共建筑设计。专供老年人使用的居住建筑和公共建筑，应为老年人使用提供方便设施和服务。具备方便残疾人使用的无障碍设施，可兼为老年人使用。

（一）基地环境设计

老年人建筑基地环境设计，应符合城市规划要求。老年人居住建筑宜设于居住区，与社区医疗急救、体育健身、文化娱乐、供应服务、管理设施组成健全的生活保障网络系统。专为老年人服务的公共建筑，如老年文化休闲活动中心、老年大学、老年疗养院、干休所、老年医疗急救康复中心等，宜选择临近居住区，交通进出方便，安静，卫生、无污染的周边环境。老年人建筑基地应阳光充足，通风良好，视野开阔，与庭院结合绿化、造园，宜组合成若干个户外活动中心，备设座椅和活动设施。

（二）建筑设计

1. 一般规定

老年人居住建筑应按老龄阶段从自理、介助到介护变化全程的不同需要进行设计。

老年人公共建筑应按老龄阶段介助老人的体能心态特征进行设计。

老年人公共建筑，其出入口、所经由的水平通道和垂直交通设施，以及卫生间和休息室等部位，应为老年人提供方便设施和服务条件。

老年人建筑层数宜为三层及三层以下，四层及四层以上应设电梯。

2. 出入口

老年人居住建筑出入口，宜采取阳面开门。出入口内外应留有不小于1.50m×1.50m的轮椅回旋面积。老年人居住建筑出入口造型设计，应标志鲜明，易于辨认。老年人建筑出入口门前平台与室外地面高差不宜大于0.40m，并应采用缓坡台阶和坡道过渡。缓坡台阶踏步踢面高不宜大于120mm，踏面宽不宜小于380mm，坡道坡度不宜大于1/12。台阶与坡道两侧应设栏杆扶手。当室内外高差较大设坡道有困难时，出入口前可设升降平台。出入口顶部应设雨篷。出入口平台、台阶踏步和坡道应选用坚固、耐磨、防滑的材料。

3. 过厅和过道

老年人居住建筑过厅应具备轮椅、担架回旋条件，并应符合下列要求：户室内门厅部位应具备设置更衣、换鞋用橱柜、椅凳和空间；户室内面对走道的门与门、门与邻墙之间的距离，不应小于0.50m，应保证轮椅回旋和门扇开启空间；户室内通过式走道净宽不应小于1.20m。

老年人公共建筑，通过式走道净宽不宜小于1.80m，老年人出入经由的过厅、走道、房间不得设门槛，地面不宜有高差。通过式走道两侧墙面0.90m和0.65m，高处宜设40～50mm的圆杆横向扶手，扶手离墙表面间距40mm；走道两侧墙面下部应设0.35m高的护墙板。

4. 楼梯、坡道和电梯

老年人居住建筑和老年人公共建筑，应设符合老年体能心态特征的缓坡楼梯。老年人使用的楼梯间，其楼梯段净宽不得小于1.20mm，不得采用扇形踏步，不得在平台区内设踏步。缓坡楼梯踏步踏面宽度，居住建筑不应小于300mm，公共建筑不应小于320mm；踏面高度，居住建筑不应大于150mm，公共建筑不应大于130mm。踏面前缘宜设高度不大于3mm的异色防滑警示条，踏面前缘前凸不宜大于10mm。

不设电梯的三层及三层以下老年人建筑宜兼设坡道，坡道净宽不宜小于1.50m，坡道长度不宜大于12.00m，坡度不宜大于1/12。坡道设计应符合现行行业标准《方便残疾人使用的城市道路和建筑物设计规范》（JGJ50）的有关规定。坡道转弯时应设休息平台，休息平台净深度不得小于1.50m。在坡道的起点及终点，应留有深度不小于1.50m的轮椅缓冲地带。坡道侧面凌空时，在栏杆下端宜设高度不小于50mm的安全挡台。

楼梯与坡道两侧离地高 0.90m 和 0.65m 处应设连续的栏杆与扶手，沿墙一侧扶手应水平延伸。扶手设计应符合本规范第 4.3.4 条的规定。扶手宜选用优质木料或手感较好的其他材料制作。

设电梯的老年人建筑，电梯厅及轿厢尺度必须保证轮椅和急救担架进出方便，轿厢沿周边离地 0.90m 和 0.65m 高处设介助安全扶手。电梯速度宜选用慢速度，梯门宜采用慢关闭，并内装电视监控系统。

5. *居室*

老年人居住建筑的起居室、卧室，老年人公共建筑中的疗养室、病房，应有良好朝向、天然采光和自然通风，室外宜有开阔视野和优美环境。

老年住宅、老年公寓、家庭型老人院的起居室使用面积不小于 $14m^2$，卧室使用面积不宜小于 $10m^2$。矩形居室的短边净尺寸不宜小于 3.00m。

老人院、老人疗养院、老人病房等合居型居室，每室不宜超 3 人，每人使用面积不应小于 $6m^2$。矩形居室短边净尺寸不宜小于 3.30m。

6. *厨房*

老年住宅应设独用厨房；老年公寓除设公共餐厅外，还应设各户独用厨房；老人院除设公共餐厅外，宜设少量公用厨房。

供老年人自行操作和轮椅进出的独用厨房，使用面积不宜小于 $6.00m^2$，其最小短边净尺寸不应小于 2.10m。

老人院公用小厨房应分层或分组设置，每间使用面积宜为 $6.00 \sim 8.00m^2$。

厨房操作台面高不宜小于 0.75m ~ 0.80m，台面宽度不应小于 0.50m，台下净空高度不应小于 0.60m，台下净空前后进深不应小于 0.25m。

厨房宜设吊柜，柜底离地高度宜为 1.40m ~ 1.50m；轮椅操作厨房，柜底离地高度宜为 1.20m。吊柜深度应比案台退进 0.25m。

7. *卫生间*

老年住宅、老年公寓、老人院应设紧邻卧室的独用卫生间，配置三件卫生洁具，其面积不宜小于 $5.00m^2$。老人院、托老所应分别设公用卫生间、公用浴室和公用洗衣间。托老所备有全托时，全托者卧室宜设紧邻的卫生间。老人疗养室、老人病房，宜设独用卫生间。老年人公共建筑的卫生间，宜临近休息厅，并应设便于轮椅回旋的前室，男女各设一具轮椅进出的厕位小间，男卫生间应设一具立式小便器。独用卫生间应设坐便器、洗面盆和浴盆、淋浴器。坐便器高度不应大于0.40m，浴盆及淋浴座椅高度不应大于0.40m。浴盆一端应设不小于0.30m宽度坐台。公用卫生间厕位间平面尺寸不宜小于1.20m×2.00m，内设0.40m高的坐便器。卫生间内与坐便器相邻墙面应设水平高0.70m的“L”形安全扶手或“Π”形落地式安全扶手。贴墙浴盆的墙面应设水平高度0.60m的“L”形安全扶手，入盆一侧贴墙设安全扶手。卫生间宜选用白色卫生洁具，平底防滑式浅浴盆。冷、热水混合式龙头宜选用杠杆式或掀压式开关。卫生间、厕位间宜设平开门，门扇向外开启，留有观察窗口，安装双向开启的插销。

8. 阳台

老年人居住建筑的起居室或卧室应设阳台，阳台净深度不宜小于1.50m。老人疗养院、老人病房宜设净深度不小于1.50m的阳台。阳台栏杆扶手高度不应小于1.10m，寒冷和严寒地区宜设封闭式阳台。顶层阳台应设雨篷。阳台板底或侧壁，应设可升降的晾晒衣物设施。

供老人活动的屋顶平台或屋顶花园，其屋顶女儿墙护栏高度不应小于1.10m；出平台的屋顶突出物，其高度不应小于0.60m。

9. 门窗

老年人建筑公用外门净宽不得小于1.10m。老年人住宅户门和内门（含厨房门、卫生间门、阳台门）通行净宽不得小于0.80m。起居室、卧室、疗养室、病房等门扇应采用可观察的门。窗扇宜镶用无色透明玻璃。开启窗口应设防蚊蝇纱窗。

10. 室内装修

老年人建筑内部墙体阳角部位，宜做成圆角或切角，且在1.80m高度以下做与墙体粉刷齐平的护角。老年人居室不应采用易燃、易碎、化纤及散发有害有毒气味的装修材料。

老年人出入和通行的厅室、走道地面，应选用平整、防滑材料，并应符合下列要求：老年人通行的楼梯踏步面应平整防滑无障碍，界线鲜明，不宜采用黑色、显深色面料。老年人居室地面宜用硬质木料或富弹性的塑胶材料，寒冷地区不宜采用陶瓷材料。老年人居室不宜设吊柜，应设贴壁式储藏壁橱。每人应有1.00m^3以上的储藏空间。

（三）建筑设备与室内设施

严寒和寒冷地区老年人居住建筑应供应热水和采暖。炎热地区老年人居住建筑宜设空调降温设备。

老年人居住建筑居室之间应有良好隔声处理和噪声控制，允许噪声级不应大于45dB，空气隔声不应小于50dB，撞击声不应大于75dB。

建筑物出入口雨篷板底或门口侧墙应设灯光照明。阳台应设灯光照明。

老年人居室夜间通向卫生间的走道、上下楼梯平台与踏步联结部位，在其临墙离地高0.40m处宜设灯光照明。起居室、卧室应设多用安全电源插座，每室宜设两组，插孔离地高度宜为0.60～0.80m；厨房、卫生间宜各设三组，插孔离地高度宜为0.80～1.00m。起居室、卧室应设闭路电视插孔。

老年人专用厨房应设燃气泄漏报警装置；老年公寓、老人院等老年人专用厨房的燃气设备宜设总调控阀门。

电源开关应选用宽板防漏电式按键开关，高度离地宜为1.00～1.20m。

老年人居住建筑每户应设电话，居室及卫生间厕位旁应设紧急呼救按钮。

老人院床头应设呼叫对讲系统、床头照明灯和安全电源插座。

二、老年养护院建设标准

为加强与规范全国老年养护院的建设，提高工程项目决策和建设管理水平，充分发挥投资效益，推进我国养老服务事业的发展，住房和城乡建设部、国家发展和改革委员会于2010年11月17日批准发布了由民政部、全国老龄委办公室共同组织编制的《老年养护院建设标准》，自2011年3月1日起施行。老年养护院是指为失能老年人提供生活照料、健康护理、康复娱乐、社会工作等服务的专业照料机构。本建设标准是为老年养护院建设项目决策服务和合理确定建设水平的全国统一标准，是编制、评估和审批老年养护院项目建议书、可行性研究报告的依据，也是有关部门审查工程初步设计和督促检查建设全过程的重要依据。本建设标准适用于老年养护院的新建、改建和扩建工程。老年护理院、老年公寓、农村敬老院、社会福利院、光荣院、荣誉军人康复医院等机构相关设施建设可参照本建设标准相关规定执行。

（一）基本要求

老年养护院建设必须遵循国家经济建设的方针政策，符合相关法律、法规，从我国国情出发，立足当前，兼顾发展，因地制宜，合理确定建设水平。老年养护院建设应与社会经济发展水平相适应，并应纳入国民经济和社会发展规划，统筹安排，确保政府资金投入，其建设用地应纳入城市规划。老年养护院建设应充分利用社会公共服务和其他社会福利设施，强调资源整合与共享；在建设中实行统一规划，一次性或分期实施，并体现国家节能减排的要求。

老年养护院建设应充分体现失能老年人专业照料机构的特色，坚持以人为本，满足失能老年人生活照料、保健康复、精神慰藉、临终关怀等方面的基本需求，按照科学性、合理性和适用性相结合的原则，做到设施齐全、功能完善、配置合理、经济适用。

（二）建设规模及项目构成

老年养护院的建设规模应根据所在城市的常住老年人口数并结合当地经济发展水平和机构养老服务需求等因素综合确定，每千老年人口养护床位数宜按 19 ~23 张床测算。老年养护院的建设规模，按床位数量分为 500 床、400 床、300 床、200 床、100 床 5 类。规模 500 张床以上的宜分点设置。

老年养护院的建设内容包括房屋建筑及建筑设备、场地和基本装备。老年养护院的房屋建筑包括老年人用房、行政办公用房和附属用房。其中老年人用房包括老年人入住服务、生活、卫生保健、康复、娱乐和社会工作用房。

老年养护院的场地应包括室外活动场、停车场、衣物晾晒场等。

（三）选址及规划布局

新建老年养护院的选址应符合城市规划要求，并满足以下条件：地形平坦、工程地质和水文地质条件较好，避开自然灾害易发区；交通便利，供电、给排水、通信等市政条件较好；便于利用周边的生活、医疗等社会公共服务设施；避开商业繁华区、公共娱乐场所，与高噪声、污染源的防护距离符合有关安全卫生规定。

老年养护院应根据失能老年人的特点和各项设施的功能要求，进行总体布局，合理分区；老年人用房的建筑朝向和间距应充分考虑日照要求。

老年养护院的建设用地包括建筑、绿化、室外活动、停车和衣物晾晒等用地，并按照建设要求和节约用地的原则确定用地面积，建筑密度不应大于30%，容积率不宜大于0.8；绿地率和停车场的用地面积不应低于当地城市规划要求；室外活动、衣物晾晒等用地不宜小于400～600m^2。

老年养护院老年人生活用房宜与卫生保健、康复、娱乐、社会工作服务等设施贯连，单独成区；并应根据便于为失能老年人提供服务和方便管理的原则设置养护单元，每个养护单元的床位数以50张为宜。

（四）房屋建筑面积指标

老年养护院的房屋建筑面积指标应以每床位所占房屋建筑面积确定。500床、400床、300床、200床、100床五类老年养护院房屋综合建筑面积指标应分别为42.5m^2/床、43.5m^2/床、44.5m^2/床、46.5m^2/床和50.0 m^2/床；其中直接用于老年人的入住服务、生活、卫生保健、康复、娱乐、社会工作用房所占比例不应低于总建筑面积的75%。

（五）建筑标准

老年养护院建筑标准应根据失能老年人的身心特点和安全、卫生、经济、环保的要求合理确定，并具有逐步提高失能老年人养护水平的前瞻性，留有扩建改造的余地。

老年养护院建筑设计应符合老年人建筑设计、城市道路和建筑物无障碍设计及公共建筑节能设计等规范、标准的相关规定。

老年养护院外围宜设置通透式围栏，围栏形式宜与所处环境及道路风格相协调。

老年养护院的房屋建筑宜采用钢筋混凝土结构；老年人用房抗震强度应为重点设防类。

老年养护院应符合国家建筑设计防火规范相关规定，其建筑耐火等级不应低于二级。

老年养护院的老年人用房宜以低层和多层为主，垂直交通应至少设置一部医用电梯或无障碍专用坡道。

老年养护院老年人居室应按失能老年人的失能程度和护理等级分别设置，每室不宜超过四人，并宜设置阳台。老年人居室室内通道和床距应满足轮椅和救护床进出及日常护理的需要。

老年养护院老年人居室应具有衣物储藏的空间，并宜内设卫生间，卫生间地面应满足易清洗、不渗水和防滑的要求。

老年养护院老年人居室门净宽不应小于 110cm，卫生洗浴用房门净宽不应小于 90cm；老年人生活区走道净宽不应小于 240cm。

老年养护院老年人居室宜设置呼叫、供氧系统，并安装射灯及隐私帘。

老年养护院的建筑外观应做到色调温馨，简洁大方，自然和谐，统一标识；内装修应符合老年人建筑设计规范的相关规定，行政办公用房不应超过《党政机关办公用房建设标准》的中级装修水平。

老年养护院洗衣房内部设置应符合消毒、清洗、晾（烘）干等流程和洁污分流的要求，并设置必要的室内晾晒场地。

配餐、消毒、厕浴、污洗等有蒸汽溢出和结露的用房，应采用牢固、耐用、难玷污、易清洁的材料装修到顶，并设置排气、排水装置。

（六）建筑设备和室内环境

老年养护院的建筑设备包括供电、给排水、采暖通风、安保、通信、消防、网络设备等。

老年养护院的供电设施应满足照明和设备的需要，宜采用双回路供电，只能一路供电时，应自备电源。所用灯具及其照度应根据老年人特点和功能要求设置。

老年养护院宜采用城市供水系统，如自备水源应符合国家现行标准。生活污水应采用管道收集，排入市政污水管网；无市政污水管网时，应根据环保部门的要求及有关规范设计排水系统。

老年养护院老年人生活用房应具有热水供应系统，并有洗涤、沐浴设施。

严寒、寒冷及夏热冬冷地区的老年养护院应具有采暖设施，老年人居室宜采用地热供暖；最热月平均室外气温高于或等于 25℃ 地区的老年人用房，应安装空气调节设备。

老年养护院老年人用房应保证良好的通风采光条件，窗地比不应低于 1∶6，并应保证足够的日照时间。

老年养护院应按网络服务、信息化管理以及视频传输的需要，敷设线路，预留接口。

（七）基本装备

老年养护院基本装备的配置应根据失能老年人在生活照料、保健康复、精神慰藉方面的基本需要以及管理要求，按建设规模分类配置。

老年养护院的基本装备包括生活护理、医疗、康复、安防设备和必要的交通工具等。老年养护院应配备护理床、气垫床、专用沐浴床椅、电加热保温餐车等生活护理设备。老年养护院应按不同规模配备相应的心电图机、B 超机、抢救床、氧气瓶、吸痰器、无菌柜、紫外线灯等医疗设备。老年养护院康复设备应包括物理治疗和专业治疗设备。老年养护院应配备监控、定位、呼叫、计算机及网络、摄录像等设备。老年养护院的交通工具应包括老年人接送车、物品采购车等。

三、社区老年人日间照料中心建设标准

为加强和规范社区老年人日间照料中心的基础设施建设，提高工程项目决策和建设管理水平，充分发挥投资效益，推进我国养老服务事业的发展，于 2010 年 11 月民政部颁布了《社区老年人日间照料中心建设标准》。该建设标准共分 5 章，包括：总则、建设内容及项目构成、建设规模及面积指标、选址及规划布局、建筑标准及有关设施。该建设标准是社区老年人日间照料中心建设项目决策和合理确定建设水平的全国统一标准，是编制、评估和审批社区老年人日间照料中心项目建议书的依据，也是有关部门审查工程初步设计和监督检查建设全过程的重要依据。该建设标准适用于社区老年人日间照料中心的新建工程项目，改建和扩建工程项目可参照执行。

（一）基本要求

该建设标准明确了社区老年人日间照料中心的定义是为生活不能完全自理、日常生活需要一定照料的半失能老年人为主的日托老年人提供膳食供应、个人照顾、保健康复、娱乐和交通接送等日间服务的设施。社区老年人日间照料中心建设必须遵循国家经济建设的方针政策，符合国家相关法律法规，从老年人实际需求出发，综合考虑社会经济发展水平，因地制宜，按照该建设标准的规定，合理确定建设水平。社区老年人日间照料中心建设应满足日托老年人在生活照料、保健康复、精神慰藉等方面的基本需求，做到规模适宜、功能完善、安全卫生、运行经济。社区老年人日间

照料中心建设应与经济、社会发展水平相适应，纳入国民经济和社会发展规划，统筹安排，确保政府资金投入，其建设用地应纳入城市规划。社区老年人日间照料中心建设应充分利用其他社区公共服务和福利设施，实行资源整合与共享。统一规划，合理布局，并充分体现国家节能减排的要求。

（二）建设内容及项目构成

社区老年人日间照料中心建设内容包括房屋建筑及建筑设备、场地和基本装备。社区老年人日间照料中心房屋建筑应根据实际需要，合理设置老年人的生活服务、保健康复、娱乐及辅助用房。其中老年人生活服务用房可包括休息室、沐浴间（含理发室）和餐厅（含配餐间）；老年人保健康复用房可包括医疗保健室、康复训练室和心理疏导室；老年人娱乐用房可包括阅览室（含书画室）、网络室和多功能活动室；辅助用房可包括办公室、厨房、洗衣房、公共卫生间和其他用房（含库房等）。社区老年人日间照料中心的建筑设备应包括供电、给排水、采暖通风、通信、消防和网络等设备。社区老年人日间照料中心的场地应包括道路、停车、绿化和室外活动等场地。社区老年人日间照料中心应配备生活服务、保健康复、娱乐、安防、等相关设备和必要的交通工具。

（三）建设规模及面积指标

社区老年人日间照料中心建设规模应以社区居住人口数量为主要依据，兼顾服务半径确定。社区老年人日间照料中心建设规模分为3类，其房屋建筑面积指标宜符合表14－1规定。人口老龄化水平较高的社区，可根据实际需要适当增加建筑面积，一、二、三类社区老年人日间照料中心房屋建筑面积可分别按老年人人均房屋建筑面积0.26㎡、0.32㎡、0.39㎡核定。

表14－1　社区老年人日间照料中心房屋建筑面积指标表

类别	社区人口规模（人）	建筑面积（m^2）
一类	30000～50000	1600
二类	15000～30000（不含）	1085
三类	10000～15000（不含）	750

注：平均使用面积系数按0.65计算。

社区老年人日间照料中心各类用房使用面积所占比例参照表14－2确定。

表 14-2　社区老年人日间照料中心各类用房使用面积所占比例表

用房名称		使用面积所占比例（%）		
		一类	二类	三类
老年人用房	生活服务用房	43.0	39.3	35.7
	保健康复用房	11.9	16.2	20.3
	娱乐用房	18.3	16.2	15.5
辅助用房		26.8	28.3	28.5
合计		100.0	100.0	100.0

注：表中所列各项功能用房使用面积所占比例为参考值，各地可根据实际业务需要在总建筑面积范围内适当调整。

（四）选址及规划布局

社区老年人日间照料中心的选址应符合城市规划要求，并满足以下条件：服务对象相对集中，交通便利，供电、给排水、通信等市政条件较好；临近医疗机构等公共服务设施；环境安静，与高噪声、污染源的防护距离符合有关安全卫生规定。

社区老年人日间照料中心宜在建筑低层部分，相对独立，并有独立出入口。二层以上的社区老年人日间照料中心应设置电梯或无障碍坡道。无障碍坡道的建筑面积不计入本标准规定的总建筑面积内。社区老年人日间照料中心建设应根据日托老年人的特点和各项设施的功能要求，进行合理布局，分区设置。社区老年人日间照料中心老年人休息室宜与保健康复、娱乐用房和辅助用房作必要的分隔，避免干扰。

（五）建筑标准及有关设施

社区老年人日间照料中心建筑标准应根据日托老年人的身心特点和服务流程，结合经济水平和地域条件合理确定，主要建筑的结构型式应考虑使用的灵活性并留有扩建、改造的余地。

社区老年人日间照料中心建筑设计应符合老年人建筑设计、城市道路和建筑物无障碍设计和公共建筑节能设计等规范、标准的要求和规定。

社区老年人日间照料中心房屋建筑宜采用钢筋混凝土结构，其抗震设防标准应为重点设防类。

社区老年人日间照料中心消防设施的配置应符合建筑设计防火规范的有关规定，其建筑防火等级不应低于二级。

社区老年人日间照料中心老年人休息室以每间容纳 4~6 人为宜，室内通道和床（椅）距应满足轮椅进出及日常照料的需要。老年人休息室可内设卫生间，其地面应满足易清洗和防滑的要求。

社区老年人日间照料中心老年人用房门净宽不应小于90cm，走道净宽不应小于180cm。

社区老年人日间照料中心老年人用房应保证充足的日照和良好的通风，充分利用天然采光，窗地比不应低于1：6。

社区老年人日间照料中心的建筑外观应做到色调温馨、简洁大方、自然和谐、统一标识；室内装修应符合无障碍、卫生、环保和温馨的要求，并按老年人建筑设计规范的相关规定执行。

社区老年人日间照料中心供电设施应符合设备和照明用电负荷的要求，并宜配置应急电源设备。

社区老年人日间照料中心应有给排水设施，并应符合国家卫生标准。其生活服务用房应具有热水供应系统，并配置洗涤、沐浴等设施。

严寒、寒冷及夏热冬冷地区的社区老年人日间照料中心应具有采暖设施；最热月平均室外气温高于或等于25℃地区的社区老年人日间照料中心应设置空调设备，并有通风换气装置。

社区老年人日间照料中心应根据网络服务和信息化管理的需要，敷设线路，预留接口。

四、老年人能力评估

随着我国人口老龄化程度日趋严重，为了满足老年人养老服务的需求，在参考美国、日本、澳大利亚、英国等国家及我国香港和台湾地区老年人能力评估工具的基础上，民政部组织编制并于2013年8月29日发布了《老年人能力评估（Ability assessment for older adults）》（MZ/T 039－2013），标准明确了“能力”术语的定义是“个体顺利完成某一活动所必需的主观条件”，规定了老年人能力评估的主要指标、实施要求以及评估结果，为老年人能力评估提供统一、规范和可操作的评估工具，科学划分老年人能力等级，作为政府制定养老政策，以及为老年人提供适宜养老服务的依据。

（一）评估指标

一级指标共4个，包括日常生活活动（个体为独立生活而每天必须反复进行的、最基本的、具有共同性的身体动作群，即完成进食、洗澡、修饰、穿衣、大小便控制、如厕、床椅转移、行走、上下楼梯等日常活动的能力)、精神状态（个体在认知功能、行为、情绪等方面的表现)、感知觉与沟通（个体在意识水平、视力、听力、沟通交流等方面的能力)、社会参与（个体与周围人群和环境的联系与交流的能力，包括生活能力、工作能力、时间/空间定向、人物定向、社会交往能力)。

二级指标共22个（见表14－3)。日常生活活动包括10个二级指标，精神状态包括3个二级指标，感知觉与沟通包括4个二级指标，社会参与包括5个二级指标。

表14－3　老年人能力评估指标

一级指标	二级指标
日常生活活动	进食、洗澡、修饰、穿衣、大便控制、小便控制、如厕、床椅转移、平地行走、上下楼梯
精神状态	认知功能、攻击行为、抑郁症状
感知觉与沟通	意识水平、视力、听力、沟通交流
社会参与	生活能力、工作能力、时间/空间定向、人物定向、社会交往能力

（二）评估实施

1. 评估环境

评估环境应安静、整洁、光线明亮、空气清新、温度适宜。至少有3把椅子和1张诊桌、4～5个台阶，以供评估使用。台阶的踏步宽度不小于0.30m，踏步高度0.13～0.15m，台阶有效宽度不应小于0.9m（参照GB/T 50340－2003)。

2. 评估提供方

评估机构应获得民政部门的资格认证或委托，至少应有5名评估员。评估员应具有医学或护理学学历背景，或获得社会工作者资格证书，或获得高级养老护理员资格证书，并经过专门培训获得评估员资格认证。

3. 评估方法

每次评估由2名评估员同时进行。

评估员通过询问被评估者或照顾者，填写“老年人能力评估基本信息表”。评估员按照“老年人能力评估表”进行逐项评估，填写每个项目的评分，并确定各一级指标的分级，填写在“老年人能力评估表”中。

评估员根据 4 个一级指标的分级，使用“老年人能力评估结果判定卡”，最终确定老年人能力等级，填写在“老年人能力评估报告”中，经 2 名评估员进行确认，并签名。同时，请信息提供者签名。

老年人能力评估应为动态评估，在接受养老服务前进行初始评估；接受养老服务后，若无特殊变化，每 6 个月定期评估一次；出现特殊情况导致能力发生变化时，应进行即时评估。

（三）评估结果

1. 一级指标的分级

日常生活活动通过对 10 个二级指标的评定，将其得分相加得到总分，等级划分见表 14－4 所示。

表 14－4　日常生活活动等级划分

分级	分级名称	分级标准
0	能力完好	总分为 100 分
1	轻度受损	总分为 65～95 分
2	中度受损	总分为 45～60 分
3	重度受损	总分为≤40 分

精神状态通过对 3 个二级指标的评定，将其得分相加得到总分，等级划分见表 14－5 所示。

表 14－5　精神状态等级划分

分级	分级名称	分级标准
0	能力完好	总分为 0 分
1	轻度受损	总分为 1 分
2	中度受损	总分为 2～3 分
3	重度受损	总分为 4～6 分

感知觉与沟通通过对 4 个二级指标的评定，等级划分见表 14－6 所示。

表 14－6　感知觉与沟通等级划分

分级	分级名称	分级标准
0	能力完好	意识为清醒，视力和听力评定为0或1，沟通评定为0
1	轻度受损	意识为清醒，但视力或听力中至少一项评定为2，或沟通评定为1
2	中度受损	意识为清醒，但视力或听力中至少一项评定为3，或沟通评定为2； 或意识为嗜睡，视力或听力评定为3及以下，沟通评定为2及以下
3	重度受损	意识为清醒或嗜睡，视力或听力中至少一项评定为4，或沟通评定为3； 或意识为昏睡或昏迷

社会参与通过对5个二级指标的评定，将其得分相加得到总分，等级划分见表14－7所示。

表 14－7　社会参与等级划分

分级	分级名称	分级标准
0	能力完好	总分为0～2分
1	轻度受损	总分为3～7分
2	中度受损	总分为8～13分
3	重度受损	总分为14～20分

2. 老年人能力等级划分

综合日常生活活动、精神状态、感知觉与沟通、社会参与这4个一级指标的分级，将老年人能力划分为4个等级，能力等级划分标准见表14－8所示。评估员可参照“老年人能力评估结果判定卡”对老年人能力等级作出判定。

f 表 14－8　老年人能力等级划分

能力等级	等级名称	等级标准
0	能力完好	日常生活活动、精神状态、感知觉与沟通的分级均为0，社会参与的分级为0或1

续表

能力等级	等级名称	等级标准
1	轻度失能	日常生活活动的分级为 0，但精神状态、感知觉与沟通中至少一项的分级为 1 及以上，或社会参与的分级为 2； 或日常生活活动的分级为 1，精神状态、感知觉与沟通、社会参与中至少有一项的分级为 0 或 1
2	中度失能	日常生活活动的分级为 1，但精神状态、感知觉与沟通、社会参与的分级均为 2，或有一项的分级为 3； 或日常生活活动的分级为 2，且精神状态、感知觉与沟通、社会参与中有 1—2 项的分级为 1 或 2
3	重度失能	日常生活活动的分级为 3； 或日常生活活动、精神状态、感知觉与沟通、社会参与的分级均为 2； 或日常生活活动的分级为 2，且精神状态、感知觉与沟通、社会参与中至少有一项的分级为 3
处于昏迷状态者，直接评定为重度失能；若意识转为清醒，需重新进行评估。 有以下情况之一者，在原有能力级别上提高一个级别：①确诊为认知障碍、痴呆；②确诊为精神疾病；③近 30 天内发生过 2 次及以上意外事件（如跌倒、噎食、自杀、走失）		

老年人能力评估是基础性评估，只提供能力分级。当“精神状态”中的认知功能评定为受损时，宜请相关专业人员对精神状态进行进一步的专科评估。

第五篇

养老综合标准化

第十五章　综合标准化的理论基础

【基本要求】 通过本章的学习，您应能够：

1. 了解综合标准化的基本概念；
2. 熟悉综合标准化的理论贡献；
3. 掌握综合标准化的方法理论。

【核心概念】 综合标准化；理论；方法

综合标准化作为现代科技迅速发展的产物，是现代标准化的重要特征和基本形式之一，也是在现代条件下保证原料、材料、配套产品和成品以及服务和管理标准化整体协调一致性的重要标准化方法。

第一节　综合标准化的基本概念

科学技术的高度分化与高度综合是新技术革命十分重要的特征。自然学科的分支越来越多且互相渗透和交叉，从而产生了很多交叉学科。工业上也由专业化自动发展形成一个现代化综合性生产体系，科学技术和工农业生产的横向综合，向整体化发展，推动了标准化管理向系统化、综合化发展，产生了综合标准化。在此基础上，服务业的快速发展又推进了综合标准化的进一步成熟和拓展。

一、综合标准化的定义

综合标准化是现代标准化的科学方法论。综合标准化在传统标准化的基础上发展起来，更能反映当今时代的特点和要求。这种标准化的新方法又包含着标准化的观念和理论的创新，具有方法论的价值。综合标准化是以系统理论为指导，遵循系统分析方法开展的标准化。每一个综合标准化项目，实际上都是一项系统工程。因此，综合标准化就是标准化系统工程。

（一）综合标准化的定义

综合标准化最初是苏联标准化工作者的创造，他们曾给综合标准化下过不同的定义。1968 年的苏联国家标准给出的定义是："综合标准化是使成为标准化对象的各相关要素的指标协调一致，并使标准的实施日期相互配合以实现标准化，从而保证最全面、最佳地满足各有关部门和企业的要求。使用编制标准化计划的方法来保证综合标准化，计划中包括制品、装配部件、半成品材料、原料、技术手段、生产准备和组织方法等。"这个定义反映了苏联开展综合标准化初期工作方法的特点。1985 年苏联国家标准又给出了一个新定义："综合标准化是用系统分析方法建立的期限、执行者和以标准化方法为措施手段的相关综合体，在综合成就的基础上，不断提高满足社会需求的水平。"这个新定义反映了苏联综合标准化的新经验，定义着重指出要采用系统分析方法和建立标准综合体的问题，从而提炼出综合标准化的本质特征。

综合标准化又称为"全面标准化"或"整体标准化"，就是针对不同的标准化对象，以考虑整体最佳效果为主要目标，把所涉及的全部因素综合起来进行系统处理的标准化形式。《综合标准化工作导则原则与方法》（GB/T 12366.1－1990）给出了如下定义："为了达到确定的目标，运用系统分析方法，建立标准综合体，并贯彻实施的标准化活动。"这个定义突出地强调了综合标准化的要点，即有明确的目标、应用系统分析方法、建立标准综合体并全面实施。这是在吸取苏联经验成果的基础上，结合中国的实践经验而进行的理论概括。"系统分析方法"即系统工程的方法。"相关的要素"是指影响综合标准化对象的功能要求或特定目标的要素。假如综合标准化对象是某种产品，目标是把这种产品的质量提高到某一水平。这时，产品的设计结构、零件之间的配合、构成该产品的零部件、生产零部件所用的原材料、加工零件的设备、工艺装备、工人的操作、作业环境条件、装配质量、检测手段等都可能成为影响要素。"标准综合体"即"综合标准化对象及其相关要素，按其内在联系或功能要求，以整体效益最佳为目标，形成的相关指标协调优化、相互配合的成套标准"。修订的《综合标准化工作指南》（GB/T 12366－2009）沿用了原有的综合标准化下定义，明确了综合标准化是系统工程和标准化相结合的产物。它以标准化具体对象系统为研究对象，准确地把握各种相关要素之间的关系，以保证整个系统的功能效果最佳。综合标准化对象及其相关要素按其内在联系或功能要求以整体效益最佳为目标形成的相关指标协调优化、相互配合的成套标准。

综合标准化是用系统分析方法针对具体的标准化对象及其相关要素所形成的系统进行整体标准化的方法。其主要目的是综合地解决提高产品（或服务）质量的问题。综合标准化的实质就在于使那些能够保证产品（或服务）达到最佳技术水平和质量水平的所有相关要素保持完整的系统性和最佳关系。开展综合标准化工作，要求针对不同的标准化对象，制定一套相互协调的标准技术文件，把这一整套经过系统处理。能够保证对象整体最佳效果的标准和标准技术文件称为标准综合体，它是综合标准化的物质基础。综合标准化对象的整体最佳效益为目标，对包括设计、工艺、原材料、零部件、半成品、配套制品、技术手段、生产准备、检验方法等综合考虑，进行整体标准化。

（二）不同标准化的比较

综合标准化的不同定义，各从不同侧面揭示了综合标准化的特征。同传统标准化相比较，这些特征或优越性是传统标准化的创新发展，也是对传统标准化的超越，与传统标准化有本质的区别。

1. 传统标准化

传统标准化通常是指工业化时代开创的标准化。匈牙利标准化局主席N. 奥拉热什在论述综合标准化的时间因素时说："科学技术革命决定了一些标准很快就陈旧了。在开展综合标准化时，经常是上百个标准共同发生作用的，因此标准的任何部分如果陈旧，这就意味着与其相关的整个标准综合体已陈旧。依据这一观点，传统标准化对于时间因素并不敏感。"他既提出了传统标准化的概念，又指出了传统标准化的一个重要特征即"不敏感"，这一点恰是科技进步对传统标准化的尖锐挑战。因此，他又说"对于技术发展而言，综合标准化比传统标准化更有活力，这是综合标准化的新性质之一。"

传统标准化除了它对技术进步缺乏敏感之外，其活动通常以制定标准为目的，并以标准数量增长为目标；不断地积累标准是它的主要特征，而对标准的实施则较少关注；对于标准的制定，基本上是单个、分散、孤立地进行，较少考虑从整体上解决问题。

我国通过实施综合标准化，认为现代标准化与传统标准化的根本区别在于标准的功能不同。传统标准化仅限于静止、孤立的活动，只能被动地涉及生产技术的局部。

2. 现代标准化

现代标准化的产生和发展是科学技术水平和生产水平发展到一定程度的必然产物。现代标准化是运用系统工程学的概念、系统分析方法，从标准化对象整体出发，使各部门充分协调一致来进行的标准化工作。现代标准化则以动态、协调、能动的方式作用于整个对象系统，取得最新科技成果，并将其纳入标准，促进生产向高水平发展。现代标准化的特征是系统理论指导下系统方法的彻底应用，凡具备这一特征的标准化，均可视为现代标准化。在现代标准化方法中，综合标准化是其基本形式之一。因为综合标准化就是系统科学与标准化相结合的产物。

3. 超前标准化

当代科学技术的发展日新月异，新技术从发明到实际应用的周期越来越短。这无异给传统的标准化管理以很大冲击，于是，就产生了超前标准化。苏联在国家标准 ROCT1. 0 – 68 中对超前标准化下的定义是："根据预测，对以后将成为最佳的标准化对象，规定出高于实际达到水平的规格和要求的标准化。"

超前标准化是动态标准化的具体反映，它具有下列特点：产品的质量指标随时间而变化，也就是说，它是一个时间的函数；质量指标的变化要同科学技术的进步速度同步；及时地制定与贯彻标准，在整个有效期内使标准始终处于最佳有效状态。

超前标准化的工作成果就是超前标准。在超前标准中，根据现实条件，以质量分级的形式规定出具有不同实施日期的指标、规格和特性，也就是有一定的超前期。即某种产品在标准有效期内没有工业生产的同类产品，而从技术水平衡量，这种产品已跨入一个新阶段，它是体现先进技术的领先产品。针对这类产品规定的最佳规格、技术要求的标准就是超前标准。凡为保证在标准有效期内贯彻工作的实施、组织与管理的更先进的新方法和新形式，规定有相应定额和要求的标准也是超前标准，如有关全套自动化管理体系标准、自动化设计体系标准等。某些新产品或先进产品在标准有效范围内只被个别先进企业所掌握，并且在质量指标方面显著超过其他企业的同类产品，则针对这类产品规定的最佳规格和技术要求的标准，对其他大多数企业来说也是超前标准。

二、综合标准化的产生

（一）综合标准化思想的产生

综合标准化之所以于20世纪60年代在苏联诞生，有着深刻的社会经济技术原因。苏联国家标准化委员会副主席特卡钦科认为这是科技进步新形势下的必然选择，在技术领域发生了根本性变化：研制和生产的产品日趋复杂和多样化；建立起复杂的机器设备体系，并联合成单一的和自动化的工艺综合体；电子计算机技术成为现代设备的重要要素；出现了新的生产组织形式。标准化作为社会的客观需要，在其规模不断扩大、技术与生产组织发生了根本性变化的条件下，标准化工作者所面临的任务是寻求新的标准化工作形式和方法，并使之与新的条件相适应。

综合标准化的产生还有体制上的原因，在实行高度计划经济的条件下，基本上是按行政系统、行政区划、行政层次来进行标准化管理。由于计划的不完善，加之行政管理带来的弊病，使标准之间经常发生不协调的现象。特别是当代科技发展，表现出生产的组织管理、技术和经济等方面的联系日益复杂，急需解决许多对国民经济起着重大影响的跨部门问题，要求各有关部门在较少地消耗劳动力资源、物质资源和财政资源的条件下，更充分地满足社会需要。在这样的情况下，提高标准的科学技术水平的任务，显然不能在一个部门范围内有效地解决。综合标准化的理论正好适应了这一需要，它要求从国民经济的整体利益出发，来处理和解决标准化问题。在工作方式上，它撇开了原有的行政部门的管理系统，而按标准化对象系统客观存在的关系来组织标准化工作。

最先提出综合标准化思想的苏联著名标准化学者 A. K 加斯切夫早在1933 年就提出了“在目标性与综合性原理的基础上开展标准化”的主张。他特别强调标准的相关性问题、大量成组标准协调一致的必要性问题。他说：“在这方面，标准具有相关目标的意义，即单个环节的修订应该明显地影响到整个一组标准。这样的标准系列，对其中任何一个标准的变更都是一个十分敏感的综合体。”他不仅指出了综合标准化的目标性和综合性这两大本质特征，而且提出了标准综合体的概念，认为依据目标性原理所建立的标准综合体，必须是协调一致的，因而具有敏感性，其中的任何一个标准的修订都会影响到整个综合体。这些观点对于形成标准化的科学方法论，乃至制定标准化的工作方针都有极重要的意义。随着国民经济的发展和巩固，标准化作为国民经济管理机构中的主要因素所发挥的作用已明显增长。因此，有可能在制定标准时，对一个标准化对象，先拟定成套标准化规划，把围绕这一对象的所有需要制定的标准都列入规划，然后统一组织这些标准的制定与实施。这种标准的成套制定便于尽快产生综合效果，发挥综合效益。

（二）标准化计划方法的失灵

苏联作为世界上第一个社会主义国家，实行全面的计划经济。他们采取了汇总零散课题形成标准化计划的方法，各部门向国家标准化机构申报年度的标准化项目，根据计划年度的经费等情况，经平衡和协商后，形成年度国家标准化计划下达执行。由于大规模的经济建设急需标准，人们就把不断地增多标准数量作为工作目标。表现最突出的问题有两个：一方面标准数量虽然多了，但急需的标准没制定或制定的很少，相反地却制定了大量的并不急需的次要标准；另一方面标准化的投入不断增加，标准的数量也不少，但却见不到明显的成效，尤其是在关系国民经济的重大问题和关键项目上，体现不出标准化的作用。由于标准化工作不能适应国家重大技术经济任务的要求，从而引起了标准化工作忽而集中忽而分散地不断动荡；政府对标准化的实际作用不满意，国家标准化主管机构不停地改组，它先后归属过工农监察人民委员会、最高人民经济委员会经济管理局、劳动与国防委员会、国家计划委员会等，试图通过改变上级主管部门来解决标准化与国民经济建设紧密结合的问题。

标准化计划方法潜在的问题越发成为标准化前进的障碍。许多学者开始反思，对标准化方法以及标准化工作的指导思想提出质疑。例如，著名标准化专家科赫捷夫尖锐地指出："如果把标准化作为一整套互相密切配合的、要达到一定目的的措施，则它一定要有一些原则方针作基础。例如，要有标准化的计划工作方法，标准化工作要按有助于解决像推行新技术、提高劳动生产率这样一些重大国民经济任务的综合性问题来进行。"这种计划方法，不仅易造成轻重不分、主次混淆、缺乏主攻方向的弊病，而且会助长片面追求标准数量而忽视标准质量的倾向。

经过无数次的挫折和失败，标准化工作者在总结经验的同时，提出一些改革标准化工作的设想。科赫捷夫提出："标准化不仅要有一定的顺序步骤，而且在解决问题上要有一定的成套性。同时我国标准化的各个环节（国家标准化、部门标准化和地区标准化）应当很好地配合，否则标准化不可能提供应有的经济效果。标准化成就的大小不是看某一生产部门中现行标准的数目，也不是看有多少产品制定了标准的相对指标，而是看综合性问题的解决结果如何。标准化计划工作也应当以解决这种综合性问题为基点。解决综合性问题要有计划、有一定的顺序步骤，并且要以作为国家标准化目的的主要（基本）标准为依据，使各项工作互相协调。"

（三）系统理论作用于标准化

苏联标准化工作者的反思和理论觉醒是标准化工作改革的内因，而一个重要的外因就是当时苏联科学院在研究系统论、信息论和控制论方面做了许多工作，而且苏联标准化科学研究院与苏联科学院之间有较密切的联系，先进的系统理论对苏联标准化工作者转变观念、产生新思维，提供了理论依据。如综合性、成套性、整体协调等概念的形成和系统分析方法的应用，都与他们接受了系统思想密切相关。苏联标准化界关于综合标准化的讨论，主要涉及如下的一些观点和认识：

关于标准化的目的和工作目标问题。以往的（传统的）标准化的直接目的或工作目标就是制定标准；综合标准化的目的和工作目标是要解决具体问题，制定标准则是解决问题的手段。

关于评价标准化工作的业绩问题。以往的（传统的）标准化追求制定标准的数量，把标准数量增加的多少作为衡量工作业绩的准则；而综合标准化则把解决有重大意义的综合性问题以及解决的多少和获得的效果，作为衡量标准化业绩的准则。

标准化的计划工作应做相应的改变，把解决有重大国民经济意义的综合性问题作为各级标准化管理机构，制订计划的出发点。

关于怎样制定标准的问题。以往的传统标准化是单个地、零星地、分散地制定标准；综合标准化则是围绕特定的目标制定成套标准。

关于标准的协调问题。以往的标准化虽然也讲协调，那只是在制定标准时，防止与其他标准重复和矛盾，根本做不到综合应用时仍能相互协调；综合标准化则是成套标准整体协调，协调的目的就是要保证全套标准在应用时互相适应。

总之，系统理论作用于标准化是最初的综合标准化思想，解决综合性问题是综合标准化的目的，成套性是综合标准化的突出特点。

（四）实践引起政府高度重视

起初，在苏联综合标准化被用来解决产品质量问题。一方面是因为产品质量确实存在大量问题，另一方面产品质量本身就是一个综合性问题，最适于应用综合标准化的方法来解决。他们认为："质量水平越是接近于最佳状态，就越能全面地满足整个社会或各个部门的需要，从而提高劳动生产率或社会生产效率，并不断减少为满足需求所必需的产品的相对数量。"但是，"质量水平的最佳状态绝不能简单地理解为指标最高。这个水平是要在既满足需求，又使生产过程所必需的耗费最小的情况下来达到，这就是基本的经济原则。"依据这样的原则制定标准时，对产品的关键参数及其参数值的确定，是不可能靠简单方法就能办到的。这一原则要求把标准放到产品的生产、使用（消费）全过程中进行利弊得失的综合权衡、系统处理，这就使参数及参数值的决策变得复杂而艰难。

苏联的标准化学者还开创了参数最佳化的理论与方法，使产品的综合标准化在提高产品质量方面取得了显著成效，引起了苏联党和政府的高度重视。为推动这一工作的开展，发布了一系列决议和指示。苏联部长会议1965年发布了"改善标准化"的第16号决议，正式确立了"综合标准化"这一科学概念，明确提出了"开展综合标准化的主要任务是：产品质量指标的标准化，首先要解决那些决定成品质量、可靠性和使用寿命的原料、材料和半成品的跨部门综合标准化问题"。苏共中央和部长会议又于1970年11月10日作出了《关于提高标准在改善产品质量中的作用》的第937号决定，指出："必须集中力量首先使那些最重要的、具有国民经济意义的产品实行国家标准化和综合标准化，应当很好地利用标准来提高产品质量，提高机器、仪器和设备的专业部门统一化和跨专业部门统一化的水平"。随后，苏联国家标准化五年计划（1971—1975年）中列入了25项产品综合标准化课题；国家标准化五年计划（1976—1980年）中列入了40项综合标准化课题；国家标准化五年计划（1981—1985年）中列入了160项综合标准化课题。苏联的国家标准化走上了以开展综合标准化为主，并且与国民经济计划紧密衔接的发展道路。苏联标准化工作者所创造的这套标准化方法，虽然带有很强的计划经济色彩，但它的确对20世纪后半叶苏联经济的发展，尤其是冷战时期苏联军事工业和武器装备的现代化发挥了重要作用。这个计划经济条件下产生的标准化方法中，其科学合理的内核是具有普适价值的。

三、综合标准化的意义

（一）适应了经济社会发展要求

传统标准化是大工业时代的产物。大工业时代的一个显著特点是明确而细腻的分工以及生产的高度专业化，相应地出现了行业和部门林立的状况。这些行业和部门相互之间的边界清楚、内涵明确，各有各的生产领域，各有各的管辖范围。企业也都分别隶属于某一行业和部门，专门生产属于该部门的专业产品。企业和企业之间也是边界清楚、内涵明确。与这一生产管理体制相适应的标准体制，也自然地复制了这一模式。整个国家的标准也同样地按行业或部门分工，同样地各有各的领域，各有各的管辖范围。每个行业都自成体系制定本行业的标准，每个企业也自成体系制定自己的标准。此外还有各个地区的标准，形成了条块分割、体系丛生的格局。

随着国家经济体制改革的不断深入，原有的生产管理体制已经发生重大改变。中央政府实行的体制改革，淡化了原有的行业和部门的色彩，很大程度上为行业之间的交互和综合创造了条件。企业已基本不再隶属于行业和部门，行业属性已经淡化或已不复存在。企业的生产经营范围也已不再受到行业的局限，出现了越来越多的跨行业、跨部门、跨领域经营的企业、跨国经营的企业以及虚拟企业等。这些体制上的变革都是为了适应经济、技术发展的要求，即生产力发展的要求。科学技术的综合化趋势造成的产品综合化，强烈要求打破生产经营上的条块分割和自成体系。中国经济体制改革成功地实现了这一艰难的变革，不仅为市场经济的发育拆除了障碍，而且为现代科学技术和现代工业产品的开发生产创造了体制上的环境。但是，在旧体制基础上建立起来的标准体制却未能与时俱进，使得现行的标准体制和相互独立的标准体系，在应对日益增多的复杂巨系统，解决跨行业、跨学科、跨领域的综合性问题时，难以发挥出标准化的应有作用。综合标准化正是适应了经济社会发展的要求。

（二）促进了传统管理体制转型

改革开放以来，企业面对日益激烈的市场竞争，计划经济时代留下来的管理体制和经营模式遇到了前所未有的挑战，许多企业走上了强化管理之路。其基本思路就是通过不断强化企业内部的管理，提高企业内部的运作效率和工作质量，增强企业的竞争优势。但是，由于“大而全”“小而全”的问题没有从根本上得到解决，企业需要加强管理的方面和重点太多，管理结构林立，管理层次增多，经常顾此失彼。“纵向一体化”的体制不但未能削弱，反而日益强化。企业管理标准又将这一过程进一步加以固化。整个企业职责清楚、分工明确、任务具体、纪律严谨、赏罚分明。从现象上来看，企业管理水平有了提高，也产生一些效果，但难以达到各方面都最优秀的程度。竞争企业之间始终围绕企业内部有限的资源做文章，难以产生应对市场快速变化、应对顾客苛刻要求的能力。结果还把有限的资源消耗在无关紧要的环节上，许多制造型企业不在产品创新开发上下功夫，反而投入大量人力去搞并不擅长的市场营销。“纵向一体化”的管理体制越发显现出它应对市场的能力有着先天的不足。借助其他企业的优势资源，通过强势企业之间的联合，达到快速响应市场需求的目的，这就是“横向一体化”的管理思维。“横向一体化”的思路是基于这样一个基本认识：任何一个企业，不论它的内部管理如何好，都不可能在所有业务上都是拔尖的；每个企业实际上是各有所长又各有所短，只有走优势互补之路，才能形成真正的竞争实力。20 世纪 80 年代兴起的全球制造链以及由此产生的供应链管理，就是“横向一体化”的典型形式。到了 80 年代中后期，工业发达国家中便有 80% 的企业放弃了“纵向一体化”模式，取而代之转向了全球制造和全球供应链管理这一新的经营模式。这一经营模式的显著特点就是站到整个供应链的大视野，以协同商务和双赢原则为基础，由客户、供应商、研发中心、制造商、经销商和服务商等合作伙伴组成的供应链，去同另一个供应链展开竞争。供应链每个节点上的企业都有自己的专长，都是精通相关业务的优秀企业。整个供应链是经过整体优化的系统，因而形成任何一个优秀企业都无法具备的竞争优势。一个企业参与的供应链规模越大，运作效率越高，这个企业的竞争力和生命力就越强。这种极具竞争力的战略联盟是全球经济一体化的产物，是企业应对全球化竞争的必然选择。

供应链管理在我国虽然推广了多年，但许多企业还没完全摆脱“大而全、小而全”和“纵向一体化”体制的困扰。如果企业以其主导产品为核心开展综合标准化，将上下游的企业纳入其中，结成利益共同体，建立起确保主导产品竞争优势的标准综合体，实现共赢的目标，就为企业向供应链管理转型过渡积累经验并打下基础。以供应链管理为特征的“横向一体化”管理体制在我国企业中的建立，综合标准化这种最擅长横向综合的方法便有了用武之地。

（三）推动了标准化方法的创新

标准化作为一门学科，其特点在于应用。作为一门应用学科，方法论是其核心。长期以来，标准化工作的主要内容是制定标准。许多情况下，虽然人们知道标准的实施很重要，实际上有些只是标准化全过程中的一个环节或一项活动，缺少一个完整的、由始至终的逻辑过程，没有一种方法把标准的制定和实施结合起来，更没有一种像“PDCA”循环那样逻辑严谨的科学方法，把标准化工作环环相扣地贯彻始终。

综合标准化是从标准制定到标准实施，从目标确立到目标实现的全过程的管理方法，是标准化工作的“PDCA”循环。它不是简单生硬的方法性规定，而是一系列科学方法和原则的集成，是有普适价值的活的方法论。标准化工作计划是标准化活动的纲领，标准化计划工作在整个标准化活动中起着关键性作用。综合标准化计划组织全社会标准化资源，调动各部门的力量，围绕国民经济计划和国家重点项目开展标准化，在国民经济建设中的作用凸显了出来。

综合标准化强调的是用标准解决实际问题，但综合标准化绝对不是忽视标准的制定，也不是不要标准的数量，而是要适用的标准、协调配套的标准。实际上在实施综合标准化过程中，不仅创造了一系列标准化的科学方法，使所制定的标准更科学、更合理、更适用，而且标准的数量也有较快增长。综合标准化找到了一条制定（修订）标准并保持标准适用性的科学方法，综合标准化过程中的一整套的组织管理、规划和计划、决策和评审、整体协调、系统优化、目标分解以及标准制定中的科研工作等方面都是方法研究和方法创新的领域。综合标准化一旦把人们的思想从传统标准化的观念局限中解放出来，各种解决问题的方法都会被创造出来，形成一个完整的方法体系。

（四）奠定了标准化的理论基础

1. 综合标准化的理论指导

综合标准化的任务同传统标准化的任务有很大的不同，因此，综合标准化的做法也同传统标准化的做法有所不同。

第一，综合标准化不是以制定标准为目的，而是以解决问题为目的。以制定标准为目的的标准化，工作重点放在制定环节上，追求标准数量的增加和单个标准水平的提高，很少顾及标准的应用；综合标准化则把工作重点放在用标准解决实际存在的问题上，它不追求标准数量，主张够用就行。综合标准化不笼统地要求所有标准都要高水平，主张适用就行，追求标准之间互相关联、互相协调，能形成一个最佳的有机整体。也就是说综合标准化不刻意地追求单个标准最佳，而是追求标准系统整体最佳。

第二，综合标准化所要解决的问题不是个别的、孤立的简单问题，而是整体地解决复杂的综合性问题。个别的、简单的问题用单个标准就能解决；复杂的综合性问题之所以复杂就是相关因素多而且千头万绪，要整体地解决就必须把它们的关系梳理清楚，必须有针对性地制定一整套标准才能解决问题。

第三，综合标准化过程中必须处理的难题主要包括：确定一整套标准，明确制定的方法、技术等措施，把握各个标准之间的关系并使它们密切衔接成为一个有机整体，从而真正解决问题。

第四，从标准的制定到标准的实施，实施过程管理，直到问题得到解决，要涉及诸多部门和环节，要组织许多人参加，要做大量的协调和组织工作。

总之，综合标准化比传统标准化工作复杂得多、难度大得多。它处理的不是一个孤立事件而是一个包括诸多方面的系统，没有与其相适应的科学理论的指导，没有科学的方法是难以成功的。

2. 综合标准化的理论优选

综合标准化是标准化发展到一定阶段的产物，是标准化实践经验的总结。这种总结接受了系统理论，找到了正确的方向和科学的方法。系统理论包括由系统论、信息论、控制论等组成的一个学科体系。综合标准化过程中所蕴含的与传统标准化不同的原则、方法和特点，实际上都是系统理论的映射。

传统标准化孤立地、零星地制定标准，但面对复杂问题时，把这些不同时期、基于不同目的所制定的标准集中起来，却形不成一个有机整体，难以起到应有的作用，其根源归咎于传统标准化的方法论。近代科学急剧发展并不断分化，各门学科各自孤立地进行研究，采取对个别事物深入分析的方法。这种思维方式虽然可以加深对某些领域的认识，但由于它割裂了事物之间的内在联系，不能很好地把握事物的整体。整个社会，包括科技领域和标准化领域都被这种机械论和孤立地、静止地分析事物的思维方法统治着。标准的研究也同其他学科的研究一样划分为不同行业和专业，分散、孤立、单个地制定标准，而且与生产的分工相对应，标准也越分越细。到了20世纪中叶，系统理论逐步形成并开始被人们所接受。系统科学不仅作为主导理论已经渗入到当代各门学科的研究领域，而且已经成为现代科学思维方式的主导因素。一方面，各门学科继续分化，分支学科越来越多，越来越专；另一方面，呈现出由分化走向综合的趋势，各学科之间在不断地相互渗透、交叉，走向综合，产生了一系列边缘学科、交叉学科、综合学科。与此同时工业上也由专业化、自动化发展形成一个个现代化综合生产体系，经济联合体、集群式企业和模块化网络企业都在飞快发展。综合标准化就是在这样的时代背景下顺应时代的要求，在系统理论和系统方法的指导下产生的，可以说是系统理论和标准化交叉融合的产物。这个交叉，在苏联发生在20世纪60年代，在中国发生在20世纪80年代，都是基于系统科学的普及和标准化的理论需求。今天，标准化园地也和其他科学园地一样，一方面是以分析为主要方法的标准化侧重于认识部分，制定单个标准；另一方面是侧重于研究整体的综合标准化。这对不断加深对事物本质的认识、不断提升标准化的现代化水平具有极其重要的意义。从发展趋势来看，跨专业、跨学科的、综合的标准化对象将越来越多，而且越来越重要，因为这是科学技术发展的总趋势。分析和综合是今后标准化方法的基本走向，也就是用综合的整体观，克服传统标准化的盲目性和局限性，并努力把综合标准化和传统标准化统一起来。

（五）凸显了标准化的重要作用

传统标准化工作的主要任务，就是大量地制定标准、不停地积累标准。每个国家乃至每个企业，在开展标准化的初期，都采取“制标主导型”或“积累主导型”的工作模式，它可以在较短时间内把常用的标准迅速备齐，为企业开展正常业务提供标准化资源。但是，当这种积累已经达到一定程度，必要的标准已经基本齐备时，即应不失时机地转变工作重点，把标准的应用提到重要日程。开展综合标准化制定标准的目的主要不是为了积累而是为了应用，是“应用主导型”的标准化。

我国的标准化基础已经确立，无论是标准规模、标准化工作经验也都具备了由“积累主导型”向“应用主导型”转变的条件。“应用主导型”强调标准的应用、体现标准化的作用。传统标准化是零散地、单个地、孤立地制定和实施标准，由于条块分割，很难实现大系统的综合，难以达到综合标准化的程度。综合标准化具有集聚功能，它把与标准化目标相关的要素（对目标的实现起作用的因素）集聚起来，经过系统处理，使之能确保目标的实现；它把这些相关要素所承担的任务，用标准加以规范和落实；它把与此相关的方方面面组织起来，围绕一个共同目标协同配合，按统一的计划和时间表工作。这种强大的集聚功能，也就是集中资源办大事的功能，是常规的标准化所做不到的。我国正在实施国民经济发展的“十二五”规划和科技发展规划，规划中的项目都是事关国家重大经济利益的战略性课题，具有极鲜明的综合性特征，是开展综合标准化的理想对象，也是实施科技创新同标准化一体化推进战略的极好机遇。综合标准化的工作模式尤其适用于政府运用其掌控的标准化资源为实现其战略目标服务，把标准化的作用发挥到极致。

四、综合标准化的特点

（一）整体性

综合标准化是在系统理论指导下发展起来的，是对系统理论的实践。系统理论的首要原则是整体性，系统科学方法论的首要特点也是整体性。“整体性”就是“系统性”，就是从整体出发，用系统观点考虑问题。系统性首先是表明特定情况下，人、设备与过程的有序结合，它们相互作用，以保证达到预期的目标，其功能是接受信息、能量和物质，并根据时间达到预期的目标、能量、物质。

综合标准化是遵照系统科学的原理发展起来的。系统理论的首要原则是整体性原则，如在研究大系统时，对每个子系统的着眼点不在于它们各自可能发挥的作用，而着眼于它们保证整个系统最有效地运转的功能。系统方法从整体出发考虑局部，在推行综合标准化时，应针对不同的标准化对象，确定适当的系统。既要充分考虑标准化对象同相关要素之间的重要职能联系，确定出主体对象和各相关要素的协调一致的要求，又要合理地确定综合系统的范围和最佳约束条件。

综合标准化过程中建立的标准综合体，其中的每一个标准从形式上看，虽然也是分散地、单个地制定出来的，但是这其中的每一个标准，都是围绕着一个统一的目标，按照统一规划所限定的时间和应满足的要求（分目标）制定的。每个具体标准虽然都有各自的目标和功能，但都是从保证整体目标实现和整体目标最佳为出发点确定下来的，制定每个标准时，着眼点不在于它们各自可能发挥的作用，而是着眼于它们保证整个系统最有效地运转的功能。正是由于综合标准化的方法论是建立在整体性原则的理论基础上，综合标准化过程中形成的标准综合体才成为一个有机整体；也正是由于标准综合体中的全部标准都按照总目标的要求，通过指标、参数和功能的全方位协调、优化，才形成了保证最佳总体目标实现的标准系统，发挥出理想的系统效应。

当科技进步日益表现为综合趋势，标准化对象的技术综合程度越来越高，把这类单个制定的标准“组织起来”形成系统，即综合应用时，则必须进行大规模的调整或改造，这就是以整体观、系统观为指导的综合标准化应运而生的技术经济原因。综合标准化过程主要就是整体协调，把各自互相独立、互不配合的标准协调为一个有机整体，产生系统效应。

（二）目的性

推行综合标准化，首先必须确定明确的目标，并通过综合标准化计划反映出来。综合标准化的范围推广，国家的总目标就是要建立能完全适应国民经济高速发展需要而又符合本国国情的现代标准化体系。一个部门或一个企业的目标就是建立健全这个部门或这个企业的一整套现代标准化体系，以促进这个国家、部门或企业不断提高生产技术水平，获取最佳经济效果。这些目标是在不同的范围内推行综合标准化的战略目标，它应在综合标准化长远规划中反映出来。标准综合体中不论包括多少标准，都必须服从一个总目标。标准综合体中的每一个标准虽然也有各自的目标，但这些目标都是为保证总目标的实现而确立的。

综合标准化首先要明确标准化对象，当标准化对象确定之后，接着就要明确标准化的目的，即该对象标准化要达到的目的（要解决什么问题，达到什么要求）。为使目的更加清晰、明确，还必须规定具体的目标，如果综合标准化对象是产品，通常还要规定参数和参数值。只有标准化的目的和目标非常明确、非常具体，相关的活动才能有所遵循。

综合标准化不仅一开始就有明确的目的，并将目的转化为目标作为主攻方向，而且还要将这个总目标分解为若干分目标并分别落实到相关标准的制定任务中。在对所有标准进行系统处理、整体协调时，也要以能否保证总目标实现为准则。直到最后阶段对综合标准化项目进行验收时，还要以是否达到预定目标为判定标准。这个目标自始至终引领着综合标准化全过程，因此才说综合标准化是目标导向的标准化。

许多标准化活动和标准的制定是在目的并不明确或根本就没有明确目的和目标的情况下进行的。综合标准化针对一个标准综合体指引综合标准化全过程，其最终目的是整体最佳性，就是在推行综合标准时，要考虑整体系统的总效果最佳，而不要求各相关要素单项指标最佳。这是推行综合标准化的基本要求，也体现了综合标准化的巨大优越性。按照系统的科学观点，要达到标准综合体的整体最佳效果，各有关单位就要密切配合，协调行动，既做好技术协调，又要做好组织协调，而组织协调是技术协调的重要保证条件。

（三）成套性

综合标准化是在限定时间内制定一整套对实现既定目标起保证作用的标准，即标准的成套性。这种同时成套制定标准的方法能有效地保证标准化整体目标的实现，综合标准化的成套性是其整体性和目标性这两个特点决定的。综合标准化的对象不是一个孤立的个体，而是一个整体。这个整体是一个有特定功能的系统，是在综合标准化的目标指引下形成的。例如，我们把提高某种产品的质量指标作为综合标准化的目标，这个目标受到诸如原材料、工艺装备、操作方法、设备、环境条件、生产管理等一系列因素的制约，质量目标同这些影响因素之间由于存在内在联系，它们便结成了一个系统，成为一个整体。标准化的任务就由当初提高某一产品的质量指标，演变为处理一个系统的整体性问题。必须把这些影响因素同要达到的质量目标一起考虑，相关标准一起制定、一起实施，才能最终解决问题。这就是综合标准化必须成套制定标准的原因。

综合标准化成套制定标准，是当标准化的对象和目标确定之后，经过系统分析、目标分解，建立起来的目标保证系统。这个系统中的每一个要素都是必不可缺的和有用的，都是依据目标的要求量身定制的。这种成套制定标准的方法相当于按订单生产，每套标准都有特定的用途和明确的目的，每个标准都有针对性，从解决具体问题的角度来看，这是最理想、最有效的方法。平时的标准积累为建立标准综合体提供了可选标准，使定制更方便；在建立标准综合体的过程中，又会产生新标准补充库存。因此，企业不应再把积累标准作为工作的重点，而应不失时机地开展综合标准化，把工作重点转向解决企业中的具体问题，在为企业市场竞争和创效益上下功夫。

（四）敏感性

苏联学者 A. K 加斯切夫认为，按照统一的目标建立起协调一致的具有整体性特征的标准系统（标准综合体）是一个十分敏感的综合体，即其中任何一个标准（尤其是处于核心地位的标准）的变更，必将明显地影响到整个综合体，要求综合体作出反应（对其他标准进行相应调整）。这是标准综合体的敏感性特征，也是标准系统整体协调的结果。

标准综合体的敏感性是标准综合体整体协调造成的。经过整体协调的标准综合体，其中的每一个标准都不是孤立存在的，标准之间以及标准与整体之间结成了固定的、紧密的联系，成为了一个有机整体（一个系统），具备“整体性”，才有了“敏感性”。其中任何一个子系统的参数或功能的改变，不仅要引起相关子系统的变化，还会引起系统整体的变化。协调得越是彻底，其系统效应越好，敏感性越强。

标准综合体敏感性的最重要意义是使标准综合体具有动态适应性，也就是对环境的应变性。标准系统的敏感性使标准系统能够“适时调整”并具有“动态特征”，综合标准化的自适应和自组织功能可“适时调整”持续有效。综合标准化能使标准系统具有自适应和自组织功能：一是标准系统的模块化结构；二是模块的管理权下放，采取集权和分权相结合的管理体制。前者令标准系统简化，使系统调整变得容易，即变集中统一调整为分散调整，变大系统的调整为小系统的调整；后者调动起基层管理者管标准、用标准的积极性，使标准系统成为有人参与的系统，是人在系统中起作用。使用标准的人能及时得到反馈信息，能及时提出调整的意见和要求，并且知道该如何调整。

用整体性原则考察标准系统，必须把环境放到系统之中通盘考虑，标准系统所处的环境主要的有国家的法律、法规、国民经济发展的要求、市场和用户（消费者）的需求等。因为系统是离不开环境的，不仅要在建立标准综合体时充分考虑环境的要求，使所建立的标准综合体与环境相适应，而且要在标准系统建成之后，同环境保持信息沟通，一旦环境发生变化（尤其市场需求变化），原有标准系统不能满足需要时，标准系统必须快速反应、及时应变。环境的多变性就决定了标准综合体必须是能适时调整的具有动态特征的系统。

（五）计划性

综合标准化的计划性特点与传统标准化之间的区别在于计划的深度和广度不同。这主要体现在前期的标准综合体规划、中期的标准制定（修订）工作计划和后期的实施计划方面。综合标准化的每个主要阶段都有相应的计划，并且一环扣一环，成为综合标准化工作的具体路线图和每一步工作的依据。通过编制标准综合体规划，明确综合标准化对象及其相关要素、需要制定（修订）的全部标准（课题）、每个标准的最终目标和相关要求、必要的科研项目等；通过标准制订（修订）工作计划，落实制定（修订）标准的名称、适用范围、对该标准的要求、该标准与其他标准的关系、承担单位与负责人、参加单位与参加人员、起止时间等；通过技术组织计划和科研计划，明确规定须提前进行的科研课题和调查项目、设立相关的组织、规划技术措施和经费等；通过标准综合体实施计划，明确实施的方式（是否试点或试行）、实施的组织领导、实施的任务和工作内容、实施日程、实施过程的跟踪记录、信息传递等。如此庞大的标准系统工程，如果没有科学周密的计划保证，是不可能在限定时间内完成的。

综合标准化是高风险的标准化。首先，综合标准化的对象和目标通常不是由标准制定者提出的，这个对象和目标常常是国家或企业的重大项目或攻关目标，综合标准化作为一种方法和工具用于这些项目的实施，最终目标能否实现，就是综合标准化的最大风险。其次，那些环环相扣的规划和计划，都是涉及众多的单位和人员，一旦计划失控，产生脱节，就可能产生不良后果，失败的风险概率增加。此外还有技术上的困难，开展综合标准化必须同时保证所有相关标准中所包括的大量参数、要求和特性的最佳协调。经过协调成为有机整体的标准综合体，又是一个非常敏感的系统，某些参数的改变可以导致成百上千其他参数也必须改变，使参数协调这一任务只有使用电子计算机才能完成。

（六）动态性

建立系统的目的是解决实际问题。对某种标准系统进行评价，归根结底还是以其在实际应用时是否适用为最终标准。标准系统的适用性是个相对的概念，建立起与环境相适应的标准系统后，当环境发生较大变化时，如不及时对系统进行调整，它的不适应程度就会越发显著，最后或者被淘汰或者自行瓦解。所以，标准系统的动态性，即从环境获得信息并及时应变的特性，是标准系统生命力的源泉。

综合标准化是全过程的标准化。因为综合标准化从本质上就决定了它不以制定标准为目的，而以解决实际问题为目的。综合标准化除了在对象和目标明确之后要通过系统分析进行目标分解，在标准综合体建立过程中要进行整体协调之外，更为突出的是，标准综合体建立之后，接着就要组织实施，并在实施过程中跟踪检查、收集信息、反馈信息，发现问题及时调整，直到实现预定目标。

综合标准化是“全过程管理”，不仅通过标准的制定，建立标准综合体，而且还要实施这个标准综合体，实施中或实施后都要通过监督检查反馈信息，对标准进行调整和修订，直到达到预定目标，实现标准化的目的。综合标准化的这个“全过程”，实际上就是一个完整的“PDCA”循环过程。综合标准化符合认识问题和解决问题的一般规律，综合标准化不仅是用标准化解决实际问题的理想模式，而且它也是解决长期以来困扰标准化工作的那个“重制定、轻实施、无反馈”顽症的最佳方法，是从根本上消除各种“为标准而标准”、不求实效等现象的对策。

第二节　综合标准化的基本研究

早在1979年，著名科学家钱学森提出了要以系统理论为指导建立“标准系统工程”的构想。苏联和我国的大量综合标准实践经验以及它自身所固有理论基础和系统工程特点，使综合标准化具备了标准系统工程的属性。

一、综合标准化的理论贡献

（一）综合标准化把标准提升到系统水平

1. 标准的个体水平

人们创造标准的目的是建立以分工为特征的生产秩序，其中的每一个标准又各有不同的目的和作用。企业里的标准化通常是碰到了具体问题时，把标准当作一个解决问题的方法、措施或工具。标准积累是任何一个企业、任何一个国家标准化的必经之路，是标准化发展的基本方式。时至今日，这种积累方式的一个显著特征是零星、分散、孤立地制定每一个标准，且每一个标准都有其各自的背景、目的和功能。独立应用时虽能出色地表现出其个体效应，但许多这样的个体标准为某一特定目标而同时应用时，如不做大规模调整是很难成为一个整体产生系统效应的。这是标准在实施过程中经常碰到的最棘手的问题，同时也是影响标准化效益的重要原因。

2. 标准的系统水平

积累标准只是标准化工作的一种方式或表现，制定标准和积累标准的目的都是要用标准来解决实际问题。为实现某一目的而开展标准化，不仅单个标准不能完全解决问题，就是把已有的许多标准集中起来，也难以达到预期的目的。问题出在以往积累的那些标准，当初制定时各自针对不同的问题，各有不同的目的，这些目的同当前要达到的目的不可能完全相符，甚至差别巨大。这就是积累的标准到应用时遇到的难题。人们习惯于把长期积累的、为数众多、种类齐全的标准视为标准系统，并认定它具备了系统的全部属性。其实系统的本质在于“一系列相互有关的要素，为达到一定的目的而构成的完整综合体”，某些“标准系统”尚不具备系统的基本特征，即特定的目的、与目的相关的要素、为达此目的而构成的完整综合体。

综合标准化的突出特征是它的目的性与综合性。俄罗斯联邦国家标准化体系给标准综合体的定义是：“标准综合体是具有共同目的性并对相互联系的标准化对象规定协调一致要求的相互联系的标准总和。”这个定义充分表明了综合标准化所建立的标准综合体具备系统的基本特征，从而能够充分发挥其系统效应。综合标准化是从传统标准化发展而来的，它同传统标准化既有联系又有区别，最主要的区别就是它的着眼点是建立一个解决具体问题、实现特定目标的标准系统。标准综合体的形成过程以及它的结构和功能都是在系统思想指导下完成的，具有典型的系统属性。因此说综合标准化使标准化由个体水平上升到系统水平。

3. 标准水平的飞跃

综合标准化是以大规模地应用标准来处理重大问题或复杂系统为特征的过程。综合标准化是标准化方法的新发展，是标准化发展的新阶段。综合标准化是质的飞跃，意味着它与传统标准化有质的区别，把握这些区别对理解和运用综合标准化具有重要意义（见表 15 -1 所示）。

表 15 -1 综合标准化与传统标准化的区别

方面	综合标准化	传统标准化
出发点	针对综合性（跨行业、跨部门）问题	针对个别、具体问题
目的性	明确、集中（众多标准为达到一个目的）	有目的，但互不相同
目标性	有总目标和分解目标，形成目标体系	个别标准有目标，但标准间无目标关联
制标方式	成套制定	单个或成系列制定
协调方式	集中、统一、整体协调，重在参数、功能最佳	个别、分散协调，重在不矛盾、不重复
计划性	计划性极强（既有先后次序，又有时限；既包括制定，又包括实施）	标准有计划（仅限于制定）
应用性	重在应用并追求应用效果的应用主导型	重制定、轻实施的制定主导型
反馈机制	有反馈机制	无反馈机制
过程特点	闭环控制（制定—实施—检查—反馈—改进—效果—验收）	无反馈、无跟踪、无验收考核
参数最佳	易于实现（集中、统一、整体协调）	难于实现（不同时期的标准事后协调代价高）
系统性	系统性强（要素与主体、各要素之间关联性强）	系统性弱（标准之间关联性差或无关联）
实用性	实用性极强（尤其对重大复杂项目）	标准系统日益庞大，使用和更新不便

续表

方面	综合标准化	传统标准化
效益	明显，通常可计量	有效益但不易显现，不易计量
难度	难度大、工作量大，且有风险	难度、工作量相对小，风险少或无风险
两者关系	弥补常规标准化的缺陷和不足	为综合标准化打基础，提供资源

综合标准化与传统标准化的区别，充分显示了综合标准化的系统属性，它标志着标准化由个体水平上升到了系统水平，标志着标准化进入了一个新的、更高级的发展阶段。

（二）模块化结构使标准系统具有动态性

在当今科学技术迅猛发展的形势下，标准系统如果不能随着客观环境的变化而及时应变，其功能就会逐渐减弱甚至失去作用。现今的国家标准系统、行业标准系统以及企业标准系统都已经成为复杂系统并且具有静态特征，都面临同样的挑战。对标准系统进行模块化改造，通过改变标准系统的结构，变“大而全”的“一体化”结构为模块化结构，将复杂系统简化，既便于管理，又使系统具有灵活的应变能力即动态特性。

1. 模块化结构的概念模式

标准系统的结构直接影响系统的功能。企业标准系统一般可由标准信息库和标准综合体（分立的模块）两部分构成。

（1）标准信息库。标准信息库既是企业标准资源库，又是标准化工作的重要信息源，是企业标准化管理工作的主要对象之一。信息库的内容可分为两大类，一类是企业标准化工作必须遵守的法律、法规、强制性标准、重要基础标准和企业颁布的各种规定。这是制定或修订每一个标准时都要掌握的信息。企业标准化管理的一项重要任务，就是确保这类信息的完整、准确和及时更新。另一类是企业的标准资源信息，它可分成两种类型，一种是企业常用的标准分类归档，如何分类以应用这些标准时检索和引用方便，同时兼顾对现行标准的管理为原则，如为配合计算机辅助设计，建立相应的标准件、通用件库等；另一种是与标准化有关的信息，如产品的市场信息，用户反馈的对修订标准有价值的信息，竞争对手的信息，国际标准，外国标准信息，企业内部从设计、施工过程反馈的信息等。标准信息库是企业标准系统的基础部分，是企业标准化日常工作的主要方面，这部分基础工作对建立标准综合体、开展综合标准化有重要影响。

（2）标准综合体。每一个独立的产品、一个项目（如技改项目、工程项目、科研项目、质量体系等）均可形成相对独立的标准综合体（模块），其中的标准都是现行的必要标准，标准的参数和功能是经过整体协调确定下来的，且必须保证产品或项目目标的实现（整体功能最佳）。

模块是以产品或项目为核心形成的标准综合体，即与该产品或该项目相关的全部配套标准结成的有机整体。模块（标准综合体）是真正的标准系统，它具备了系统的基本特征，能最佳地发挥标准系统功能并产生系统效应。企业中的重要产品开发、核心产品质量提高、重大工程项目、技术改造项目、节能降耗目标、推行现代化管理（如 ERP、JIT、CIMS）等，均适于通过建立标准综合体，把整个项目的全过程用标准管控起来，使每一个过程、每一个环节都有可遵循的且互相协调的标准可依。

标准综合体的建立与实施，是企业标准化的重点工程，是多年来积累的标准资源的实际应用过程，是重大的标准化实践，是充分发挥标准化的作用为企业创效益的过程，也是发挥企业标准化人才的聪明才智、培养高素质标准化人才的主战场。标准综合体建立和实施的原则、程序和方法，已有成功的经验总结和在此基础上制定的《综合标准化工作指南》（GB/T 12366－2009）。企业在开展综合标准化过程中，每实施一个综合标准化项目都会形成一个标准综合体，这个标准综合体就是一个标准系统，这样的系统即为一个有特定功能的模块。企业每开展一项综合标准化任务都会产生一个这样的新模块。模块作为企业标准系统的核心要素，模块化则成为企业标准系统结构的基本特征。每个模块都是相对独立的，有明确的目标和功能，并且可以独立改进又对其他模块影响不大。模块之间通过接口互相关联，形成整体稳定、局部动荡的局面，极大地提高了标准系统的动态性和柔性，这也是模块化结构的一个显著特点。对于大型、复杂系统，特别是由若干部分（子系统）组合的产品或项目，有时会有分模块。分模块的建立和实施的原则、程序和方法，跟主模块一样。分模块也具有相对独立性，可以独立改进。分模块之间要进行协调或制定必须遵守的规则，以保证相互组合时尺寸参数和功能参数的相互协调与配合，保证界面和接口的一致性。

2. 模块化结构的功能特点

（1）模块化结构能将复杂系统简化。“一体化”结构的系统内部因素过多，相互之间的关系错综复杂，模块化结构就是要化复杂为简单，将复杂的大系统分解为若干个相对简单的小系统，将“一体化”系统改变为相互联系较少的、各自独立的小系统，从而将以往的对一个复杂大系统的管理简化为对较为简单的小系统的管理，使管理难度降低，管理效能提高。

（2）模块化结构有利于分散化管理。企业标准的管理方式会因企业的性质、管理体制和企业规模的不同而有所不同。对那些规模较大、标准数量较多、产品发展较快的企业，采取集中控制与分散管理相结合的管理体制，对企业较为有利。也就是在标准化管理部门集中统一掌控下，将各个标准子系统（模块）下放给各相关部门（如将 ISO9000 子系统交质量管理部门、产品子系统交生产部门等），以充分发挥各部门管好标准、用好标准的主动性和积极性。

（3）模块化结构可以优化标准系统。标准系统必须具有对环境的应变能力，环境发生变化标准系统也必定变化。模块化结构的系统则是一个允许局部动荡，且又不破坏整体稳定的系统。当环境发生变化要求标准相应地变化时，只需相关模块（如某产品标准综合体）发生变化，对其他模块以及标准系统整体基本没有影响或影响很小。这样，变动的仅仅是一个模块，一个要素有限的子系统，其修订标准的工作量和工作难度都相对降低。如果这个模块（子系统）也是一个模块化结构，它是由更小的底层模块组成，甚至只调整某个底层模块就能解决问题。不论客观环境的变化如何频繁，都能从容应对、及时调整，这样一来，企业的标准系统便有了动态应变的能力。

3. 标准体系的模块化改造

开展综合标准化工作，首先要求针对不同的标准化对象，制定一整套相互协调的标准技术文件，这一整套经过系统处理而能够保证对象整体最佳效果的标准和标准技术文件即标准综合体，它是综合标准化的物质基础。为此，《综合标准化工作指南》（GB/T 12366）中对“标准综合体”

定义为："综合标准化对象及其相关要素按其内在联系或功能要求以整体效益最佳为目标形成的相关指标协调优化、相互配合的成套标准。"1989年8月宣布的我国历时两年多时间制定的彩电标准综合体就是由344项成套标准构成的。

标准综合体按其性质可分为两大类：一类是产品标准综合体，它以产品标准作为主要标准化对象，把原料、材料、零部件、半成品及设计文件、工艺文件等相关要素标准协调起来，组成一个产品综合标准化体系。另一类是一般技术性标准综合体，主要是技术文件标准综合体。它概括的范围有基础标准、跨专业部门的综合性课题以及对国民经济有重要意义的专门课题等，是为了保证跨部门的高度民主协调统一，针对国民经济的具体情况和部门生产的共性而编制的整套标准。一般技术规定的标准综合体具有更重要的意义，它是进行跨专业部门协调工作的基础，是开展产品综合标准化保证条件和依据。这两类标准综合体有机地结合起来，就形成完整而统一的综合标准化体系。

标准综合体是在开展综合标准化过程中形成的，而企业标准体系是企业标准长期积累的结果，它是基于对标准进行规划管理而建立的。它们之间的区别和联系，如表15－2所示。

表15－2　标准综合体与标准体系的区别和联系

方面	标准综合体	企业标准体系
对象	具体、明确（通常以某种产品或项目为对象）	较宏观（通常以整个企业的经营管理为对象）
目的和目标	有极明确的目的和量化的目标	较抽象（常以加强管理为目标）
形成过程	限定时间内、协同完成	长期积累
制标方式	围绕综合性目标成套制定	单个制定（背景、目的各不相同）
协调方式及目的	全套标准集中、统一、整体协调，以达到整体效益最佳为目的	单个制定的标准个别协调，力求不重复、不矛盾，协调范围、深度有限
构成要素	只包括与实现目标相关的标准	在用标准、以往用过的标准、将来可能用的标准
实施方式	按限定时间全部实施	实施和备用标准并存

续表

方面	标准综合体	企业标准体系
结构特征	以主体为核心由相关要素组成隶属关系结构	按标准性质和层级关系形成分类结构
系统属性	系统目标明确，要素经整体协调，关联度高，系统特征明显	系统目标模糊，要素多且未经整体协调，要素间联系松散，系统特征较弱
控制形式	负反馈闭环控制（制定—实施—检查—反馈—验收，全过程监控）	通常做不到全过程监控
系统秩序	系统结构稳定、有序度高，系统功能（效应）强	体系调整不方便，如不经常更新，系统的熵会增加，功能减弱
配合企业重大项目	标准综合体专门为重大项目建立，并能发挥先导作用	企业标准体系不是专为某一特定任务或项目而建立
涉及范围	有时跨行业、跨部门、跨企业	企业内部
主攻方向	极其明确，以应用带动制定—应用主导型	企业标准体系通常考虑企业整体的方方面面
更新调整	较容易（层次关系弱、要素数量少）	如果标准数量庞大、层次依存关系强，调整不易
性质	标准化系统工程的典型方法	标准化的规划、计划方法
二者关系	向企业标准体系成批输送最新适用标准	为标准综合体的建设提供可选资源（基础、通用、选用标准）

上述的区别也只有相对的意义，标准综合体并没有固定的模式，有的标准体系与标准综合体相类似，它们各有各的特点，各有各的用途，并不互相排斥，如果结合得好，会起到相得益彰的作用。

（三）综合标准化奠定了现代标准化基础

1. 综合标准化是适应经济社会发展的标准化

当代科学技术的发展过程中，出现了一系列综合科学，如能源科学、海洋科学、生态科学、空间科学、材料科学、环境科学等，他们是根据应用的目的和目标把有用的相关知识综合起来形成一个新的知识体系。科学技术的这种综合的原动力是客观生产的要求。现代社会的生产及其生产技术，越发呈现综合化的趋势，从一块芯片到一台电脑，乃至航天飞船，都是多学科的综合成果，也都不可能由任何一个行业和部门独立制造出来。综合化是当代社会科学技术和生产发展的一个趋势性特征，而综合标准化恰是适应这种趋势的标准化方法。这是综合标准化的时代特征及其生命力的主要根据。

2. 综合标准化是系统科学方法论的实现形式

科学发展出现的整体化、综合化趋势，表现了科学研究工作本身的系统性。当代社会历史的客观进程，已使得当代社会任何一个重大问题的解决，都要求综合运用多学科的方法和知识而且要把各种资源组合成一个创造性的综合体，这就必须应用系统方法。综合标准化作为一种方法，它实际上是系统方法在标准化活动中的灵活应用，遵循系统科学如下的方法原则：

（1）整体性原则。这一原则是系统的最本质特征的体现，是系统方法的核心和首要的原则。它要求始终把研究对象视为一个有机联系的整体，始终把握各要素之间的联系以及它们与整体的关系。综合标准化之所以能获得成功、能取得满意的效果，同它在实践中贯彻整体性原则（标准整体协调、追求整体最佳目标）有最直接的关系。

（2）结构性原则。系统的结构决定着系统的功能，系统的功能是系统结构的表现。建立标准系统时要根据目的、功能来设计结构。综合标准化过程中建立的标准系统（标准综合体）的结构是各具特色的，完全从有利于发挥系统功能、有利于实现总体目标设计出来的，以实用为原则，力求简化，减少不必要的层级，努力创造适合自己企业的标准系统结构，让结构产生期望的功能，让功能保证预定目标的实现。

（3）开放性原则。系统总是存在于环境之中，并且与环境发生物质、能量和信息的交换，系统必须不断地从环境中吸入负熵（信息），克服自身的僵化，从无序走向新的有序，也就是动态发展。综合标准化始终把环境纳入系统之中通盘考虑，在同环境进行充分的信息交换（协调）过程中完成标准的制定。这个标准综合体就是一个对环境开放的系统。同时，综合标准化要对标准的实施实行全过程控制，实施中的问题、环境的变化等信息都要反馈回来，及时对标准进行更新和修改，从而保持系统对环境的适应性。因此，综合标准化建立的标准系统属于动态开放系统，也体现了系统的自组织原则和目的性原则。

3. 综合标准化将系统工程技术引进了标准化

现代标准化不仅要有相关的理论（如系统理论）作为理论基础，而且要有一整套现代的方法和技术。

（1）决策分析。综合标准化通常选择事关重大的对象，在实施过程中不仅周期长而且耗资巨大，加之多部门协作，有失败的风险，因此必须慎重决策。决策分析利用决策表法、差量分析法、决策树法、标准优选法，通过目标分析、制定决策、决策最优化、决策方案4个基本程序，帮助决策者应对复杂问题并作出判断，制定出最优方案。这是在标准化目标确定之后，决策者寻找达到决策目标的最佳手段与途径的过程。

（2）系统分析。综合标准化建立标准系统的目的是要实现总体优化的目标。系统分析技术就是运用系统理论和方法对系统的各个方面进行定性与定性分析，以求得系统总体的优化目标的科学方法，它包括功能分析、要素分析、结构分析、可行性分析与评价分析。它是系统工程中与系统模拟、系统设计、系统管理并列的一个重要部分，同时又与运筹学密切相关。

（3）网络计划。综合标准化过程通常涉及众多方面和人力，不仅所有的标准要在限定时间内完成，而且标准之间还有先后次序的问题。网络计划技术就是将组成系统的各项工作通过绘制网络图等方法，对整个系统统筹规划，合理安排、有效利用各种资源，达到以最少的时间和资源消耗来完成整体系统的预期目标。

（4）多目标规划。综合标准化的对象通常是一个多目标的系统。因此，对它的优化就不像仅有一个目标函数那么容易。当同时考虑多个目标，并且有些目标还互相矛盾时，问题就变得相当复杂，难以作出判断。多目标规划（多目标决策）就是近年来在国际上发展起来的研究这类问题优化的理论与方法。

（5）模块化原理与方法。综合标准化所建立的标准系统，通常是比较庞大的，建设周期长，标准数量多，同时又是一个十分敏感的系统。将标准系统模块化，运用模块化系统整体稳定、局部动荡的特点，使标准系统具有动态性，以应对环境的变化。

（6）技术经济评价。综合标准化过程中，不仅要处理大量的技术问题，而且每一个方案的确定和参数的选择都要从全局利益出发，追求整体效果最佳。这就必须既追求技术先进，又做到经济合理。这就需要掌握和运用技术经济评价的方法与技术，如技术性能评价、财务指标评价、经济效果评价、生态环境评价等。

（7）计算机技术。综合标准化的对象通常是个复杂的大系统，建立的标准综合体也是一个系统。工作过程中不仅要处理和优化大量的信息和技术参数，而且几乎每一步都要进行技术经济分析。尤其是参数的最佳化更需要进行大量的复杂的分析、计算。在标准综合体规划过程中，应用计算机模拟技术对所建系统的结构和行为进行模拟，获得信息，可以提高系统的功能和适用性，降低失败的风险。计算机技术在标准化活动中的应用前景极为广阔，它必将成为现代标准化的常用工具。

此外，综合标准化的实施步骤与程序、综合标准化的规划系统、综合标准化的组织系统以及综合标准化的实施系统等，也均与系统工程的特征和原则相一致，可以说综合标准化就是标准化系统工程。

二、综合标准化的方法理论

综合标准化开创了一整套标准化工作的新方法，它建立在系统理论基础之上，遵循系统科学的整体性原则、结构性原则、动态开放性原则、目的性原则和系统的自组织原则，从而使综合标准化成为系统科学理论与方法论的实现形式，为标准化这门学科的理论发展奠定了基础。

综合标准化把系统理论嫁接到标准化工作中，使人们有了应对现代化挑战的理论武器；综合标准化把系统科学的方法论应用于标准化活动，使人们掌握了运用标准解决实际问题的能力，从此奠定了标准化作为一门应用学科或实用技术的方法论基础。在综合标准化运作过程中经常用到系统分析方法、决策分析技术、网络计划技术、模块化方法、技术经济分析方法和计算机模拟技术等。综合标准化既有先进理论的指导，又是一系列科学方法的集成。面对复杂系统，它的运行程序的每一步都是科学方法的应用，每一个综合标准化项目都是一项多学科协作的系统工程。综合标准化不仅是标准化的新方法，而且它还是一种科学的方法论。苏联和中国的标准化工作者都把目光投向系统理论，从系统理论中汲取营养，形成指导工作的理性思维，目标导向、系统分析和整体协调被称为综合标准化方法论的三块基石。

（一）目标导向

综合标准化是以系统地解决综合性问题为目的的标准化。综合标准化要处理的是一个由诸多部分结成的整体，必须把相关标准组织成一个有特定功能的有机整体，建立一个标准系统并发挥系统的作用。综合标准化是将目的转化为目标，并且以目标为先导，引领标准化全过程，把相关标准结成一个有特定功能的系统。

综合标准化的目标是整体目标。整体目标是把综合标准化对象及其相关要素视为一个整体（一个系统），从整体效果最佳（系统最佳）出发确定的目标。为了提出并确定整体最佳目标，就必须把握这个整体，研究这个整体以及整体与各部分的关系。通常要在系统分析的基础上拿出几个备选方案，全面权衡、分析论证，经过比较才能从中选出最佳方案。为此，有时要建立数学模型，做量化的比较研究，还可能用到各种最佳化的方法和技术。综合标准化的整体目标具有导向作用。导向指目标所具有的指向性、针对性和方向性，在整个标准化过程中提供未来活动的指引。它既是综合标准化的起点，又是综合标准化的归宿，伴随综合标准化全过程。例如，制定标准综合体规划时，要以总体目标为根据，找出相关要素；要将总目标分解，确立各相关要素的目标；要将相关要素的目标落实到每个标准；实施标准过程中的检查、评价，直到最后验收，都是这个目标在起指引和导向作用。标准综合体中不论包括多少标准，它们都分别承担着为确保总目标实现的分目标，从而形成标准化系统工程的高度组织性和整体效能。

（二）系统分析

系统分析是系统工程的主要方法，是把要解决的问题视为一个系统（整体），对系统要素进行综合分析，找出解决问题的可行方案的咨询方法。系统分析的对象是整体系统，这和综合标准化的对象是一致的。系统分析是以系统整体效益为目标，寻求解决特定问题的最佳可行方案，为决策者提供判断的依据。系统分析的这些特点和功能，特别适用于综合标准化。在综合标准化过程中始终伴随着决策和执行的反复交替，诸如选择综合标准化对象、确定总目标、明确相关要素、分析要素之间以及要素与整体之间错综复杂的关系、决定综合标准化深度、目标分解、对标准综合体规划的评审，直到综合标准化项目验收，这其中既有对相互关系的分析，又有重大问题的决策。每次决策几乎都要以系统整体效益为目标，寻求最佳方案，为决策者提供判断的依据。例如，在综合标准化对象确定之后，设定整体最佳目标；相关要素的确定，特别是目标的分解和落实，要保证相关要素不发生重大遗漏、相关关系符合实际、目标分解准确到位。这就要有选择地采用系统分析的具体方法和工具，如规划论、预测技术、构思方法、技术经济分析、模拟技术、评价方法等研究方法，对这些问题提出各种可行方案和替代方案，进行定性与定量分析和进行评价，提高所研究问题的清晰程度或提出有根据的结果，为决策提供精简有效的信息，最大限度地减少决策失误，以确保实现综合标准化的最终目标。

（三）整体协调

整体协调的实质是整体优化。协调是方法，优化是目的。整体协调从系统整体的立场出发，运用系统优化方法，综合地掌握系统内部之间以及系统与外部环境之间的关系，使系统达到整体最佳状态。因此，它要求标准化工作者要树立科学的整体观，通过整体协调，使针对综合标准化对象及其相关要素所制定的全套标准，形成一个互相支持、互相配合的有机整体。实施这个“整体”，便可“获得整体效益”，而且是“最佳整体效益”。这个“最佳整体效益”是“整体协调”的结果，即“整体大于各部分之和”。这是综合标准化产生效益的机理。因此，必须把标准化对象及其影响因素视为一个整体（系统），并且仔细分析和确定它的内部和外部因素的性质和作用，针对这些因素所制定的每一个标准，综合应用时都要同其他标准组成一个完整的有机体。这就要求每一个标准都必须放到系统中加以考察和调整，都必须符合系统整体的要求。这时，每个标准便失去了独立性，它的性质、地位、功能都要受系统整体的约束。系统的整体性是由系统的有机联系（即系统内部诸因素之间及系统与环境之间的相互联系、相互作用）来保证的。整体协调就是为实现最佳整体目标而制定的全部标准，根据总目标的要求同时相互协调。通过协调建立起要素（标准）之间的联系，如系统的输入与输出之间的联系、系统之间的层次联系、系统的所有组成部分中的参数和变量与系统特定功能之间的关系等。把这些相互作用、相互依赖的联系建立起来，才能形成一个有机整体。整体协调是综合标准化最具特色、最有价值的工作，是创造价值的活动，也是综合标准化之所以能获得最佳整体效益的内在根据。

整体协调有两层含义：一层是指标准综合体中的每个标准都要进行协调，但在协调时不是把每个标准孤立起来进行一对一的协调，而是把每个标准都视为整体的一部分，不仅考虑它与整体（总目标）的相互关系，而且还要兼顾它与其他要素的关系。有时一个要素的改变会影响到周围许多要素的改变，甚至发生连锁反应。另一层含义是指协调的和最终结果要使标准综合体成为一个有机整体。

目标导向、系统分析和整体协调这三块基石奠定了综合标准化方法论的基础，它们是有着内在联系的一个整体，在应用时互相渗透、互相补充。深刻理解和切实把握好、运用好这三块基石，是理解综合标准化和做好综合标准化工作的前提。

第十六章　养老综合标准化的实践

【基本要求】 通过本章的学习，您应能够：

1. 了解养老综合标准化的主要过程；
2. 熟悉养老服务业综合标准化建设。

【核心概念】 养老综合标准化；过程；建设

第一节　综合标准化的主要过程

综合标准化不仅是一项有组织有计划的标准化活动，而且须遵照必要的程序有步骤地推进。

一、准备阶段

准备阶段的工作主要是确定综合标准化对象和建立协调机构。

（一）选择并确定综合标准化对象

选择并确定综合标准化对象是开展综合标准化工作的首要环节。之所以要选择综合标准化对象，一是因为不是任何事物都适合应用综合标准化的方法，开展综合标准化通常选择那些相关要素较多，且又需要多方面协同配合才能实现的项目，这样的项目能充分发挥综合标准化的统一组织、综合协调的特长；二是综合标准化不仅工作量大，而且工作难度也大，在选择标准化对象时通常要考虑技术经济意义重大的项目，力求获得显著的效果；三是要考虑所选对象是否可行。要充分估计各种风险和困难，必要时要做可行性论证。总之，要从“是否必要”“是否有意义”“是否可行”等方面全面权衡，作出一个最佳选择，将其确定为综合标准化对象。

这第一步工作是否到位，对以后的工作有着最直接的影响，常常由于选择对象时缺乏深入分析，对所选对象的认识肤浅，工作难度估计不足，致使后续工作困难重重。一般来说，物理实体和非物理实体都可作为综合标准化对象。也就是说，凡是标准化对象都可应用综合标准化方法。由于综合标准化是从整体上系统地解决问题，它的活动领域较宽、涉及面较广、难度较大，投入的人力物力资源较多，所以选择对象就显得格外重要。

1. 必要性

需求是选择和确定综合标准化对象的前提。为了搞清需求，就要识别需求。

（1）市场需求。即市场和顾客有强烈的需求，而这种需求唯有用综合标准化的方法才能较好地得以满足。这方面最典型的事例就是彩色电视机国产化的综合标准化。

（2）竞争需求。即为提高自身的竞争力产生的需求。企业通过开发新产品、提高产品质量、降低生产成本、节能降耗、安全生产、调整生产结构等都会相应地提高企业的竞争力。但所有这些方面的变化都是多种因素共同起作用的结果，要真正做好这些工作，真正见到效益，开展综合标准化是必要的。

（3）管理需求。也就是转变企业传统管理模式的需求。我国制造业的大多数企业实行的是“纵向一体化”的管理模式，生产系统设计只考虑生产过程本身，而不考虑生产过程以外的因素对企业竞争力的影响，即供应链的影响。“纵向一体化”管理模式已渐渐失去优势。以“横向一体化”为特征的“供应链管理”开始盛行。而“供应链”是横跨许多企业的系统，由于各企业现行的标准体系是各自为政、相互独立的，它们无法实现“供应链管理”的任务。因此，要实行这种管理模式的企业，势必要通过综合标准化构建整个供应链的标准综合体。

2. 可行性

也就是要考虑是否有能力、有把握实现这个项目的问题。通常主要考虑以下几方面：

（1）技术的可行性。要充分分析现有的技术水平和技术力量，要充分预计技术协调过程中可能遇到的技术难题，以及这些技术性难题解决的可能性。如果技术上不可行，那就不能立项。

（2）经济的可行性。主要是其经济效益，要区别短期效益和长期效益。投资较大的项目有必要进行效益预测和经济分析。

(3) 资源的可能性。即人力、物力、财力、信息等资源的状况，能否足以支持这个项目进行到底。

(4) 组织的可能性。因为有些综合标准化项目是在一个组织内部开展的，而有些项目是跨行业、跨领域的，这就必须把相关行业、企业组织起来，形成一个团队开展工作。能否做到，如何组织，谁牵头组织，都是要考虑的问题。

对于较重大的选项，应提出可行性研究报告并经过论证才能确定。根据我国的试点经验，开展综合标准化初期，宜选择效果明显、难度较小、时间较短的所谓“短、平、快”项目。待经验较多、条件又允许时再选效益可观的重大项目。

(二) 建立综合标准化的协调机构

协调机构是综合标准化有组织有领导开展的保证。综合标准化项目大都是跨行业、跨部门、跨学科的复杂课题，这类问题常需多方配合、通力合作、广泛协调才能解决。因此建立一个有权威的组织机构是绝对必要的。它自始至终担当着该项标准化活动的组织、指挥、协调职能。这个协调机构的组成，一般应与该项目的实施所涉及的部门、行业或单位相对应。它的工作原则是寻求整体效益最佳的前提之下的协商一致。

二、规划阶段

规划阶段的工作主要是确定综合标准化目标和编制标准综合体规划。

(一) 确定综合标准化目标

综合标准化的目标是开展综合标准化所要达到的预期结果，整个综合标准化过程就是追求目标实现的一系列过程。选定的综合标准化对象，一定存在某种问题需要通过综合标准化得到解决。目标是问题解决后希望达到的理想状态，正确的、科学合理的目标将把整个综合标准化活动引向成功。综合标准化是目标导向型的标准化，目标的选择与确定格外重要。有了明确的、具体的、量化的目标，才算有了明确的目的，有了综合标准化的主攻方向。目标一经确定，便是各项工作的依据和出发点。

通常情况下，在选择和确定综合标准化对象时，就已经大体有了目标，只是当时还不够明确和具体，甚至有时是由于有了目标才选择对象。

诸如提高质量、降低成本之类，至于提高到什么水平，降低到什么程度，是需要进一步研究的。具体目标的确定要考虑需求，如国家或社会的需求（安全的需求、环保的需求、国防的需求）、市场和顾客的需求以及本企业的需求。目标的确定过程也是一个统一认识的过程，大家的认识越统一，以后的协调工作也就越好做。有些情况下，确定目标要在调查研究的基础上拿出几个方案来，通过分析论证进行筛选，最后确定一个整体效益最佳的可行方案。有时相关各方从本单位利益出发，各持己见不肯让步，所以要进行技术经济分析，用数据说话，以理服人。

目标的选择和确定一定要从需求出发。现今的许多企业大都实行目标管理或方针目标管理，以目标导向为特征的综合标准化，恰好是企业目标管理的有利武器，也是综合标准化与企业管理结合的良好契机。如何结合得好的一个关键问题，是综合标准化目标同企业管理的目标如何衔接和对应的问题。这是综合标准化成败的关键，也是综合标准化与传统标准化最大的不同。例如，企业在市场竞争中遇到了强手，企业为了夺回竞争优势，把提高某产品的质量作为当前的管理目标。这时综合标准化的对象最好就是选择该产品，综合标准化的目标就要瞄准该产品的质量，这样二者得以很好的结合。

确定目标要坚持以下一般原则：一是目标的单义性，即目标应清晰而确切，力求反映事物的本质，使人们易于理解，易于形成共识，而不产生歧义。二是目标的明确性，即目标应从定性与定量两方面加以描述，能定量描述的一定要量化，尽量使目标的结果以可测量的数据作为其限定条件。三是目标的针对性，即目标是为达到某一目的（如为满足顾客要求、为超越竞争对手、为抢占市场等）而立，目标的针对性越强，目标的内涵便越清晰和具体，目标便越有号召力和凝聚力。四是目标的可行性，即目标的现实可能性。只有目标切实可行才能成功，因而，有时要进行主客观条件分析，有时要通过可行性论证，有时把最终目标分成几个阶段，制定分阶段的目标逐步实现。

（二）编制标准综合体规划

综合标准化不是只制定一个目标标准，而是要制定一套标准，通过实施这一套标准达到确定的目标。因此，这一套标准怎么制定，定成什么样，对所确立的综合标准化目标能否实现有最直接的关系，标准综合体就是这一套标准。标准综合体规划，就是要搞清楚为了实现既定的目标，需要制定哪些方面的标准，每个标准承担什么使命，解决什么问题，作出什么规定，哪些问题需要立项研究等。规划的编制通常遵照如下的程序和要求：

1. 系统分析

这是运用系统分析方法对已明确的综合标准化对象进行深入、系统的分析，分析的是否到位对整个活动的成败有直接影响。

通过系统分析，找出与所确定的目标相关的要素，明确综合标准化对象与相关要素以及相关要素之间的内在联系与功能要求。由于综合标准化的对象大都是多目标的复杂系统，因此系统分析方法便成了综合标准化的常规方法。不论用什么方法进行分析，都是要把与所设定的目标相关的要素找出来，并把它们之间的关系搞清楚。

确定综合标准化对象及其相关要素的范围。从理论上讲与综合标准化对象相关的要素会有无限多。例如，把一个工业产品作为综合标准化对象，把提高该产品的质量作为综合标准化的目的。把提高某些质量指标作为目标，与其相关的要素通常会有设计质量水平、零部件的质量水平、加工工艺水平、装配质量水平以及检验质量水平等。其中的零部件质量又与材料（如金属材料）的质量相关，金属材料的质量又与某些原料（如矿石）相关。如此扩展延伸开去，便有可能使这个“相关要素”多到无法把握的程度。综合标准化把这种延伸现象叫作“综合标准化的深度”。这个“深度”直接关系到参与方（部门、单位）的多少和工作量的大小，以及相应的工作时间和费用。

绘制综合标准化对象的相关要素图或给出文字说明，就是要用图表或文字清晰地描述由综合标准化对象及其相关要素构成的系统，重点是系统的结构和各要素之间的关系。根据我国企业的实践经验，这种相关要素图，对某些对象可以以系统结构为线索描述要素及其相互关系，对某些对象可以以流程为线索描述要素及其相互关系。总之，绘图的目的是要把由综合标准化对象及其相关要素所构成的这个系统明朗化，它的结构、要素以及要素之间的关系一目了然，为分析研究提供一个非常直观的线索。

2. 目标分解

总目标确定之后，接着就要将其展开为一个个的分目标。因为总目标是共同目标、最终目标，总目标无法落实到某一具体单位或个人，只有将其分解为更具体的分目标才能落实，才能使每个组织知道自己该做什么，做到什么程度，怎么做，何时做。通过各个分目标的实现来保证总目标的最终实现，由此形成了一个由总目标和众多分目标构成的目标体系。综合标准化就是通过这个目标体系，把相关部门、相关组织有机地组织成一个既有共同目标又有各自职责的团队，齐心合力实施的标准化系统工程。

（1）目标分解的功能。目标分解就是将综合标准化的总目标分解为各相关要素的目标（分目标）。如果综合标准化对象是某种产品，综合标准化的目标又确定为提高该产品的某些质量指标，这个目标（质量指标）是由与该产品相关的一系列要素的状况规定（制约）的。要实现这个总目标（改善产品质量）就必须改善这一系列相关要素的状况，并依据它们各自对总目标的影响程度，明确它们的改善目标（分目标）。这就形成了一个以总目标为依据的、保证总目标实现的相关目标体系。

（2）目标分解的要求。目标分解是综合标准化过程中最复杂的一项任务。若把总目标分解为分目标，首先要通过系统分析，找到对总目标产生影响的要素。假如总目标确定为提高某种产品的某些质量指标，其影响要素有可能是关键零件的加工精度、零件间的配合精度、装配工艺操作水平、装配车间环境条件等，还可能有设计上、管理上的问题。在企业里经常使用因果分析图（鱼刺图）找到这些影响要素。为保证总目标的实现，各影响要素的目标（分目标），有些稍微复杂的产品就有成百上千种零部件、元器件，其中必有与总目标强相关的，也会有弱相关和不相关的，人们只能凭经验和知识抓住相关的乃至强相关的，即关键影响要素，将它们确定为分目标，提出对分目标的要求，规定它们的目标值。分目标的要求和目标值是标准综合体中各构成要素（标准）的核心内容，其中较难确定的是目标值。为保证总目标的实现，既要考虑分目标的技术要求，又要考虑分目标的经济性。要把目标分解工作做好，一是找出与目标的实现相关的要素，不能遗漏有直接影响的关键要素，适当考虑综合的深度，将总目标分解为对各相关要素的要求（分目标）。为了做好这步分解工作，首先必须理清每个相关要素对总目标的影响方式和程度，然后才能恰当地对该相关要素提出要求（包括量化的要求）。二是把握好对总目标起决定性作用的关键要素。要集中精力解决好关键要素，防止主次不分、抓不住重点，把工作搞得过分复杂。必要时可对影响要素进行重要度评价和排序。

（3）目标分解的层级。目标分解只能展开到可以采取对策的那一级，通常是承担某要素（如关键零件）的组织。该组织根据统一的部署和具体的要求编制该关键零件的标准。如果该关键零件的标准实施也受到许多影响因素的制约，该组织也可能以此关键零件标准为核心、以实现标准为目标开展综合标准化，为保证目标的实现在本组织内将目标再展开。这就是通过目标展开，带动综合标准化的展开。有些涉及面较大的项目，有时会带动一大批企业同时开展综合标准化，形成极为生动的标准化局面。

（4）目标分解的过程。目标的展开和确定过程，通常可分为企业间展开和企业内展开两种方式。企业间展开要进行企业间协调，企业内展开是要进行内部协调。前者如整个供应链开展综合标准化时，对各环节之间的协调；后者如本企业内部开展综合标准化时，各相关部门间的协调。不管哪种方式的展开，都是一个协调和协商的过程，而不能简单地理解为自上而下的指标下达和任务分配。这种协商或协调在企业之间通常是双向协调，双方认可。它是在一个利益共同体的框架内、合作双赢的前提下，对共同目标的确认、对承担任务的认可、对条件的谅解、对权限规定的遵守。通过协商取得一致意见，这才能形成合力，相关各方自觉地做好应做的工作。在企业内部应纳入本企业目标管理程序，通常使用“对策表”进行目标分解落实。

3. 编制标准综合体规划

系统分析和目标分解为编制标准综合体规划做了前期准备工作。标准综合体规划就是根据上述分析的结果，明确规定标准综合体的构成，通常包括所需要制定和修订的全部标准及其最佳目标值和相关的技术要求、必要的科研项目等。

规划草案形成后，由协调机构组织评审。评审内容应针对能否确保最终目标实现、标准是否配套、总体是否协调等问题，认定规划切实可行，便正式批准执行。

三、制定阶段

这一阶段的任务就是要把标准综合体规划所确定的各项标准制定出来，建成标准综合体。

（一）工作计划的制订

工作计划是依据“标准综合体规划”编制的，用以指导标准制定修订的具体计划通常包括：标准名称、标准的主要内容和要求、适用范围、与其他标准的关系、参加单位与参加人员、起止时间等。确认后，形成计划任务书。

在具体落实标准制定（修订）任务时，有可能发现一些新的问题，如标准的配套性、标准之间的协调性、指标的合理性、时间的衔接性等，要及时处理。

（二）建立标准综合体

这就是实施工作计划的活动。这是综合标准化过程中很关键的一个工作步骤，协调机构根据工作计划的要求，组织全部标准的起草和审定工作，完成标准综合体建设任务。

为了保证计划的实施，协调机构应建立规章制度，保证各制标单位做到步调一致、互通信息、协调行动。

分解的目标均应在相应标准的有关指标中得到落实。制标过程中有可能要对原定的工作计划和标准内容做局部调整，调整时要保证标准综合体的总体功能不受影响，标准之间协调配合。有些标准要进行试验验证，发现问题及时调整，直到标准综合体的全套标准符合要求。

在标准综合体的建立过程中，经历过综合标准化对象的选择、总体目标的确定、目标分解等阶段性工作，并通过编制标准综合体规划，已经明确了标准综合体的构成要素及每个要素承担的具体目标及其指标。当已经明确要制定或修订哪些标准，并且已经初步确定了每个标准的技术指标（参数）时，应在正式制定标准之前以及制定标准过程中，始终关注标准指标的协调，及时处理与实现总目标的要求不相符合的因素，维护标准系统的整体性。

标准综合体的优势并非来源于它的每一个标准都很先进，而是来源于它的每一个标准都承担起恰当的使命，从而保证了整个标准综合体是一个有特定功能的有机整体。这个特定功能是任何一个或一堆先进标准所不具备的。

无论是局部协调还是整体协调，都是通过改善参数和参数值的途径，求得进一步优化的结果，也就是逐步找出比原来好一些的方案，尽量增加满意，减少不满意。如果建立数学模型，用计算机精确求解，首先碰到的难题是缺乏精确的数据（足够的统计资料），此外还有费用问题、各种客观条件问题、方方面面的具体利益问题，先进的计算工具也是难以求出最佳方案的。因而要开展这方面的理论与方法研究，一旦条件成熟，便可将整体协调由粗放阶段推向精确化阶段。

四、实施阶段

这一阶段的任务就是组织实施标准和对综合标准化项目评价验收。

（一）组织实施

就是按规定的时间实施标准，实现综合标准化目标。这一阶段的工作内容同往常的标准实施工作有许多相同之处，比较重要的工作是：实施前的准备（包括标准宣贯、人员培训、实施条件准备、工作分工等）、跟踪检查、记录、信息反馈和即时处理，保证标准综合体稳定运行。

（二）评价验收

主要是考核标准综合体运行的效果，评价其是否达到了预定的目标。如果达到，可予验收，如果没有达到则应查找原因、采取措施，直到满意方予以验收。

上述过程，实际上是一个“PDCA 循环”过程：从选择对象、建立协调机构、确定目标、目标分解，到编制标准综合体规划和制订制标工作计划，就是 P（计划）；建立标准综合体和组织实施，是 D（实施）；从跟踪检查、记录到反馈信息，是 C（检查）；从审查、评价到验收或再改进，是 A（改善）。这个“PDCA 循环”是全面质量管理的工作方式，在质量管理活动中取得了巨大成功，原因就在于它符合解决问题的逻辑规律，特别是形成一个持续改进的机制。这个机制比方法重要、比技术重要。掌握了这个机制，质量有望一步步提高到预定目标，问题有望一步步得到解决。ISO 将标准化定义为是一种“活动”，这种活动“包括编制、发布和实施标准的过程”，再加上“修订”过程，正是“PDCA 循环”。按照 ISO 的定义，任何一个标准制定出来之后，只有走完这个全过程才能称其为标准化。综合标准化就是全过程的标准化。

上述程序是针对跨行业、跨部门的重大项目的综合标准化。对于一般性项目，尤其是企业开展综合标准化时，可简化程序。

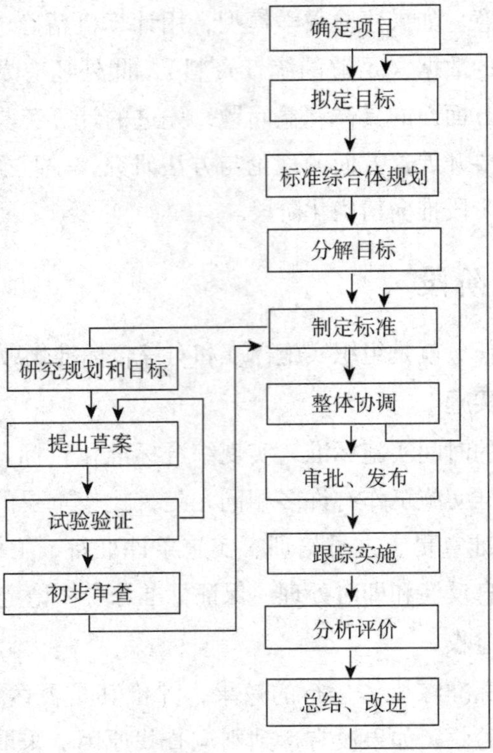

图 16－1　企业综合标准化工作流程

第二节　养老服务业综合标准化建设

综合标准化是运用系统分析的方法，以整体效果为目标，对具体标准化对象和要素形成的系统进行整体标准化。标准化不仅要有一定的顺序步骤，而且在解决问题上要有一定的成套性。标准化成就的大小不是看某一生产部门中现行标准的数目，甚至也不是看有多少产品制定了标准的相对指标，而是看综合性问题的解决结果如何。这种判断非常适用于养老服务业标准化工作，因为它本身的复杂性和跨多领域等特性，需要运用综合标准化的思维来解决该领域的问题，找到发展的新路径。

一、建立养老服务业综合标准化工作体系

养老服务业标准化是养老服务业现代化建设的一项重要内容，它通过

把先进的科学技术和成熟的经验组装成养老服务业标准，推广应用到养老服务业的生产、经营、服务和管理活动中，把科技成果转化为现实的生产力，从而取得经济、社会和生态的最佳效益，达到优质、高效的目的。养老服务业综合标准化是以养老服务业为对象的标准化活动，即运用“统一、简化、协调、选优”原则，通过制定和实施标准，把养老服务业各个环节纳入标准生产和标准管理的轨道。养老服务业综合标准化是一项系统工程，这项工程的基础是养老服务业标准体系、养老服务业质量监测体系和养老服务业评价认证体系建设。在这三大体系中，标准体系是基础中的基础，只有建立健全涵盖养老服务业各个环节的标准体系，养老服务业才有章可循、有标可依；质量监测体系是保障，它为有效监督养老服务业质量提供科学的依据；产品评价认证体系则是评价养老服务业服务状况、监督养老服务业标准化进程、促进品牌、名牌战略实施的重要基础体系。三大基础体系是密不可分的有机整体，互为作用，缺一不可。

综合标准化工作需要各行业之间的密切配合。因此，在综合标准化推进之初，就必须建立综合标准化工作体系，明确相关工作程序和协调机制，吸纳产学研用、产业链各方，共同参与、形成合力，为综合标准化工作的有效开展提供坚实的组织和制度保障。

二、分解养老服务业综合标准化工作目标

养老服务业标准化融先进的技术、经济、管理于一体，使养老服务业发展科学化、系统化，是实现新阶段养老服务业和经济结构战略性调整的一项十分重要的基础性工作。综合标准化是以解决问题为目标的标准化活动。所谓目标，就是问题解决后希望达到的理想状态。因此，开展养老服务业综合标准化工作的一项重要前提就是要明确标准化工作总目标，研究分析与总目标相关的各类因素，并将总目标分解为一个个具体的、可量化的分目标，然后才能基于总目标和分目标，开展一系列整体性强、协调性好、适应发展需要的标准。

三、建立养老服务业综合标准化的综合体

综合标准化工作是针对目标成套地推进标准研制工作，最终形成一个标准综合体。在开展养老服务业综合标准化过程中，应在养老服务业综合

标准体规划的指引下，在协调解决养老服务业标准化中跨行业、跨领域问题的基础上，进一步明确需制定（修订）标准的主要内容、适用范围、与其他标准之间的关系、标准起草单位、起止时间等。养老服务业综合标准化的各工作机构应按职责和分工，开展标准的制定（修订）工作，完成标准综合体的建设任务。

四、开展养老服务业综合标准化动态监管

制定标准的最终目标是应用，所以标准实施与评估是标准化工作的重要环节。养老服务业标准化工程的核心工作是标准的实施与推广，是标准化基地的建设与发展，由点及面，逐步推进，最终实现生产的基地化和基地的标准化。这项工程的实施还必须有完善的养老服务业质量监督管理体系、健全的社会化服务体系、较高的产业化组织程度和高效的市场运作机制作保障。对此，应做好两大重点工作：一是成套开展标准的宣传培训，做好标准实施示范和应用推广；二是开展标准实施效果评价，通过对标准实施的持续跟踪，进一步发现标准中存在的问题，不断修订和完善标准综合体，充分发挥成套标准的整体作用，从而有效解决养老服务业发展中的实际问题。

附录

中华人民共和国国家标准
综合标准化工作指南（GB/T 12366－2009）

1　范围

本标准规定了综合标准化的术语、基本原则、工作程序与方法。

本标准适用于各类标准化对象的综合标准化活动。

2　术语和定义

下列术语和定义适用于本标准。

2.1 相关要素 related elements

影响综合标准化对象的功能要求或特定目标的因素。

注：开展综合标准化活动时所选择的最终产品等主题对象。

2.2 标准综合体 standard－complex

综合标准化对象及其相关要素按其内在联系或功能要求以整体效益最佳为目标形成的相关指标协调优化、相互配合的成套标准。

2.3 综合标准化 complex standardization

为了达到确定的目标，运用系统分析方法，建立标准综合体，并贯彻实施的标准化活动。

3　基本原则

将综合标准化对象及其相关要素作为一个系统开展标准化工作，并且范围应明确并相对完整。

综合标准化的全过程应有计划、有组织地进行，以系统的整体效益（包括技术、经济、社会三方面的综合效益）最佳为目标，保证整体协调一致与最佳性，局部效益服从整体效益。

标准综合体内各项标准的制定及实施应相互配合，所包含的标准可以是不同层次的，但标准的数量应当适中，而且各标准之间应贯彻低层次服从高层次的要求。

应充分选用现行标准，必要时可对现行标准提出修订或补充要求。积极采用国际标准和国外先进标准。标准综合体应根据产品的生命周期及时修订。

4 工作程序

综合标准化的工作程序见表1。

表1 综合标准化工作程序

阶段	步骤	方法
准备阶段	确定对象 调研 可行性分析 建立协调机构	见5.1 见5.2 见5.3 见5.4
规划阶段	确定目标 编制标准综合体规划	见6.1 见6.2
制定阶段	制订工作计划 建立标准综合体	见7.1 见7.2
实施阶段	组织实施 评价和验收	见8.1 见8.2

5 准备阶段

5.1 确定对象

根据科学技术发展与国民经济建设的需要，以经济性为准则选择综合标准化对象。应从国民经济和社会发展需要出发，选择具有重大技术、经济意义和明显效益的对象，在一定范围内功能互相关联，经过纵横向协作才能解决相关参数指标协调与优化组合问题。

5.2 调研

调研包括以下内容：

(1) 综合标准化对象的现状及国内外同类产品的水平；

(2) 国内外标准概况；

(3) 综合标准化对象各有关方的基本情况和意见。

5.3 可行性分析

根据需要和可能，对选择的对象情况，所需人力、物力和财力的情况，以及能否获得预期的技术、经济和社会效益进行可行性分析。

5.4 建立协调机构

根据确定的综合标准化对象，由各有关方面的人员组成有权威性的协调机构，负责建立标准综合体的协调和组织实施工作。

协调机构应建立严格的工作制度，明确职责和分工。

6　规划阶段

6.1 确定目标

收集与综合标准化对象有关的资料，通过分析对比，准确掌握其国内外状况与发展趋势。并根据技术经济发展的预测结果和实际可能，合理确定综合标准化对象应达到的目标，充分体现其整体最佳性。

6.2 编制标准综合体规划

6.2.1 标准综合体规划的性质

标准综合体规划是指导性、计划性的文件，在达到预定的目标以前一直有效；是建立标准综合体，编制标准制定（修订）计划和确定相关科研项目的指南；是协调解决跨部门综合标准化工作的依据。

6.2.2 标准综合体规划的内容

标准综合体规划包括下列内容：

（1）综合标准化对象及其相关要素；

（2）需要制定（修订）的全部标准；

（3）最终目标值和相关要素的技术要求；

（4）必要的科研项目；

（5）各项工作的组织和完成期限、预算计划及物资经费等保证措施。

6.2.3 编制标准综合体规划的基本原则

标准综合体规划应由各有关部门共同参加编制，并且应同各部门的具体工作与计划任务相结合。编制标准综合体规划时应考虑所需的物资资源、劳动资源和经费。标准综合体规划应附有编制说明书和实施大纲。

6.2.4 标准综合体规划编制程序

6.2.4.1 确定对象系统

提出对象系统总目标，并根据综合标准化对象及其相关要素的内在联系或功能要求，将所确定的目标分解为具体目标值。

分解的目标值应能保证实现所确定的目标，并注意工作流程的继承性。目标值一般应定量化，具有可检查性。应对各种可能的目标分解方案进行充分的论证，从中选择最佳方案。

6.2.4.2 进行系统分析

通过分析资料，对综合标准化对象进行系统分析，找出影响所确定目标的各种相关要素，明确综合标准化对象与相关要素及相关要素之间的内在联系与功能要求。合理确定综合标准化对象及其相关要素的范围。并且绘制综合标准化对象的相关要素图或给出文字说明，明确其系统关系。

图表及文字应满足下列要求：

(1) 层次清晰，主次分明，结构合理，范围明确；

(2) 相关要素选择恰当，数量适中。

6.2.4.3 选择最佳方案

对综合标准化对象的科学技术水平、综合质量指标以及综合效益进行预测和综合论证。根据需要和可能，合理地确定系统的综合范围和深度，按工作流程确定标准综合体规划的结构。列出综合标准化对象的直接相关要素和间接相关要素，编制相关要素图。

确定科研攻关项目、试验步骤、技术措施和组织保证措施，保证综合标准化对象的及时开发、研制，提高其整体水平。

6.2.4.4 确定标准项目

理顺关系，对综合体中所含要素系统，根据相关要素图，按性质和级别对标准、项目及课题汇总分类。

编制跨部门的实施计划，拟订需要制定（修订）的标准的内容和数量，并根据轻重缓急确定标准制定（修订）时间的最佳顺序和工作进度，分别纳入相应的标准制定（修订）规划和年度计划中，保证制定（修订）标准工作的协调进行。

确定制定（修订）工作要点、起草单位和参加单位。确定综合标准化对象的技术手段和质量保证，以及制定（修订）的准备、组织与保证措施。

6.2.4.5 编制标准综合体规划草案

根据对象的系统分析和目标分解的结果，编制标准综合体规划草案，明确标准综合体的构成。标准综合体规划草案内应包括能保证综合标准化对象整体最佳的所有标准。各项标准应进行系统处理，按性质、范围适当分类，使其构成合理。

6.2.4.6 评审

应组织有关专家对标准综合体规划草案进行审议、认定，形成正式的标准综合体规划。评审内容应包括：

(1) 目标能否保证；

（2）构成是否合理；

（3）标准是否配套；

（4）总体是否协调。

7　制定阶段

7.1 制订工作计划

由协调机构根据标准综合体规划中规定的标准构成要求，审查现有标准情况，确定需要制定和修订的标准，制订统一的工作计划，明确分工和进度要求。对技术难点，应制订攻关计划。包括以下几个方面：

（1）凡有现行标准，能满足总体要求的，应引用现行标准而不再制定新标准；不能满足要求时，应修订现行标准或提出补充要求；没有相应标准时，应制定新标准；

（2）根据标准综合体规划内标准之间的相互联系，确定各项标准制定和修订的顺序与时间；

（3）各项标准的制定和修订任务应纳入各级标准的制定和修订计划，保证各级标准制订和修订计划的协调；

（4）工作计划中除规定制定和修订标准的项目名称外，还应明确各项标准的主要内容与要求、适用范围、与其他标准的关系、标准起草单位与负责人、参加单位与参加人员、起止时间等。

7.2 建立标准综合体。

协调机构应根据工作计划的要求，组织全部标准的起草和审查工作，建立标准综合体。包括以下几个方面的内容：

（1）制定工作守则，指导参加综合标准化工作的有关人员的活动；

（2）从全局出发，有关方面要密切配合，协调行动；

（3）有关标准的技术内容应相互协调，实施日期应相互配合；

（4）分解的目标值均应在相应标准的有关指标中得到保证。

根据工作进展情况，通过一定手段进行试验验证。整体验证周期太长者可以进行局部验证。通过试验验证适当调整原工作计划和某些标准中不适应的内容。

标准综合体建立后，协调机构应根据试验验证结果，对建立标准综合体的全部工作情况进行总结。

8　实施阶段

8.1 组织实施

有关部门或单位应根据规定的各项标准的实施时间，将各项标准及时贯彻，实现综合标准化的目标。

在标准综合体实施后应定期进行审查与修订，不断更新与充实标准综合体。应指定专人在标准实施过程中跟踪检查，记录标准实施过程中的有关数据资料，做好信息反馈。

8.2 评价和验收

主管部门可组织各有关单位和人员根据标准综合体实施后的技术经济效益，进行评价和验收。

参考文献

〔1〕张锡纯．标准化系统工程〔M〕．北京：航空航天大学出版社，1992.

〔2〕陶立群．中国老年人社会福利〔M〕．北京：中国社会出版社，2002.

〔3〕钟瑛．政府公共服务标准体系研究〔M〕．北京：世界图书出版公司，2011.

〔4〕黄恒学．政府基本公共服务标准化研究〔M〕．北京：人民出版社，2011.

〔5〕丁元竹．我国基本公共服务均等化过程中标准建设问题〔J〕．甘肃理论学刊，2008（3）．

〔6〕胡税根，等．我国政府公共服务标准化建设研究〔J〕．天津行政学院学报，2009（6）．

〔7〕王桢桢，郭正林．公共服务均等化的影响因素及标准化体系建构〔J〕．学术研究，2009（6）．

〔8〕庞力．我国公共服务标准化问题探讨〔J〕．商场现代化，2010（9）．

〔9〕李军鹏．新时期我国公共服务体系建设的目标与对策〔J〕．国家行政学院学报，2011（10）．

〔10〕徐婷．我国政府公共服务标准化建设研究〔J〕．法制与社会，2012（3）．

〔11〕陈玫．我国基本公共服务均等化的标准框架探讨〔D〕．厦门大学硕士学位论文，2009.

〔12〕李上．公共服务标准化体系及评价模型研究〔D〕．中国矿业大学博士学位论文，2010.